¡EMAÚS!
UNA OBRA DE REINGENIERÍA ESPIRITUAL

Luis Enrique Palacios A.

¡EMAÚS!
UNA OBRA DE REINGENIERÍA ESPIRITUAL

Emaús es el sitio elegido por el Hombre-Dios para hacer una de las apariciones más interesantes y trascendentales, mostrándole a sus amigos como Jesús de Nazaret triunfa sobre la muerte y resucita como el esperado Cristo. Con su regreso ahora como Dios-Hombre, el eterno maestro renueva el liderazgo de un par de discípulos perdidos en el camino y a través de ellos a toda la humanidad por los siglos de los siglos.

La aparición que inspira esta obra solo está descrita por San Lucas al final de su Evangelio. Es como si se tratara del majestuoso final de su historia (Lc 24,13): «Aquel mismo día dos discípulos se dirigían a un pueblecito llamado Emaús, que está a unos doce kilómetros de Jerusalén, e iban conversando sobre todo lo que había ocurrido. Mientras conversaban y discutían, Jesús en persona se les acercó y se puso a caminar con ellos, pero algo impedía que sus ojos lo reconocieran. Él les dijo: "¿De qué van discutiendo por el camino?"

Se detuvieron, y parecían muy desanimados. Uno de ellos, llamado Cleofás, le contestó: "¿Cómo? ¿Eres tú el único peregrino en Jerusalén que no está enterado de lo que ha pasado aquí estos días?" "¿Qué pasó?", les preguntó. Le contestaron: "¡Todo el asunto de Jesús Nazareno! Era un profeta poderoso en obras y palabras, reconocido por Dios y por todo el pueblo. Pero nuestros sacerdotes y jefes renegaron de él, lo hicieron condenar a muerte y clavar en la cruz. Nosotros pensábamos que él sería el que debía libertar a Israel. Sea lo que sea, ya van dos días desde que sucedieron estas cosas. En realidad, algunas mujeres de nuestro grupo nos han inquietado, pues fueron muy de mañana al sepulcro y, al no hallar su cuerpo, volvieron hablando de una aparición de ángeles que decían que estaba vivo. Algunos de los nuestros fueron al sepulcro y hallaron todo tal como habían dicho las mujeres, pero a él no lo vieron."

Entonces él les dijo: "¡Qué poco entienden ustedes y qué lentos son sus corazones para creer todo lo que anunciaron los profetas! ¿No tenía que ser así y que el Mesías padeciera para entrar en su gloria?" Y les interpretó lo que se decía de él en todas las Escrituras, comenzando por Moisés y siguiendo por los profetas. Al llegar cerca del pueblo al que iban, hizo como que quisiera seguir adelante, pero ellos le insistieron diciendo: "Quédate con nosotros, ya está cayendo la tarde y se termina el día." Entró, pues, para quedarse con ellos. Y mientras estaba en la mesa con ellos, tomó el pan, pronunció la bendición, lo partió y se lo dio. En ese momento se les abrieron los ojos y lo reconocieron, pero él desapareció. Entonces se dijeron el uno al otro: "¿No sentíamos arder nuestro corazón cuando nos hablaba en el camino y nos explicaba las Escrituras?" De inmediato se levantaron y volvieron a Jerusalén, donde encontraron reunidos a los Once y a los de su grupo. Estos les dijeron: "Es verdad: el Señor ha resucitado y se ha aparecido a Simón." Ellos, por su parte, contaron lo sucedido en el camino y cómo lo habían reconocido al partir el pan.»

Para reflexionar sobre este maravilloso texto histórico, tomaremos nuestro bastón evangelizador y guiados por el discípulo Cleofás, visitaremos la antigua población de Emaús. Allí buscaremos comprender cómo la resurrección de Jesús transformó a esos miedosos discípulos que huían, en un impresionante grupo de convencidos creyentes capaces de organizar la institución más importante de la humanidad: La Iglesia cristiana.

Cleofás será un gran guía en esta visita, porque luego de la muerte de Jesús de Nazaret, fue uno de esos hombres que no creyeron en su posible retorno y al culminar el *Sabath*, huyó despavorido. En el camino, tuvo el gran regalo de la esperanza y al reconocer al resucitado, regresó a traer la buena nueva a sus amigos y de allí a impulsar la paz en el mundo. En esta visita por Emaús, exploraremos los hechos de esos apóstoles y discípulos de la iglesia primitiva y su impacto en la humanidad. Como lo comprenderemos a lo largo del viaje, llevar la paz al mundo no les trajo a estos apóstoles un camino tranquilo, sino más bien muy agitado hasta el punto que 10 de los 11 mueren violentamente por llevar el mensaje del cristianismo.

Escuchando las reflexiones del Padre **Luis Ugalde**, interpretamos que solo por medio de Dios el hombre consigue su paz interior, pero luego ese mismo Dios no nos deja en paz hasta que llevemos su mensaje de amor en nuestro respectivo ámbito de acción en las circunstancias que nos toca vivir a cada quién. Como lo haremos a lo largo de todo este viaje, asumiremos la actitud científica y peregrina para aproximarnos a estos trascendentales eventos de conversión que sucedieron con la resurrección de JesuCristo, donde predomina lo celestial sobre lo terrenal. Para hacer la reingeniería de este texto, analizaremos cada palabra y la conectaremos con todo lo que sabemos de la trascendental entrada, estadía y salida de Dios de la Tierra. Eso lo haremos en las siguientes 5 etapas:

LUCAS EL EVANGELISTA

Si vamos a hacer una reingeniería de un relato, es menester conocer un poco quién fue el narrador de la historia. El Doctor Lucas fue un médico de origen griego que estuvo, cual detective o perro sabueso, en aquella lejana época y por esos lares indagando y preguntando a los testigos sobre los hechos que ocurrieron con ese ser humano que se llamó Jesús de Nazaret. Los resultados de su investigación científica los publicó en dos tratados o "papers" que han trascendido en la historia de la humanidad: El primero es el tercer evangelio, de donde sale el relato de Emaús, y el otro son los Hechos de los Apóstoles.

Es necesario transcribir el inicio de su evangelio-investigación, porque si bien está dirigido a su amigo Teófilo de hecho lo hace a todos los hombres y muy especialmente a los hombres de ciencia que quieren conocer más sobre estos asombrosos hechos: (Lc 1,1): «Puesto que muchos han intentado narrar ordenadamente las cosas que se han verificado entre nosotros, tal como nos las han transmitido los que desde el principio fueron testigos oculares y servidores de la Palabra, he decidido yo también, después de haber investigado diligentemente todo desde los orígenes, escribírtelo por su orden, ilustre Teófilo, para que conozcas la solidez de las enseñanzas que has recibido».

El escocés, Sir **William Ramsay**, considerado como uno de los grandes arqueólogos que han existido, comenta que el evangelista Lucas, fue un historiador de primera categoría. Para el arqueólogo, el trabajo investigativo fue hecho de una manera muy detallista, demostrando su impulso en mostrar la verdad de los hechos y no mentiras trasformadas en medias verdades. Concluye que «San Lucas debería ser considerado entre los más grandes historiadores del primer siglo.»

Se requiere de una muy alta dosis de humildad y ¿temor? para adentrarnos en el misterio que rodea a la vida del Hombre-Dios y en particular a los asociados a su entrada y salida de la Tierra. El Dr. Lucas se atrevió a aventurarse en la tarea de averiguar si Dios se encarnó en María de Nazaret y además indagar en ¿cómo lo hizo? También se atrevió a contar sobre la salida, con su misteriosa Ascención a los Cielos.

Para ayudar a Lucas buscaremos un apoyo adicional en el dios egipcio Thot, para que nos acompañe con su tablilla en la mano. Simboliza la sabiduría y tenía autoridad sobre todos los otros dioses. Fue el inventor de la escritura, de las artes y las ciencias, por lo cual manejaba las palabras y del lenguaje. Más aún porque fue considerado el arquitecto que conocía los trazados y trayectorias de todas las cosas.

Lucas y Thot ¿Se encarnó Dios en María de Nazaret? [1,2]

---

[1] mervyster.blogspot.com.

[2] http://mitologiasantiguas.blogspot.com/2010/05/thot-dios-egipcio.html.

Debemos aceptar que se trata de un gran misterio todo lo rodeado a la concepción, desarrollo, bautizo, predicación, pasión, muerte, resurrección y ascensión del Hombre-Dios. Por tanto hay que entender la controversia que gira alrededor de estos sucesos. Se trata de averiguar si en realidad sucedió como una realidad histórica el acto de la "encarnación" de Dios y hacerse un "Hombre-Celeste", tal como lo aseveró la madre María al evangelista.

INTRODUCCIÓN
EL CAMINO DE LA ESPERANZA

Para comprender la magnitud transformadora de la aparición relatada por Lucas, es conveniente desglosar cada palabra de este maravilloso relato, comenzando primero por analizar la figura del discípulo que recibió el regalo de la visita: Cleofás.

Según las investigaciones periodísticas publicadas por la revista *Life*, concluyen que debió haber sido el mismo Lucas el otro discípulo de la historia.[3] Sin embargo, esa posición no es muy compartida entre la comunidad católica.

¿QUIÉN ERA CLEOFÁS?

A parte de lo que dice el relato sobre esta misteriosa figura del cristianismo primitivo, San Cleofás es representado en la Figura de la red católica, conmemorándose su santidad el 25 de Septiembre.[4] Aunque no se sabe a ciencia cierta los detalles exactos del personaje, se trata muy posiblemente del padre del apóstol Santiago.

Cleofás debió ser oriundo del mismo Nazaret y posiblemente de la misma profesión de su hijo: agricultor o pastor. Para Marcos (3,18), Santiago es un

---

[3] *Jesus: Who do you say I am? Life magazine.* October 2012. USA.

[4] *es.catholic.net/santoral.*

hijo de Alfeo y de María, que era hermana o pariente de la Virgen María. Para Mateo (10,3) Santiago el Menor era hijo de Cleofás, que posiblemente era hermano de José. Para otros, Cleofás y Alfeo son la misma persona.

En base a la poca información histórica que conocemos, Cleofás era pues un posible un amigo cercano, pariente o incluso hermano de San José. El historiador palestino *Hegesipo*, así lo muestra cuando escribe que Cleofás era hermano de San José y padre de Judas Tadeo y de Simón.[5] Si estamos hablando pues de un posible hermano del padre terrenal de Jesús de Nazaret, podemos comenzar a entender la calidad humana de Cleofás. Si en efecto Cleofás era hermano de San José, pues debía conocer a profundidad a Jesús, por lo cual sorprende que en el relato los caminantes no podían reconocer a JesuCristo resucitado y que no lo identificaron hasta que partió el pan.

La esposa de Cleofás se llamaba María la de Cleofás (Mateo 27,56), y por lo visto era una pariente cercana de la Virgen María. Eso nos da a entender el "pequeño pueblo" que era Nazaret en la época. Eso concuerda con el concepto de comunidad patriarcal acostumbrada de poblados como Nazaret y Belén. Para el evangelista Juan, María la de Cleofás era la hermana de la Virgen María, es decir era una tía materna de Jesús. Ella permaneció junto a la cruz, cuando murió Jesús, tal como lo señala Juan (19,25): «Cerca de la cruz de Jesús estaba su madre y la hermana de su madre, María, esposa de Cleofás y María Magdalena.»

La identificación de Alfeo con Cleofás, llevó a algunos expertos en la Sagrada Escritura, a considerar a María de Cleofás como cuñada de la Virgen María, por ser hermana de José su marido. Lo cierto del caso es que los estudiosos del tema sitúan a "María la de Cleofás" como cuñada o hermana carnal de María la Virgen como lo señala Juan. Sea cual sea la vía de consanguinidad, María la de Cleofás es muy cercana a Jesús y posiblemente madre de tres hijos que fueron Apóstoles: Santiago el Menor, Judas Tadeo y Simón, que eran primos de Jesús.

---

[5] *es.catholic.net/santoral/articulo.php?id=5774.*

HUYENDO DE LA PROPIA FAMILIA

Si volvemos a la historia y aplicamos la reingeniería para conectar los puntos, veremos que al huir, Cleofás no solo dejaba atrás a sus amigos y compañeros de prédica, sino que dejaba atrás a toda su familia a la merced de las autoridades hebreas o romanas que podían perseguirlos. Mientras Cleofás se alejaba de Jerusalén, con el corazón lleno de melancolía y desilusión, su esposa María, siguiendo el impulso de su corazón, iba de prisa a la tumba de Jesús para rendirle el extremo homenaje de la unción ritual con varios ungüentos y perfumarlo. Es decir, ¡las mujeres van a los cementerios y los hombres huyen despavoridos! ¿Quién en su sano juicio deja a su familia de esa manera el día en que más nos necesitan?

Se trató de la muerte de un sobrino querido, al que conocieron y amaron toda la vida. Cleofás fue una persona que muy probablemente cumplió incluso con el rol de "tío querido" del joven Jesús y tal vez cuando San José murió en algún momento de la infancia de Jesús, le tocó ser la cabeza de la familia terrenal en los días "privados" del Hombre-Dios.

Si este es el caso, al momento de la historia de conversión Cleofás debió ser un hombre maduro, probablemente considerado en como un hombre de la "tercera edad" en su época, que decide emprender un recorrido de 12 kilómetros, para así salvar su "viejo" pellejo. Como indica la historia, la huida la hacen amaneciendo el Domingo, que es el primer instante posible para partir.

Lo sorprendente es que huyen a pesar de que escucharon ya la historia de la posible resurrección, ¡contada por su propia mujer! Así se lo hace saber el propio Cleofás al caminante en la conversación.

De esa forma, ante la magnitud de la decepción de la muerte de su sobrino-maestro, Cleofás y el otro discípulo se van de la ciudad, cabizbajos y destruidos. ¿Qué tenían que hacer en Emaús que fuese más importante que acompañar a su familia a pasar el luto de su sobrino-maestro? Sin duda alguna, se trata de "líderes muertos", incapaces de transformar la historia y construir la iglesia moderna.

EL AMOR COMO PUNTO DE INICIO

Para comprender la magnitud de la resucitación del liderazgo en los discípulos, es conveniente revivir el Evangelio previo a Emaús, especialmente lo ocurrido en la última cena de Jesús con sus discípulos. Como indica San Marcos, se trató del último compartir juntos mostrado en la Figura:

La última cena.[6]

I. «Fueron sus discípulos y entraron en la ciudad, y hallaron como les había dicho; y prepararon la pascua. Y cuando llegó la noche, vino él con los doce. Y cuando se sentaron a la mesa, mientras comían, dijo Jesús: "De cierto os digo que uno de vosotros, que come conmigo, me va a entregar." Entonces ellos comenzaron a entristecerse, y a decirle uno por uno: "¿Seré yo?" Y el otro: "¿Seré yo?" El, respondiendo, les dijo: "Es uno de los doce, el que moja conmigo en el plato. A la verdad el Hijo del Hombre va, según está escrito de él, más ¡ay de aquel hombre por quien el Hijo del Hombre es entregado! Bueno le fuera a ese hombre no haber nacido."»

Lo primero que surge de la historia es que los discípulos fueron informados de la traición de uno de sus íntimos, previo a que ocurriera. Como

---

[6] *judiosmesianicos.net.*

vimos en nuestra tercera visita, Nazaret era un pueblo muy pequeño, de unas 20 familias, y los apóstoles eran amigos íntimos que varios años estuvieron conviviendo muy cercanamente con el amor de Jesús. Si somos uno de ellos y de repente nuestro líder es traicionado desde adentro, no solo estaríamos tristes por la muerte del nuestro líder, sino que además llenos de rabia porque fue traicionado por nuestro amigo íntimo.

Peor aún, esa rabia mezclada con "pena ajena", y para Cleofás pudo haber sido más dura porque el traicionero es alguien que prácticamente Él mismo había ayudado a criar. Es el amigo íntimo de sus hijos el que traiciona a su maestro, a su sobrino. Lo que vemos pues es una mezcla de extraños sentimientos en la cabeza del que en ese momento era un pobre infeliz Cleofás.

LA MUERTE DEL MAESTRO, PADRE E HIJO A LA VEZ

Para continuar situándonos íntimamente en los que pudo estar pasando en la mente y corazón de Cleofás en el momento de la aparición, vale la pena recordar algunas de las enseñanzas de Jesús de Nazaret en sus tiempos de vida pública. En los Evangelios, las propias palabras de Jesús indican que en sus conversaciones públicas se hace llamar "El Hijo de Hombre". Esas palabras dichas por otro no tendrían mucho peso, pero dichas por el "rey de la verdad", dicen mucho. Es decir, el Dios-Hombre no solo nos dice que se trata de nuestro "Padre Creador", sino que a la vez es nuestro "Hijo amado".

Por ello, la muerte de Jesús no era la muerte de un líder cualquiera, alguien que Cleofás había conocido en su pueblo y que había aprendido a querer. Se trataba de la desaparición de una persona extremadamente íntima, que era como su Padre y la vez como su hijo. Haciendo el paralelo de esta situación con nuestras propias vidas, cuando nos referimos a la pasión de Cristo debemos asumirlo como la muerte de nuestro propio "padre espiritual". Recordar pues estos hechos no pueden ser algo extraño para nosotros, de forma que este viaje hacia Dios no se trata de un paseo a un sitio lejano y desconocido, sino que se trata de visitar ¡la muerte de papá!

La muerte de Jesús en nuestra situación como "Hijos de Dios" es dura, pero es aún más dramática cuando incorporamos este nuevo componente del

"Hijo del Hombre", ya que no solo se trata de revisitar la tumba donde yace nuestro padre, lo cual es algo relativamente común para los seres humanos, sino que se trata de un viaje a explorar la desaparición de nuestro propio "hijo". ¡Qué difícil es eso!

Jesús, al pedir que lo llamaran: "Hijo del Hombre", no solo quería que lo quisiéramos como queremos a un "Padre", sino que espera que lo queramos ¡como lo hacemos con un "Hijo"! Que padre común que sabe que su hijo ha muerto, puede dejar pasar desapercibido ese hecho. Sabemos que los que han tenido la desdicha de ver morir a un hijo, les cuesta mucho recuperarse del trauma que eso supone. Los psicólogos saben lo delicado que es para un padre recuperarse tras la muerte traumática de un hijo, y en este caso, Jesús es un hijo para toda la humanidad y para Cleofás, su tío, que era prácticamente una figura paterna adoptiva.

De esa forma, nos situamos de nuevo en la historia de la partida de los discípulos a Emaús de la Figura, como dos hombres desesperados y temerosos, que han visto morir crucificado a su "padre creador", a su "hijo espiritual" y a su gran amigo y maestro, ¡el Galileo milagroso!

La aparición en Emaús.[7]

---

[7] juanjohombrebueno.wordpress.com.

EL ACTO DE RECORDACIÓN

La aparición de Jesús en Emaús está íntimamente ligada con los mensajes de la última cena. Juan el Evangelista, nos cuenta los detalles de lo que significa compartir la mesa con otros.

II.   «Y mientras comían, Jesús tomó pan y bendijo, y lo partió y les dio, diciendo: "Tomad, esto es mi cuerpo." Y tomando la copa, y habiendo dado gracias, les dio; y bebieron de ella todos. Y les dijo: "Esto es mi sangre del nuevo pacto, que por muchos es derramada. De cierto os digo que no beberé más del fruto de la vid, hasta aquel día en que lo beba nuevo en el reino de Dios."»

Jesús anunció su resurrección, el máximo milagro alcanzable. Les pidió un nuevo pacto y les pidió paciencia: ¡que lo esperaran! Cleofás y el otro discípulo que huyó con él a Emaús, no esperaron un día después del *Sabath* para huir. No tuvieron la paciencia de esperar unas horas, sino que salieron de madrugada y a pesar de que ya algunas mujeres decían que había algo raro pasando. Dejaron atrás a su mujer y sus hijos por salvar su pellejo, a sabiendas que algo extraño había ocurrido.

Si Cleofás reconoció a Jesús al partir el pan, quiere decir que es probable que estuvo presente en la última cena. Eso es lógico y corrobora la cercanía de Cleofás con su maestro, ya que la fiesta pascual se hacía en familia y nuestro guía era tío de Jesús y papá de algunos de los apóstoles. Es más, podríamos pensar que ese rito lo hacían juntos todos los años y por tanto no debía ser la primera vez que compartían una visita al Templo de Jerusalén, ni bebían de las copas juntos.

Quizás Cleofás era uno de los que ayudaron a buscar al niño Jesús cuando a los 12 años se les perdió a sus cuñados José y María, encontrándolo días después en el Templo. Por tanto, si estos discípulos que huían habían bebido del mismo cáliz que bebió Jesús, tenían el "nuevo pacto" en plena consciencia, ya que el mismo evento que habían hecho anteriormente, ahora había cobrado un significado distinto y especial. ¡Ese pacto es el que rompían al irse de madrugada rumbo a Emaús, apenas tres días después, lo que nos habla del estado de angustia!

EL ANUNCIO DE LA NEGACIÓN

Los sentimientos asociados a la huida de Cleofás se multiplican a medida que vamos entrando en los detalles de los hechos previos. Lo que podemos también intuir es que el sentimiento de miedo, rabia y pena ajena, pudo venir mezclado con otro más incómodo todavía: El abandono de tu "hijo" y de tu "padre", identificados como pecado en la Ley de Moisés.

I. (Mc 14,26): «Cuando hubieron cantado el himno, salieron al monte de los Olivos. Entonces Jesús les dijo: "Todos os escandalizaréis de mí esta noche; porque escrito está: Heriré al pastor, y las ovejas serán dispersadas. Pero después que haya resucitado, iré delante de vosotros a Galilea." Entonces Pedro le dijo: "Aunque todos se escandalicen, yo no." Y le dijo Jesús: "De cierto te digo que tú, hoy, en esta noche, antes que el gallo haya cantado dos veces, me negarás tres veces." Mas él con mayor insistencia decía: "Si me fuere necesario morir contigo, no te negaré." También todos decían lo mismo.»

El evangelista indica que no fue solo Pedro el que promete fidelidad, sino todos los presentes, posiblemente incluso Cleofás. Como vimos, Jesús es nuestro Padre y nuestro Hijo a la vez. Cuando estuvo en problemas, en vez de sus discípulos salir a ayudarlo, como se los pidió y como ellos se comprometieron: lo abandonaron. Con ese abandono debió venir un inmenso sentimiento de culpa y vergüenza de dejar a tu hijo a la merced de los lobos. Por tanto, para Cleofás, esa noche previa a la huida ha debido estar llena de sentimientos encontrados. El problema no es solo que tu "hijo-sobrino" ha muerto destrozado, sino que lo abandonaste. Es un sentimiento de culpa terrible, que se incrementa minuto a minuto porque no solo abandona a Jesús, sino que ahora deja a su mujer y a sus propios hijos biológicos, por salvarse a sí mismo. ¡Qué egoísmo! ¡Qué debilidad!

Se trata pues de haber llegado a un punto bajo al extremo para consigo, con su familia, con sus amigos, con su Dios. En ese camino rumbo a Emaús, Cleofás era una oveja perdida en el desierto que traicionó a sus seres queridos. Es como el hijo pródigo que huye de su casa pidiendo su herencia para experimentar una vida que solo a él le conviene, dejando atrás a los demás con su dolor. Por tanto, con esta aparición Jesús hace realidad en su propio "tío querido" Cleofás, lo que anunció en la parábola del Hijo Pródigo.

A pesar de que este huyó, Jesús lo perdona y se le aparece para devolverle la esperanza.

Haciendo el paralelismo de esta historia de Emaús con nuestras vidas modernas, nosotros también abandonamos a nuestro Dios Creador y a su Hijo JesuCristo con facilidad. Muchas veces tratamos a su casa como nuestro hotel: ¡lo usamos solo a la conveniencia! Cuando estamos en problemas, acudimos a la Iglesia para recibir su confort, pero cuando todo va bien, nos olvidamos y dejamos de agradecerle por todo lo que ha hecho o peor aún, dejamos de ayudarlo en su esfuerzo por llevarle el mensaje de amor al resto de sus "ovejas perdidas". En los evangelios Jesús demuestra que conoce la esencia humana y por ello sabe que sus amigos lo negarán, que su tío huirá, como usualmente lo hacemos nosotros en nuestras vidas. Si nos conectamos con la situación, este viaje hacia Dios busca ayudar a que todos podamos "re-conocerlo" en el camino.

SOLICITANDO COMPAÑÍA

Cuando Cleofás decide irse a Emaús esa mañana, había seguramente conversado con sus hijos y sabía lo que Jesús les había pedido. Así lo reflejan los "periodistas" del pasado:

II.   (Mc 14, 32): «Vinieron, pues, a un lugar que se llama Getsemaní, y dijo a sus discípulos: "Sentaos aquí, entre tanto que yo oro." Y tomó consigo a Pedro, a Jacobo y a Juan, y comenzó a entristecerse y a angustiarse. Y les dijo: "Mi alma está muy triste, hasta la muerte; quedaos aquí y velad."»

Jesús lo único que pidió a sus discípulos fue compañía y ellos no pudieron dársela. Ese sentimiento de abandono fue una gota más de angustia que lo llevó a sudar sangre. La Figura muestra ese momento en el cuál los hombres dejan solo al Hombre-Dios.

Los discípulos duermen y dejan solo a Jesús.[8]

De igual forma, lo único que seguramente pedían sus hijos y su esposa en esos momentos previos a la huida a Emaús, era su compañía y Cleofás no estaba dispuesto a dárselas. Cleofás prefería partir en ese momento de sosiego a otro sitio. En el evangelio no deja claro el por qué se fueron o si tenían el "permiso de sus familias". Lo que si describe la historia es cómo iban: **¡llenos de tristeza y miedo!**

En nuestro caso moderno pasa lo mismo, JesuCristo lo que nos sigue pidiendo es nuestra compañía, que estemos con Él, que lo recordemos, que lo acompañemos en el Templo, pero nuestros sueños nos alejan de su llamado. Le decimos que vamos a estar con él y nos dormimos una y otra vez. Este viaje hacia Dios busca despertarnos para estar ese rato con él, aunque sabemos que fácilmente lo ignoramos luego. Seguramente, a lo largo de la lectura de esta colección nos hemos quedado dormidos, hemos dejado el texto a un lado, hemos salido a "pasarla bien" o ver una "película", en vez de querer estar con Su Palabra.

Es posible que recordamos el Vía Crucis, los dolorosos hechos nos hayan generado repulsión, rabia, ganas de abandonarlo todo y no hayamos

---

[8] *James Tissot. ellogosenelmundo.blogspot.com.*

logrado avanzar a visitarlo en el Gólgota y acompañarlo en su pasión. Tal vez abandonamos este viaje cuando exploramos el juicio a Jesús, porque no entendíamos como era posible que los hebreos de esa época fuesen tan "faltos de visión" de matar al Mesías que tanto esperaban. ¿O más bien sentimos que fuesen tan egoístas que pretendieran secuestrar a Dios en el Templo de Jerusalén? Quizás nos agotaron los análisis biológicos cuando estudiamos en la tercera visita como se formó el cuerpo divino-celestial de Jesús. Lo cierto del caso es que si llegamos hasta este momento del periplo, quiere decir que logramos superar esas etapas y continuamos este viaje hacia Dios.

APARTA DE NOSOTROS ESTE CÁLIZ

A nadie le gusta sufrir. Posiblemente a Cleofás le terminaba siendo un sacrificio demasiado fuerte estar allí, en ese cuarto encerrado, compartiendo el dolor de sus hijos, la tristeza de su mujer, la vergüenza de sus ahijados. Todo era muy difícil de soportar: los llantos eternos de las mujeres porque Jesús ya no estaba, la paranoia de los demás pensando que ahora vendrían ellos a la cruz, la pena ajena de los que se durmieron en Getsemaní, la vergüenza de los amigos más cercanos del traidor Judas Iscariote, la insistencia de algún otro que quería huir despavorido de ese escenario. En fin, todo lucía un ambiente muy difícil de tolerar, por lo cual era mejor huir. Es de humanos querer alejarse del sufrimiento y de hecho así mismo lo sufrió Jesús al querer huir y sudar sangre en Getsemaní:

III. (Lc 22, 41): «Cuando llegó a aquel lugar, les dijo: "Orad que no entréis en tentación." Y él se apartó de ellos a distancia como de un tiro de piedra; y puesto de rodillas oró, diciendo: "Padre, si quieres, pasa de mí esta copa; pero no se haga mi voluntad, sino la tuya." Y se le apareció un ángel del cielo para fortalecerle. Y estando en agonía, oraba más intensamente; y era su sudor como grandes gotas de sangre que caían hasta la tierra.»

Para que una persona llegase a sudar sangre implicaba estar en un estado de ansiedad intolerable por su cuerpo, ¡por lo que reventó! Muy probablemente Cleofás había vivido su propio Vía Crucis encerrado en su mente, en su corazón roto. Sus ilusiones de vida destruidas en la cruz y sus lágrimas eran como gotas de sangre. Si además estaba orando, pues sus plegarias no podían ser escuchadas por un Jesús que estaba batallando en la oscuridad de las tinieblas sepulcrales, por lo que tenía poca ayuda externa para superar sus miedos.

De esa forma, aunque ese Sábado quizás Cleofás estaba rodeado de muchos otros, se sentía solo, como seguramente le pasó a Jesús camino al Gólgota. Quién sabe si hubo hasta reclamos fuertes de otros discípulos hacia él, en su condición de tío de Jesús y le pasó igual, pasando de ser el "viejo" alabado por todos, al centro de la rabia de los que esperaban que su sobrino fuese el gran Mesías batallador, que vencería a los romanos y traería de nuevo la grandeza de los reyes. En ese escenario, Cleofás pasaba de ser un hombre venerable a uno aborrecible. Ante esa posible situación, el gran "líder vivo" que podía ser Cleofás se transforma en un "líder muerto". Jesús ora y suda sangre porque sabe su destino. A pesar de ello, decide conscientemente dar su vida de una forma digna y ejemplar. Cleofás en cambio huye, no acepta el reto de transformarse en una piedra sólida sobre la cual los demás puedan canalizar sus frustraciones y sale a un lejano pueblo a "sobrevivir" en la miseria de su vejez.

Paralelamente, nosotros podemos tener un liderazgo "muerto", sin capacidad de sumir los grandes retos que depara el progreso. Temerosos de llevarle la contraria a la autoridad y dejando que las injusticias de la vida opriman a los que nos rodean. Si estamos trabajando en una organización, podemos dejar que la mediocridad se adueñe de nuestro desempeño y contentarnos con un efímero salario, haciendo una tarea burocrática que no nos llena el corazón. Afortunadamente la historia del camino de Emaús no termina allí, hay un futuro, una esperanza y esa es la que trae JesuCristo resucitado cuando se les aparece en el camino y les ayuda a superar su penosa condición.

Para comprender lo que sucede en la aparición relatada por Lucas, es conveniente desglosar cada palabra de esta sección maravilloso relato, comenzando primero por analizar lo que implica "convertir" algo en otra cosa. Eso fue lo que hizo en Caná cuando realizó su primer milagro como "Cordero de Dios", y ahora vamos a analizar el equivalente como "El Cristo resucitado".

CANÁ: LA PRIMERA MARAVILLA DE JESÚS

A unos 6 kilómetros al nordeste de Nazaret se presentó la oportunidad de uno de los símbolos públicos de la iniciación mesiánica, cuando Jesús se presentó con algunos discípulos en una boda. No se trataba de un fenómeno social raro, pues tales grupos eran frecuentes y se les conocía como *chebroth*.[9] Era la semilla de la futura Iglesia cristiana con un rol de monasterio ambulante dedicado a la caridad y el estudio de la Ley.

El milagro se produce para preservar la celebración del amor, que se podía interrumpir por la falta del licor de la alegría. El vino ayuda a que afloren las sonrisas en el alma de los invitados, abre los corazones, así como desata las lenguas, pero también las tentaciones. Que se debiera detener la fiesta sería humillante para la familia de los esposos, por lo cual María decide tener su segundo parto y empujar de lleno a su Hijo-Dios al camino de la vida pública. Fue una nueva expulsión de su vientre y de allí la vida nunca sería igual. Con este primer milagro habían terminado los treinta años "dulces", de compañía mutua en Nazaret.

El simbolismo es muy claro: Para su madre ya no hace falta nada más, tanto le conoce, que sabía que su Hijo estaba listo. El tiempo de aprendizaje había concluido y está plenamente consciente de que se da inicio a la última etapa de la vida de Jesús, la que acabará "humanamente" muy mal y sin embargo, será "divinamente" muy bien. Con la conversión instantánea del agua en vino, Jesús dejó de cumplir su rol de un sencillo carpintero de pueblo para convertirse seriamente en predicador de multitudes, por lo que supo atender el llamado que su condición le exigía y "prendió de nueva la fiesta", corroborando con hechos lo que sería su mensaje: **Dios es Amor.**

LA QUÍMICA DE CONVERTIR AGUA EN VINO

Para comprender lo logrado en Caná, se trató de la conversión instantánea de las simples moléculas de agua (H_2O), con sus limitados 3

---

[9] *BRUCKBERGER. R.L. The History of Jesus Christ. New York: The Village Press. 1965.*

átomos, en las más de 4,000 moléculas diferentes que conforman el vino, con una explosión de sabor.

La composición del buen vino no es algo sencillo que se pueda hacer mezclando algunos pocos componentes. Se trata de todo un arte que requiere experticia y sobre todo mucho tiempo de añejamiento. Jesús con su vinificación del agua demuestra que domina no solo la materia, creando átomos de la nada, sino también el tiempo, colapsando años en segundos.

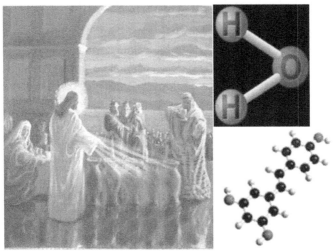

El milagro de Caná, transformando H_2O en $C_{14}H_{12}O_3$, entre otros.[10]

Por amor, Jesús transforma la tinaja de barro en un poderoso reactor atómico, manufacturando un mini Big Bang con el infinito poder de su Palabra. Sin esfuerzo físico alguno u oración. Como dijo Jesús luego de uno de sus prodigios: «¿Cómo es que todavía no entendéis?»

En Caná, antes de su primer milagro, Jesús nos enseña que un liderazgo responsable tiene que distinguir entre quiénes somos en esencia y el rol que nos toca cumplir en un momento dado. En Caná Jesús convertiría agua insípida en exquisito vino. Ahora en Emaús JesuCristo transformaría almas sucias y temerosas en líderes limpios y virtuosos.

---

[10] *www.absolutearts.com/portfolios/r/rocess.*

LA QUÍMICA DE CONVERTIR MIEDOSOS EN VIRTUOSOS

Una vez hecha esta introducción, tomaremos nuestro bastón evangelizador y guiados por el discípulo Cleofás, visitaremos la antigua población de Emaús. Allí buscaremos comprender cómo la Resurrección de Jesús transformó a los miedosos discípulos que huían, en un impresionante grupo de convencidos creyentes capaces de organizar la institución más importante de la humanidad: La Iglesia cristiana. Como lo haremos a lo largo de todo este viaje, asumiremos la actitud científica y peregrina para aproximarnos a estos trascendentales eventos de conversión que sucedieron con la Resurrección del Dios-Hombre, ya que ahora es presentado ante la humanidad en la versión de JesuCristo, donde predomina lo celestial sobre lo terrenal.

Cleofás será un gran guía en esta visita, porque luego de la muerte de Jesús de Nazaret, fue uno de esos hombres que no creyeron en su posible retorno y al culminar el *Sabath*, huyó despavorido. En el camino, tuvo el gran regalo de la esperanza y al reconocer al resucitado, regresó a traer la buena nueva a sus amigos y de allí a impulsar la paz en el mundo. El **Maestro Caravaggio** pintó este trascendental momento que esperamos vivir en este viaje: ¡Hágase la paz!

¡Hágase la paz! en la reconversión de Emaús.[11]

---

[11] *www.wikipedia/caravaggio.*

ETAPA 1:
EL PREÁMBULO

EL PRIMER DÍA DE LA SEMANA, MUY TEMPRANO, FUERON LAS MUJERES AL SEPULCRO, LLEVANDO LOS PERFUMES QUE HABÍAN PREPARADO. PERO SE ENCONTRARON CON UNA NOVEDAD: LA PIEDRA QUE CERRABA EL SEPULCRO HABÍA SIDO REMOVIDA, Y AL ENTRAR NO ENCONTRARON EL CUERPO DEL SEÑOR JESÚS.

NO SABÍAN QUÉ PENSAR, PERO EN ESE MOMENTO VIERON A SU LADO A DOS HOMBRES CON ROPAS FULGURANTES. ESTABAN TAN ASUSTADAS QUE NO SE ATREVÍAN A LEVANTAR LOS OJOS DEL SUELO. PERO ELLOS LES DIJERON: «¿POR QUÉ BUSCAN ENTRE LOS MUERTOS AL QUE VIVE? NO ESTÁ AQUÍ. RESUCITÓ.

ACUÉRDENSE DE LO QUE LES DIJO CUANDO TODAVÍA ESTABA EN GALILEA: EL HIJO DEL HOMBRE DEBE SER ENTREGADO EN MANOS DE LOS PECADORES Y SER CRUCIFICADO, Y AL TERCER DÍA RESUCITARÁ.» ELLAS ENTONCES RECORDARON LAS PALABRAS DE JESÚS.

AL VOLVER DEL SEPULCRO, LES CONTARON A LOS ONCE Y A TODOS LOS DEMÁS LO QUE LES HABÍA SUCEDIDO. LAS QUE HABLABAN ERAN MARÍA DE MAGDALA, JUANA Y MARÍA, LA MADRE DE SANTIAGO. TAMBIÉN LAS DEMÁS MUJERES QUE ESTABAN CON ELLAS DECÍAN LO MISMO A LOS APÓSTOLES. PERO NO LES CREYERON, Y ESTA NOVEDAD LES PARECIÓ PUROS CUENTOS. PEDRO, SIN EMBARGO, SE LEVANTÓ Y FUE CORRIENDO AL SEPULCRO; SE AGACHÓ Y NO VIO MÁS QUE LOS LIENZOS. ASÍ QUE VOLVIÓ A CASA PREGUNTÁNDOSE LO QUE HABÍA PASADO.

Esta primera etapa cuenta los sucesos previos a la huida de los discípulos. Es el momento puente que muestra el regreso del Hombre-Dios de su experiencia en las entrañas de la Tierra. En todo este preámbulo el rol de las mujeres es fundamental, pero para entenderlo hay que desglosar el suceso fracción por fracción:

> 1. EL PRIMER DÍA DE LA SEMANA, MUY TEMPRANO, FUERON LAS MUJERES AL SEPULCRO, LLEVANDO LOS PERFUMES QUE HABÍAN PREPARADO.

Este primer segmento de la historia comienza describiendo la visita de las mujeres al sepulcro en el primer día. Para hacer una reingeniería de este hecho conviene preguntarse entonces: ¿Por qué es ese día el primer día de la semana? ¿Por qué fueron las mujeres y no los hombres? ¿Por qué escogieron llevar perfume? ¿Qué simboliza esta acción "muy temprana" que es preámbulo a la huida de Cleofás a Emaús? Responder estas preguntas con una mente científica y peregrina nos ayudará a entender los pasos y las claves de una reingeniería espiritual.

DEL SÁBADO AL DOMINGO

San Lucas inicia su último capítulo de la obra maestra que es su Evangelio haciendo una mención importantísima, que refleja el inmenso cambio que en la humanidad significó la vida de Jesús: "El primer día de la semana"

Jesús dijo en varias oportunidades en su vida pública que por sus hechos es que hemos de conocer a la persona. Por eso hizo tanto énfasis en la importancia de las señales para sustentar sus palabras. El movimiento cristiano en el mundo dejó múltiples señales, comenzando por partir la historia del mundo en dos: ¡Antes y después de Cristo! y dándole un nuevo día para adorar a Dios: ¡El primero! ¡El Domingo!

Fue la transformación del día de adoración a Dios, del Sábado sombrío regulado y esclavizante, al Domingo de unión, alegría y resurrección del amor. Es el cambio del día de la prohibición al día de júbilo, donde nos alimentamos espiritualmente. Es el cambio de estar preocupado por lo que entra al cuerpo y la limpieza, a estar ocupado por lo que sale del corazón y la caridad. Es el cambio de lo cerrado y oculto, a lo abierto y libre. De esta forma, el cristianismo se transformó en una religión que hacía de buen pastor, buscando a esa oveja perdida para regresarla al rebaño del amor de Dios.

La gran noticia: la Resurrección.[12]

La institución del domingo cristiano y la celebración anual del Domingo de Pascua de Resurrección, puede ser remontada al mismo lugar y fecha en que ocurrió la resurrección de Jesús. No es un acontecimiento que se pueda insertar, o ser introducido en la sucesión de acontecimientos históricos, si ese hecho no hubiera ocurrido. Para el experto en liderazgo **Dean Williams**, un verdadero liderazgo se logra cuando la intervención genera la transición entre un set de valores a otro nuevo.[13] De esa forma, hoy día pensaríamos que "sin" el domingo no concebimos vivir.

---

[12] *pastoralucsf.blogspot.com.*

[13] *Real leadership. Dean Williams. Berret-Koehler Publishers. 2005.*

Considerando que la Iglesia en su origen era casi que exclusivamente judía, era necesario un acontecimiento con una significación muy profunda y revolucionaria, para hacerlos cambiar al primer día de la semana y del sábado pasar al domingo y de la comida pascual a la comunión. Y así fue, y ese acontecimiento tan demoledor de costumbres tan arcaicas tiene que ser de tal potencia que solo puede ser ni más ni menos que la resurrección de Jesús de Nazaret. Los prejuicios de los judíos contra el Jesús del Nuevo Testamento eran muy fuertes: ¿Qué otra cosa podría haber llevado a los judíos a aceptar a un "criminal" vergonzosamente colgado (Gálatas 3,13) cuando habían anhelado un salvador militar? ¿Qué otra cosa habría llevado a los Judíos a abandonar sus convicciones para adorar al Dios Hijo?

Un cambio importante que introdujo el cristianismo en el mundo, es el paso de estar preocupado de lo que entra en el cuerpo, a la ocupación por lo que sale del corazón. En un hermoso documental sobre la vida y obra del Padre **Pablo Dominguez**, los amigos del cura mencionaban como este singular ser humano parecía tener una energía especial para ser ejemplo vivo del mensaje cristiano. El Padre decía que era porque "consumía una bebida energética muy especial", que era la eucaristía diaria.

CONECTANDO LA VIDA CON LOS SENTIDOS

El Evangelista Lucas nos dice que apenas comenzó el día, las mujeres fueron al sepulcro para rendir homenaje al cadáver del Maestro con perfumes. Es decir, usaron uno de los más extraños sentidos de la biología humana para expresar su amor y conectarse a la vida del Hijo fallecido del Creador Omnipotente.

Vivimos en un extraño pero maravilloso universo sensorial, por lo que el conocimiento del mundo exterior no es completo si falla alguno de los cincos sentidos. Este diseño es una maravilla del Creador quien los ingenió y que ahora era el receptor de ese acto de adoración:

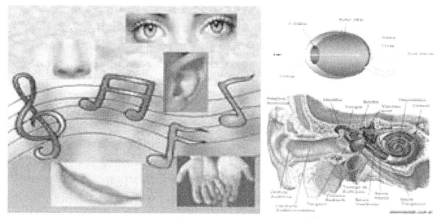

La complejidad de los sentidos.[14]

- La luz del mundo: El ojo tiene la irrepetible capacidad para detectar las ondas electromagnéticas que provienen del exterior. Es nuestra ventana para capturar la luz originaria de la creación. Comenzando por la sorprendente célula transparente de la córnea, el músculo del iris que regula su entrada, las sensibles partículas de la retina y el complejo circuito de neuronas que activan cuatrillones de sinapsis por segundo para llevar la información al cerebro central para su interpretación.

- La orquesta universal: Si antes de la luz lo primero que existió fue la palabra, entonces la audición es protagónico en nuestra expedición por la Creación. La melodía del mundo, con sus notas, compases y ritmo, las captamos a través de un complejo sistema de huesos y membranas que vibran para indicarnos lo que sucede fuera. El diseño de 16 mil neuronas permite captar las 25 mil tonalidades, algunos tan leves como el viento. Es tan ingenioso el sistema que nos permite concentrarnos en un sonido en particular, aislando el ruido poder comunicarnos. Jesús indicaba: (Lucas 6,45) «Porque de lo que rebosa el corazón habla su boca.» Escuchamos palabras que no queremos oír y que se transforman en cuchillos para nuestro corazón y canciones que son miel para el alma.

- Saboreando la naturaleza: Así como las situaciones de vida nos pueden dejar un buen o mal "sabor de boca", también sucede lo contrario: ¡Es

---

[14] *www.a-diba.net/es/arevalo1.php.*

insípida! El sabor y el olor nos conectan con el placer o la repugnancia de la vida, mediante una compleja red 10 mil papilas gustativas y 20 millones de células olfatorias que actúan en alianza para identificar las casi 10 mil diferentes tipos de combinaciones de aromas y alimentos que rodean al planeta para disfrutar y recordar. En el caso del cadáver del Hombre-Dios, las mujeres intentaban compensar la degradación de la muerte con un perfume para la vida.

- En contacto: Para la ciencia lo palpable es lo evidente porque no se puede negar razonablemente. Si Tomás el Apóstol palpó y contactó con el Resucitado, ese es un hecho indiscutible. El tacto se trata del primer sentido que aparece en la vida de las personas y el último que desaparece. Este órgano separa al ser humano del exterior y lo conecta cuatro millones de receptores, percibiendo desde el amor hasta el dolor.

Helen Séller, una ciega y sordomuda dijo: Utiliza los ojos como si mañana tuvieras que quedarte ciego; Escucha el canto del pájaro, las poderosas notas de una orquesta, como si mañana tuvieras que quedarte sordo; Toca cada objeto como si el tacto fuera a fallarte mañana; Huele el aroma de las flores, saborea cada bocado, como si mañana no pudieras hacerlo otra vez; Aprovecha al máximo cada sentido, disfruta de todas las facetas del placer y de la belleza que el mundo te revela.[15]

Simplemente no concebimos al azar que esas mujeres pensaban usar perfumes esa mañana, como tampoco es azaroso la causa que origina el universo y transformó por primera vez la materia inerte en algo vivo. La cualidad de esta fuerza en los seres humanos es tan especial, que se trata de un "monumental monumento" y por tanto el perfume simboliza esa añoranza humana en que el muerto tenga una vida después de la vida.

¿PERFUMAR UN CADÁVER?

En el cantar de los cantares se manifiesta la importancia del perfume en las civilizaciones antiguas como símbolo de expresión de la belleza y del

---

[15] BREATHNACH, Sarah. El Encanto Cotidiano. Barcelona: Vergara. 2004.

amor.[16] Es la razón de su unción en Betania, exclamó Juan (12,3): «Seis días antes de la Pascua, Jesús se fue a Betania, donde estaba Lázaro.»

Marcos lo sitúa en casa de Simón el leproso (14,1) «a quien había resucitado. Le dieron allí una cena. Marta servía y Lázaro era uno de los que estaban con él a la mesa. Entonces María, tomando una libra de perfume de nardo puro, muy caro, ungió los pies de Jesús y los secó con sus cabellos. Y la casa se llenó del olor del perfume.» Según **R. Bruckberger**, hay que recurrir a la imaginación, para seguir los movimientos de las mujeres una vez que las trompetas del templo anunciaron, en el amanecer del tercer día, el fin del *Sabbath*.

Salieron rápidamente de sus casas y con gran prisa recorrieron las estrechas calles de Jerusalén, fueron a las tiendas de perfumes y salieron con un ánfora repleta de perfumes en dirección al jardín de José de Arimatea. Para las mujeres Jesús está muerto, definitivamente muerto. No hay vuelta atrás con la muerte. Lo que hay en la tumba para ellas es un entierro incompleto y lo único que se preguntaban era quién les ayudará con la piedra.

EL IMPULSO DE AMOR EN LA CREACIÓN

El acto de ir a visitar la tumba esa mañana temprano conviene pensarlo desde la perspectiva de esas mujeres. Ellas estaban corriendo un riesgo al rendirle culto a un convicto de la Ley hebrea y del Imperio Romano. A pesar de los peligros, hubo un impulso especial que las llevó a tomar la difícil decisión y expresar amor en el medio del odio.

Por tres años de vida pública, esas mujeres vieron por sus propios sentidos los milagros de creación hechos por Jesús. Lo vieron multiplicar panes, caminar sobre agua, calmar las tempestades, curar enfermedades y revivir a muertos. Magdalena fue incluso beneficiaria de esa fuerza amorosa que emanaba de Jesús y que se expresó hacia ella a través de su misericordia al perdonarla de sus pecados.

---

[16] Can. 8:6-7. Citado por BRUCKBERGER R.L. *The History of Jesus Christ. New York: Viking. 1965.*

Esa fuerza que había muerto en la cruz era nada más y nada menos que la misma chispa inicial que dio origen al universo, conocida por elmundo científico como el *Big Bang*. Para la religión judío-cristiana, esa fuerza originaria es pre-existente, eterna y omnipotente (Proverbios 8,22): «Quedé establecida desde la eternidad, desde el principio, antes de que la Tierra existiera. Yo estaba junto a Él como arquitecto de sus obras. Yo era su encanto cotidiano.» Para la ciencia vivimos en un Universo construido a base de partículas entrelazadas con una armonía inexplicable. Filosóficamente es una cualidad acogedora, ya que se nace a ese mundo con la confianza de una mamá que nos recibirá con respeto y ternura; un papá que nos dará sustento y atenderá la necesidad; y con una sociedad de personas amorosas que ayudarán a crecer para poder ser un adulto autónomo que se respete a sí mismo y al mundo que lo recibe.

Jesús nos adelanta que esa causa originaria es amor y lo demuestra con hechos (Mt 11,2): «Juan el Bautista oyó hablar en la cárcel de las obras de Cristo, y mandó a dos de sus discípulos para preguntarle: "¿Eres tú el que ha de venir o debemos esperar a otro?" Jesús les respondió: "Vayan a contar a Juan lo que ustedes oyen y ven: Los ciegos ven y los paralíticos caminan; los leprosos son purificados y los sordos oyen; los muertos resucitan y la buena noticia es anunciada a los pobres."» Los efectos de las fuerzas de la energía inicial muestran que **¡no fue destructiva sino constructiva!**

Una explosión que altera la fusión nuclear aniquila la vida y parte del hogar que Dios puso a disposición. Esa no es la cualidad de la fuerza gravitacional, que en esencia es un impulso de atracción universal y no de repulsión. El desbalance entre esas fuerzas "amorosas" es la que hace colapsar la vida y el genial **Albert Einstein** pudo medir el impacto de esa destrucción con su famosa ecuación $E = MxC^2$. El impulso de atracción en la materia viva se vive en su esplendor en el funcionamiento de una célula para conformar un cuerpo armonioso y autosuficiente, que se transforma en el "ladrillo de la vida". Sus componentes están organizados en base a un genial diseño con una "trinidad" delimitada y no al azar.

La Figura muestra el caso de la célula, donde esos componentes organizados son una membrana que la sostiene, un citoplasma con sub-compartimientos y el núcleo con el código vital.

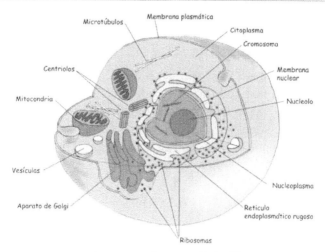

Esquema de una célula. [17]

La célula fabrica internamente todas sus piezas y se multiplica "maternalmente" para darle continuidad a la vida, en un cuerpo formado por 80 trillones de células, cada una cumpliendo su rol amorosamente en comunión con las demás. Así cada una tiene su función para formar la piel, los huesos, el riñón, colon, las reproductivas, etc. Mientras un cuerpo se encuentre con vida, solo existen dos tipos de células: Las normales que funcionan altruistas con el beneficio del otro, actuando bondadosas y con amistad. Las otras son las cancerosas, que funcionan egoístas con el beneficio propio, lo que las aísla y las hace actuar como depredadora del conjunto, hasta destruir la propia vida.

En un cuerpo humano armonioso, las células que prosperan son por tanto las que siguen la cualidad universal del todo, que rige el mundo y que nos permite comprender el mensaje de Jesús en relación a su Padre celestial: ¡Dios es amor!

Con la muerte de Jesús en la cruz y la destrucción de la armonía de esas células, convirtiéndolas en materia inerte en proceso de podredumbre, a esa fuerza amorosa le venía bien el humilde perfume que llevaban esas valientes mujeres en domingo por la mañana hace dos milenios.

---

[17] *www.fotolog.com/irenoaisa.*

2. PERO SE ENCONTRARON CON UNA NOVEDAD: LA PIEDRA QUE CERRABA EL SEPULCRO HABÍA SIDO REMOVIDA,

El segundo segmento de la historia comienza a relatar lo que le sucedió a esas valientes mujeres al llegar al sepulcro. La reingeniería nos hace preguntarnos: ¿Por qué todo lo que rodea al Hombre-Dios son milagros, misterios y señales? ¿Por qué una piedra removida causa tanta novedad? ¿Qué simboliza ese sepulcro vacío? ¿Cuáles son las implicaciones de que la tranquilidad en el sepulcro haya sido alterada?

MILAGROS, MISTERIOS Y SEÑALES

Lo primero que le pasa a estas nobles mujeres al llegar a donde su querido Maestro muerto es una novedad! Una misteriosa acción divina sobre la Tierra! Una extraña señal de que algo espectacular había sucedido! El cristianismo se asienta no solo en la belleza de su doctrina o en la santidad de su fundador, Jesús de Nazaret, sino que se afianza en hechos exteriores precisos. Es un movimiento espiritual atestiguado sobre hechos inexplicables, sobre una verdad histórica. Mateo y Juan fueron testigos oculares de muchos de ellos.

Lucas, fue un médico científico griego, que hizo una averiguación de campo e interrogó a innumerables testigos, antes de darle validez a los milagros como hechos históricos. En ese proceso de investigación, Lucas se consigue en los inicios del último capítulo de su obra maestra una gran novedad: El sepulcro abierto!, lo cual no le extrañó, puesto que a través de su Evangelio se dedicó a dejar por escrito incontables "novedades" que le ayudaron a comprender mejor la esencia celestial de la Resurrección de Jesús.

Por sus "señales" los conoceréis. (Jn 4,48): «En verdad os digo: A menos que ustedes vean señales y maravillas, no creerán en forma alguna.» Juan es muy explícito (2,23): «Muchos creyeron en su nombre al ver los milagros que hacía». El mensaje que trajo Jesús dejó a los hombres del pasado y del presente con algunas nociones sobre los misterios asociados al Creador, especialmente las asociadas a los prodigios que realizó sobre la naturaleza, como la transfiguración, la multiplicación de los panes, la calma de las tormentas, las curaciones y resucitaciones. Todos efectuados a partir de la Fe del beneficiario en la condición omnibenevolente del Creador.

Pedro, maravillado cuando vio a Jesús caminar sobre las aguas, se bajó de la barca y trató de caminar hasta donde estaba su Maestro. Este hombre simple se llenó de admiración y luego entendió que estaba obligado a trasmitir los hallazgos, sometiéndose tanto a la aceptación como al rechazo: ¿Al rechazo? Sí, lo que lo llevó luego a su propia crucifixión. Es decir, hay consecuencias de presenciar las señales de Jesús! Una vez que hemos metido el "el dedo en la llaga", tal como lo exigió Tomás el apóstol, y palpamos la esencia energética del Creador, no tenemos más opción que hablar de sus maravillas. Por eso las mujeres, luego de ver la piedra removida, regresan corriendo a transmitirle la novedad a los demás.

Esos milagros son la expresión del Todopoderoso y demuestran que Jesús es el Cristo. Las maravillas realizadas por Jesús hay que pensarlos y meditarlos para no dejarlos pasar como un cuento más de los evangelios. Esa piedra no fue removida por casualidad, es consecuencia del plan de Dios para con la humanidad! Es necesario acercarse e investigarlos con la actitud que recomienda San Pablo (Filipenses 4,10): «Por lo demás, hermanos, todo lo que es verdadero, todo lo digno, todo lo justo, todo lo puro, todo lo amable, todo lo honorable, si hay alguna virtud o algo que merece elogio, en esto meditad.»

Lucas escribiendo sobre los milagros de JesuCristo.[18]

---

[18] *valiosoestuamor.blogspot.com.*

Por y para ello en conveniente observar las maravillas realizadas por Jesús con una actitud racional, utilizando aquellos argumentos científicos que sean necesarios, los filosóficos y metafísicos que podamos idear y mostrar las obras artísticas que nos puedan inspirar. Hay descritos en los evangelios 39 milagros perfectamente atestiguados y sinceramente narrados, la enorme piedra removida es solo una más de una lista interminable de intervenciones extraordinarias del Amor Creador.

EL ENTIERRO DEL HOMBRE-DIOS

Los evangelistas narran la sepultura del cuerpo de Jesús, mencionan que José de Arimatea fue quién descolgó su cadáver y que lo depositó en un sepulcro de su propiedad, para así darle entierro digno y no perder el cuerpo en la fosa común, mostrando increíble coraje de enterrar al blasfemo. Los relatos concuerdan con los hallazgos arqueológicos. La estructura de la tumba de José de Arimatea, tal como se describen los Evangelios, se corresponde con las tumbas de la época que se conservan hoy en día. El sepulcro constaba de una ancha gruta de entrada en la que se hacían las labores del amortajamiento. En el interior y en el fondo, hay una estrecha abertura menor que el tamaño de un hombre, que daba acceso a la cámara sepulcral formada por otra gruta en la que se excavaban en la misma piedra varios bancos con un arco encima en forma de nicho.[19]

Jesús nació y fue enterrado en una gruta. Como lugar de nacimiento, tiene un significado simbólico similar a la caverna, como lugar de muerte o sepultura. Es el denominado rito de iniciación o segundo nacimiento. Son dos fases de un cambio de estado siendo la caverna un paso. Se trata del tránsito de un estado al otro y ello se hace usualmente en la oscuridad: *De la Nada a la Creación. Del útero a la luz. De la tumba al cielo. De Jesús cadáver a Jesús resucitado. De la oscuridad a la iluminación*

La tumba es descrita como una gruta sellada con grandes y pesadas piedras, que requería la fuerza de varios hombres para mover. De esa forma, Jesús nació y fue enterrado en una gruta, desde donde renace en forma de Dios-Hombre. Los que sepultan al Hombre-Dios lo hacen envolviendo el

---

[19] CORSINI, Manuela. *El Sudario de Cristo.* Madrid: Rialp, S.A. 1982.

cadáver con una sábana y lo depositaron en el sepulcro, siguiendo el código judío y con el aval del imperio romano. Esta Sábana se convierte en el testigo de este proceso de resurrección, dejando un claro mensaje para la ciencia moderna. De esa forma, cualquier cosa que sucedió en la oscuridad de esa noche, ocurrió porque así lo quiso el Hombre-Dios en su proceso de transformarse en Dios-Hombre. Nada quedó a la improvisación y todo lo ocurrido en los días prédica llevó paso a paso a la resurrección.

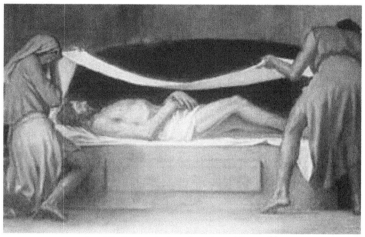

La túnica cubriendo el cadáver. [20]

El depósito del cadáver de Jesús en un sepulcro resulta sorprendente cuando consideramos el hecho de que su entierro, y especialmente en un sepulcro, no era lo que se acostumbraba con los crucificados. Se solía dejar el cuerpo consumirse en la cruz. Otras veces se les daba a los perros, bestias y aves de rapiña para que los devoraran. Los parientes y amigos de los crucificados veían a las aves atacar los rostros de sus seres queridos y a menudo se esforzaban por ahuyentarlas durante el día y a los animales en la noche.[21] Sin embargo, hubiese sido verdaderamente insólito que esa haya sido la suerte del Hombre-Dios en su paso por la tierra. Era necesario pues, que el cadáver fuese debidamente cuidado para que de las entrañas de la tierra se pudiese dar la resurrección del Cristo.

---

[20] www.shroud.com/latebrak

[21] KEIM, Theodor. Jesus of Nazaret. Vol 6.

LA TUMBA VACÍA DEL HOMBRE-DIOS

La naturaleza de la resurrección del cuerpo de Jesús es un misterio que encanta, con sus contradicciones que aumentan su valor. Todos avalan el hecho incontrovertible de la tumba vacía y la tempestad de la ausencia del cadáver, dejando conjeturas con lo ocurrido, que solo puede ser explicado con las apariciones y el cambio de actitud de los discípulos.

Todas las tumbas famosas en el mundo, como son la de Napoleón Bonaparte en París y la de Simón Bolívar en Caracas, entre tantas otras, lo son por el cuerpo que contienen. Los fundadores de otras religiones mayores como lo fueron Buda, Confucio y Mahoma, todos están muertos y sus cuerpos permanecieron en sus tumbas, hasta que se descompusieron y se fundieron sus átomos con el de la creación. En la tumba de Jesús lo que hay son turistas! Dice **Tim Lahaye**: «La tumba de Jesús es famosa por lo que no contiene, desde el tercer día de su entierro: ¡No tiene un cuerpo!»[22]

La tumba estaba sellada con una inmensa roca y custodiada por la guardia romana, de forma que estaba resguardada de posibles impostores que pretendiesen llevarse el cadáver. Eso no interesaba a las autoridades romanas y judías de la época. Sin embargo, cuando las mujeres van al sepulcro el Domingo con perfumes, se consiguen la sorpresa del sello roto y un misterioso mensajero. (Mt 28,5): «El Ángel se dirigió a las mujeres y les dijo: Vosotras no temáis, pues sé que buscáis a Jesús, el Crucificado; no está aquí, ha resucitado, como lo había dicho. Venid, ved el lugar donde estaba.»

Como era de esperarse las mujeres regresan exaltadas donde sus líderes a anunciar lo ocurrido. Ante la confusión de noticias y rumores que circulan, la "roca" que era Pedro dejó de lamentarse por su falta de valentía y echó a correr en busca de la verdad. ¡La tumba vacía fue como una tempestad que dejó atónitos tanto a amigos como a enemigos de Jesús! Sin embargo, cómo lo reconoce Juan, la tumba no estaba vacía. Tenía la Sábana Santa de una forma tal que Juan cree de inmediato en la resurrección.

---

[22] LAHAYE, Tim. *Jesus Who Is He*. Oregon: Multinomah Books. 1996.

La tumba vacía dejó atónitos a amigos y enemigos.[23]

Luego de la calma de viernes y el sábado, el domingo todo fue la confusión y el desconcierto que genera cualquier evento asombroso y más todavía si nunca antes había ocurrido. ¿Cómo es eso que la tumba está vacía? Ello genera conjeturas, versiones e imprecisiones. Es lo que ocurre en forma normal cuando policías y detectives llegan al lugar de los hechos a recoger las evidencias. Igual les sucede a los jueces e historiadores para examinarlas y establecer razonablemente su validez y exactitud, a fin de poder emitir un veredicto que se acerque a la verdad. ¿Qué sucedió ese primer domingo de Pascua?

---

[23] *evangelizafuerte.com.mx.*

3. Y AL ENTRAR NO ENCONTRARON EL CUERPO DEL SEÑOR JESÚS.

El siguiente segmento de la historia empieza por mostrar una pérdida. Algo que debía estar y no se encontraba. La reingeniería nos obliga a preguntarnos: ¿Qué fue eso que no encontraron en lugar que le correspondía en sus creencias? ¿Cuál es el valor de lo que se perdió? ¿Cómo se formó ese cuerpo tan valioso que ahora no está allí? ¿En primer lugar, por qué debía formarse ese cuerpo en esa zona y época del mundo? Responder a estas preguntas nos ayudará a comprender la magnitud de este fenómeno único ocurrido hace dos mil años.

LA POTENCIA DEL CUERPO DE JESÚS

Cuando una persona no encuentra algo, la angustia es proporcional al valor de aquello que perdió. No encontrar un anillo es distinto a perder todo un tesoro. En su paso por el mundo, ha habido cuerpos muy potentes que cuando se pierden han causado angustias por conseguir los restos. El gran piloto **Charles Lindberg** fue célebre por buscar los restos de su hijo.

A través de la historia se han hecho esfuerzos por cuidar el cuerpo de un famoso. Sin embargo, el valor de sus "células muertas" es netamente emocional. En el caso de Jesús, eso no aplica, puesto que sus células tenían una composición muy especial que las hacía invalorables, por tanto lo que no se encuentra es algo que no tiene precio, porque se trata de la esencia del mismísimo Creador del universo.

Belén fue el punto de partida de la presencia terrenal del Creador. Al mirar en los Evangelios y los hechos de la vida del Hombre-Dios, no podemos dejar de maravillarnos por el potencial de la semilla que brotó en ese olvidado terruño hace dos mil años. Nació como los dioses, con un "chorro de luz" firmemente anclado en la historia y hasta el final de los tiempos, como una fuente interminable de amor.

Algunos seres hombres dejan su rastro muy fugazmente y apenas sabemos que existieron en la Tierra. Otros seres humanos modernos, como **Albert Einstein, Steve Jobs, La Madre Teresa de Calcuta, Nelson Mandela, John Lennon, Karol Wojtila, etc.**, nos ofrecen una vida humana genial o controversial, pero de la cual muchos hablan por un tiempo. Otros, como

Jesús de Nazaret, nunca nos dejan, sino que su "servicio" permanece abierto perennemente 7x24x365x2013+. Su oficina es el mundo con el cielo como techo, los árboles como paredes y la tierra como piso.

Jesús es "Toda Potencia"[24] desde su oficina abierta al público.[25]

Como muy bien lo dice el poema anónimo en Nueva York, ese «*hombre que nació en un villorrio, hijo de una campesina*», logró darle una lección singular a la humanidad, triunfando el "ser" sobre el tener. **Stephen Covey** en su estudio sobre los hábitos de la gente altamente efectiva, concluye que: «El círculo de preocupación está lleno de "tener": "Me sentiré contento cuando tenga casa propia"». Mientras que «El círculo de influencia está lleno de "ser": "puedo ser más paciente, ser sensato, ser cariñoso".» Jesús fue la máxima expresión de ese "hombre-ser" en contraposición de ese "hombre-tener".

Lo que nació en Belén y que luego se les perdió a esas mujeres en el sepulcro de José de Arimatea fue "un Milagro caminante por la Tierra" (Jn 4,25): «Sé que va a venir el Mesías, el llamado Cristo. Cuando venga nos lo explicará todo. Jesús le dice: Yo soy, el que te está hablando.» Ese milagro se formó primero en el útero de una joven hebrea, luego creció en la calma de sus primeros 30 años tranquilos y amorosos en Galilea, para irrumpir como un volcán en los siguientes 3 años de vida pública llevando su mensaje y acción de amor incondicional, para luego morir maldito clavado a un palo en forma de cruz.

---

[24] *visiondeaguilas.wordpress.com.*

[25] *killuminati2012.wordpress.com.*

La potencia del Hombre-Dios.[26]

LA CÉLULA HUMANA

El cuerpo que buscaban esas mujeres y no hallaban era un producto único, que fue concebido de una forma singular. Para comprender mejor lo que era ese cuerpo, vale la pena combinar algunas de las maravillas que han logrado los científicos para entender la biología humana, con lo que han logrado los peregrinos a través de la historia en su búsqueda de lo espiritual, para adentrarnos en la concepción de Hombre-Dios. Es un ejemplo real de lo que significan la ciencia y la religión, respetándose la una con la otra, caminando juntas en un viaje por comprender el "cuerpo de Dios"!

Todos los seres vivos están constituidos por células, que organizadas en trillones conviven en armonía en la comunidad del cuerpo humano. Estas células vivas a su vez están constituidas por particulas organizadas hasta el nivel microscópico, conformando los ladrillos de la materia.

---

[26] en.wikipedia.org/wiki/Baptism_of_Jesus.

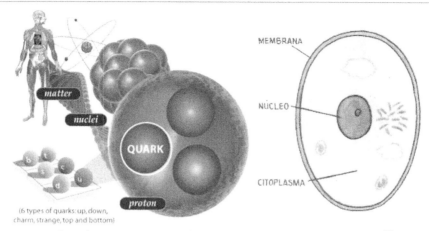

(6 types of quarks: up, down, charm, strange, top and bottom)

El ser humano construido a partir de ladrillos de materia.[27]

Las células son buenas porque, sin perder su individualidad, se subordinan al bien mayor para el beneficio y la supervivencia del organismo. Las acciones de una célula normal se caracterizan por el respeto a las elementales normas de cortesía que soportan a la convivencia intercelular. ¡Halellujah! para la célula "buena" en donde el todo está por encima de las partes.

La concepción del Jesús fue producto entonces de la unión en armonía de un componente terrenal con uno celestial, de forma que ninguno se impuso sobre el otro formando el puente entre los dos mundos. Esa maravilla es lo que no encontraban esa mañana las mujeres en el sepulcro vacío.

Las células humanas son minúsculas, calculándose en un billón por gramo de tejido y pesando tan solo 1/1.000.000.000.000 Kgr. Están compuestas por la membrana celular, el citoplasma y el núcleo, que forman un "trinidad" viva que se multiplican, crecen, desarrollan, usan materiales y energía para vivir, y se adaptan a los cambios relacionados con el medio ambiente exterior que las rodea.

Para gobernar la célula, la biología tiene la genética con una escritura química con las instrucciones para funcionar. Así como el hombre comenzó creando dibujos, luego letras y palabras para comunicarse, la célula parte del

---

[27] *emiliosilveravazquez.com.*

ADN de los genes para transmitir su lenguaje y gobernar el cuerpo humano. Como quisiera entonces la humanidad conseguir ese ADN tan singular de JesuCristo.

El genoma es el resultado de siglos de herencia evolutiva y contiene el manuscrito con la información que caracteriza a cada una de las formas de vida sobre la Tierra. El proyecto genoma humano permitió conocer que disponemos de unos 40.000 genes, ayudándonos a descifrar nuestro código, similar a como **Jean-François Champollion** para comprender la cultura egipcia con su Piedra de Roseta. La esencia del genoma está en el orden de las moléculas del ADN, que permite biológicamente hacer como el precepto de **Horacio**: «Una letra te llevará a una palabra, una palabra a una frase y una frase a todo el resto, ya que todo está más o menos contenido en una simple letra.»

Cuando la Virgen María dio su "sí" al Angel Gabriel, abrió la puerta de su útero para que Dios hiciera posible que se formara el ADN del Hombre-Dios, con el código genético de la molécula del amor puro y la vida. Cuando lo vio luego morir en la cruz y ser enterrado en el frio sepulcro, vio como la Tierra abría sus puertas para llevarse las células de su hijo celestial.

LA MOLÉCULA DE LA VIDA

Ese cuerpo que las mujeres no encontraban en el sepulcro tenía un diseño muy especial, partiendo desde la misma esencia en el corazón de cada una de las células de Jesús. La escritura del código genético en la molécula de DNA es un fenómeno digno del extraordinaria diseño Creador, insertando información en ésta doble molécula enrollada, con la forma de una "doble hélice" de aprox. 1,8 metros de longitud. Es como si fueran "dos trenes circulando en paralelo", que en el caso de Jesús de Nazaret uno proveniente de la madre María y otro del Padre celestial.

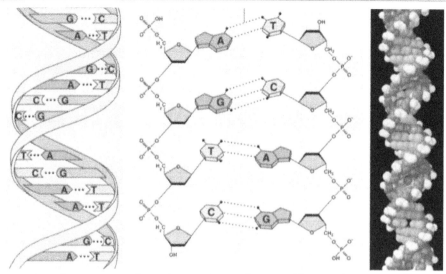

Los dos vagones de ambas cadenas de ADN dándose las manos.[28]

Cada tren contiene cerca de tres mil millones de vagones, llamados nucleótidos y cada tres vagones forman una letra, de forma que cada rama del ADN tiene cerca de mil millones de letras, con el "software" humano. Es una estructura de base de datos preconfigurada, lista para almacenar los miles de recuerdos que conformarán nuestra vida. Esta base está programada para que expresemos amor a través de nuestro intelecto, sentimientos y acciones.

Para el empresario de la informática **Bill Gates**, «El ADN es como un programa de computadora pero mucho, mucho más avanzado que ninguno que hayamos creado.» Es una "trenza" de información compuesta por más de mil millones de bytes de vida. Cada vagón del tren de nuestro ADN está construido mediante la unión de tres partes, con una compleja química de base a azucares que conforman la trinidad de nuestra carrocería. Por medio de un apretón de manos "biológica", se unen sus moléculas Adeninas, Timinas, Citosinas y Guaninas, cual parejas de enamorados en una combinación específica que nos diferencia apenas 1% de todos los demás humanos y menos de 3% de otros mamíferos. De esta forma, el Hombre-Dios

---

[28] *www.doublehelixcables.com.*

tenía su herencia genética terrenal, que le permitía sus funciones fisiológicas como ser vivo bajo el nombre de Jesús de Nazaret.

Ahora bien, este código de ADN se reproduce cada vez que las células humanas se duplican, lo cual sucede diariamente 100 billones de veces, para reponer las pérdidas normales de células sanguíneas, digestivas, de la piel, etc. Es decir, cada segundo se reproducen asexualmente unas 5 millones de células, por lo cual es un proceso continuo de copiado, tal como ocurría en el antiguo Egipto e Israel con los escribas.

En el ámbito de la biología, el encargado de esta labor de transcripción para la multiplicación celular es el ARN, que químicamente es parecido al ADN, pero inestable por lo que se mantiene unido unas pocas horas, hasta completar su trabajo en un genial proceso, sólo concebible por la infinita sabiduría de nuestro Dios Creador. Cuando Jesús logra dominar ese mismo proceso, es capaz de curaciones milagrosas a partir de la reconstrucción de órganos con el código genético original del benefactor, como fue con paralíticos y ciegos que habían perdido su funcionalidad.

Las maravillas y complejidades de este proceso hacen que *Isaac Newton*, un hombre inteligente, pero humilde concluyera: «Lo que sabemos es una gota de agua; lo que ignoramos es el océano.» Cómo imaginar cómo hizo Dios, en la forma de una sombra, para sintetizar a toda una cadena de ADN con su preciso y precioso código perfecto de amor, genéticamente diseñado para perdonar a sus verdugos en la cruz, algo inconcebible para un humano. Dios no disponía de un aparato reproductor masculino para producir sus espermatozoides. Tuvo que copiar ese inmenso código de 40.000 genes, sin errores, necesario para concebir un hijo masculino en una mujer: *¡Inimaginable!* Cual sinfonía las palabras del Arcángel (Lc 1,37): «¡Porque ninguna cosa es imposible para Dios!» No es de extrañar entonces que luego de quedarse sorprendidas por el cuerpo desaparecido, lo siguiente que sucediera fue la aparición de los ángeles "mensajeros de Dios."

LA REPRODUCCIÓN SEXUAL

La ciencia nos enseña que cada uno somos dos en uno, creándose un nuevo ser independiente gracias a un fenómeno inusual en la biología celular humana. Esto solo es solo posible por medio de la reproducción sexual para que dos personas de distinto sexo puedan concebir un hijo.

La copia del código genético para la reproducción asexual de una célula crea dos hijas iguales, 5 trillones de veces por segundo. En cambio, la creación de un nuevo código original, producto de la reproducción sexual de una célula femenina fecundada por una masculina, ocurre en promedio menos de 5 veces en la vida de una madre, espaciada varios años. Por ello, el acto que unió el ADN de la virgen María con el código implantado por Dios es prácticamente que infinitamente improbable, pero hace dos mil años misteriosamente ocurrió para formar la primera célula de Jesús de Nazaret, que ahora no aparece por ningún lado.

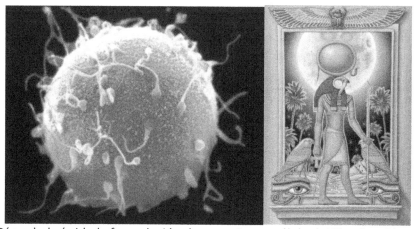

¿Cómo habrá sido la fecundación de esa primera célula del Hombre-Dios en la Tierra, tan esperado por los egipcios y hebreos? [29]

Nuestro Creador tuvo que idear algo que permitiese generar a un nuevo ser diferente de los progenitores. Cuando ocurre una división asexual, el código encriptado en 46 cromosomas es copiado y dividido en las dos células hijas. En la reproducción sexual son dos células que se unen, no que se dividen, por lo cual el resultado sería un individuo con 92 cromosomas, con un crecimiento exponencial que haría inviable el proyecto humano.

---

[29] http://www.webislam.com/media/image/2008/12/gran_zigoto.jpg.

Como la nueva célula solo puede cargar 46 cromosomas, la unión sexual solo puede realizarse con células especiales incompletos con solo 23 cromosomas: un óvulo y un espermatozoide. Este proceso se denomina meiosis y es clave para comprender la fecundación mitad humano y mitad Dios, que ocurre con la fusión de dos células progenitoras previas, dando lugar a una prodigiosa célula madre, que evoluciona hasta formar a todo un cuerpo. Las divisiones de las células hijas se van diferenciando, apagando progresiva y selectivamente genes con funciones específicas, para formar neuronas, pelo, músculos y así sucesivamente.

Esto implica que un ser humano no tiene la mitad de sus células de la madre y la otra del padre, sino que es una misma célula con la esencia del código genético completo. Tal cual una semilla que contiene toda la potencia dentro para formar el árbol, Jesús de Nazaret es mitad humano mitad celestial en cada una de sus células, en línea con su magistral clase de genética pronunciada hace dos mil años.

Desde la primera célula original ya está todo lo que necesita el ser humano vivo, **¡pero en miniatura!** 30 horas después del óvulo fecundado, sufre la primera división celular y de allí en adelante los "escribas" biológicos no paran su trabajo de copiado hasta que muere el cuerpo. Es decir, Jesús moribundo en la cruz seguía reproduciendo células con su parte celestial: ¡Dichosos los que lo tocaron hasta su último instante de vida terrenal! Ya una vez convertido en cadáver, esas células dejaron de reproducirse y comienza el proceso de descomposición celular, hasta que repentinamente desaparece en la frialdad de la oscura tumba.

El fenómeno de la conformación de Jesús ocurre en el "paraíso" del útero de su madre, María de Nazaret. Es en ese singular espacio del universo donde la "Palabra", se va a consustanciar con la materia para disponer de un cuerpo humano. Sorprende que el Creador no decidió comenzar con un ser humano maduro, sino que partió desde lo más humilde: un embrión indefenso. Bendita Tú eres entre todas las mujeres y bendito el fruto de tu vientre, Jesús. Significa que esa mujer tuvo un "pedacito de Cielo dentro" y ese es el pedazo que ahora no encuentran las valientes mujeres.

4. NO SABÍAN QUÉ PENSAR, PERO EN ESE MOMENTO VIERON A SU LADO A DOS HOMBRES CON ROPAS FULGURANTES.

El relato continua pasando de un problema terrenal de un cuerpo perdido por unas mujeres, a un evento sobrenatural en el que aparecen unas figuras celestiales. Un análisis de ese momento para entender la reingeniería espiritual que luego ocurre en Emaús nos invitaría a preguntarnos: ¿Por qué esas mujeres no sabían qué pensar? ¿Qué limitantes tenías las personas de esa época en esa zona para pensar que la señal que estaban presenciando era la del Mesías que vencía a la muerte? ¿Por qué Dios usa a esos hombres fulgurantes para transmitir la noticia? ¿Qué pasa cuando la humanidad entra en contacto con esas personas del más allá? Responder a estas preguntas nos ayudará a comprender que en ese instante la eternidad del cielo se conectó con la temporalidad de la Tierra.

PREJUICIOS POR CONDICIÓN ECONÓMICA

Las mujeres no sabían que pensar. No estaban entrenadas para ello! Eran parte de todo un complejo sistema "prehistórico" en el cual no había garantía de estar libre de prejuicio si la persona lograba nacer con el sexo, de los padres adecuados, en la región que era, si tenía suerte y no le pasaba nada malo que lo inhabilitara o enfermara. En la antigua Palestina no había garantía de nada, puesto que hasta la misma condición económica generaba un tremendo prejuicio contra los pobres.

Existía una clara separación social, una barrera infranqueable, entre los ricos que pensaban y mandaban, y los pobres que solo hacían lo que les permitían. No conocían las ropas de lujo ni los banquetes. Vivían en este mundo gris de la mendicidad, de la cual muchas de esas mujeres salieron al conocer y seguir al Maestro Jesús de Nazareth.

Los mendigos como cloacas humanas del imperio romano.[30]

Los indigentes constituían el estrato más bajo de la sociedad y condenados a vivir en la miseria sin honor, dignidad y el amor del dios del templo y por siempre. Consideraban que el honor ya no era recuperable cuando se había perdido. Los indigentes no eran nadie, no eran personas y por tanto no debían pensar.

La condición más degradante de los prejuicios económicos era la esclavitud. Muchas de esas mujeres estaban sometidas a esa condición que les limitaba tener la preparación mental comprender lo que pasaba. Para Grandes líderes de la humanidad han batallado contra esta desviación del hombre de querer dominar a los demás usando la violencia, hasta hacerlos su propiedad personal: **Abraham Lincoln**, **Martin Luther King**, **Nelson Mandela**, **Mahatma Ghandi**, **Simón Bolívar**, **William Wilberforce**, **Lech Walesa**, **etc.**

Esa esclavitud en la Palestina tenía que cambiar con la llegada del Hombre-Dios. Algunas de las enseñanzas de Jesús trataban sobre este tema del rico, el mendigo y el esclavo. Los prejuicios no solo se limitaban a la condición económica, sino a la forma como se ganaba el dinero, que en el caso de las mujeres era muy delicado, porque prácticamente el único activo

---

[30] *apologista.wordpress.com*

de valor que tenían para los hombres era su cuerpo y su servidumbre. Había prejuicios sobre el trabajo de los campesinos, el de los recolectores de impuestos, el trabajo pastoril, los que limpiaban y cocinaban, etc. Con la llegada del Hombre-Dios eso tenía que cambiar y Jesús trae la luz a un mundo lleno de prejuicios.[31]

Su forma de lograr que la gente internalizara el mensaje y el cambio eran también muy particular. Aplicando lo que indica **Ronald Heifetz**, experto en liderazgo de la Universidad de Harvard, Jesús "bailaba y subía al palco". Eso lo hacía retirándose periódicamente a analizar la dinámica social con la ayuda de su Padre. Desde afuera podía ver como se desenvolvía la acción desde lejos. Una vez veía cómo fluía la "pista de baile", bajaba de nuevo a seguir interviniendo en la psicología social de la época.

De esa forma, su revolución a los prejuicios a la condición económica de la época la hace gradual en los tres años de vida pública. Cuando ya estaba listo, subió a Jerusalén para llevar su mensaje a la máxima expresión, ocurrida cuando él mismo es execrado con su juicio. Como momento decisivo de su campaña en contra de los prejuicios, perdona a sus vengadores con su perdón y resurrección, dando una lección para la eternidad. El cambio que trajo consigo el "hijo de la luz"

Para esas mujeres, esa recién adquirida consciencia había sido violentamente apagada días antes cuando vieron a su Maestro morir en la cruz, por tanto estaban de nuevo sumidas en las tinieblas sin poder pensar, lo que las llevó a sentir que el fenómeno ocurrido se trataba de un robo y no del milagro de la Resurrección.

LA NOTICIA

A lo largo de la relación de Dios con la humanidad se puede ver como nuestro Creador utiliza figuras celestiales para darnos noticias de los eventos importantes. Así fue como Dios conquista el corazón de su futura esposa María y le pide tener un hijo con ella, así es como celebra el nacimiento de

---

[31] *lafuentequemana.blogspot.com.*

ese hijo con los pastores de Belén y así es como ahora comparte la gran noticia de la Resurrección de su hijo con las mujeres.

Cuando un niño nace los padres y abuelos plenos de felicidad y orgullo, trasmiten alborozados la noticia a los demás familiares y amigos para que vayan a visitarlos, le llevan regalos y compartan la alegría. Eso fue lo que hizo el Padre Creador "a su manera" (Lc 2,9): «Había en la misma comarca unos pastores, que dormían al raso y vigilaban por turno durante la noche su rebaño. Se les presentó el Ángel del Señor, y la gloria del Señor los envolvió en su luz; y se llenaron de temor. El ángel les dijo: "No temáis, pues os anuncio una gran alegría, que lo será para todo el pueblo: os ha nacido hoy, en la ciudad de David, un Salvador, que es el Cristo Señor; y esto os servirá de señal: encontraréis un niño envuelto en pañales y acostado en un pesebre." Y de pronto se juntó con el ángel una multitud del ejército celestial, que alababa a Dios, diciendo: "Gloria a Dios en las alturas y en la tierra paz a los hombres en quienes él se complace".»

La noticia del retorno de Jesús a la vida es sin duda alguna una noticia trascendental que el mismo Dios quiere compartir con sus amigas, por lo cual de nuevo lo hace a través de esas figuras celestiales, que el evangelista describe: "con ropas fulgurantes", al igual que lo hace en el momento en que Jesús se transfigura frente a sus discípulos.

Una característica fundamental de toda noticia, es que se trata de un suceso real que es posible verificar respondiendo las interrogantes básicas como son: ¿Qué? ¿Quién? ¿Cuándo? ¿Dónde? ¿Por qué? ¿Cómo? y ¿Para qué? Exactamente así lo narran los evangelistas, demostrando una pericia increíble como periodistas, lo cual no es lo usual en pescadores, recaudadores de impuestos y médicos griegos.

El Dios-Padre, orgulloso, les difunde la noticia a los pastores.[32]

En el caso de la noticia del nacimiento de Jesús, quedó muy claramente establecido que los primeros visitantes del niño Jesús en la Tierra fueron unos pastores. Se tratan de personas que eran marginados y minimizados socialmente, pero Dios los eleva y hace relevantes, haciendo coherente luego el mensaje de su hijo, quién siguió los mismos pasos al convertirse en el buen pastor. De forma coherente, el orgulloso Padre transmite la noticia de la resurrección a otro grupo de personas marginadas por la sociedad de la época.

En el nacimiento, Dios no solo informó con precisión, sino que los invitó a corroborar la evidencia (Lc 2,16): «Y fueron a toda prisa y encontraron a María y a José; y al niño acostado en el pesebre.» ¡Ya el Niño-Dios nació: Feliz Navidad! (Lc 2.10): «Mirad que os traigo buenas noticias que serán motivo de alegría para <u>todo</u> el pueblo. Hoy ha nacido en la ciudad de David un Salvador, que es Cristo, el Señor». Por su importancia para todos los hombres de todas las culturas y épocas, la noticia se extendió fuera de los límites de Israel, para llegar hasta unos misteriosos sabios de lejanas tierras: Los Reyes Magos.

---

[32] *buenanueva.net.*

De forma similar, el mensaje de estos hombres fulgurantes conllevará una acción movilizadora de quienes escuchan el mensaje de la resurrección y al igual que sucedió en el nacimiento, ellas serán las primeras en darle nombre al suceso.

En el nacimiento dijo su Madre: "Jesús es su nombre". Una mujer le puso el nombre a su hijo por lo que constituye un ¡escándalo de noticia! ¿La razón? Dios se adelantó y les indicó a María y después a José, el nombre que han de imponer al niño que viene (Lc 1, 31): «María, vas a concebir y dar a luz un hijo, y le llamarás Jesús.» La costumbre era que el padre legal debía imponer el nombre, circuncidaba al hijo y lo inscribía oficialmente. Será por eso que Dios le habla a su sirviente José para darle sus instrucciones (Mt 1,20): «José, acepta a María tu esposa. El hijo que lleva en el seno viene del Espíritu Santo, y tú le pondrás por nombre Jesús.»

Sin embargo, la labor del orgulloso Padre no quedó allí, sino que previno a su esposa y su fiel servidor para que pudieran contener el egoísmo del Rey Herodes, que cuando se entera de la noticia manda a matar a los niños de la zona. Un cruel e inútil esfuerzo de la humanidad por empañar el amor de Dios con el egoísmo de su odio, justamente lo que el niño Dios, guerrero de la paz venía a combatir. Paralelamente, los que ahora son testigos de la resurrección sufrirán las mismas consecuencias y 11 de los 12 apóstoles serán cruelmente sacrificados por llevar la nueva noticia: JesuCristo ha resucitado!

LA PUERTA AL MÁS ALLÁ

La aparición de hombres fulgurante indica que una vez más se abrió la "puerta del más Allá". No será la primera ni la última vez que esto ocurre, ya que las historias del viejo testamento y las apariciones modernas de la Virgen María indican que esa puerta no está sellada, sino que más bien parece una giratoria. Para comprender cómo es esa puerta hay que comenzar por comprender que se trata de aquello que nos da acceso a eso que está oculto para la ciencia y por ende es como algo que está detrás de un muro impenetrable para nuestro razonamiento, porque es donde vive el Creador.

Un buen primer paso para explorar la morada del Creador es buscar una puerta por donde entrar y conocer lo que hay del otro lado: "en la morada de Dios". La Puerta que conduce al más allá es un camino incierto. JesuCristo fue y vino, ofreciéndonos algunas claves de lo que hay del otro lado: el Jardín del Edén, el Paraíso Terrenal, el "Reino de los Cielos", etc. En sus días, Jesús afirmó que para asomarse hay que pasar por su mensaje (Jn 14,6): «YO SOY el camino, la verdad y la vida; nadie viene al Padre sino por Mí.»

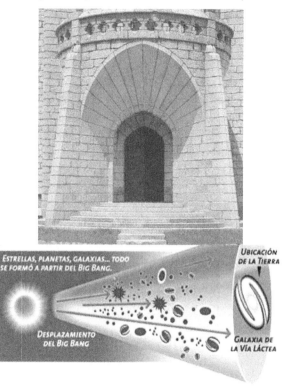

La Puerta entre la Creación y su Causa.[33]

Para acercarnos a la puerta hay que hacerlo con la visión peregrina de la paciencia, humildad, coraje y sentido común, mirando hacia el cielo. De esa forma esperamos conectarnos con el "Manantial" de dónde todo procede.[34] Abraham demostró que eso se logra dando un "salto de fe", que fue lo mismo que le piden los hombres fulgurantes a estas valientes mujeres.

---

[33] www.slideshare.net/.../origen-del-universo; .

[34] MERTON, Thomas. ISHI. Pomaire. Barcelona. 1968.

Aquellos humanos que no han querido aceptar esa condición y niegan la existencia del Creador, terminan sufriendo una crisis de desesperanza, que en el caso del filósofo alemán **Friedrich Nietzsche** lo llevó al suicidio, poco tiempo después de haber declarado que «Dios ha muerto.» Al parecer, a él no se le aparecieron estos hombres fulgurantes para darle la gran noticia de la vuelta a la vida del Hombre-Dios. Otros, como **Clive Staples Lewis**, en cambio han pasado el camino contrario, viajando del ateísmo a la creencia en Dios y su Morada, usualmente gracias al descubrimiento racional, emocional o espiritual de JesuCristo.

El pintor francés **Paul Gauguin** se acercó al Creador a través de la pintura, inspirado por las preguntas más trascendentales de la humanidad: ¿De dónde venimos? ¿Quiénes somos? ¿A dónde vamos?

¿D´où venons-nous? Que sommes-nous? ¿Où allons-nous? .[35]

5. ESTABAN TAN ASUSTADAS QUE NO SE ATREVÍAN A LEVANTAR LOS OJOS DEL SUELO. PERO ELLOS LES DIJERON: «¿POR QUÉ BUSCAN ENTRE LOS MUERTOS AL QUE VIVE?

Este siguiente segmento del preámbulo de la historia de Emaús nos cuenta la reacción de las mujeres frente al hecho extraordinario: Susto! La reingeniería de los hechos nos deja inquietudes: ¿Por qué esas mujeres no se atreven a mirar a los hombres fulgurantes? ¿Por qué miran al suelo? ¿Qué

---

[35] *Pintura del pintor francés Paul Gauguin. Museo de arte de Boston.*

tipo de lenguaje usan estos personajes celestiales? ¿Por qué los ángeles se extrañan que se busquen a los vivos donde yacen los muertos? ¿Qué significa la muerte? Responder a estas preguntas nos ayudará a comprender la visión que Dios tiene de la vida y la muerte en nuestra instancia temporal por la Tierra.

UNA MIRADA HACIA DIOS

Cuando las mujeres se enfrentaron con los hombres fulgurantes, ciudadanos del Reino celestial, su mirada se les clavó en el suelo. Cuando la humanidad está buscando a Dios tiende a mirar al cielo, pero cuando repentinamente la divinidad se les aparece, su omnipotencia hace que nos asustemos, bajemos la cabeza y reconozcamos su poderío.

Es interesante la reacción de las humildes y sencillas mujeres, porque en general, la humanidad ha estado siempre en ese camino de exploración la Creación y en especial el camino de la encarnación del Creador bajo figura humana. Toda la cultura egipcia giraba hacia la búsqueda de esos seres del más allá, al igual que la idea del Olimpo en la antigua Grecia. Eso no es por casualidad, sino que fue la promesa de Dios a la humanidad y en especial al pueblo Hebreo, al fecundar a una virgen y vivir un camino de palabras, milagros y sacrificios en la Tierra Prometida. Este ofrecimiento se hizo realidad en Jesús de Nazaret y estas mujeres eran las primeras testigos del cumplimiento de esa promesa ancestral.

Estamos conscientes de que los humanos han propuesto múltiples respuestas ante el misterio del origen y causa de la Creación, así como ¿Quién? o ¿Qué fue en realidad Jesús? ¿Un extra-terrestre? ¿El Amor palpable? Por ello aceptamos la incertidumbre que rodea el camino a emprender cuando nos encontramos frente a frente con los soldados y siervos de Dios. Para acercarse a Dios, unos lo hacen con tristeza, por lo que miran hacia atrás y se quedan en el pasado. Otros buscan acercarse con preocupación sobre el futuro, por lo que miran desordenadamente a su alrededor. Algunos incluso se acercan con la angustia de su presente y miran hacia abajo con depresión y miedo. Eso fue lo que les estaba pasando a estas mujeres.

Aquellos que quieren explorar el camino de Emaús, no como simples turistas a un sitio famoso, sino como individuos enamorados del Creador, conviene hacerlo bajo una dualidad: como científicos y peregrinos. Guiados por la ciencia usaremos cualquier instrumento moderno que nos ayude a conocer la Creación y así entender mejor a su Autor Creador. Por ello usamos innumerables reportes y libros científicos, que nos ayudan a comprender mejor las leyes que gobiernan a la Creación. Gracias al diseño de herramientas de exploración cada vez mejores, hemos podido acercarnos a lo sucedido en el frio Santo Sepulcro, hace dos milenios atrás, o la forma como se inició el Universo con un *Big Bang* hace 13 billones de años.

La ciencia solo puede acercarnos hasta unos pocos milisegundo de sucedido el acto Creador, pero no más atrás. Desconoce lo que había antes y ni si quiera puede imaginárselo, por lo que no puede idear instrumentos para medirlo. En consecuencia, la ciencia mira a su alrededor, que es donde está la materia, y nos ofrece una visión limitada de la vida. La manera que dispone el ser humano para penetrar en lo que existía antes de la Creación, es que su Causa nos lo revele. Ese fue el trabajo que Dios le asignó a esos hombres fulgurantes. Para entenderlos requerimos la manera del peregrino para escuchar la "Palabra de Dios". Esta revelación no solo viene del firmamento y las estrellas, sino del más allá, que es donde apunta la Fe: al Reino de los Cielos, al Jardín del Edén. De esa forma, en este encuentro con el Señor, al igual que las mujeres nosotros miraremos hacia el piso, para escuchar con humildad lo que los hombres fulgurantes tengan a bien decirnos, pero luego levantaremos la cabeza hacia donde apunta la fe... **¡hacia arriba, hacia adelante, hacia donde está Dios!**

No es fácil encontrar las palabras adecuadas para vaciar nuestras mentes y abrir nuestros corazones. Para ayudarnos a entender las palabras que estos ángeles, es necesaria mucha ayuda. Uno que está dispuesto a darnos una mano en esta labor es el sabio científico **Albert Einstein** cuando dijo: «Los años de búsqueda en la oscuridad de una verdad que uno siente pero no puede expresar. El deseo intenso y la alternancia de confianza y desazón hasta que uno encuentra el camino a la claridad y la compresión, sólo son familiares a aquél que los ha experimentado.»

La primera gran interrogante sobre Jesús de Nazaret que se hacen sus propios discípulos, es en relación a su identidad. No se preguntaron ¿Quién es?, sino ¿Qué es este hombre? Qué difícil es reconocer que frente a uno está el Creador del Universo hablando en persona como uno más. Esto explica porque no discutieron entre ellos si Jesús era un rabino o un profeta. Lo que se preguntaban era si tenían frente a sí al Mesías de Israel. Jesús afirmó repetidamente ser Dios hecho Hombre y para ello ofreció realizar una señal inequívoca y científicamente indiscutible: Su Resurrección, con la cual venció a la muerte con ley inexorable de la vida humana. El organismo terrenal-celestial de Jesús lo diferenció de todos los otros hombres que han existido, existen y existirán. Por ser hijo de Dios con una mujer humana, la composición de su molécula de ADN es dual y por ello es biológicamente un Hombre-Dios. Durante su vida en la Tierra mostró un componente humano y otro celestial, como si fuera Ciencia y Fe en íntima unión.

Concebido en María a la manera de Dios

Lo cierto es que ese singular ser humano vivió entre los hombres hace dos mil años y dejó una enseñanza de amor tan incondicional, que dividió la historia de la humanidad en dos: Antes y después de Él. Ese preciso momento en el cual se rompe la historia es el que le presentan los ángeles fulgurantes a las mujeres ese maravillo Domingo dos milenios atrás.

EL LENGUAJE DE LO SAGRADO

El relato nos indica que estos hombres fulgurantes hablan y lo hacen de la forma como se expresan los ciudadanos del Reino celestial, usando una extraña forma de comunicarse. El lenguaje de lo sagrado está estructurado simbólicamente bajo la forma de palabras, frases, imágenes, números, objetos, edificaciones, etc. Muchos lo llaman "esotérico", por incomprensible para el intelecto.

Las imágenes como símbolos alimentan el arte, como la poesía, la metáfora y las parábolas, como lo hizo Jesús (Mt 5,13): «Ustedes son la <u>sal</u> de la tierra. Si la sal se vuelve insípida, ¿con qué se le devolverá el sabor? Ya no sirve para nada y se tira a la calle para que la pise la gente. Ustedes son la <u>luz</u> del mundo. No se puede ocultar una ciudad construida en lo alto de un monte y cuando se enciende una vela, no se esconde debajo de una olla, sino que se pone sobre un candelero, para que alumbre a los de la casa.» La religiosidad y la espiritualidad del ser humano de todos los tiempos y culturas usa "simbolismos visuales", inclusive por medio de la imaginación desatada por las palabras. El mundo peregrino está lleno de figuras geométricas con especial simbolismo. El Yin y el Yan o el círculo de la vida. Se usan animales reales o ficticios para simbolizar cualidades, como el águila o los dragones, lo cual continúa hasta nuestros días para darle trascendencia a una nación, un grupo o un equipo deportivo. Con este lenguaje es que nos acercamos peregrinamente al Creador, completando nuestra visión racional.

Imago del lagarto y el puma Machu Pichu. Afrodita. El Ying y el Yang.[36]

---

[36] *www.infoperu.com; savedbylovecreations.com*

Un ejemplo de lo simbólico son los números y la Biblia está llena de ellos. Por un lado muestran la cara del César para lo científico o cuantitativo, así como a la cara de Dios, lo "cualitativo" del alma humana, que son las ideas y creencias que expresan:

- 1: Es el numero cardinal, denota unidad y primacía. Todos tienen necesidad del 1, pero el 1 no la tiene de nadie. Es el punto geométrico, representando aparentemente lo pequeño, pero que contiene en potencia a todos los demás números y figuras. Sin él ningún otro podría tener existencia alguna.

- 2: Partiendo del paraíso con su círculo, aparece la dualidad Cielo y Tierra. La suma de dos unos lleva al hombre a vivir con su dualidad humana binaria. Los humanos experimentamos ese número sagrado en muchos de nuestros órganos. Es el número de comunión y crecimiento (Jn 8,17): "El testimonio de dos hombres es verdadero." Simboliza seguridad y compañía.

- 3: Es el número del triángulo y la trinidad en el espíritu, el alma y el cuerpo, así como en la familia: Padre, Madre e Hijo. *Albert Einstein* la identifica como expresión matemática del Universo: Materia (M), Energía (E) y Luz (C). El número simboliza la totalidad: Comienzo, medio y final; Nacimiento, vida y muerte; Longitud, alto y ancho; Pasado, presente y futuro.

- 4: Simboliza al cosmos, el mundo: Son 4 los puntos cardinales y las estaciones del año. En el Paraíso había 4 ríos (Gn 4,10). Son los brazos de la cruz y el nombre de Dios en todas las religiones. Además es el primer número que admite una división sencilla.

- 5: Los números se diseñaron para contar: tenemos dos manos con 5 dedos. Este número representa a la Ciencia: el polígono. En la Biblia el número significa "algunos", "unos cuantos", una cantidad indefinida. Jesús tomó 5 panes para multiplicarlos, David salió con la gracia divina y 5 piedras a combatir contra Goliat.

De esa forma, una cantidad amplia de números tiene simbología: el 6 la imperfección humana, el 7 la perfección, el 8, 9, 10, el 12 de los apóstoles y las tribus de Israel, el 40, 153, etc. Es conveniente comentar el simbolismo del Número 12, porque representa a la "elección", al unir a lo divino con lo humano. En la vida cotidiana se presenta este número: 12 partículas básicas de la Creación; 12 tradicionales tribus de Israel; 12 Apóstoles; 12 son los signos del Zodíaco; 12 meses del año.

Otro número simbólico, ampliamente usando en la Biblia y en la vida cotidiana, es el número 7. Es el número de la perfección divina. En el séptimo día Dios descansó del trabajo de la Creación. Estaba plena y completa, buena y perfecta. Nada podía agregarse o quitarse de ella, sin perjudicarla. El Arco Iris se compone de 7 colores. 7 son los días de la semana. 7 son las notas musicales. El 7 es un número importante ya que se deriva de la suma del 3 con el 4, lo que significa la unión de Dios con el Hombre. Por eso Jesús le dijo a Pedro que debe perdonar a su hermano 70 veces 7, ya que era alcanzar el máximo de su espiritualidad.

LA MORTALIDAD DEL HOMBRE

Usando su lenguaje sagrado, los hombres fulgurantes le dicen a las mujeres que no busquen al que vive entre los muertos, lo que nos lleva a explorar qué es eso que pierde la vida humana. Al nacer lloramos, mientras los que nos aman se alegran, pero al morir nos callamos, mientras los que nos aman lloran. La muerte es científicamente ineludible y no hay forma de escapar de ella. **¡Lo más certero en la vida es la muerte!**

Saben los médicos que es absolutamente cierto que habremos de morir y también aceptamos que lo menos cierto, es cuándo y cómo vamos a morir: *"Mors certa, hora incerta"* (Muerte cierta, hora incierta) El final de toda vida como la experimentamos en esta Tierra es la muerte con la separación de todo. Es disolverse y sumergirse en el río del olvido y ser olvidado. Es la causa del por qué la muerte ha obsesionado al hombre desde siempre.

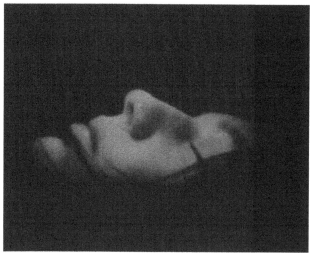

La muerte.[37]

Sin embargo, en el caso de Jesús esa vida no ha sido nunca olvidada, porque recuperó su vida con la Resurrección y nos dejó una forma de hacerlo presente en nuestras vidas dos milenios después.

Decía **Arthur Schopenhauer**: «Es preciso haber vivido mucho para reconocer cuan corta es la vida.» La muerte es muerte y todos los cuerpos humanos se marchitan, de forma tal que la muerte estará siempre al final de todo. Acaba con la pareja, los hijos, la familia, los amigos, el trabajo, el poder, las supersticiones y hasta la creencia en los dioses. Es la sensación de derrota y al no poder contra ella le tememos: Es la ley universal de la vida, que refleja el comportamiento de esas mujeres ante el fenómeno fulgurante que trascendió la muerte.

La absoluta impotencia para regresar a la vida, una vez se es cadáver, es un hecho que se desprende con la experiencia de la muerte de otros. El punto de no retorno que cierra el regalo de la vida. Son muchas las vías que conducen al hombre a la muerte. Es tan dura que incluso la negamos, la esquivamos y hasta nos engañamos con la posibilidad de la re-encarnación, pero el diseño de nuestro Creador indica que el cuerpo es válido sólo por un período limitado de tiempo. **¡Caduca! ¡Tiene fecha máxima de expiración!**,

---

[37] *edibere.com.ve.*

con la excepción de Jesús de Nazaret, tal como se lo anuncian los hombres fulgurantes a las temerosas mujeres esa mañana en el sepulcro.

Severo Ochoa se pregunta: ¿Termina la vida en la nada? La mente humana siempre busca el origen al final de su vida.[38] La declaración de Sidney de la Asociación Médica Mundial sobre la muerte, es muy precisa: «La muerte física es un proceso gradual a nivel celular, con la variación de la capacidad de los tejidos para resistir la falta de oxígeno. No obstante, el interés clínico no reside en el estado de conservación de las células aisladas, sino en el destino de toda una persona. A este respecto, el momento de la muerte de las diferentes células y órganos, no es tan importante como la certeza de que el proceso se ha hecho irreversible, cualesquiera sean las técnicas de resucitación que puedan ser empleadas.»[39]

Para hablar de la muerte nada mejor que la poesía con su lenguaje que brota de la profundidad del alma. Ante la realidad de la muerte, el hombre siempre ha tratado de buscar algo o alguien en el más allá: El re-encuentro de la esencia infinita dentro de la finitud de la existencia. Solo la creencia en un Dios nos permite superar el flagelo humano de la muerte. Jesús creyó tan fervientemente en ello que recuperó su propia vida y triunfó sobre la maldad y la muerte.

LA CULTURA DESPUÉS DE LA MUERTE

En todas las épocas y en todos los pueblos de La Tierra encontramos que el hombre ha creado distintas formas de expresarse con relación a lo sagrado. Las principales religiones convergen en la creencia en un Dios Creador del que venimos y hacía Él vamos.

Los Egipcios tenían su libro especial sobre la muerte, con sus oraciones, conjuros, hechizos mágicos y cuentos mitológicos; Los tibetanos tienen su ancestral creencia que la única certeza que la vida ofrece es la muerte, por lo cual su orientación principal es hacía lo espiritual; Los Pre-Colombinos tenían

---

[38] OCHOA, Severo. *En el Umbral del tercer milenio.* Comité de Expertos de Expo-92, Sevilla.

[39] *22ª Asamblea Médica Mundial, Sydney, Australia, 1968. Enmendada por la 35ª Asamblea Médica Mundial, Venecia, Italia, octubre 1983. www.unav.es/cdb/ammsydney1.html.*

una amplia cultura en temas de la vida y la muerte; Los relatos de los mitos Griegos, con sus fábulas e imágenes, revelan verdades eternas y ayudan al hombre a aproximarse a los "misterios de la vida"; Con el surgimiento de la alquimia aparece todo un mundo sobre lo oscuro mediante lo oscuro y lo desconocido mediante lo más desconocido.

A partir de la Resurrección, el Cristianismo afronta la muerte desde la óptica de la calidad de vida del alma. Es la lucha cotidiana entre ser un hombre bueno o malo, con su juicio final que nos conduce hacia el amor del Cielo o el suplicio del Infierno. En un camino están los valores de la verdad, la humildad, la bondad y la fe, mientras en el otro está la mentira, la idolatría el orgullo y el rencor.

Los caminos hacia el bien y el mal.[40]

En ese sentido, los hombres buenos se atraen y se les busca, porque su pasión dominante es la espiritual y tienen el alma dirigida en amar al Dios Creador; Mientras los hombres malos son los que se quedaron en las pasiones

---

[40] *todopositivo.com.*

corporales, donde su amor está dirigido hacia sí mismos y las cosas del mundo, por lo cual se **les evita y hasta se les teme!**

Jesús enseñó y practicó el amor en acción. Insiste en que lo que queda de la vida del hombre tras la muerte, es el amor en acción y no en potencia. (Mt 25,32): «Porque tuve hambre y me dieron de comer; tuve sed y me dieron de beber; fui peregrino y me acogieron; estuve desnudo y me vistieron; enfermo, y me visitaron, preso, y vinieron a mí.»

Ese camino del amor verdadero no es sencillo, porque enfrenta la tentación del camino del mal, fácil de seguir y difícil para salir (Mt 7,13): «Entren por la puerta estrecha. Que es ancha la puerta y espacioso el camino que lleva a la perdición y son muchos los que entran por ella. Y es estrecha la puerta y angosto el camino que lleva a la vida.»

Para conocer mejor lo que Jesús nos dijo sobre la muerte, vale la pena analizar la parábola de las diez vírgenes. Allí, Jesús nos enseña que seamos prudentes y no necios. Enseña que siempre se tenga la "lámpara encendida" con aceite suficiente y que es la luz de la conciencia permanentemente atenta (Mt 25,1): «En verdad os digo que no os conozco. Velad, pues, porque no sabéis ni el día ni la hora.» Lo que está en el tapete del juicio es la vida o la muerte eterna.

Algunas personas rechazan el soplo divino y viven sólo con base en lo que es terrenal en la búsqueda de la satisfacción del cuerpo y sus sentidos. Cuando llega entonces el implacable reloj de la vida, es cuando se hace más valioso conocer lo que la lámpara encendida de Jesús nos dice sobre la muerte, a través de sus parábolas y enseñanzas de siembra en terreno fértil.

6. NO ESTÁ AQUÍ. RESUCITÓ. ACUÉRDENSE DE LO QUE LES DIJO CUANDO TODAVÍA ESTABA EN GALILEA:

Finalmente el relato da la gran noticia: Resucitó. Hasta ese momento las mujeres no sabía que pasaba. Ahora todo ese misterio y miedo se aclara. La reingeniería nos invitaría entonces a pensar en: ¿Por qué no estaba el cuerpo del resucitado ya allí frente a las mujeres? ¿Qué significa resucitar? ¿Cómo les dijo Jesús a sus discípulos en la Galilea que resucitaría? ¿Dónde quedaba ese sitio tan especial donde vivió el Hombre-Dios? ¿Cuáles eran esas cosas de las que debían acordarse? Responder a estas preguntas es parte del proceso de reconversión que se consuma en Emaús.

EL SIGNIFICADO DE LA RESURRECCIÓN

La noticia entonces que le comunican los ángeles a la humanidad es que Jesús de Nazaret se transforma en el Cristo con su resurrección, cumpliendo así su palabra de honor: ¡Reconstruiré este Templo en 3 días!

En verdad resucitó! [41]

Para que el mensaje de amor incondicional asociado a este fenquedara claro, Dios se aseguró de cada detalle en el proceso de muerte y entierro de Jesús de Nazaret:

I. Que quedara constancia pública de la promesa de resucitar, al hacerlo en su revolucionaria visita al Templo de Jerusalén, con suficientes testigos calificados que escucharon atónitos la promesa, luego de que con un látigo Jesús revolucionara el

---

[41] hermanosdeemaus.com.

sistema de control religioso, político, social y económico de las autoridades hebreas de la época.

II. Que hubieran signos previos progresivos de que su hijo tenía la capacidad sobre la vida y la muerte, resucitando a una niña, a una viuda y a su amigo Lázaro. Esa demostración gradual de poder comenzó con una pequeña que recién moría y se hizo evidente al resucitar un cadáver podrido.

III. Que la destrucción del cuerpo del Hombre-Dios se hiciera de forma pública y contundente, con una muerte lenta, dolorosa e inequívoca en la cruz a la vista de todos.

IV. Que la sepultura del cadáver fuese evidente siguiendo las normas de custodia de la época, resguardados por la temible y disciplinada guardia romana.

V. Que el retorno se hiciera según lo pronosticado, mostrando el cuerpo glorioso con capacidades extraordinarias en múltiples oportunidades y ante múltiples testigos que evidenciaron los hechos y cambiaron su actitud ante los hechos.

VI. Con un proceso de comunicación imparable que ha llevado la evidencia del JesuCristo resucitado hasta nuestros días, con una contundencia inigualable en el marco de la historia humana.

EL TEATRO GEOGRÁFICO DONDE SE PRODUJO LA PROMESA

Jesús emite su promesa de resucitar en "La Tierra Santa", que es una faja pequeña en la costa mediterránea. La parte más larga de 225 kilómetros va desde las fuentes del rio Jordán hasta el Sur del Mar muerto. Se trata de una zona mágica por ser el manantial desde donde fluyeron las tres religiones monoteístas más importantes: La Hebrea, la Cristiana y la Musulmana, con el linaje común en un antiguo pastor nómada, el Patriarca Abraham. Pareciera que la opción del Creador de elegir ésta tierra como el lugar donde va a revelarse a los hombres, estuvo muy bien pensada.

La geografía condiciona la superestructura de la historia. Nuestra cultura particular es hija de condiciones climáticas, de las relaciones laborales, etc. En el caso de Israel, la proximidad al mar en el norte propició que fuera grandes navegantes, mientras hacia el sur estaban privados de bahías naturales y su vida transcurrió en las montañas desérticas. La zona presenta un fenómeno geológico único en el planeta, ya que se trata de un puente entre dos continentes. Ello hizo que estuviera rodeada por inmensos imperios aparecidos y desaparecidos durante diferentes épocas en la historia, con sus consecuencias en la forma de pensar y actuar de los pobladores, muy adecuadas para la "Revelación. ¿Será adrede?

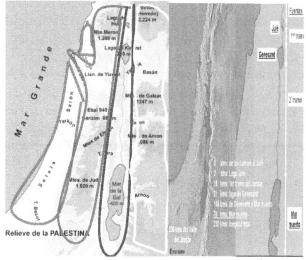

Las regiones de la antigua Palestina. [42]

Se trata la región de un cruce de océanos, de continentes, de carreteras. Dios escogió como lugar de su revelación un punto muy céntrico, donde se combinan "mágicamente" zonas fértiles rodeadas de desiertos, puntos terrestres con la mayor cantidad de luz durante el año y donde se inventa la escritura. ¡Todo perfecto para la iluminación y la sabiduría! El territorio estaba dividido políticamente en cuatro regiones: Galilea al Norte (la más alejada del poder); Samaria en el centro (con enconada amistad con su vecina del Sur), Judea (el centro religioso, político e intelectual) al Sur y Perea al otro lado del río Jordán.

---

[42] http://www.upcomillas.es/personal/jmmoreno/cursos/Esser/Geografia.

La zona cuenta con una planicie costera, una cadena montañosa que forma el corazón del país y la depresión del valle del río Jordán, que culmina en el desierto. Las montañas definen el régimen de lluvias. Las nubes vienen cargadas desde el Mediterráneo y al pasar por las montañas se enfrían y precipitan, cayendo sus aguas en el simbólico rio Jordán, que partiendo desde el lago de Genesaret baja hasta estancarse y evaporarse en el Mar muerto, la más profunda depresión continental de la Tierra, donde no existen seres vivos en sus aguas y orillas.

Las montañas de Israel es el lugar donde Dios se les manifiesta. Destacan el monte Carmelo, desde donde el profeta Elías sube al cielo; el Sión en las afueras de la ciudad vieja de Jerusalén, desde donde Abraham sacrificaría a su hijo Isaac, con la tumba del rey David y el Cenáculo; el Sinaí en pleno desierto donde se le apareció Dios a Moisés en una zarza ardiendo y luego le entrega los mandamientos; el solitario Tabor desde donde Jesús hace su transfiguración, premonición de lo que sería su cuerpo glorioso después de la Resurrección; el Hermón que era el guardián del límite norte de la Tierra Prometida; el Gerizim, sagrado por los samaritano donde Jesús conversa con la mujer en el pozo; el Gólgota, lugar donde ocurren los hechos asociados a la crucifixión, muerte y Resurrección.

La selección de esta zona en el diseño divino del Creador es sin duda una opción interesante, por la confluencia de los espacios y las culturas con sus lenguas y creencias.

LA GALILEA Y SAMARIA

La Galilea fue la patria chica de Jesús de Nazaret y la cuna del Cristianismo. Estaba al norte más expuesta al paso de las caravanas comerciales, con la inevitable fusión de sus habitantes con los extranjeros, por lo cual los de Judea los consideraban impuros (Jn 1,46): «De Nazaret, ¿puede salir cosa buena?»

Según el historiador judío **Flavio Josefo**, en una zona con palmeras, datileras, higueras, olivos, nogales, etc. Se cultivaba el trigo, la vid y el lino. Se pescaba a las orillas del lago y la vida transcurría apacible lejos del Templo oculto, los ermitaños de las altas montañas o los extraños del desierto. Es el corazón donde vivía la gente común.

El centro de Galilea era su lago, con aguas dulces y variedad de peces. Por la mezcla peligrosa de un lago bajo el nivel del mar rodeado de altas montañas, se daban intensas tormentas, que enriquecían una fértil franja que atraía a campesinos y la hacía apetecible a los invasores. En los tiempos de Jesús, los que vivían a las orillas del lago eran gente trabajadora, de escasa cultura y que poco cumplían los deberes religiosos.

Galilea en los tiempos de Jesús[43] y la antigua Nazaret.[44]

Las principales poblaciones de la Galilea antigua estaban en las cercanías al lago, como Cafarnaúm, Cana, Bethsaida, Magdala, Naím y Nazaret. Comprender la naturaleza del pueblo de crianza de Jesús es clave para entender mejor la forma como Jesús se relacionó con sus vecinos, a quienes prácticamente trató como familia. Este pueblo era una pequeña aldea pobre de apenas unas 20 familias, con casas sencillas adosadas a las grutas naturales.

Estos pueblos no tenían grandes templos, sino pequeñas sinagogas hebreas, donde se reunían los judíos para rezar por la mañana, a primera hora de la tarde y al acabar la jornada. Su principal acontecimiento ocurría el sábado, donde se leía la Ley; se cantaban los salmos y los rabinos comentaban lo que sabían, por tanto servían de escuela. Allí no se llevaban a cabo sacrificios de animales a diferencia del Templo de Jerusalén.

Un pueblo galileo de importancia fue Cafarnaúm, considerada por el evangelista Mateo (10,1) como: "la Ciudad de Jesús", por la intensa prédica.

---

[43] *tunoticierodigital.com.*

[44] *aplicaciones.info.*

Por su importancia estratégica disponía de una guarnición romana. Era la puerta a Samaria, que era una región de tránsito obligado para llegar a Judea. Esa zona, que había sido unificada por el Rey David, luego termina religiosamente separada por la incapacidad de sus nietos para mantener unido al pueblo elegido.

Judea es la región más meridional y alta de Palestina, rodeada de montañas y con grandes zonas desérticas. Una particular fuerza de atracción la ejercían las montañas de Judea, a causa del silencio y la soledad que reinaban con áspera belleza. Hombres y mujeres se retiraban allí para consagrarse a Dios en el ayuno y en la oración. Otras ciudades de Judea eran Belén, Hebrón, Betania, Jericó y la trascendental Emaús, donde ocurre la reingeniería espiritual que nos concierne.

LOS PREJUICIOS GEOGRÁFICOS

Jesús pudo haber nacido en Galilea, pero predicar en otros lados. Sin embargo, escogió dar la mayoría de sus mensajes allí, porque los prejuicios geográficos de la época hacían ideales receptores del mensaje los habitantes de esas zonas alejadas de la capital. Las diferencias de los judíos de Jerusalén con hebreos que se habían mezclado con otras culturas eran muy fuertes.

Luego del retorno del exilio de Babilonia, esa situación se agravó, impidiéndose a los samaritanos colaborar en la reconstrucción del Templo en Jerusalén y la tensión se materializó con la construcción del Templo en el Monte Gerizim. Mostrar compasión hacia los extranjeros estaba contra las reglas de pureza, razón por la cual impacta tanto la Parábola del Bueno Samaritano, esencial para de explicar la compasión humana cristiana.

La parábola del buen samaritano.[45]

Las acciones de la solidaridad hacia el malherido, en la cual el caminante samaritano se conmovió, se acercó, le vendó las heridas, las curó, lo montó en su propia cabalgadura, se lo llevó a una posada y lo dejó a buen cuidado, contradecían las enseñanzas de las autoridades. De igual forma, cuando las mujeres se paran temprano esa mañana para perfumar al Maestro destruido, contradicen lo que hicieron los discípulos que huyeron a Emaús.

En la parábola, al Jesús identificar el amor de un enemigo al prójimo de esa manera era inaceptable para un oyente judío de la época. La actuación del samaritano se presenta como una formulación extrema de lo que debe ser la actitud de solidaridad hacia el prójimo. El samaritano traspasa los límites de lo razonable pues hubiese sido bastante con atender al malherido. Pero aquel no solo lo cuida del tiempo presente sino también del futuro.

Jesús práctica la solidaridad y no se queda en la teoría, pidiéndole a quienes le escuchan: «Vete y haz tú lo mismo.» Más claro no "canta un gallo"

---

[45] gmatrimoniosasuncionntrasra.blogspot.com.

en contraposición con las autoridades que esclavizaban emocionalmente al pueblo.

Nicodemo acepta su ceguera y cambia. El resto de sus compañeros autoridades no tuvieron la humildad para enfrentar su error y optaron por asesinarlo, primero jurídicamente y luego físicamente. ¡Lo que nunca lograron fue asesinarlo espiritualmente! Por eso los hombres fulgurantes le dicen a las mujeres que el espíritu de Jesús vive y que prontamente lo verán recuperar su figura corporal.

7. EL HIJO DEL HOMBRE DEBE SER ENTREGADO EN MANOS DE LOS PECADORES Y SER CRUCIFICADO, Y AL TERCER DÍA RESUCITARÁ.»

El relato continúa con el gran resumen de lo que pasó esa "Semana Santa". La reingeniería de este segmento del suceso comienza por preguntarse: ¿Por qué Jesús es el Hijo del Hombre? ¿Qué significa ser un Dios encarnado, pero a la vez hijo de todos nosotros? ¿Quiénes eran esos pecadores en cuyas manos debía ser entregado? ¿Por qué eran pecadores? ¿Por qué esos supuestos pecadores lo querían ver muerto? ¿Por qué fue al tercer día que resucitó y no a otro número distinto? Responder a estas preguntas nos ayuda a avanzar en nuestro preámbulo para comprender lo que sucede en Emaús.

EL HIJO DEL HOMBRE: DIOS EN CARNE

La "Palabra" se va hacer materia en este particular teatro geográfico, en el olvidado pueblo de Nazaret, en un minúsculo y remoto Planeta de una galaxia menor, que es la Vía Láctea. Es un acto asombroso, único y extraordinario de una extrema humildad. Dios, con todo su poderío, quiere hacerse nuestro hijo. Es el Héroe mítico que comienza de lo más mínimo como un indefenso embrión en el vientre de una simple mujer escogida por el Todopoderoso, para que su Palabra haga un nuevo *Big Bang* para el salto cuántico del amor en la Tierra.

El filósofo alemán **Friedrich Nietzsche**, al estudiar las creencias de los pueblos expresó: «Las milenarias culturas estaban llenas de hijos de dioses, de héroes nacidos de la unión entre un dios y un mortal. El hijo de dos dioses es otro dios. El de un dios con un mortal es una deidad, un héroe.» Los mitos universales, sobre el Mesías y lo descrito en los evangelios muestra la importancia sobrenatural de esta concepción de una virgen. Así, el Hijo de Dios se hace primero cigoto, luego embrión, feto, bebé, niño, adolescente y adulto. Una vez completado el ciclo, pasa a ese acto singular de entrega, sacrificio y retorno a la vida.

Las más relevantes para la mentalidad de los que convivieron con el Hombre-Dios fueron el mito egipcio y el griego. El relato mítico en los egipcios es complejo, naciendo de los dioses primarios Geb (la Tierra) y Nut (el Cielo). Como fruto de esa relación amorosa nacieron Osiris, Isis, Set y Neftis, con un sinfín de intrigas asociadas y el simbolismo correspondiente.

Imago de Osiris. El Hijo de los dioses de la Tierra y el Cielo, Geb y Nut y la corona de Ra y el Sol.[46]

Los mitos Griegos del Olimpo comparten muchos de los elementos de esta concepción, involucrando a Zeus embarazando a la bella e inocente Dánae, al trasmutar su esencia en una "lluvia hecha en base de polvos de oro", introduciéndole la semilla de una nueva vida: la del futuro héroe Perseo, con todas las intrigas de sus logros, que son inspiración para el cinematografía moderna en su «Furia de Titanes».

La concepción virginal está trascrito en las creencias del pueblo hebreo, bajo la figura del Mesías de Israel, el Cristo para los griegos. Fueron escritas por hombres con nombre y apellido y en tiempos y lugares conocidos,

---

[46] *temploinfinito.blogspot.com.*

a través de las Profecías y Salmos, para que en el tiempo correcto la Palabra se haga carne a través del mecanismo de la fecundación, sea nuestro hijo y deje huella en la historia humana.

LOS ANTECEDENTES DEL PUEBLO HEBREO

Los pecadores en cuyas manos Jesús debía ser entregado es el famoso pueblo elegido de Dios. Se calcula que la población de hebreos en los tiempos de Jesús en la Tierra Prometida pudo ser cerca de un millón de personas. Fuera de ella, podía haber otro millón de judíos en la "**diáspora**", repartidos por todo el mundo conocido. Si conectamos con lo que nos dice el Génesis, podríamos indicar que coexistían tres grupos de generaciones descendientes de Noé conviviendo en la zona. Luego aparece la gran figura patriarcal de Abraham y sus descendientes que emigran a Egipto para convertirse en esclavos.

Se consideran como hebreos al grupo de personas que salieron de Egipto con Moisés en el Éxodo y deambularon por el desierto hasta establecerse en la Tierra Prometida. Es la "epopeya nacional del pueblo de Israel". Dios, después de haber manifestado su amor y su poder, estableció su Alianza y promulgó su Ley, pasándose a ser una comunidad con un gran propósito común.

Luego de la enorme hazaña militar de reconquista, con la ayuda de los reyes y profetas, el pueblo se establece en la gran capital Jerusalén, hasta que siglos después es saqueada y reducida a cenizas y sus habitantes fueron nuevamente deportados a Babilonia. Fue una época triste del gran pueblo elegido por Dios y que había vivido sus mejores años de prosperidad cuando reinaba Salomón, constructor del primer gran Templo.

Los 70 años de exilio termina cuando los persas permiten el regreso del pueblo judío, quienes poco a poco van recuperando el control de sus tierras controladas por los restos de la conquista helénica de Alejandro Magno. Ya para 200 a.C., Judea se hizo virtualmente independiente y da inicio a la dinastía de los reyes Macabeos, que se convierten en los gobernadores políticos, así como en la máxima figura religiosa.

Luego de la reconstrucción del Templo por el rey Herodes, este se convierte en títere del gran imperio romano que pone su yugo sobre la Tierra

Prometida, quienes imponen su Ley y sus impuestos, bajo el férreo yugo de la Pax Romana. Durante el gobierno del emperador Augusto, se produjo una mejora en la situación de los judíos al Roma respetar a la religión, las leyes y las instituciones judías. Dejaron sobrevivir el culto del Templo, la autoridad del Sanedrín y la del Sumo Sacerdote.

Durante ese período, nació en un pequeño pueblo en Palestina Jesús de **Nazaret**, un hombre que cambiaría el mundo por ser la fuente de la verdadera paz personal y mundial duradera. Nada que ver con la paz temporal y hasta falsa que los hombres pueden dar no importa lo sabio, bueno o excelente de los gobernantes.

El poder militar de los soldados del imperio Romano.[47]

DOS SISTEMAS PARALELOS DE GOBIERNO

En enfrentamiento de Jesús en el Templo y luego en sus días previos a su juicio implicaba un enfrentamiento contra los dos grandes exponentes del poder en la época. En esas manos es que debía luego entregarse para su martirio.

---

[47] *es.wikipedia.org*

El Procurador Romano y el Sumo Sacerdote, ejercían el poder en dos sistemas políticos paralelos y cada uno con sus funcionarios, leyes e impuestos. El Hombre-Dios escogió el látigo de su palabra y sus hechos para comenzar su revolución del amor y para terminarla con su entrega en el Huerto de Getsemaní.

El componente material del sistema de gobierno lo ejercía el imperio romano en conexión con reyes judíos sumisos, que disfrutaban de sus privilegios por mantener sumiso al pueblo del opresor externo. Judea era administrada directamente por un funcionario que residía en Cesárea y detentaba el poder civil y militar. En la época de Herodes en Grande el Procurador romano en funciones era Valerio Grato y luego Poncio Pilato.

El gobierno espiritual, que tenía fuertes componentes materiales lo desempeñó Anás en los inicios de la vida de Jesús y luego su yerno Caifás, que llevaba más de una década para el momento de los acontecimientos. Este Sumo Sacerdote inquisidor de Jesús, lo heredó Poncio Pilato de su antecesor, lo cual tuvo sus implicaciones en el simbolismo de la iniciación mesiánica. Otra implicación importante fue la esposa de Pilato, Claudia Prócula, lo cual no era la costumbre, ya que la norma era que se quedaban en Roma. La presión del Procurador por mantener la provincia en paz era vista con mucho cuidado por la administración romana.

Situación similar vivía el Sumo Sacerdote como máximo responsable de la Ley y del Templo. Gozaba del privilegio de ser el único mortal que podía entrar un día al año, el día del Perdón, para rociar la sangre en ofrenda por los pecados y ofrecer incienso en el *Sancta Sanctórum*. Ese día se le conoce actualmente como el del *Yom Kippur*. El Sumo Sacerdote debía defender la pureza ritual. Se esperaba de este rol un especial cuidado del aspecto externo. Le estaba prohibido llevar despeinados los cabellos y se rasgaba las vestiduras en señal de duelo. Si ese acto se consumaba, toda la nación judía entraba en duelo por esa blasfemia. La menor falta en el cumplimiento de las normas litúrgicas le habría acarreado un juicio por Dios y por eso realizaba con temblor sus obligaciones en el sacrosanto.

El sumo sacerdote de los antiguos hebreos.[48]

Este sacerdote comandaba el Sanedrín, que era el lugar en donde la política y la religión se mezclaban, dictando leyes, juzgando delitos y regulando la vida del país. Ninguna institución moderna es comparable a lo que fue para Israel el Templo de Jerusalén y ni ningún edificio-símbolo del poder actual puede ejercer un impacto similar al que dominaba esa primitiva institución de la antigüedad. De hecho una mínima porción externa de su muro sigue siendo objeto de inmensa peregrinación milenaria.

El Sanedrín controlaba las leyes con una visión castrante: «El Que Vive habló también a Moisés diciendo: "Di a los hijos de Israel que guarden mis sábados, porque es señal entre mí y vosotros por vuestras generaciones, para que sepáis que Yo Soy El Que Vive que os santifico." Seis días se trabajará; más en el séptimo día es sábado de reposo consagrado al Que Vive. **Cualquiera que trabaje en sábado morirá.**» Con un látigo Jesús movió el piso de las autoridades re-interpretando estas leyes milenarias, por lo que su entrega significaba la condena a muerte.

---

[48] *es.wikipedia.org*

LA VIDA SOCIAL EN LA ÉPOCA DE JESÚS

En el esfuerzo por comprender el acto de entrega de Jesús a los pecadores, conviene estudiar las tres grandes clases sociales que cohabitaban en palestina hace dos milenios:

I. <u>La clase alta</u>: Estaba compuesta por la aristocracia sacerdotal con los Sumos sacerdotes; los Jefes romanos; las familias de abolengo; los grandes terratenientes; los ricos comerciantes; los jefes de los recaudadores de impuestos.

II. <u>La clase media</u>: Estaba integrada por los pequeños comerciantes; los artesanos propietarios de sus talleres; los dueños de las hospederías y los levitas (no eran miembros de las familias sacerdotales).

III. <u>La clase baja</u>: Estaba constituida por la inmensa mayoría de la población. Eran los pobres y los marginados compuesta por los campesinos que poseían algunas tierras de cultivo (apenas les proporcionaban lo suficiente para sobrevivir); los jornaleros o trabajadores y los pequeños artesanos de aldea (herreros, carpinteros, albañiles. A este gremio pertenecía José, el esposo de María de Nazaret). Se sumaban las mujeres, los niños, los esclavos no judíos (la mayoría árabes), los pastores asalariados, los pecadores (prostitutas y adúlteras) y los publicanos (los encargados de recaudar los impuestos).

Fariseos y sus normas.[49]

---

[49] adoremosalcordero.blogspot.com.

Para comprender mejor las palabras y los hechos de Jesús, es conveniente explorar también las sectas que doscientos años antes se fueron formando. Las principales eran los dos grandes grupos en el Judaísmo: los saduceos, que eran los sacerdotes aristócratas de Jerusalén y los fariseos, que eran los rabinos que vivían en las comunidades dirigiendo la red de sinagogas y escuelas.

Paralelo a estos dos grandes grupos, aparecen los escribas, que por su formación intelectual y académica, habían aventajado en todos los aspectos a la antigua clase de la nobleza sacerdotal y laica, porque no estaba fundada sobre el privilegio del nacimiento o el dinero, sino por su saber. En su mayoría eran laicos y varones. En la época de Jesús también existía la corriente espiritualista que florecía en el desierto, llamadas los Esenios, grupo al cual probablemente se había unido en algún momento Juan el Bautista. Otro grupo de interés es el de los Zelotas, que era un movimiento subversivo en contra de la autoridad romana, con una mística política que provenía de la gesta de los Macabeos.

En la palestina de Jesús también se distinguían los helenos, que eran los judíos nacidos fuera de Judea en las colonias del antiguo imperio de Alejandro Magno, y los Samaritanos, que eran un pueblo mestizo judeo-pagano, cuya sangre estaba "contaminada" con la de extranjeros persas. Sin embargo, al ser también descendientes de Abraham y Moisés, compartían con los judíos el mismo Pentateuco y la misma esperanza mesiánica. Finalmente, en lo más bajo de la pirámide social los marginados, formado por esa inmensa masa de mujeres, campesinos, pescadores, enfermos y demás pobres que eran considerados ¡seres inferiores! Pensar y actuar así representaba un pecado inmenso a los ojos del Creador, porque violaba su Ley fundamental: Amarás a los demás como a ti mismo.

Jesús vino también a cambiar todo eso, por ello es considerado el liberador de los oprimidos y por ello debía entregarse a estos pecadores para cambiarles sus comportamientos como expresión de su Amor. Eso lo hizo cuando en la cruz los perdona por todo lo que le hicieron y en especial cuando al tercer día resucitó y se les aparece sin ningún tipo de rencor ni deseo de venganza, **¡Qué gran amante de la humanidad es Jesús!**

EL TERCER DÍA

El lenguaje sagrado está lleno de números simbólicos. 3 días representaba la señal de Jonás, que tanto Jesús le anuncia a sus discípulos. Este profeta de la antigüedad tenía la tarea de llevarle la Palabra de Dios al pueblo de Nínive, pero trató de esconderse de Dios, siguiendo el ejemplo de Adán y Eva cuando luego de comer del árbol prohibido se le esconden al Creador. Jonás intenta huir, tal cual como los discípulos de Emaús, pero Dios lo pone a prueba y por tres días sufre las consecuencias de la desobediencia en las entrañas de un pez en el fondo del mar. Al salir de su reclusión, Jonás cumple su designio y logra que el Nínive se arrepienta de sus pecados y se convierta. 3 días es un número perfecto de tiempo de ausencia porque:

- Permite que se decanten los hechos, pasen las primeras angustias y confusiones, se tenga tiempo de reflexionar lo que significó haber vivido junto al Dios encarnado y extrañar al Maestro, sin olvidarlo.

- El cuerpo ya ha entrado en el rigor mortis, pero todavía no ha avanzado lo suficiente en su proceso de descomposición. Ya la experiencia de Lázaro demuestra que un 4to día en la tumba es suficiente para que los olores de la podredumbre sean insoportables.

- Permite que se celebren los sucesos de la pascua o *"pass over"*, que recuerdan lo ocurrido siglos antes en Egipto cuando Dios libera a los hijos hebreos de la plaga de muerte a los primogénitos.

- Permite que se le a los hombres su debido descanso al Sábado, como erala costumbre de la época.

- 3 es el número de la trinidad, de manera que se integra a la perfección el Hijo, con el Padre y con el Espíritu Santo.

8. ELLAS ENTONCES RECORDARON LAS PALABRAS DE JESÚS.

El relato continúa con ellas recordando lo que fue la esencia del mensaje que recibieron del Hombre-Dios en sus días de prédica. La reingeniería de este corto, pero importante segmento nos invita a preguntarnos: ¿Por qué son tan potentes las Palabras de Jesús, que ellas las recuerdan al momento? ¿Cuál era la esencia de las palabras que recordaron? ¿Cuándo comenzó Jesús a decirle esas palabras a las mujeres? ¿Qué pasa en la persona cuando recuerda esas palabras? Responder a estas preguntas nos ayuda a comprender la potencia de las palabras que Jesús le dirá a los discípulos que huían rumbo a Emaús y en especial a valorar el impacto que ese encuentro tuvo en ellos.

LAS POTENTES PALABRAS DE JESÚS

La palabra es el medio mediante el cual un ser humano expresa sus pensamientos y sentimientos, lo que le permite interactuar con otros. El evangelista Juan en la introducción de su obra nos dice que la "Palabra" es la causa y razón de la Creación. Una de las formas más contundentes como Jesús expresó el mensaje de amor fue a través de la palabra hecha compasión humana.

Jesús utilizó este concepto como respuesta a la pregunta que un doctor de la ley le hizo: «Maestro: ¿Qué he de hacer para tener en herencia vida eterna?» La respuesta de Jesús es una nueva pregunta e interroga al "experto" en relación con lo que las normas dicen: «¿Qué está escrito en la Ley? ¿Cómo lees? Respondió: "Amarás al Señor tu Dios con todo tu corazón, con toda tu alma, con todas tus fuerzas y con toda tu mente; y a tu prójimo como a ti mismo."» Mateo redacta e manera magistral esa idea en los que se conoce como la Regla de Oro: «**Traten ustedes a los demás, tal como quieren que ellos los traten a ustedes.**»

Estas fueron unas palabras impresionantemente simples que reflejan una esencia fundamental del mensaje cristiano, resumiendo magistralmente lo que fueron los días del Hombre-Dios, que como un buen pastor cuidó de su rebaño en la antigua Galilea, compartiendo con ellos milagros y palabras de amor.

Jesús iba a pie, caminando como hombre simple enseñando en sinagogas, montes, ríos, pozos, casas, caminos y donde sea que la gente lo necesitase. Por ello era alabado por todos. Fue un hombre que hizo lo que predicó y si dijo que hay que perdonar setenta veces siete, cumplió con su palabra e Él lo hizo en la cruz. Hasta el final de su estadía como Hombre-Dios en la Tierra, mantuvo una actitud recta y valiente, por ser un hombre autónomo al estar seguro de sí mismo en sus objetivos. Es hombre simple y no un hipócrita. Es un hombre de "Palabra" y su palabra en Galilea era que se les daría la señal de Jonás y sus palabras en la última cena era que "estaría con ellos hasta el final de los días".

Séneca dijo: «Practicaba lo que reprendía, hacia lo que criticaba y adoraba cuanto censuraba.»[50] Eso tenía que cambiar con la llegada de Dios a la Tierra y para ello Jesús usó magistralmente sus palabras para mostrar el mensaje de Dios a los hebreos del momento y los hombres de todos los tiempos, al tocarles la puerta.

¿Quién es?: SOY YO.[51]

Jesús valoró la riqueza en los sentimientos y el sentido común. El campesino atento a la semilla que crece; el pescador que saca los peces; el criado que cumple sus tareas con esmero; el constructor que verifica los cimientos; el hijo que aprende el oficio observando a su padre; el padre deseoso de dar cosas buenas a sus hijos; la mujer que da a luz y olvida todos sus dolores ante la alegría de ver nacer una vida; el hombre que valora la vida de otro, aunque sea en sábado.

---

[50] *GARCIA, Carlos. El Consejero de Nerón. Séneca. National Geographic. Historia. Nº 25.*

[51] *imgur.com/i8yV7sN.*

LA LLAMADA A LA MISIÓN

Lo que las mujeres recordaron tuvo un gran comienzo, que fueron las primeras palabras de Dios cuando su hijo inicia su vida pública. La llamada de Dios a su hijo para que comience su aventura se inicia como toda gran experiencia, con un "kick off", que fue el bautizo. Es un acto misterioso y ritual que hizo que Jesús pasara un umbral equivalente a un renacimiento. Ya su vida no será privada, sino que sale "disparado" sin que nadie y nada lo detenga. Es una aventura que perturbará para siempre su vida cotidiana. Este salto ocurre luego de 17 años misteriosos de la biografía de Jesús de Nazaret, que algunos erróneamente catalogan como "perdidos", período donde mueren sus abuelos Ana y Joaquín y su padrastro José.

Muchos en nuestras propias y personales vidas tenemos llamaditas del amor de Dios. Saulo de Tarso tuvo una llamada fenomenal que le cambió la vida. Cuando el momento es correcto, ocurre la sincronización y se deja la vida apacible en su remoto condado para entrar en la vorágine de la vida pública. Para Jesús de Nazaret, de repente todo cambio! Lo escrito por el evangelista así lo corrobora (Lc 4,23): « ¿No es éste el hijo de José?» De manera que para sus coterráneos, Jesús era uno más de ellos conviviendo cual vecino integrado con su comunidad.

El llamado a la acción.[52]

---

[52] kissingtherainunderthestars.blogspot.com.

La historia apunta que Jesús encaminó sus pasos en dirección al río Jordán en donde su primo ejercía su ministerio. (Mt 3,1): «Por aquellos días aparece Juan el Bautista, proclamando en el desierto de Judea: Convertíos porque ha llegado el Reino de los Cielos. Este es aquél de quien habla el profeta Isaías cuando dice: Voz del que clama en el desierto: Preparad el camino del Señor, enderezad sus sendas.»

El bautizo se hace con el símbolo de la limpieza del alma: El agua purifica lo sucio. Apenas fue bautizado, Jesús salió del agua. En ese momento se abrieron los cielos, y vio al Espíritu de Dios descender como una paloma y dirigirse hacia él. Y se oyó una voz del cielo que decía: "Este es mi Hijo querido, en quien tengo puesta toda mi predilección."» ¡Qué impresión tuvo que tener!

Juan el Bautista no anunció a Jesús como un emperador o un gran guerrero, sino que lo hizo como un Cordero que, como todos, son llevados al matadero para ser despellejado, descuartizado y luego comido, lo que significa que a Jesús le va a suceder igual: Despellejado, descuartizado y comido, pero todo para la salvación de la humanidad, de forma que podamos disfrutar el Reino de Cielo.

Esas palabras debieron producir una profunda impresión entre los ahí presentes, porque en general esperaban al Mesías de Israel como un león que va a expulsar a los romanos de Palestina. El bautizo en el Jordán es un empuje espiritual que lleva a Jesús a retirarse por cuarenta días al desierto a meditar. Esas palabras bautismales son las primeras que estas mujeres debían recordar.

¡ES PALABRA DE DIOS!

Desde el momento en que estas mujeres recuerdan la Palabra de Hombre-Dios, traídas de su pasado a su presente por esos hombres fulgurantes, su vida cambia para siempre. Ya dejan de ser mujeres temerosas que miraron al suelo, para ser predicadoras de la buena nueva. Eso es lo que sucede cuando somos impactados de forma radical y contundente por la Palabra amorosa del Creador.

Lo que conocemos del más allá lo sabemos porque ha sido el mismo Dios quien se lo ha revelado a los hombres a lo largo de la historia. Nos preguntamos humildemente ¿Por qué? Si Dios es toda potencia, todo conocimiento y todo amor, no va a dejar al hombre solo en la Tierra sin ningún tipo información sobre las tres grandes preguntas que se hizo **Paul Gauguin**: **¿DE DÓNDE VENIMOS? ¿QUIÉNES SOMOS? ¿A DÓNDE VAMOS?**

Los libros que contienen esas respuestas son los sagrados o Biblias, con la "Palabra" que emana de las alturas, escritos por inspiración de hombres santos que la plasmaron en textos para que el resto de la humanidad la pudiera "saborear". **Juan Pablo II** decía: «La experiencia directa del conocimiento de Dios, a la que aspira todo hombre contemporáneo, no le es posible, pues tal desvelamiento de Dios, lo habría, en cierto modo, oscurecido a los ojos del hombre… Si Dios no fuese Misterio, no habría necesidad de la Revelación.»[53] El mitólogo **Joseph Campbell** dijo: «Temas tales como el robo del fuego, el diluvio, el mundo de los muertos, el nacimiento de un dios de una madre virgen y el héroe resucitado, se encuentran en todas las partes del mundo apareciendo por doquier en nuevas combinaciones.»

La Revelación es Palabra de Dios que emana de las alturas.[54]

---

[53] WOJTYLA, Karol. Juan Pablo II. Cruzando el Umbral de la Esperanza. Esp.: Plaza & Janes. 1994.

[54] vengoatisenor.blogspot.com; lagraciadedios.org.

Dios se aseguró que las almas no se quedaran solas cual huérfanos en el Planeta. No hay pueblo sin creencias y sin alguna edificación destinada a lo "trascendente".[55] Está claro que el hombre es un "animal" religioso que adora a Dios y entierra a sus muertos para que duerman en paz.

El cristianismo le dice al mundo que ese Dios al que todos buscan, se hizo hombre y vivió entre nosotros hace 2 mil años, tal como se lo hizo San Pablo a los atenienses, montado sobre una roca del Acrópolis. Los Profetas trataron de anunciar su Dios-Hombre (Jeremías 31,31): «Vienen días, palabra del Señor, en que yo establecí con el pueblo de Israel y con el pueblo de Judá una alianza nueva. No como la alianza que establecí con sus antepasados el día en que los tomé de la mano para sacarlos de Egipto... Pondré mi ley en su interior y la escribiré en su corazón: yo seré su Dios y ellos serán mi pueblo.»

Luego de experimentar a Dios, muchos cambiamos radicalmente, como sucedió con **San Ignacio de Loyola**, pasando de ser un capitán bélico a un monje misionero. Nos dedicamos a transmitir con energía la Palabra, tal como hicieron estas mujeres luego del encuentro con los ángeles en el sepulcro o como hicieron los discípulos de Emaús. Es como si recibieran "una orden médica de Dios" que los impulsa a orar, predicar y actuar con una pasión inusual (Lc 11,1): «Pedid, y se os Dará. Buscad y hallaréis. Llamad, y se os Abrirá. Porque todo el que pide recibe, el que busca halla, y al que llama se le Abrirá.» ¡Para buscar hay que moverse!

Para **Mohandas Gandhi**: «Mi mayor arma es la plegaria muda.» Jesús utilizó esa "arma" desde la Tierra muchas veces para comunicarse continuamente con su Padre. Cuando oramos con fuerza a Dios y le preguntamos ¿de dónde venimos y a dónde vamos? Su respuesta es clara: Venimos del Jardín del Edén, El Reino de los Cielos, ¡La Morada de Dios! Y hacia allá regresaremos luego del ciclo de amor y perdón de la vida terrenal. Esa es la noticia que ahora estas valientes mujeres le quieren llevar a sus hombres! Y eso no sucede por casualidad, sino como parte de un diseño bien concebido y ejecutado, donde es planificado a detalle cada paso de Jesús, cada anuncio de Dios y cada acción misionera que describe Lucas en sus relatos.

---

[55] JUNG, Carl G. *Psicología y Simbólica del Arquetipo. Paidós: Barcelona. 1982.*

9. AL VOLVER DEL SEPULCRO, LES CONTARON A LOS ONCE Y A TODOS LOS DEMÁS LO QUE LES HABÍA SUCEDIDO.

El relato pasa ahora de la novedad a la acción, entrando en el cierre del preámbulo que hacemos del evangelio de Lucas antes de comenzar a relatar los sucesos de Emaús. La reingeniería espiritual de esta frase nos invita a preguntarnos: ¿Qué fue lo que le contaron esas mujeres? ¿Qué fueron en realidad esos sucesos? ¿Quiénes eran esos once receptores el cuento? ¿Cómo los seguidores de Jesús han contado estos sucesos para que todos los demás también los escuchemos? Responder a estas preguntas nos ayuda a comprender lo problemático que era para Dios el que Cleofás huyera rumbo a Emaús y por qué decide actuar pronto para guiarlos como buen pastor que busca la oveja descarriada.

CUMPLIENDO CON SU HONOR

Luego de interactuar con los hombres fulgurantes en el sepulcro vacío, las mujeres regresan excitadas a decirle a los discípulos que se ha cumplido con esa promesa tan singular, que la hemos denominado como su "Palabra de Honor", por ser ofrecida ante Dios y los hombres. Fue el culmen perfecto de una vida humana-celestial ejemplar, llena con sus milagros, palabras y parábolas en los tres maravillosos años que pasó predicando, principalmente en Galilea.

Qué había ocurrido, pues lo que luego el evangelista Juan relata en su propia obra maestra: (Juan 1,14) «Y la Palabra se hizo carne y puso su morada entre nosotros.» Los que le escucharon exigieron una prueba de tal magnitud que avalara tal afirmación. Jesús se las provee: «Destruyan este Templo y en tres días lo reconstruiré.» ¿Es en verdad el Galileo Jesús de Nazaret el Mesías de Israel? Esa interrogante es capital pues solo el Mesías de Israel en persona podía exigir un cambio tan radical como el que proponía Jesús.

Los fariseos le exigen a Jesús darle vida a sus palabras. Si no lo hace se las lleva el viento y se convierte en un charlatán. ¡Qué compromiso! La señal deber ser una acción imposible de realizar por cualquier hombre que sea "normal" pues, ante una afirmación única, asombrosa y extraordinaria, es necesario aportar pruebas de igual valor para respaldarla. Tiene que ser una "súper-señal", porque se trató de una petición muy singular y única en la Historia de la Humanidad:

- Construir una gran pirámide: ya los faraones egipcios lo habían hecho.
- Controlar las aguas del océano: ya Moisés lo había dominado.
- Derrotar a un gran guerrero: ya David lo había conseguido.
- Hacer un súper Templo: ya el Rey Salomón lo había construido.
- Conquistar lejanas tierras: ya Alejandro el Magno lo había logrado.
- Armar grandes naves: ya los fenicios lo habían ensamblado.
- Desarrollar un gran sistema de gobierno: ya los griegos lo habían ideado.
- Montar un gran sistema de comunicación: ya los romanos lo tenían.

Su respuesta fue impecable, ofreciendo una señal comprobable por todos, nunca antes ni después imitada: ¡Su resurrección! Una promesa no es una garantía de fiel cumplimiento: Qué fácil es hacer una promesa, lo difícil es cumplirla. Luego de emitir su palabra de honor, Jesús se dedicó a vivir su mensaje coherentemente por tres años, para luego cumplir su promesa, mostrando que no solo enseñó un mensaje, sino que se preocupó por como aprendemos ese mensaje, incluso en la forma tan inusual como sus amigos se enteran de que la promesa se ha hecho realidad: A través de unas excitadas mujeres, locas de alegría!

(Juan 3,18): Jesús les respondió: *Destruyan éste Templo,* (cuerpo), *que en tres días lo Reconstruiré.*

El Templo SOY YO Y NO ESAS PIEDRAS.[56]

---

[56] *www.christadelphians.com/.../d27beingintheformofgod.*

El sabio chino **_Confucio_** se hizo la siguiente pregunta: «¿Qué es lo más importante para alcanzar una conducta correcta? Ser sincero en todo momento y mantener siempre la palabra dada. Procurar que aún el menor gesto refleje la dignidad interior, y no cometer ninguna acción deshonrosa. Si obras así, tu conducta será admirada en todos los lugares, aún entre los pueblos bárbaros. Por el contrario, si no eres sincero, si faltas a tus promesas, si tus gestos no son dignos o tus acciones son deshonrosas, tu conducta será despreciada tanto en una ciudad de 10.000 familias como en un villorrio de 35 vecinos.» Jesús acompañó sus palabras con hechos que sirven de ejemplo y permiten ver para creer. Es lo que muchos autores denominan: "Walk the talk", que muestra la coherencia entre lo que se dice y luego lo que se hace. Si Jesús cumple, pues veamos lo que hacen sus seguidores cuando reciben la noticia.

VEN Y SÍGUEME

Cuando las mujeres le cuentan a los demás lo ocurrido, esperan que estos se comporten tal cual como debían hacerlo cuando recibieron el primer llamado de Dios, tres años atrás en la Galilea: Ven y sígueme al sepulcro! Fue un llamado audaz para unos hombres que habían sido cegados por la desilusión y el miedo, razón por la cual no habían acompañado a sus mujeres al sepulcro al inicio de la mañana.

Cuando Jesús de Nazaret completó su ciclo de arranque mesiánico y ofreció su palabra de honor a la humanidad, se dedicó a la prédica de la Palabra en la Tierra Santa y en especial en la Galilea. Para lograr sus objetivos Jesús estructuró un equipo de líderes y ahora la situación exigía de ellos que dieran un inmenso salto de fe.

Imaginemos por un momento lo que a nosotros nos cuesta lograr que un ser extraño nos haga un simple favor. Para lograr que nos sigan solo un día requerimos entrevistarlo, disponer del tiempo suficiente para explicarle y convencerlo de la valía de nuestro plan y muy probablemente pagarle las horas. Los que hemos trabajado motivando voluntarios sabemos lo difícil que es reclutar sin paga a un colaborador y solo por un rato.

Según relatan los evangelistas, Jesús necesitó de pocas palabras para lograr que hombres maduros lo siguieran toda una vida, sin recibir un dinero a cambio y poniendo sus vidas en peligro cada vez que se acercaban a las autoridades de la época. Ahora ese peligro se había exponenciado y quien los llamaba no era Jesús vivo, sino unas mujeres "locas", que no tenías el poder ni la autoridad del Hombre-Dios.

¡Qué poder! !Qué autoridad! ¡Qué presencia! ¡Qué mirada! ¡Qué voz![57]

LO QUE SUCEDIÓ

Las mujeres le cuentan a los discípulos lo que sucedió en el sepulcro, pero realmente esos sucesos forman parte de un viaje mucho más grande. Lo que sucedió en esos tres años entre el bautizo de Jesús como Mesías y su muerte como Cordero de Dios son "atemporales". Sus hechos y palabras se repiten constantemente en miles de templos y millones de hogares a lo largo y ancho de la Tierra. El Hombre-Dios debía cambiar la mentalidad arcaica de sus coterráneos y eso implicaba una vida muy especial, llena de misterios, milagros, parábolas y palabras de amor, incluso cuando sus discípulos piensan que ya todo se acabó.

En vez de reclutar a los más populares, los más formados y los más reconocidos hombres de Judea, buscó un grupo acorde a su estrategia de

---

[57] valiosoestuamor.blogspot.com.

misericordia a los más pobres, a los pecadores y a los considerados impuros. De los doce, se conocen con toda seguridad que cuatro eran unos pescadores y otro un publicano. No sabemos a ciencia cierta qué eran los demás.

Jesús fué un maestro enteramente original, que eligió a sus propios seguidores y les impuso condiciones radicales para seguir a ciegas a un "hombre-¿loco?" Les prometió milagros y eso fue lo que cumplió hasta completar el más singular de todos: su propia resurrección.

LOS CONTADORES DEL CUENTO

Este inicio del cuento de lo sucedido es la "punta del iceberg" del movimiento primitivo del cristianismo. Cuando llegó el momento de multiplicar el cuento, se hizo evidente la importancia de estandarizar el mensaje de lo sucedido y allí los evangelistas fueron fundamentales.

En ese grupo están el Apóstol Evangelista Juan, que era uno de esos "once" a los cuáles las mujeres les contaron lo sucedido en el sepulcro. Particularmente Juan es vital para esto, porque hay evidencias que también estuvo presente en el momento de crucifixión. Allí Jesús le confía a su madre y el mensaje, razón por la cual se convierte en evangelista y escritor de varios libros de la biblia cristiana. Era el «discípulo a quien Jesús amaba» y estuvo en los momentos clave en el proceso de transformación del Hombre-Dios en Dios-Hombre. Con Pedro y Santiago en la transfiguración; en la resurrección de la hija de Jairo; en la agonía en el Huerto, al pie de la cruz y como veremos dentro de poco en este relato, entró en el sepulcro abierto y vacío. Luego de iniciada la evangelización, el Apóstol Juan fue encarcelado varias veces, estuvo exilado en Patmos donde su fama creció en sus "revelaciones" y en Efeso vive pacíficamente hasta su muerte natural. Cuando era anciano y no podía predicar al pueblo, se hacía llevar a las asambleas de los fieles y siempre les decía: «Hijitos míos, amaos entre vosotros. Ese es el mandamiento del Señor y si lo cumplís ya habréis hecho bastante.»

El Apóstol Evangelista Mateo también escuchó en primer plano este origen del cuento de la resurrección. Originalmente llamado Levi, culto y rico como recaudador de los impuestos de Roma. Cuando las persecuciones obligaron a los creyentes a abandonar Jerusalén, viajó al norte predicando y bautizando en Siria, Capadocia, Galacia, Bitinia y Tracia. Fue allí donde judíos infieles conspiraron con los soldados romanos. Predicó en Etiopía, donde encontró la muerte en plena misa defendiendo los principios cristianos.

Los otros evangelistas son fundamentales, porque no parecieron haber estado presentes en el momento en que las mujeres relatan su excitación, por lo que posiblemente pudieron armarla historia a partir de lo que los otros once experimentaron al recibir la noticia. El Evangelista Marcos acompañó a Pedro, primer Papa de la Iglesia cristina. Tuvo viajes misioneros en Oriente y Roma. Fue uno de los primeros en recolectar y organizar las tradiciones acerca de Jesús y con un estilo narrar los hechos de una manera simple, breve, concreta y sincera, por hacerlo sin adornos para minimizar la reacción. Expone los hechos como ocurrieron sin interpretaciones personales y sin rodeos, tal como sucedieron.[58]

Particularmente importante es El Evangelista médico griego Dr. Lucas, convertido al cristianismo por San Pablo. Es justamente el que narra la historia de Emaús, por lo que algunos intuyen que él era ese "otro discípulo" que huía, lo cual tiene poco fundamento histórico. El mayor consenso sobre Lucas es que nació en Antioquia de Siria, la primera ciudad griega donde los seguidores de Jesús comenzaron a multiplicarse. No era un judío y es el único escritor del Nuevo Testamento que no es israelita. La carrera de médico era frecuente en el mundo griego y exigía cultura científica y literaria que demostró poseer, que resulta muy valiosa para recontar el cuento. El Dr. Lucas advierte que hizo muchas investigaciones y buscó informaciones con los que fueron testigos oculares. Narra en plural sus viajes junto a Pablo en los Hechos de los Apóstoles.

Estos nobles escritores materializaron la luz para sembrar el sueño de la libertad. El Sociólogo **Rodney Stara** calcula que el número de Cristianos, se elevó de 1.000 en los primeros días a 34 millones apenas tres siglos después (56% de la población). Todo a pesar de que muchos de ellos fueron lanzados a las fieras y como dice **Tácito**: «los cristianos eran crucificados y quemados, de manera que cuando oscurecía, ardían como antorchas en la noche.»[59]

---

[58] *BRUCBERGER, R.l. The History of Jesus Christ. New York. The Viking Pres. 1965.*

[59] *En MEACHAM, Jhon. From Jesus to Christ. Newsweek: 3/28, 2005.*

Multiplicando el cuento de la resurrección del hijo del Creador.[60]

10. LAS QUE HABLABAN ERAN MARÍA DE MAGDALA, JUANA Y MARÍA, LA MADRE DE SANTIAGO. TAMBIÉN LAS DEMÁS MUJERES QUE ESTABAN CON ELLAS DECÍAN LO MISMO A LOS APÓSTOLES.

El relato continúa enumerando finalmente quiénes eran esas valientes mujeres que regresaban del sepulcro vació. Haciendo reingeniería tendríamos entonces que preguntarnos: ¿Quiénes eran esas mujeres? ¿Por qué Lucas le da tanto peso a la mujer de Magdala? ¿Cuál es el rol de María en toda esta situación? ¿Por qué Dios elige a mujeres para ser sus primeras evangelistas, portadoras de la buena noticia? Responder a estas preguntas nos ayudará a comprender por qué estas mujeres merecieron ser las primeras testigos del acontecimiento más trascendental de la humanidad.

---

[60] en.wikipedia.org/wiki/Quantum_mechanics.

LA MAGDALENA

El origen e historial de esta mujer de Magdala es muy controversial y difícil, pero fundamental para comprender un poco mejor porqué los apóstoles no parecen creerle mucho lo que dice.

La Magdalena es símbolo del Via Crucis de Jesús, ya que fue una de los pocos seguidores de Jesús que no huyó, sino que lo acompañó con miradas de compasión mientras transitaba atado, azotado y cargando el pesado madero de la cruz por las empedradas calles de la vieja Jerusalén. Esta enigmática judía nos puede ayudar a entender lo enigmático de esa travesía, ya que según San Mateo, Marcos y Lucas, estuvo presente durante los últimos momentos del Hombre-Dios en la Tierra, como lo muestra el cineasta **Mel Gibson** al presentarla junto con la madre de Jesús de Nazaret.

La Magdalena no solo vivió el sufrimiento del final, sino que Lucas la coloca ahora también como la primera testigo de la resurrección de JesuCristo, recibiendo la alegría de las primeras señales del Dios-Hombre en su retorno heroico. Sobre la credibilidad de sus palabras se han abierto muchas polémicas, ya que no hay un claro acuerdo sobre su condición. Lucas (8,2) indica que era una mujer sobre la que habían sido sanados espíritus malos, pero también se le atribuye ser la pecadora que por adulterio debía ser lapidada o la mujer que le limpió los pies a Jesús con sus cabellos perfumados.

En la hermosa película "María de Nazaret", del director **Giacomo Campiotti**, la actriz **Paz Vega** le da a la Magdalena un rol protagónico que se ajusta bien con su importante condición de ser la primera testigo de la resurrección. En esa película, la Magdalena es presentada como la mejor amiga de la infancia de la Virgen María, que se pierde durante su juventud en las tramoyas de Herodías y que en sus días maduros retorna a la amistad con la Madre de Dios.

A pesar de la incertidumbre que rodea a la Magdalena, donde incluso los autores de ciencia ficción han llegado a asociarla como pareja sentimental de Jesús, lo cierto del caso es que se trató de un testigo de primera fila durante el vía crucis y ahora es la encargada de transmitir la gran noticia a los incrédulos apóstoles.

Magdalena en la vía crucis. [61]

Esta mujer de Magdala es definitivamente un testigo muy especial en este preámbulo del viaje a Emaús, porque fue una mujer que en su vida sufrió, lloró y estaba perdida en el pecado. Por ello huyó de su hogar a un "pueblo lejano", tal cual lo hace ahora Cleofás. Sin embargo, tal como lo anuncia Jesús con sus parábolas sobre el buen pastor, fue rescatada del "chiquero" en el cual estaba sumida su triste vida pasada. Esta condición de "hija pródiga" de María Magdalena hace que su emocionalidad por su participación mística con Jesús, puede ayudarnos a acercarnos a la humanidad de estos discípulos renegados.

Si María Magdalena fue beneficiaria de primera línea de ese amor y perdón, pudiendo esa "pecadora" pública regresar al camino del bien, pues entonces viajeros a Emaús serán dignos recipientes de esa bondad cristiana. Esa caridad surge si de forma humilde y "arrepentida" como lo hizo la Magdalena, Cleofás y el otro renegado proclaman la buena noticia: ¡JesuCristo ha resucitado!

---

[61] *Photography from the Passion of the Christ. Foreword by Mel Gibson. USA: Icon Distribution. 2004*

MARIA DE NAZARET

Ahora bien, al hablar de las mujeres que fueron al sepulcro y que hablaron con los Apóstoles, conviene hablar entonces de la más valiente e importante mujer que ha dado la humanidad y que parió, moldeó y veló la vida del Hombre-Dios: María de Nazaret no solo es la Madre de Dios, sino también su esposa, elegida de un proceso de cortejo celestial que duró milenios hasta que apareció la mujer perfecta para cambiar el curso de nuestra historia.

Dios fue enteramente libre para escoger a la madre de su Hijo. ¡A cual mujer escogió?: A María de Nazaret, la indiscutible madre del Hombre-Dios. Esta noble mujer hebrea es la madre por excelencia del género humano, por lo que ha sido la mayor fuente de inspiración para pintores, escultores, músicos, poetas, literatos y místicos. Es muy posiblemente, el nombre de mujer más conocido en el Planeta.

Cuando Dios la elije como su esposa "humana", María no era una diosa y menos aún una leyenda. La veneración en relación a la Virgen no comienza sino hasta después de resucitado su Hijo-Dios. Proviene de una región pobre y despreciada (Jn 7,52) y de un pueblito insignificante (Jn 3,46) «¿De Nazaret puede salir algo bueno?» De una mujer pobre y desconocida no solo nació el Hijo de Dios en la Tierra, sino que se alimentó de su pecho y escuchó sus cuentos de noche que luego serían usados para proclamar su Palabra.

Una forma limitada, pero muy bonita de aproximarnos a su intimidad de la mujer más extraordinaria de la humanidad, es a través del manuscrito "El Evangelio Secreto de la Virgen María", supuestamente comunicado por la misma madre a Juan el Evangelista. Allí María describe con mayor detalle esas primeras apariciones de JesuCristo y las reacciones de los apóstoles ante la gran noticia.

El Evangelio secreto de la Virgen María. Un manifiesto de intimidad.[62]

Otros documentos también nos ayudan a acercarnos a María, como las narraciones **Beata alemana Ana Catalina Emmerich**, el "Protoevangelio del Apóstol Santiago"[63] y el documento *De nativit Mariae*.[64] Son particularmente llamativas las investigaciones de los corresponsales en el Vaticano **Juan Arias** y *Lesley Hazleton* en Israel.

María fue una ama de casa, madre de un hijo ¡condenado a muerte desde antes de su nacimiento! ¿Lo sabía? No solo es la "dolorosa" por asistir a la muerte de su Hijo en la cruz, sino que también por todas las angustias y humillaciones que tuvo que vivir gracias a ese **SÍ** voluntario e incondicional que le dio a Dios cuando aún era una joven en proceso de maduración. Eso la convirtió en una diosa "virgen" y luchadora, como Artemisa.

---

[62] *Evangelio secreto de la virgen María. Santiago Marín. Ed. Planeta, Spain, 2005.*

[63] *KNABENBAUER, C.F. Comment in Isaiam. Paris: Schegg. 1887.*

[64] *TISCHENDORF, C. Evangelia Apocraphya. 2nd ed., Leipzig, 1876.*

Cuando el ángel conversa con María se evidencia la condición de guerrera de esta noble joven judía: «Así que le dije: ¿Cómo va hacer eso si no conozco varón? No se trataba de algo sin importancia. Para mí era fundamental.» Al final emprendió su camino maternal con una sonrisa que inspira el amor a todos los hombres y mujeres del mundo.

¡Esa sonrisa de María cautivó a Dios! Innumerables seres humanos de todos los tiempos le han dedicado no solo su amor y confianza, sino incontables y admirables monumentos, iglesias y obras artísticas. Por la escogencia de Dios, María de Nazaret cual diosa Artemisa, es "Espacio Sagrado".

LO SAGRADO EN MARÍA DE NAZARET

Tan "sagrada" es María de Nazaret que muchas personas hoy día suelen decir "Si Dios y la Virgen lo quieren". Ese querer del dio vida a un hombre que cambió la historia en antes y después de su hijo, concebido por una inusual pareja terrenal y celestial.

Por lo que se interpreta de los evangelios, la Madre no sabe cómo fue esa concepción. Ciertamente no por la unión con su prometido José (Lc 1,31): «Vas a concebir a un hijo a quien pondrás por nombre Jesús. Él será grande, se le llamará Hijo del Altísimo; por eso el que ha de nacer será santo y se le llamará Hijo de Dios.»

La Biblia dice (Reyes 8,27) que ni siquiera los cielos pueden contener a Dios; entonces, ¿cómo iba a contenerlo la matriz de María? Por supuesto que María no va a ser la madre de Dios, que es eterno e impensable, sino de su hijo, según lo prometido al pueblo elegido (Isaías 9,5): «Porque un niño nos ha nacido. Nos han traído un hijo; lleva el cetro del principado y se llama "Milagro de Consejero, Guerrero Divino, Jefe perpetuo, Príncipe de la paz.»

San Pablo afirma que la madre de Dios fue una mujer hebrea apegada a su cultura y que el curso de su embarazo fue igual al de todas las mujeres según las leyes naturales, más no así su concepción. Su útero va a ser hogar de algo celestial, por lo cual hace a la virgen "Tierra Sagrada", como lo refleja el pintor español *Diego Velásquez*.

La Inmaculada Concepción.[65]

La vida de María de Nazaret es una verdadera montaña rusa emocional, que va desde el amor y felicidad más absolutos, al terror y sufrimiento extremo:

- De sentirse poder morir apedreada por salir embarazada, a la alegría de ser aceptada por José;
- De tener que viajar en burrito con su barriga a punto de estallar y parir en un salvaje establo, a la sorpresa de los reyes magos;
- De tener que emigrar a Egipto huyendo porque su hijo puede ser decapitado por un rey egoista y temeroso, a la tranquilidad de regresa a su hogar nazareno años después con su muchacho creciendo y saludable;

---

[65] *Colección permanente en Sevilla.*

- De experimentar vivir día a día con el amor en su casa a dejarlo ir a luchar contra el diablo en el desierto;
- De verlo cautivar los corazones de los hombres con su mensaje de esperanza a verlo sufrir hasta sudar sangre porque tiene que entregarse;
- De verlo morir salvaje y cruelmente en la cruz, odiado como un malhechor, a verlo resucitar y venerado como Dios-Hombre.

Sus alegrías y sufrimientos fueron extremos casi intolerables, por lo que su ascensión a los cielos fue un oasis con sus reposos, pero con su subsiguiente trabajo de visitarnos periódicamente para interceder con el amor creador. La intensidad emotiva de ambos extremos es sobrecogedora y eterna.

LAS TÍAS DE NAZARET

La narración de Lucas no solo involucra en el cuento a María de Magdala, sino que menciona a otras mujeres, particularmente una de ellas mamá del Apóstol Santiago. Es decir, que no se trata de un grupo de mujeres al azar que decidieron ir a ver a su Maestro al sepulcro, sino que son sus "tías" nazarenas, que junto a María lo "criaron" cuando era un joven carpintero de un pobre caserío en las afueras del reino del pueblo preferido de Dios.

Para comprender mejor esos días de formación, vemos que luego de las penurias del exilio, la familia sagrada regresa a su origen en Nazaret para tener la crianza judía. Jesús "Nazareno" se desarrolla alrededor de colinas con una belleza que cautiva, lo que influyó en las deliciosas parábolas de Jesús cargadas de naturaleza, al estar plasmadas de pájaros y flores multicolores tales como los lirios del campo; sembradores y cultivadores de higueras, semillas de mostaza y trigo con la cizaña alrededor.

Hernán Tórres reflexiona sobre el rol de María de Nazaret en la enseñanza de Jesús, de forma que algunas de las parábolas usadas por el Hombre-Dios deben tener inspiración en los cuentos de cuna de María. No por casualidad es Lucas, el evangelista "mariano" quién menciona el arte de Jesús como cuentacuentos con 22 historias, mientras Mateo solo usa 4.

La crianza de Jesús se efectúa bajo las costumbres judías de la época, siendo presentado para su circuncisión y guiado por su espectacular padrastro humano para que lo criara protegiera y le enseñara un oficio. Dios se esmeró para que su hijo se criara en el seno de una familia humana, debidamente conformada como la célula fundamental de la sociedad y así dar el ejemplo a la humanidad de cómo se construye el amor. De lo poco que se conoce de esta fase de su vida, hay una escena espectacular que narra a Jesús "perdido" (Lc 2,46): «Y sucedió que, al cabo de tres días, lo encontraron en el Templo. Todos los que le oían, estaban estupefactos por su inteligencia y sus respuestas.» Lo que pasó en esos días es usado por el director italiano para cerrar con broche de oro su rendición de la vida de **María de Nazaret**.

En esa visita al Templo el niño Jesús, los profesionales de la fe se habían quedado estupefactos por su sabiduría, que es lo mismo a decir admirados y maravillados. De seguidas, ocurrió un hecho público embarazoso por el reclamo (Lc 2,48): «¿Por qué nos has hecho esto? Mira, tu padre y yo, angustiados, te andábamos buscando.» ¡Fue este un momento de tensión! Todas las miradas debieron voltear hacia Jesús para conocer su respuesta. Ya Jesús era un hombre joven, con la escolaridad, reconocido como hijo de la Ley y ciudadano de Israel. A pesar de ello, su madre le regaña delante de todo el público. El joven Jesús se mostró a la altura de las circunstancias y respondió, de una manera "sabia", mostrando amor ante la reprimenda (Lc 2,49): «Y ¿por qué me buscabais? ¿No sabíais que yo debía estar en la casa de mi Padre?»

El joven Jesús enseña en el Templo de Jerusalén.[66]

---

[66] *inemegf.blogspot.com.*

Ellos no comprendieron la respuesta y Jesús suavizó la situación volviendo tranquilo a Nazaret. La pesadilla de tres días había terminado pero, (Lc 2,51): «Su madre conservaba cuidadosamente todas las cosas en su corazón», tal como lo hacen todas las madres con el "álbum" de detalles y recuerdos. Para Jesús, la vida y el amor no eran una teoría y eso lo aprendió en sus años de vida apacible en Nazaret ¿De dónde saca todo esa sabiduría?: Es la pregunta que se hicieron (Mt 3,53): «La gente decía asombrada: ¿De dónde saca éste ese saber y esos milagros? ¿No es el hijo del carpintero? ¡Si su madre es María... ¿De dónde saca todo eso?»

Malcolm Gladwell concluye que hay un período de preparación y crecimiento indispensable para la formación y madurez. De eso se ocuparon el sabio carpintero José, su humilde madre: **¡la inigualable reina del amor: María!** y por que no, también esas maravillosas "tías" que ahora le cuentan a los Apóstoles la noticia de la resurrección.

El hecho de que Jesús haya escogido a estas mujeres para ser sus primeras "evangelistas" nos hace presumir que los años que pasó en Nazaret no se "perdieron", sino que fueron bien invertidos junto a esas maravillosas mujeres construyendo el carácter necesario para ser el genuino Mesías de Israel.

11. PERO NO LES CREYERON, Y ESTA NOVEDAD LES PARECIÓ PUROS CUENTOS.

El penúltimo segmento de este preámbulo nos cuenta lo que sucedió cuando las mujeres llegaron donde los apóstoles con la novedad. La reingeniería nos invita a preguntarnos: ¿Qué prejuicios habían sobre las mujeres como para que esos hombres de buen corazón, como los Apóstoles, no les creyeran el cuento? ¿Por qué la novedad les parece un cuento no digno de ser creído sin verlo con sus propios ojos? ¿Qué sensaciones crearon las mujeres en los Apóstoles? ¿Hubo algún tipo de movilización hacia la acción después de escuchar el cuento? ¿Hubo contradicciones entre las mujeres que llevaron a los hombres a considerarlas como "puros cuentos"? Responder a estas preguntas nos ayudará a comprender por qué Cleofás y el otro discípulo huyeron a pesar de que sabían lo que había sucedido.

LOS PREJUICIOS POR SEXO

La sociedad hebrea veneraba al varón, especialmente al mayor, con una estructura social y familiar patriarcal, tanto que a la familia se le llamaba como la "casa del padre", quien gobernaba como el señor absoluto. La Figura del Rey Salomón es un claro ejemplo de esta visión poligámica, que hoy día nos parece del mundo animal, gracias en gran parte a la acción evangelizadora de los seguidores de Cristo.

El Rey Salomón y sus mujeres.[67]

Como gente del desierto al fin, la familia era el puntal de la sociedad y los parientes estaban obligados a ayudarse. El clan familiar lo era todo: hogar, lugar de trabajo, fuente de identidad, de seguridad y de protección. La solidaridad tribal era vital, de manera que en los pueblos se arreglaban los matrimonios para mantener y estrechar la solidaridad. Abandonar a la familia era considerado de extrema gravedad, tanto así que Jesús usa esa situación en la parábola del Hijo Pródigo para reflejar la potencia del perdón del Padre.

---

[67] expedientexfiles.blogspot.com.

Era muy lamentable la situación de la mujer en aquellos tiempos por ser una propiedad de los varones, ya que consideraban que Dios creó a la mujer como una ayudante del hombre. Solo era apreciada por su fecundidad y por las labores domésticas. Socialmente no tenían derechos a una herencia propia y ni a casarse conforme a sus deseos. Las acciones de Jesús a favor de la mujer fueron en contra de las estructuras patriarcales judías.

Jesús habló públicamente con prostitutas y las puso como modelo de apertura en el mensaje liberador, al colocarlas como las primeras destinatarias del Reino de Dios. ¡inaudito para le época! Tan inaceptable era la situación, que ni siquiera 3 años al servicio del Hombre-Dios le permitió a los Apóstoles aceptar el cuento de sus "tías".

La impureza de la mujer pecadora las marginaba por completo. Cuando Jesús les habla las hace "visibles", permitiendo que ellas respondieran. Sus conversaciones con y sobre ellas, como las que tuvo en el pozo de Sicar, son aceptables hoy día por causa del extraordinario liderazgo que Jesús sembró en sus discípulos y que han transformado al mundo para bien. Todavía hoy, en algunas de las muchas sociedades "machistas" que quedan en el mundo moderno, las mujeres son consideradas objetos de propiedad y deben "taparse" el rostro a extraños, dos milenios después!

Jesús rechazó la dominación del varón sobre la mujer, al sostener que Dios los creó iguales y además enseñó que Dios le entregaba a la mujer el poder para construir su casa y la línea familiar (Mt 19,1): «El respondió: ¿No habéis leído que el Creador, desde el comienzo, los hizo varón y hembra, y que dijo: Por eso dejará el hombre a su padre y a su madre y se unirá a su mujer, y los dos se harán una sola carne?» En tal sentido es el hombre y no la mujer el que dejará a su padre y a su madre (cortará los lazos con su propia familia patriarcal), se unirá a su mujer y serán los dos un solo ser. ¡Qué cambio esa idea de formación de pareja en el mensaje cristiano!

Resulta interesante que Dios haya usado la oportunidad de comunicarla noticia de la Resurrección, para ejercer el liderazgo potenciando el rol de la mujer. Eso nos dice que las oportunidades para traer progreso están en todos lados, uno solo tiene que estar pendiente para aprovecharlas. Resulta sorprendente como una simple parada a tomar agua con una mujer del campo puede usarse como una forma de ejercer el liderazgo en el proceso de conducir una sociedad al progreso.

LO INVEROSÍMIL DEL CUENTO

A pesar de los prejuicios existentes contra las mujeres, no todo cuento que dicen es tratado con tanta incredulidad. Muchos otros cuentos de ellas serán bien aceptados, porque estos no contradicen sus creencias, pero es que este cuento se trata de algo que ha apasionado a todos los seres humanos desde que el hombre es conciencia: Dios hecho Hombre!

Decir que Jesús ha resucitado es decirles que el Creador del Universo caminó y comió con ello. Es reconocer la misma existencia terrenal de ese ser omnipotente que por milenios fue tan evasivo para la humanidad. Cuando una pregunta ha sido formulada desde siempre y por todas las culturas amerita ser respondida: **El único misterio del Universo es que exista un Misterio de la causa del Universo.**

No creer el cuento es la respuesta normal. Ante ese misterio la ciencia responde con sus limitaciones: afirma que hubo un comienzo "asombroso o maravilloso", pero no puede penetrar más atrás de ocurrido el inicio de la Creación. La respuesta de todas las creencias de las grandes culturas de la Humanidad es unánimes ante la existencia de un Dios Creador, sin embargo también son consistentes en atacar a todo el que pretenda "Ser" ese Dios Creador. Al contemplar la complejidad de la Creación unas creencias lo parten en pedacitos o múltiples dioses y otras, aceptando que Dios es indivisible, creen en un solo Dios. Todas ellas muestran asombro, estupefacción, fascinación, encanto y éxtasis al intentar mirar su cuerpo.

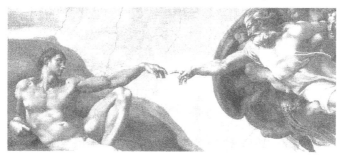

Fresco de la capilla sixtina. Miguel Ángel Buonarroti.[68]

---

[68] *www.arikah.net.*

La genialidad de Miguel Ángel en esta representación es asombrosa, al darle unas figuras humanas a los entes celestiales. Nos plantea el artista, que como toda "palabra" viaja por los aires, es la razón por la que los dedos no se tocan. Como simbólicamente el alma es representada en la mano, la figura intenta representar la transmisión de la palabra de Dios al alma humana, llenándola de asombro. Estudiando el mecanismo de transmisión de la información, la ciencia plantea dos vías de transmisión: ida y vuelta o Revelación y Oración. Uno de los grandes problemas que han tenido los humanos que han escuchado esa revelación, es que luego **nadie les cree!**

LOS GIGANTES DE LA FE

Los Apóstoles no terminaban de creer que Jesús era la Encarnación de Dios en figura humana, mediante la fertilización por el Creador, del óvulo de una mujer humana, la escogida. A través de los tres años que estuvieron juntos, Jesús les daba pruebas y ellos se admiraban y volvían a dudar, tal cual Pedro que se hunde cuando intenta caminar sobre el agua.

El resultado del cuento es que en verdad, lo invisible se hizo visible en Jesús de Nazaret: ¡La Piedra Angular de la Creación!? Aceptan esos simples pescadores que las señales hechas por Creador y por el Dios-Encarnado son realizadas a la manera de Dios y no la de los hombres. Son asombrosas únicas y extraordinarias, tienen que ser "Maravillas" (Lc 12,2): «No hay nada encubierto que no llegue a revelarse, ni nada escondido que no llegue a conocerse», de manera que sí es posible acercarse al Reino de los Cielos y a su Habitante, pero para ello hay que tener hambre de conocimientos y eso es lo que a continuación demuestran Pedro y Juan salen corriendo al sepulcro.

Mientras los otros discípulos se quedan, estos dos gigantes de la Fe buscan su lupa del científico y las vestimentas del Peregrino, y salen al encuentro con lo sobrenatural, actuando como "pobres de espíritu" (Mt 5,1): «Bienaventurados son los pobres de espíritu, porque de ellos es el Reino de los Cielos.»

¿Cómo se hace para tener pobre el espíritu y actuar como estas dos rocas humanas? Vaciando la mente de especulaciones, juicios, especulaciones e ideas preconcebidas, como la de los niños: **¡Corriendo hacia Dios!**

Los peregrinos y los científicos buscan la verdad, sea cual sea, al cuestionar aquellos conocimientos que no se ajustan a los hechos. Jesús nos invita (Jn 4,48): «En verdad os digo: A menos que ustedes vean señales y maravillas, no creerán en forma alguna.» Aceptemos la invitación de Pedro y Juan a ir a buscar al Maestro en el Sepulcro, a seguir sus pasos convertidos maravillas. Vámonos hacia la Tierra Santa para seguir los pasos de Jesús con la curiosidad del científico, la parsimonia del peregrino y la curiosidad del niño. De esa forma, nos conseguiremos al Dios-Hombre en Emaús.

SE PROPAGA LA NOTICIA CON INCREDULIDAD

El cuento es como una novela de misterio. Lucas presenta la historia resumida, por lo que vale la pena describir como relatan este momento los otros evangelistas, comenzando por el Apóstol Juan, "el que el Señor más quería", que más probablemente es quien tiene la primera prioridad en los detalles del suceso, por ser quien junto a Pedro se levanta a ver qué es lo que pasa en el sepulcro (Jn 20,3): «María Magdalena echó a correr y llega donde Simón Pedro y donde el otro discípulo a quien Jesús quería y les dice: Se han llevado del sepulcro al Señor y no sabemos dónde le han puesto. Salieron Pedro y el otro discípulo, y se encaminaron al sepulcro.»

Juan coincide que la primera reacción de los Apóstoles fue de "incredulidad". Así también lo narra el Evangelista Marcos (16,10): «Jesús resucitó en la madrugada, el primer día de la semana, y se apareció primero a María Magdalena, de la que había echado siete demonios. Ella fue a comunicar la noticia a los que habían vivido con él, que estaban tristes y llorosos. Ellos al oír que vivía y que había sido visto por ella, no creyeron.»

Con su estilo franco para narrar los hechos de una manera simple, breve, concreta y brutalmente sincera, por hacerlo sin adornos o contornos para minimizar la reacción, Marcos expone los hechos tal como ocurrieron sin interpretaciones personales y sin rodeos. Es un buen investigador en razón de que no teoriza, sino que relata los sucesos tal como sucedieron: Es estar envestido de la honestidad del cronista.[69]

El Evangelista Marcos, relata que la incredulidad, escepticismo y la negación, fue la primera, la repetida y la constante reacción de los discípulos. Fue una reacción de incredulidad en cadena: Las mujeres no les creyeron al ángel en la tumba cuando les dijo que Jesús había resucitado. Ellas fueron a la tumba para concluir el entierro de un muerto y no para verificar si había resucitado. Iban era a embalsamar un cadáver porque la muerte, ¡muerte es!

Lo discípulos no les creyeron a las mujeres y específicamente a María Magdalena, aunque llegó corriendo y sobresaltada del sepulcro. Esa misma reacción continua a todo lo largo de los que no habían sido testigos de primera línea de las apariciones del resucitado, como lo eran los discípulos de Emaús. ¿No es precisamente la incredulidad, el escepticismo y la negación, la primera reacción natural de todo hombre cuando ocurre algo excepcional que cuesta mucho aceptar de primera instancia por lo improbable, aunque lo digan testigos confiables?

Hasta que no se verifique o corrobore la versión del hecho, por sí mismos, o por otros que sean de fiar, el ser humano usualmente no cree. En ciencia es necesario "duplicar" para aceptar. Es decir que otro científico y bajo las mismas condiciones encuentre los mismos hallazgos. Mejor todavía es si los que lo hacen eran creyentes previos en los resultados del estudio anterior. Esa es justamente la potencia del personaje protagonizado por **Jodie Foster** en la película **Contact**, inspirada por el famoso científico **Carl Sagan.**

¿Y LAS CONTRADICCIONES?

Lo usual ante los hechos extraordinarios son la incredulidad, las contradicciones, las disonancias y los desacuerdos. No en el hecho en sí mismo, eso no se discute pues ¡lo sucedido es! Un hecho, ¡hecho es! Lo que se pone en tela de juicio, al leer los Evangelios, son los detalles menores: ¿Cuántas mujeres fueron y quiénes? ¿Hubo un ángel o dos sentados en la tumba? ¿Cómo estaba la piedra de la entrada?

---

[69] BRUCBERGER, R. The History of Jesus Christ. New York: The Viking Pres. 1965.

La armonía perfecta hace sospechar en un complot, o en una mentira preparada y aumentan la sospecha de algo ya ensayado con un discurso previsto y eso aumenta la duda. Si la piedra estaba en su sitio tuvieron los soldados que haberla movido y romper el sello imperial para asegurarse que el cuerpo no estaba. Si la piedra fue movida por el "ángel" entonces las mujeres tenían la entrada franca. Según Lucas, en esta primera ida al sepulcro, las mujeres no reportan que vieron a Jesús resucitado, sino a un ángel. Es la razón por la cual, en nuestra opinión, primero las mujeres y luego los Apóstoles tuvieron que entrar a la tumba para constatar que estaba vacía y que no estaba el cuerpo.

No pensaba María Magdalena en la resurrección de Jesús. Su ingenua conclusión era que robaron o retiraron de la tumba el cuerpo de Jesús. Tiene miedo que los sacerdotes se hayan llevado el cadáver para esconderlo y evitar hasta el más mínimo acto de veneración u homenaje. Cuando la humanidad trata de esconder sus penas, es común evitar crear un sitio de veneración y buscar que el muerto sea olvidado rápidamente. La muerte y desaparición del cadáver del terrorista **Osama Bin Laden**, son ejemplo de ello.

Un aspecto adicional que da pie a la incredulidad son los pequeños detalles de inconsistencia entre los evangelistas:

- Para Mateo eran dos las mujeres y estaban presentes cuando ocurrió el terremoto y cuando el ángel rodó la piedra y quedó sentado fuera del sepulcro vacío (28,1): «Pasado el sábado, al alborear el primer día de la semana, María Magdalena y la otra María fueron a ver el sepulcro. De pronto se produjo un gran terremoto, pues el ángel del Señor bajó del cielo y, acercándose hizo rodar la piedra y se sentó encima de ella.»

- Para Marcos eran tres las mujeres. La piedra ya estaba rodada y un ángel estaba sentado dentro de la tumba (16,1): «Pasado el sábado, María Magdalena, María la de Santiago y Salomé, compraron aromas para ir a embalsamarle, Y entrando en el sepulcro vieron a un joven sentado en el lado derecho, vestido con una túnica blanca y se asustaron.»

- Para Lucas eran mujeres: «Ellas temiesen.» No específica quienes y cuántas. Tampoco aclara si ellas regresaron calladas por el camino o si esas primeras mujeres ya estaban regando el cuento por todas partes, incluso sin información o autorización de los apóstoles. Cuando estos se enteran, ya muy bien podría ser tarde para parar la noticia.

• Narra San Juan que es María Magdalena la que fue al sepulcro esa madrugada del domingo (20,3): «El primer día de la semana va María Magdalena de madrugada al sepulcro cuando todavía estaba oscuro y ve la piedra quitada del sepulcro. Echa a correr y llega donde Simón Pedro.» Para Juan era solo María Magdalena y no habían ángeles en esa primera visita suya al sepulcro. La piedra estaba quitada.

Por tanto, no hay certeza de si llegaron las tres mujeres juntas, o si fue María Magdalena, quizás por ser la más joven, la que llegó primero. Lo cierto es que después parece que se separaron, ya que la Magdalena corrió sola para advertir a Pedro y los demás discípulos sobre la desaparición del cadáver. Pensamos pues que se separaron luego de que las tres entraron al sepulcro, porque de otro modo Magdalena no podía saber que el cadáver no estaba en la tumba (Mc 16,2): «Ellas salieron huyendo del sepulcro.»

La difusión de noticias y de todo tipo de rumores que se suscitaron a medida que se sucedían las horas, puede ser la explicación de la desarmonía en detalles. Estas diferencia sobre los relatos de ese glorioso día en la mañana, son todas menores al compararlos con el hecho. Esta confusión nos lleva a reflexionar sobre lo difícil que era para los seguidores de Jesús todos los acontecimientos que vivieron esa terrible, pero a la vez maravillosa semana de pascua. No era fácil atar los cabos sueltos alrededor del Mesías de Israel en la Tierra, por lo que debemos darle a esos limitados seres humanos nuestra caridad y comprensión.

I. Primero fue el extraño anuncio en la iniciación mesiánica en la sede del poder religioso, económico, político y social, sobre un templo que podía ser reconstruido en tres días, causando la enemistad de las autoridades;

II.   Luego las curas milagrosas, la multiplicación de peces y panes, los extraños fenómenos de un hombre que caminaba sobre el agua y calmaba tempestades;

III. Estos fenómenos vinieron acompañados de la hermosura de sus parábolas y mensajes de amor al prójimo, que dieron una tremenda esperanza a los más necesitados, con historias cotidianas de muy fácil comprensión;

IV.   De allí a la increíble celebración sobre un asno con la entrada triunfal con palmas en Jerusalén, creando la expectativa de ser el guerrero capaz de derrotar finalmente a la opresión de la autoridades y del imperio romano;

V.   Todo eso derivó en una extraña semana donde el ídolo pide que lo recuerden comiéndose un trozo de pan y bebiendo vino, que representan su cuerpo y sangre, aunado al anuncio de la traición de sus propios seguidores;

VI.   De allí los terribles acontecimientos del insólito juicio por blasfemo, la flagelación, coronación, la vergüenza pública del desnudo y el degradante via crucis hacia la crucifixión, observando morir al Maestro con dolores excruciantes;

VII. Cuando finalmente la tempestad se calmó y lo llantos cesaron, empieza esa terrible confusión de lo que pasó con el cuerpo "perdido" y las insólitas noticias emanadas de un ángel y las mujeres, corroborados por Pedro y Juan.

Definitivamente no debió ser fácil ser capaz de mantener una mente lúcida y un corazón sano. La mezcla de temor con esperanza, rabia contenida con alegría desatada. A esas tempranas horas de la mañana muchos se preguntaran si estaban en una pesadilla extraña o en un maravilloso sueño despierto. ¿Qué pasaría con los discípulos si se corría la noticia de lo sucedido? Nada fácil eso de vivir con el pasado de amor y trauma, el presente de confusión y alegría; y el futuro de miedo y esperanza. ¡Ante ello, la "roca" que era Pedro dejó de lamentarse por su falta de valentía y echó a correr en busca de la verdad!

12. PEDRO, SIN EMBARGO, SE LEVANTÓ Y FUE CORRIENDO AL SEPULCRO; SE AGACHÓ Y NO VIO MÁS QUE LOS LIENZOS. ASÍ QUE VOLVIÓ A CASA PREGUNTÁNDOSE LO QUE HABÍA PASADO.

El último segmento del preámbulo relata la acción específica que generó el cuento de las mujeres en los Apóstoles. La reingeniería espiritual genera múltiples preguntas al respecto: ¿Quién era ese Pedro que se levantó? ¿Qué pasó con Pedro después de que Jesús ascendió a los cielos? ¿Fue Pedro solo a ver que pasó en el sepulcro? ¿Qué realmente encontró una vez llegó? ¿Por qué y cómo vio los lienzos? Responder a estas preguntas nos ayudará a completar las principales piezas de este preámbulo a la partida de los escapistas a Emaús.

LA ROCA DE LA FE

Guiados por el Apóstol Pedro reviviremos lo que fue esa visita intempestiva al sepulcro vacío. La Figura muestra al Apóstol Piedra, que según el evangelista Lucas es el primero en actuar. Pedro era hijo de Jonás y hermano menor de Andrés. Los tres eran pescadores. Estaba casado y con tres hijos cuando se unió a Jesús. Tenía treinta años. Natural de Betsaida, aldea del lago de Genezaret. Fue el segundo de los Apóstoles. Originalmente se llamaba *Simeón bar Jona*, el hijo de Jonás. Jesús le había dado, probablemente en arameo, el nombre de *Cefás*, que traducido al griego es roca, piedra: Pedro.

Derivado de los evangelios sabemos que se transformó en el "primer Papa", luego de sus penosas tres negativas públicas de Jesús, lo que lo llevó al llanto y al arrepentimiento. De la investigación histórica de este personaje se infiere que Pedro vivía en una buena casa en Cafarnaúm con su mujer, su hermano Andrés que pescaba con él y con su suegra. Era un pescador alto, fornido, macizo, de voz fuerte, con una barba larga desordenada y los ojos penetrantes. Su carácter era apasionado y era un hombre directo, por lo que no entendía de componendas y equívocos, lo que le hizo dudar en ocasiones.

Era un hombre bondadoso y sincero a pesar de su voz fuerte, razón por la cual tampoco dudó en reconocer sus faltas de fe, ni el miedo. Siempre estuvo dispuesto a corregir sus fallas y errores, aunque tenga que llorar. A la mañana siguiente de la Ascensión de Jesucristo, comenzó a ejercer la dignidad y el oficio de primer Papa. En el Cenáculo presidió a los discípulos durante aquellos días en espera del Espíritu Santo. Asimismo dirigió la elección de Matías que había de ocupar el lugar de Judas en el Colegio Apostólico. El día de Pentecostés inauguró la predicación del Evangelio, convirtiendo a tres mil personas en la misma Jerusalén.

JUAN: EL PRIMERO EN RECONOCER LA RESURRECCIÓN

Es menester aclarar que no es rigurosamente cierta la aseveración que la tumba estaba vacía. El *Codex Alexandrinus,* que se encuentra en el Museo Británico[70], describe el relato de Juan el Evangelista cuando registra la visita que hizo junto con Pedro al llegar a la tumba. En éste punto crucial de nuestro viaje por el Santo Sepulcro, hay que atenerse a los hechos, tal cual fueron: ¿Qué vieron Pedro y Juan? para que luego Juan escribiera (20,1): «Y vio y creyó.»

Es de suma importancia "científica y legal", la inspección ocular de la tumba. Eso fue lo que hizo a Juan creer en la resurrección de Jesús, con solo mirar a la sábana que cubrió su cuerpo muerto (y lo más probable es que la tocó). El hecho cierto es que al verla Juan creyó en la resurrección ¡antes de mirar y tocar al resucitado! La Figura refleja el momento.

---

[70] *Se encontró en Alejandría en el siglo V. Contiene la biblia Griega. Es una de las primeras copias del evangelio original de Juan. Cycil Lucar, Patriarca de la Iglesia Ortodoxa Griega se lo envió de regalo al Rey James I de Inglaterra que al morir lo pasó al Rey Carlos I el año 1627. Se encuentra en exhibición, como un tesoro, en el Departamento de Manuscritos del Museo Británico.*

Juan vio y creyó.[71]

Santo Tomás requirió "meter el dedo en la llaga", la cual es una evidencia muy clara de un JesuCristo vivo. Por ello, lo que vio Juan debió haber sido tan o más contundente que lo experimentado por Tomás, para ser el primero en reconocer el fenómeno. Es mucho más fácil reconocer algo extraño, cuando muchos otros ya lo hicieron. **¡Ser el primero es otra cuestión!** Se hace necesario remontarse lo más posible en la redacción original de la inspección ocular. Existen muchos antiguos evangelios en varios museos del mundo, pero ninguno es el manuscrito original. La Biblia moderna ha sido transcrita una y otra vez, por lo cual el detalle de las palabras se pierde con las traducciones. Son dos mil años de imperfecciones que debemos explorar para entender claramente las palabras expresadas por los primeros en reconocer la resurrección.

---

[71] *lectiodivinacamo.blogspot.com.*

REMONTANDO EL PASADO DE LA BIBLIA

Entre las primeras copias de los evangelios están el *Codex Sinaiticus* (Museo Británico); el *Codex Vaticanus* (Museo del Vaticano); el *Codex Alexandrinus* (Museo Británico), etc. Los manuscritos datan desde 300 años después de la muerte de Cristo pero ninguno antes del año 300. ¿Qué pasó con los originales de Mateo, Lucas, Marcos y Juan?

Cuando el emperador romano Flavio Valerio Constantino se hizo cristiano en el 313 d. C., mandó a recoger en el imperio todos los escritos sobre Jesús y trajo monjes copistas para "organizar" los evangelios. Convocó con ese fin el Concilio de Nicea durante el año 325. Los posibles manuscritos originales, o sus primeras copias, no son conservados en la modernidad. Algunos manuscritos, se escaparon de la gran purga.

Teniendo eso en cuenta, ¿Cómo fue la inspección ocular? Una vez que Pedro y Juan llegan a la tumba y la revisan (cual detectives al llegar a la escena de un crimen), observan cada detalle que los pueda orientar en relación a lo sucedido. Una vez terminada su inspección ocular regresaron a sus hogares y narraron lo que encontraron. En el *Codex Alexandrinus* se encuentra la narración de Juan: «Salieron pues Pedro y el otro discípulo y fueron al sepulcro. Corrían los dos juntos y el otro discípulo se adelantó más velozmente a Pedro y agachándose vio los lienzos allanados pero no entró. Llega, después, Simón Pedro siguiéndole y entró en el sepulcro y contemplo los lienzos allanados y el sudario que estuvo sobre la cabeza de Él, no al igual que los lienzos, allanado, sino al contrario, arrollado en su propio lugar. Entonces después, entró también el otro discípulo, quien llegara primero al sepulcro y ¡**vio y creyó**!»

La ceremonia de entierro implicaba que el cadáver de Jesús fue envuelto en la sábana de pies a cabeza, con tiras que la amarraban al cuerpo. Así, con un cuerpo envuelto en una sábana, debía de estar el cadáver de Jesús cuando Pedro y Juan entraron al sepulcro. Ambos constataron al entrar que el cuerpo había desaparecido, la sábana que lo cubrió, se encuentra aplanada y el sudario que envolvió su cabeza lo encuentran arrollado en su propio lugar.

Por la descripción, no solo vieron a la sábana sino que además la tocaron. Mayúscula sorpresa se llevaron cuando la mano se les hundía al colocarla por encima y constatar que no había nada sólido en su interior. La palabra griega usada por Juan es *"keimena"* que significa "yaciendo". Dijo el **Monseñor Feuillet**, un especialista de prestigio internacional en Sagrada Escritura y específicamente en el conocimiento de San Juan: «La sábana en el suelo, no. La sábana estaba a ras del suelo, o sea allanada, aplanada, alisada, sin el relieve que tenía cuando cubría el cuerpo de Cristo. El sudario que tenía sobre su cabeza *"epi tes kefalés autou"*. Estaba *"entetyligménon"* o sea arrollado. Si desaparece el cuerpo la sábana queda desinflada. El sudario que envolvía la cabeza, al desaparecer ésta, quedaría abultado y enrollado como un aro al vacío en su propio lugar, tal como lo constataron. Juan creyó en el Resucitado con solo ver y tocar la sábana mortuoria que cubrió su cadáver. La Figura muestra lo que Juan esperaba ver y luego lo que realmente vió, lo que lo llevó a creer en el momento.

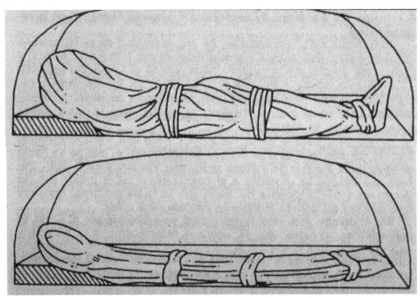

La sábana primero llena y luego vacía.

Lo que vieron y tocaron fueron los lienzos allanados, el sudario enrollado y el cuerpo desaparecido. Si el cuerpo hubiese simplemente cobrado vida, luego de estar frio por varias horas, la persona se hubiese levantado y quitado la sábana. El paradero de la sábana dependería entonces del orden y apuro del resucitado. Pudo haber quedado arrumada en el piso, doblada a un lado o tal vez se la hubiese llevado JesuCristo consigo. No habría estado en la forma exacta como estaba cuando envolvía al cadáver.

Lo cierto del caso es que el ahora Dios-Hombre empezó a dejar mensajes de su acto solemne, desde el mismo primer momento en que ocurrió. Algunos vieron y creyeron en el momento, otros pidieron tocarlo en vivo para poder creer y otros respondieran negativamente sin pensar las consecuencias de su nueva negación. Lo cierto del caso es que el hecho no pasó desapercibido y esos primeros instantes fueron clave para la humanidad.

Stephen Covey, en su análisis del «octavo hábito de la gente altamente efectiva» plantea que hay un ligero instante, entre el estímulo y la respuesta, donde los seres humanos podemos ser libres. Las personas que no son "emocionalmente o espiritualmente inteligentes", tienen ese instante muy corto, por lo cual reaccionan casi inmediatamente, sin dejar que su intelecto, su corazón y su espíritu respondan adecuadamente. Una vez que la persona se ha comprometido con una posición, luego es muy difícil corregir, porque implica reconocer frente a los demás su error inicial.

La resurrección de JesuCristo sigue siendo noticia de primera plana dos mil años después. Algunos pocos hebreos del momento se perdieron su chance de reaccionar al fenómeno del amor, afortunadamente Cleofás no fue uno de esos incrédulos, pero eso no ocurre por casualidad, sino producto de un peculiar y transformacional viaje a Emaús.

ETAPA 2:
LA DESILUCIÓN

AQUEL MISMO DÍA DOS DISCÍPULOS SE DIRIGÍAN A UN PUEBLECITO LLAMADO EMAÚS, QUE ESTÁ A UNOS DOCE KILÓMETROS DE JERUSALÉN, E IBAN CONVERSANDO SOBRE TODO LO QUE HABÍA OCURRIDO. MIENTRAS CONVERSABAN Y DISCUTÍAN, JESÚS EN PERSONA SE LES ACERCÓ Y SE PUSO A CAMINAR CON ELLOS, PERO ALGO IMPEDÍA QUE SUS OJOS LO RECONOCIERAN.

EL LES DIJO: «¿DE QUÉ VAN DISCUTIENDO POR EL CAMINO?» SE DETUVIERON, Y PARECÍAN MUY DESANIMADOS. UNO DE ELLOS, LLAMADO CLEOFÁS, LE CONTESTÓ: «¿CÓMO? ¿ERES TÚ EL ÚNICO PEREGRINO EN JERUSALÉN QUE NO ESTÁ ENTERADO DE LO QUE HA PASADO AQUÍ ESTOS DÍAS?»

«¿QUÉ PASÓ?», LES PREGUNTÓ. LE CONTESTARON: «¡TODO EL ASUNTO DE JESÚS NAZARENO!» ERA UN PROFETA PODEROSO EN OBRAS Y PALABRAS, RECONOCIDO POR DIOS Y POR TODO EL PUEBLO. PERO NUESTROS SUMOS SACERDOTES Y NUESTROS JEFES RENEGARON DE ÉL, LO HICIERON CONDENAR A MUERTE Y CLAVAR EN LA CRUZ. NOSOTROS PENSÁBAMOS QUE ÉL SERÍA EL QUE DEBÍA LIBERTAR A ISRAEL. PERO TODO ESTÁ HECHO, Y YA VAN DOS DÍAS QUE SUCEDIERON ESTAS COSAS. EN REALIDAD, ALGUNAS MUJERES DE NUESTRO GRUPO NOS HAN INQUIETADO, PUES FUERON MUY DE MAÑANA AL SEPULCRO Y, AL NO HALLAR SU CUERPO, VOLVIERON HABLANDO DE UNA APARICIÓN DE ÁNGELES QUE DECÍAN QUE ESTABA VIVO. ALGUNOS DE LOS NUESTROS FUERON AL SEPULCRO Y HALLARON TODO TAL COMO HABÍAN DICHO LAS MUJERES, PERO A ÉL NO LO VIERON.»

Una vez estudiado lo que había en la mente de estos caminantes y de comprender el preámbulo de los acontecimientos previos del día, entramos a desglosar cada palabra del relato de Lucas:

13. AQUEL MISMO DÍA DOS DISCÍPULOS SE DIRIGÍAN A UN PUEBLECITO LLAMADO EMAÚS, QUE ESTÁ A UNOS DOCE KILÓMETROS DE JERUSALÉN,

El primer segmento de esta segunda etapa de desilusión comienza describiendo el trayecto del viaje. La reingeniería espiritual genera múltiples preguntas al respecto: ¿Dónde estaba ese pueblo llamado Emaús? ¿Por qué los discípulos estaban en Jerusalén? ¿Es común tener que huir de Jerusalén? ¿Cómo se hace un buen viaje? Responder a estas preguntas nos ayudará a completar las principales piezas de este proceso de desilusión, clave para comprender la potencia del milagro.

UN PUEBLO LLAMADO EMAÚS

Como todo lo relacionado con la historia bíblica, si no nos ubicamos en el contexto de los hechos, será difícil comprender la magnitud de los milagros de Jesús. En este caso, no nos puede quedar ninguna duda que lo ocurrido en Emaús se trató de un milagro de liderazgo de un impacto tan grande, que resuena hasta nuestros días. A veces pensamos que un milagro solo consiste en curar a una persona de una enfermedad, tener control sobre la vida o crear algo material de la nada.

Jesús realizó muchos de esos milagros en sus días de prédica por Galilea, cuando Jesús curó paralíticos, resucitó viudas, calmó tempestades y multiplicó panes. Si bien estos milagros fueron sorprendentes, su impacto fue puntual o trascendió solo sobre esa persona y sus allegados. De esa forma con sus milagros le hizo la vida mejor a un ciego, sació el hambre de muchos durante una tarde y permitió que un amigo viviera unos años más. Sin embargo, el milagro de reconversión sobre Cleofás y el otro discípulo trascendió el lugar y el momento, bridando la fuerza moral para impulsar la organización más trascendental de la humanidad: La Iglesia cristiana.

Si analizamos el teatro geográfico de la antigua Palestina. A simple vista se trata de un trayecto montañoso y desértico de 12 kilómetros. Hoy día, con las comodidades de un automóvil ese trayecto sería un sencillo ir y venir. Si no disponemos de vehículo y hablamos de ir corriendo, pues nos ponemos nuestros zapatos deportivos y en buenas condiciones físicas tal vez nos tome medio día completar la faena. Ahora debemos ubicarnos en la antigua palestina, saliendo de una Jerusalén que ha completado sus fiestas pascuales. Celebración que culminó en el caos de la crucifixión de Jesús y hasta con el terremoto del Templo.

Si visualizamos el camino lo observaremos desértico, montañoso e irregular. Posiblemente con guardias en la vía, caravanas de peregrinos causando cola por los caminos principales y dos discípulos tristes y aterrados que dejaban atrás sus familias. Uno de ellos mayor de cuarenta años, quizás abuelo ya. La Figura dramatiza el momento caminando por una ruta lejana, peligrosa, polvorienta y sin mucho resguardo ante el inclemente sol.

El dramatismo de la huida.[72]

---

[72] *Iluminación Divina de Conrado Bueno, José A. Pagola, Pedro Crespo Arias y Ángel Corbalán. Publicado por Parroquia San García Abad. 2011.*

Si partimos por ejemplo de la base de que la distancia que separa Nazaret de Jerusalén eran unos 100 kilómetros. En nuestra visita a Belén vimos que José y María caminaron por tres días sin completar el trayecto y cuando se dieron cuenta que no tenían al joven Jesús con ellos en la caravana, regresaron a la capital a buscarlo. De esa forma, podríamos perfectamente estimar que para un hombre entrado en edad, como Cleofás, un trayecto como ese podía tardar todo un día. Por esta razón optó por partir a primera hora de la mañana del Domingo y no llegó a Emaús hasta el anochecer en que invita al misterioso acompañante del a camino a su casa. Tal vez ahora esta información no luce muy relevante, pero lo será más adelante cuando luego de reconocer a Jesús, los discípulos emprenden de noche el regreso a Jerusalén.

La lectura nos dice que los discípulos venían hablando de lo ocurrido. Posiblemente en una conversación "de a raticos", intermitente, autodestructiva. Quizás iban hasta reprochándose de su propio y cobarde comportamiento. Seguramente se recordaban mutuamente los peligros que corrían sus amigos, sus hijos, sus esposas. Tal vez mirando continuamente atrás, con ganas de volver y más temor aún de enfrentar a los que dejaron solos. Haciendo el paralelismo con nuestras vidas, tal vez nosotros hemos estado en esa situación. Huyendo de nuestras responsabilidades familiares cuando las cosas se ponen difíciles y dejando de lado nuestro rol evangelizador. Tal vez vamos por el mundo perdidos por el camino como "muertos en vida", sin ganas de ejercer el liderazgo y reprochándonos mutuamente nuestra "mala suerte" con el progreso.

JERUSALÉN

Para comprender mejor el viaje, no solo es vital estudiar el sitio a dónde iban esos discípulos, sino explorar las características de ese sitio de donde huían: ¡En la ciudad de Jerusalén se siente de manera muy particular la presencia del Omnipotente! Aún se oye el cántico: ¡Yo me alegré cuando me dijeron vamos a la Casa del Señor! Jerusalén fue la ciudad santa que Jesús conoció y es una de las ciudades más antiguas del mundo y significa paradójicamente la ciudad donde reina la paz.

Después del retorno de Egipto un milenio antes de Cristo, el Rey David convirtió a Jerusalén en la capital de su reino y el centro religioso del pueblo judío. Unos 40 años más tarde su hijo Salomón construyó el Templo que fue por siglos el centro de Israel. Salomón transformó la ciudad en la próspera capital de un Imperio (Crónicas 6,5): «Desde el día en que saqué de Egipto a mi pueblo, no he elegido ninguna ciudad entre todas las tribus de Israel, para edificar una Casa (un Templo), para que esté allí mi nombre, y elijo a David (Jerusalén), para que sea el Jefe de mi pueblo Israel.»

La ciudad que Jesús conoció fue la Jerusalén que desarrolló el rey Herodes el Grande: teatro, anfiteatro, palacios, hipódromo y sobre todo la reconstrucción del segundo Templo, uno de los mayores y más espectaculares edificios religiosos del mundo romano. Este lugar, donde la Tierra y el Cielo se unen, es donde todo judío debía peregrinar.

La ciudad estaba amurallada con puertas que permitían el acceso al interior de la ciudad. Seis estaban abiertas, salvo la puerta Dorada, que apunta hacia el Este y permanecía sellada a la espera del Mesías. Dentro de la ciudad estaba el palacio del Rey y la fortificación del comandante de las legiones romanas, llenas del lujo costeado con los impuestos del Templo y del Imperio. Jerusalén era la ciudad capital que vivía de ejercer el poder sobre los habitantes de la región.

Por su geografía no tenía un sustento económico relevante por sí misma, sino por la influencia que ejercía sobre la Palestina antigua, por lo cual una revolución atentaba contra el poder de la capital y en particular la economía que rodeaba el Templo de Jerusalén, para ellos era el lugar más sagrado de la Historia. Se trató de "La Casa de Dios en la Tierra" con el "Santa Sanctórum", que fungía como su habitación privada, lo que lo convertía en el símbolo de la presencia perpetua de Dios en medio de su pueblo. En consecuencia, era el único lugar posible donde los judíos podían ofrecerle sacrificios a su Dios.

Maqueta de la Ciudad de Jerusalén del Siglo I.[73]

Toda la vida de los Israelitas de ese tiempo giraba en torno al Templo y sus edificaciones, tanto para la población residente en Palestina, como la que se encontraba fuera o en la diáspora, el razón de que la adoración máxima a Dios no se podía realizar en las sinagogas, ubicadas en las principales poblaciones regionales así como en la diáspora. Esa condición explica el que los hebreos de aquella época, solos o en grupos, acudían al Templo al menos una vez al año. Hacer cualquier mención del Templo es tocar las raíces de la historia y las tradiciones del pueblo hebreo.

HUYENDO DE JERUSALÉN: EL EXILIO

A lo largo dela historia del pueblo hebreo, es común tener que huir de sus ciudad santa. De hecho, la misma entrada del Hombre-Dios en la Tierra comienza con la tortura del exilio desde Jerusalén. El niño Jesús apenas ha nacido ya conoce el sufrimiento de los refugiados que salen de esa "ciudad de la paz", para ir a sitios extraños donde crecen niños sin saber lo que significa "mi casa".

---

[73] en.wikipedia.org/wiki/Biblical_archaeology.

La historia del pueblo de Dios tuvo su primer campo de concentración en Egipto, símbolo de esclavitud. No hay duda que la crianza de Jesús le ayudaron a comprender a los oprimidos y olvidados, sentando las bases de la misericordia y el perdón. Jesús vive un paralelismo completo y consistente con la historia de su "pueblo elegido." Miles de años de la historia de los pobladores de Israel, se condensa como una "pastilla" en los treinta y tres años de la vida humana de Jesús de Nazaret:

En camino al exilio en Egipto.[74]

- La concepción: Jesús y los hebreos fueron concebidos en zonas lejanas al corazón de Palestina por alianzas con Dios. Jesús en Nazaret por la alianza con María para fecundar un hijo, mientras los Hebreos en Ur por la alianza con Abraham y le propone fecundar un pueblo.

- El nacimiento: Luego, ambos nacieron como "organismos pensantes" luego de una difícil prueba en las colinas de Jerusalén. Jesús lo hizo en

---

[74] *ellibrodelanuevaalianza.blogspot.com.*

Belén, después de un difícil viaje de peligro para María. Los hebreos luego del intenso momento de Abraham con Isaac en el Monte Moira.

- El exilio: Ambos tuvieron que trasladarse a Egipto producto de la envidia humana, donde vivieron lejos de su hogar. Jesús fue llevado por José, cuando corrió la noticia de la matanza de Herodes, mientras los hebreos fueron llevados otro José, hijo de Jacob, por la traición de sus hermanos.

- El regreso: Luego un período fuera, ambos regresan a su "hogar". Con la muerte de Herodes Jesús regresa a Nazaret después de 3 años, mientras los hebreos lo hacen 300 años después liderados por Moisés.

- El desarrollo: Estando en su sitio, ambos viven períodos de desarrollo en paz y prosperidad. Jesús, madura y se convierte en un carpintero, mientras los hebreos reconquista de Palestina se inicia la era de los grandes reyes, viviendo la prosperidad del reinado de David y Salomón.

- El desierto: En un momento dado, para ambos el desarrollo en paz es interrumpido, para vivir una experiencia de soledad. Jesús se fue al desierto por 40 días, ayunando y tentado por el mal. El pueblo hebreo fue desterrados a Babilonia, donde vive un largo período de tristeza.

- La prédica: Regresando de su desierto, ambos viven momentos de predicación. Jesús con sus enseñanzas, cultivándose la admiración a Dios a través de su Templo vivo en Cristo. Para el pueblo hebreo, es la época de la veneración a Dios a través del Templo reconstruido.

- La muerte: Ambos sufren una destrucción devastadora a manos de los romanos. Jesús vive su vía crucis y sus seguidores huyen, el pueblo la destrucción del Templo, la Masada y la persecución a Cristianos.

- La resurrección: Ambos traen un mensaje de esperanza con la vuelta a la vida. En Jesús recupera su "cuerpo glorioso", mientras una parte del pueblo hebreo resucita en la Iglesia Cristiana liderada.

EL VIAJE

El relato de Lucas es básicamente una bitácora de viaje, por lo cual para comprender lo que sucede es valioso usar un lenguaje dual: el del intelecto y el del corazón. Si usamos sólo el lenguaje del intelecto podemos ser fríos como una computadora, y por tanto quizás criticando mucho a los viajeros. Si lo hacemos solo con el del corazón, corremos el peligro de estar fantaseando. Lo que intentamos hacer frecuente mientras acompañamos a Cleofás y Jesús en este viaje, será la armonía de ambas maneras. A veces tiene que dominar el intelecto para buscar la comprensión y reflexión, por lo que el lenguaje será analítico y sin pasión. En otras ocasiones dominará el corazón y lo haremos cálidamente, para inspirar nuevas visiones y hacer que nuestra alma se eleve y pueda volar, sea al reír, llorar, alegrarnos o entristecernos con los hechos. Sólo así comprenderemos porqué a los viajeros les "ardió el corazón".

En este viaje seremos capaces de conmovernos ante la belleza de la puesta del sol esa tarde al llegar a Emaús y al mismo tiempo de medir la longitud de onda de los diferentes matices de los colores, luces y sombras. Con el intelecto será la manera predominante para buscar y trasmitir la información sobre los sucesos, incluyendo la biología de Jesús de Nazaret; algunos hechos de su vida; o las características de las torturas que le aplicaron durante su pasión y muerte. Con la razón buscaremos averiguar las cualidades de su cuerpo luego de su resurrección y las fuentes de inspiración al partir el pan.

Con el corazón será la forma como buscaremos transmitir la potencia de la maravilla de la conversión en Emaús, de la misma forma como la conectaremos con la misteriosa fecundación de María de Nazaret; los sentimientos de Jesús mientras oraba en Getsemaní; las palabras dichas en la cruz; o la alegría de ver resucitado al Maestro. Esperamos que esos momentos nos sacudan, tal como les sucedió a Cleofás, al igual que a los testigos cuando Jesús aplacó una tormenta o resucitó a Lázaro ¡Hay que asombrarse! ¿No vibra nuestro cuerpo cuando contemplamos las maravillas de la naturaleza o una gran obra artística? ¡No arde nuestro corazón!

Sentimos algo especial cuando escuchamos "todas" las *Ave María*, los cantos *Gregorianos*, las sinfonías de **Ludwig Van Beethoven**, **Edvard Grieg**, **Wolfang Amadeus Mozart**, la ópera *Nabuco*, la canción *Imagine* de **John Lennon**, el *Panis Angélicus* de **Bocelli** y tantas otras maravillas artísticas. Para eso usamos nuestros cinco sentidos biológicos y de un "sexto sentido" extraordinario. Eso que llaman el "tercer ojo". Se trata del corazón con sus sentimientos, que fue lo que ardió en lo más íntimo de Cleofás.

El lenguaje del intelecto y del corazón.[75]

14. E IBAN CONVERSANDO SOBRE TODO LO QUE HABÍA OCURRIDO.

El segundo segmento de esta segunda etapa nos habla de una conversación entre esos dos viajeros. La reingeniería espiritual genera múltiples preguntas al respecto: ¿De qué podían estar conversando? ¿Si era sobre los problemas que habían ocurrido, desde cuando comenzaron? ¿Cuáles habían sido los orígenes de todo lo que había ocurrido? Responder a estas preguntas nos ayudaría a comprender la maestría con que Jesús resucitado irrumpe en la conversación.

EL VEHÍCULO DEL TIEMPO

Para explorar lo que estos dos discípulos estaban conversando hay que intentar trasladarse a la época en que vivió Jesús de Nazaret. Cada segmento de esta reingeniería la hemos venido haciendo viajando metafóricamente en un vehículo del tiempo. Como espectadores nos hemos subido y bajado cómodamente en distintos momentos y sitios, para intentar conectar lo que

---

[75] *commons.wikimedia.org;*

está dicho en el antiguo y nuevo testamento, con lo que hemos averiguado de los gigantes intelectuales modernos.

Es un intento de conocer a Dios a través de sus palabras y sus obras, que es una magnífica forma de amarlo. Al igual que sus discípulos dos milenios atrás, queremos averiguar ¿Quién en verdad fue Jesús de Nazaret y qué fue lo que pasó?

El motor del vehículo es la imaginación y así podremos llegar con sus alas hasta la época de los acontecimientos. El combustible para el viaje es la historia apoyada en descripciones e imágenes. El chofer es el corazón y su mapa el intelecto.

LAS CONSECUENCIAS DE LA PROCLAMACIÓN COMO MESÍAS

Es común de la naturaleza humana la crítica cuando las cosas salen mal. Los que huyen probablemente empezaron a cuestionar las decisiones que tomó Jesús, que lo llevaron a la cruz. Si se trata de su "tío Cleofás", quizás esa crítica comienza desde que su "sobrino" arrancó por ese camino-despeñadero. Pudo haber pensado que todo comenzó un fatídico día en Galilea, cuando Jesús decidió "creerse Dios". Muy probablemente en esos primeros pasos del viaje Cleofás le cuenta al otro discípulo algo que este quizás no sabía: ¡Lo que sucedió en su tierra el día en que a Jesús casi lo lanzan por el despeñadero!

La iniciación pública de Jesús comenzó con su audaz proclama de su misión profética en la sinagoga de su pueblo Nazaret (Lc 4,16). Lo hizo en ese lugar familiar y popular que desarrollaron los judíos para hablar libremente en cada pueblo, luego de que fuera destruido por primera vez el Templo del rey Salomón por el rey Nabucodonosor y el pueblo de Israel fue deportado a Babilonia.

Estas casas de oración se usaban los Sábados para escuchar al rabino o a cualquier paisano que lo quisiera hacer. Allí se guardaban los pergaminos con la Ley sagrada (Lc 4,16): «Jesús se levantó para hacer la lectura.» El texto que Jesús pidió expresamente y leyó en la sinagoga de Nazaret, lo tomó del capítulo 61 del libro del profeta Isaías (Lc 4,17): «Le entregaron el volumen del profeta Isaías y desenrollando el volumen, halló el pasaje donde estaba escrito: "El Espíritu del Señor sobre mí, porque me ha ungido para anunciar a los pobres la Buena Nueva, me ha enviado a proclamar la liberación a los cautivos y la vista a los ciegos, para dar la libertad a los oprimidos y proclamar un año de gracia del Señor."»

Jesús en la sinagoga de Nazaret para su proclamación profética.[76]

Hasta aquí, la intervención de Jesús en la sinagoga de Nazaret, fue seguramente muy parecida a las que posiblemente ya había realizado con anterioridad. Sin embargo, el evangelista nos indica a continuación que la situación iba a cambiar dramáticamente: «Enrollando el volumen lo devolvió al ministro, y se sentó. En la sinagoga todos los ojos estaban fijos en Él: Comenzó, pues, a decirles: "**¡Esta Escritura, que acabáis de oír, se ha cumplido hoy!**"»

La ira irrumpió el lugar, tal como lo hizo la muchedumbre durante su pasión (Lc 4,28): «Oyendo estas cosas, todos los de la sinagoga se llenaron de ira; y, levantándose, le arrojaron fuera de la ciudad, y le llevaron a una altura escarpada del monte sobre el cual estaba edificada su ciudad para despeñarle.» ¿Cómo se debió haber sentido Jesús con la reacción de sus allegados, vecinos, clientes de la carpintería y sus compañeros de juegos? **¡Nadie es profeta en su tierra!**, por eso quizás no extraña que haya sido

---

[76] biblehub.com/matthew/4-17.

alguien de su tierra el primero en huir ese Domingo temprano, cuando su cadáver estaba todavía "fresco".

A los habitantes de Nazaret lo que les faltaba eran señales contundentes, maravillas, para avalar lo expresado y Jesús no había realizado nada especial en su propio pueblo. Que se sepa no hay evidencias de alguna señal pública que para ese momento revelara que poseía poderes que no provienen de los hombres, sino que se comportaba cual hijo de hombre y de mujer y no de un Hombre hijo de un Dios y una mujer. La reacción de incredulidad e ira sería un abreboca a lo que pasaría ante la misma proclama después en el centro del poder de Jerusalén. Las creencias de los judíos de la época simplemente no podían dejar que un hombre se comparara con Dios. Era la blasfemia que tanto defendían en el Templo desde hace siglos.

EL CHOQUE ENTRE DOS EXTREMOS

Así como el tío Cleofás le contaba la historia de Nazaret, quizás el otro discípulo hacía la misma crítica de lo que aconteció cuando Jesús hizo lo mismo en la capital. Tal vez le contaba al "discípulo mayor" algunos detalles de lo que pasó en Jerusalén cuando lo vio entrar con un látigo en la mano en el Templo. Ese día se erigieron dos poderosos e irreconciliables conceptos: Jesús con una nueva Alianza de Amor por una parte y las Autoridades del Templo con la antigua Alianza de rigor por la otra.

Quizás el otro discípulo no comprendía que la acción mesiánica de Jesús no fue dirigida contra la estructura física del Templo, contra las personas o los animales, sino contra las creencias y prejuicios. Los evangelios indican que nadie salió herido o golpeado, sino que fue una acción dirigida contra la cruda, sostenida, insoportable y manifiesta imperfección y desvío de las intenciones y deseos de Dios, El Creador y su Padre, de hacer a los hombres libres a "su imagen y semejanza". Por y para ello cumplió con la elegancia que se desprende de las premisas de **Aristóteles**: «Lo difícil, es sentir y expresar la indignación en el momento preciso, por el motivo preciso y en la medida precisa.»[77]

---

[77] ARISTÓTELES. Frases famosas. humano.ya.com/elocuax.

El acto liberador de la nueva alianza es embestido por los que tratan de mantener ese modelo religioso-económico-político-social incluía al Sumo sacerdote y demás sacerdotes saduceos + ancianos + fariseos + escribas + levitas + romanos. La indignación de Jesús en el Templo es el comienzo de la manifestación de un gran amor, que culminaría en la cruz con su perdón.[78] Posiblemente ese discípulo tenía un origen mas hacia lo que promovían los zelotas, por lo cual interpretaba ese acto de humillación como debilidad de su líder, la no poder contra las autoridades, que el día del látigo en el Templo fueron llamados bandidos. Lo cierto del caso es que el hecho fue un escándalo ¡qué sacrilegio! Esta era una sociedad que si conseguían una mujer adúltera había que matarla a pedradas, porque era lo bueno aunque fuera cruel.

Jesús se atrevió a igualar la majestad del Templo con una "cueva de ladrones". Con esas palabras y acciones no buscó y ni aspiró la aceptación de sus congéneres y menos aún la comprensión de las Autoridades reinantes, quienes se debieron de haber quedado absortas el espectáculo sin saber qué hacer. El otro discípulo en ese momento de dudas quizás hasta llego a pensar: ¡Quién le mandó a Jesús a meterse con los jefes!

La guardia del Templo de Jerusalén.[79]

---

[78] ÁLVAREZ GONZÁLEZ, Freddy. La Ética de la Indignación.

[79] delsanedrin.blogspot.com.

Ante la humillación del Hombre-Dios de sentirse comprada su piedad en su casa con el dinero de los que poco tienen, su condición de héroe mítico lo compara con las históricas palabras Aquiles: «Mi corazón se inflama de cólera cuando recuerdo como Agamenón me trató desvergonzadamente en frente de los Aqueos, como si yo fuera un vagabundo cualquiera sin honor.» Para un "héroe", que se le desprecie y se le rebaje en su categoría es humillante e imposible de tolerar y de aplacar. Quizás por eso Cleofás y el otro sentían que debían sentar distancia con Jesús y alejarse cuanto antes de por allá.

---

15. MIENTRAS CONVERSABAN Y DISCUTÍAN, JESÚS EN PERSONA SE LES ACERCÓ Y SE PUSO A CAMINAR CON ELLOS,

El relato avanza sorprendentemente con el encuentro entre un "desconocido" y los caminantes. La reingeniería nos hace preguntarnos: ¿Por qué Dios sale a buscar a los caminantes que huyen? ¿Por qué el acompañante no se les presenta de una como el Cristo resucitado? ¿Quién era realmente esa extraña persona que los acompaña en el viaje? ¿Cómo controló Jesús sus emociones para no revelarse hasta el momento oportuno? ¿Cómo sabe cómo ayudar a estos hombres a superar su crisis? Responder a estas preguntas nos acerca a comprender algunas claves del proceso de reingeniería espiritual.

EL IMPULSO DE LA CREACIÓN

Para muchos resulta incomprensible que Jesús haya optado que una de sus primeras apariciones después de vencer la muerte haya sido para recuperar a "estas ovejas descarriadas" y no para recompensar a sus leales. Según Lucas, esta es la primera vez que aparece Jesús como resucitado. Los otros evangelistas, así como la virgen María en su evangelio secreto, mencionan otro orden.

Intentas descifrar a Dios es imposible, pero consideramos resulta muy valioso tratar de buscar entenderlo, atando las evidencias y pistas que nos ha dado desde toda la vida. Jesús describe en la parábola de la oveja perdida, que en el cielo (Lc 15,7): «Habrá más alegría por un solo pecador que se arrepienta, que 99 justos que no necesitan arrepentirse.» Es decir, que el Padre, el mismo día en que su hijo resucitaba, estaba cumpliendo con su esencia incondicional: ¡Dios en Amor!

Ahora bien, sería interesante reflexionar como esa esencia amorosa para con los hombres ha sido así desde siempre, remontándose al mismo origen de la vida humana. Para dar con el origen de la vida, vamos a tener que retroceder hasta el impulso inicial que hizo posible que surgiera la materia inerte y más especialmente la vida. En todo lo creado hay fuerzas y masas, que acontecen en una escala de complejidad gradual, que culminan en la vida humana, como la cúspide que conocemos. Se trata de un "camino" precioso donde se balancean milagrosamente las diferentes partículas y cargas elementales para hacer posible nuestra existencia en este mundo.

Dios es Amor desde el **Big Bang** hasta el hombre.[80]

El amor de Dios existe desde el mismo impulso inicial que dio origen al universo y se mantiene vigente en todo momento y ocasión. Para entender eso nos apoyamos en la física, analizando la esencia de las cuatro "fuerzas fundamentales" que gobierna el universo creado por Dios: La interacción gravitacional, la fuerza nuclear, la fuerza electromagnética y la energía radiactiva.

---

[80] *http://int.search-results.com/fr?q=La+via+lactea&locale.*

Como gran "sol" que es Jesús para sus seguidores, cuando Cleofás intenta alejarse de su presencia, el ahora Dios-Hombre busca ejercer una especie de fuerza invisible de atracción, para hacer que esta "partícula renegada" regrese por las buenas al rebaño del pastor. Esa fuerza actúa de manera similar a como lo hace la fuerza de gravedad en la naturaleza.

La fuerza de gravedad, que tiene un largo alcance para actuar sobre los planetas, es 10^{-34} más débil que la fuerza nuclear, que solo alcanza al átomo. La magia de la gravedad no se ve, pero es tan importante que sin su presencia los cuerpos celestes colisionarían entre sí creando un caos en el Universo. Es una fuerza vital para la armonía en el espacio sideral, que nunca desaparece, pero que su capacidad de atraer disminuye exponencialmente con la distancia, ¡al igual que el amor! Por eso pensamos que Jesús no espera hasta que sus discípulos amados se alejen tanto y los intercepta en el camino.

En razón de la poca masa de las partículas atómicas, la fuerza de la gravedad no ejerce un papel importante en el mundo de lo mínimo, por lo que actúa con increíble potencia la fuerza de atracción atómica, para evitar que el velocísimo electrón se mantenga orbitando amorosamente alrededor del núcleo. Sin embargo, es una fuerza con limitaciones, por lo que le da la libertad al juguetón electrón para que salte a otro átomo más atractivo y se produzca la electricidad. Esa "partícula saltarina" era Cleofás.

Una fuerza aún más potente, pero de infinitamente menor alcance, mantiene unidos a los quarks dentro del núcleo del átomo, actuando solo sobre las partículas más vecinas como una potente pega. Eso es lo que pasará con esos discípulos desde el momento en que el desconocido se les une en el camino. La potencia de la fuerza que gobierna en lo micro se evidencia por las reacciones nucleares que son la fuente energética de las estrellas. Finalmente está la inexplicable fuerza electromagnética, que genera atracción o repulsión entre las partículas en función de su carga. Es como la fuerza que hace que los demonios salgan expulsados cuando se acerca la presencia del Hombre-Dios.

EL EXTRAÑO COMPAÑERO DE VIAJE

Dados los enormes misterios en el funcionamiento de estas fuerzas vitales, al hombre no le quedó otra opción para explicar el origen de la

Creación, que dejar la ciencia a un lado y recurrir a la filosofía, los mitos y la religión. Según esta "metafísica", para que un producto exista, el que sea, tiene que haber un productor con un pensamiento. El azar es una premisa de poco fundamento para los que han reflexionado sobre el tema. Cada cultura ha tenido su propia cosmología con la interpretación de cómo llegó a formarse el Universo, pero todas presentan creencias, edificios, lugares u objeto considerados como sagrados, para adorar al "manantial" desde donde fluye la energía del amor sobre toda la Creación. ¡De esa forma, un "geiser de compasión" brotó en el camino a Emaús cuando el desconocido se puso a caminar con ellos!

LA INTELIGENCIA EMOCIONAL DEL RESUCITADO

Lo primero que Dios hizo cuando creó al hombre fue revelarle su rostro a Adán y Eva, sin embargo, a partir del pecado original esa figura no es vuelta a ver a largo de la historia humana, hasta que llegó Jesús. Por milenios Dios fue preparándonos para mostrarnos su rostro y tuvo una enorme inteligencia emocional para no relevar su identidad, sino a un grupo pequeño de hombres y mujeres especiales.

En el camino a Emaús, el Jesús humano debía de morirse de ganas de revelarle el fenómeno a su tío Cleofás, pero mantuvo su inteligencia emocional para hacerlo en el momento oportuno, mostrándonos el concepto de la inteligencia espiritual. Jesús comprende muy bien a los discípulos que huyen, porque él mismo sintió unas ganas tremendas de hacerlo en su momento de mayor debilidad: Getsemaní. Así como en ese momento pudo superar esas ganas de huir, pudo ayudar a estos primeros cristianos a regresar. La clave: **¡La preparación y la oración!**

En Getsemaní Jesús concientiza que usarán la tortura, que es el interrogatorio mediante el tormento del cuerpo, para renegar su condición de Hijo de Dios. Estamos acostumbrados a centrarnos en los dolores físicos del vía crucis, pero dolerán más los psicológicos, por lo cual la preparación en el Huerto tiene que ser profunda e integral (Mt 26,36): «Adelantándose un poco cayó rostro en tierra y suplicaba.»

En el inicio de la agonía, el demonio de la desesperación acecha en el borde de cada corazón humano. La desesperación es uno de nuestros peores enemigos. Supone la pérdida de toda alegría, de toda esperanza y seguridad en sí mismo y, a veces, incluso la voluntad de vivir.

En agonía quiere decir que Jesús tiene en el Huerto el espíritu triturado, encogido, aplastado, abatido.[81]

La persona en agonía se "aísla" del medio para reflexionar.[82] Jesús lo hace y al darse cuenta de lo difícil, le pide ayuda a sus amigos en la oración, quienes se quedan dormidos, representando ese primer paso de la soledad.

La muerte está ya acechando el corazón del Hombre-Dios, pero aún no se ha materializado, más su imaginación se las adelanta porque conoce a la perfección lo que está escrito sobre Él (Salmo 109,1): «Dios de mi alabanza, no te hagas el sordo, que una boca perversa y traicionera se abre contra mí: me hablan con lengua mentirosa. Me cercan con palabras de odio, me combaten sin motivo; en pago de mi amor me denuncian mientras yo rezo, me devuelven mal por bien, odio por amor.»

Sin la sinceridad no hay armonía posible. Jesús de Nazaret fue sincero consigo mismo en el Huerto de Getsemaní, por lo que hubo un vínculo entre sus pensamientos, sus sentimientos y las emociones exteriorizadas. *Daniel*

---

[81] *neuquentur.gob.ar. Se trata de una obra realizada por Nora Komerosky. Se encuentra en el parque escultórico "Turismo Religioso" en la Patagonia. Argentina.*

[82] *The Passion. Photography from the Passion of the Christ. Foreword by Mel Gibson. U.S.A.: Icon Distribution. 2004.*

Goleman plantea que la inteligencia superior no consiste en "ocultar" mejor las emociones, sino en saber "mostrar" la emoción correcta en el momento correcto, por lo cual Jesús expresó su temor a su Padre.

Los tres componentes que conforman a la "trinidad humana" de Jesús de Nazaret, vibraron cada uno de ellos en el Huerto con su máxima intensidad. Al final, fue su inteligencia espiritual, la más potente de todas, la que prevaleció. Mientras eso ocurría (Lc 22,44) «Jesús, lleno de angustia, oraba intensamente. Y su sudor se hizo como gotas espesas de sangre que caían en tierra.» El futuro se le hizo presente a Jesús en el Huerto. Así lo vivió nuestro guía Juan, hasta que sucumbió por sueño, dejando solo al héroe del amor!

LA PARTICIPACIÓN MÍSTICA EN GETSEMANÍ

De rodillas en Getsemaní Jesús pensó en las implicaciones de las profecías (Isaías 53,2): «Así como muchos se espantaron de Él porque desfigurado no parecía hombre ni tenía aspecto humano; así asombrará a muchos pueblos. Ante Él los Reyes cerrarán la boca al ver algo inenarrable y contemplar algo inaudito.» De esa forma, Jesús en el Huerto sabe que quedará tan deformado que su apariencia no sería reconocible. La palabra usada por el Profeta es *sphazo,* que significa matanza. Si Jesús lo acepta y desea, esa palabra narrada siglos antes se convertirá realidad en Él. Mientras esos pensamientos ocurrían en Jesús orando y sufriendo, los discípulos dormían unos pasos más allá. Jesús se paró y fue hacia ellos pidiéndoles que lo acompañaran despiertos mientras batallaba contra sus instintos de supervivencia. En la ruta a Emaús se lo pide a los discípulos perdidos y ahora, dos milenios después, Jesús nos vuelve a pedir lo mismo.

Para comprender la enorme inteligencia espiritual mostrada por el Hombre-Dios en Getsemaní, tenemos que "escucharlo y sentirlo". Gracias a la participación mística, ¡nos fundiremos en una misma persona con Jesús! En consecuencia sus pensamientos sobre que le van a hacer, es como si nos lo fueran a hacer a nosotros mismos en este instante. ¿Tenemos escalofríos? Solo de esa manera podremos meternos de lleno en su intimidad. Tenemos que vivir su miedo, su tristeza y su angustia. Vamos a repasar junto con Jesús los escritos, aunque una furtiva lágrima descienda sobre nuestras mejillas, en la medida que nos hagamos uno con Jesús.

Jesús pensó en el Huerto y tuvo miedo: ¡Estoy aquí y los malvados vienen hacia mí! Su cerebro reptil decía con toda su potencia: ¡NO!. Mientras su boca callaba, su corazón gritaba. Jesús pensó en Getsemaní y su cerebro mamífero lo hizo sentir rabia: ¿Por qué? En el Huerto el Hombre-Dios sintió la tristeza de la soledad, el escalofríos de verse despellejado vivo, la impotencia de verse clavado a un madero, la humillación de verse desnudo frente al mundo, la cobardía de sus defensores, la denigración de verse escalpado vivo, la desesperación de sentirse asfixiado en esa cruz.

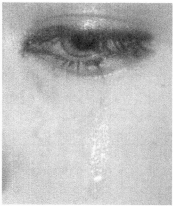

Voy a "duplicar en pocas horas", si acepto, la Profecías y Salmos del Pueblo de Israel en relación a las torturas que le van a aplicar al Mesías. Al también pensarlo una furtiva lágrima descendió sobre nuestras mejillas.[83]

Para Aristóteles el miedo hace que la gente sea deliberativa, para así afrontar la situación de peligro mediante la confianza y el coraje. Eso fue lo que hizo Jesús en el Huerto: evaluó las torturas que le iban a aplicar y sin ocultarlas o ignorarlas, procedió sin huir y con coraje a sopesarlas, actuando pleno de confianza y coraje. Fue una batalla a la que entró confiado, porque sabía que su fuerza era mayor a la del otro bando, porque tenía a su Padre de su lado. El omnipotente vino a su rescate para ayudarle a enfrentar el tremendo miedo humano y natural sentido en el Huerto, al igual que ahora JesuCristo acompaña a los caminantes en su reingeniería espiritual.

---

[83] *Imagen por computadora de la Sábana de Turín. En SILIATO, María. El Hombre de la Sábana Santa. Católica S.A. Madrid.1987.*

SUPERANDO LA TRISTEZA MORTAL

La tristeza es el "dolor" del alma, del corazón: la tristeza es lo opuesto a la alegría. La persona triste tiene el cuerpo abatido, la mirada hacia abajo, la cabeza inclinada, el descenso de la comisura de los labios, ascenso de los pómulos y el estrechamiento de la apertura de los párpados con elevación de la parte interior de las cejas. ¡Así parecían caminar los que huían!

Jesús en el Huerto tuvo que batallar contra estos sentimientos: «Estoy, me siento triste, muy triste.» Los hombres-lobos vienen y me quedaré solo a enfrentarlos, porque mis compañeros duermen y no tienen la fuerza suficiente para quedarse conmigo. Las Escrituras le confirman a Jesús en el Huerto la tristeza que va a sentir (Salmo 116,3): «Me envolvían redes de muerte, me alcanzaron los lazos del abismo, caí en tristeza y en angustia, invoqué al Señor: anda Señor, salva mi vida.» Los Evangelios confirman que mientras Jesús oraba se afligía (Mt 26,36): «Entonces les dijo: Me muero de tristeza.» Morir de tristeza es morir antes de morir (Salmo 38,11): «Siento palpitar mi corazón, me abandonan las fuerzas y me falta hasta la luz de los ojos. Voy encorvado y encogido, todo el día camino sombrío.» La tristeza golpea a la autoestima, que es "estar satisfecho con uno mismo".

El color es una metáfora de la oscuridad del alma de Jesús en el Huerto de Getsemaní hasta poco antes de la llegada de sus captores.[84]

---

[84] http://maripeli8.wordpress.com/

Jesús se encuentra consciente el Huerto que el "tiempo" le llegó. ¿Qué se siente cargar con todos los pecados de la humanidad? Es imposible saberlo a ciencia cierta, pero intuimos debe ser algo muy desagradable. Los que somos padres a veces hemos tenido que cargar con alguna conducta inapropiada de un hijo y eso nos hace sentir muy mal. Los padres de asesinos difícilmente pueden ver a las víctimas a los ojos, aunque ellos en realidad son inocentes. Ser el Cordero de Dios y cargar los pecados del mundo en el Huerto para llevarlos al Altar del sacrificio, ¡debe ser algo de un sufrimiento tal que hace sudar sangre!

Jesús en el huerto sintió la humillación de un gusano porque tendrá que arrastrarse por el piso, la desnudez indefensa de un cordero y ser considerado basura pestilente (Salmo 109,25): «Soy para ellos un ser despreciable, al verme, menean la cabeza.» Sintió ser objeto de rabio y odio (Salmo 35,2): «Estoy echado entre leones que devoran hombres; sus dientes son lanzas y flechas; su lengua es puñal afilado.»

Según **Santo Tomás de Aquino**: «La soberbia es un apetito desordenado de la propia excelencia.» Para **Miguel de Unamuno**: «La envidia es mil veces más terrible que el hambre, porque es hambre espiritual.» En Getsemaní Jesús se sintió el blanco de esos insultos, aderezados con la envidia y la soberbia de quienes lo juzgarían por traer amor y compasión a la Tierra. Al sentirlo una furtiva lágrima descendió sobre nuestras mejillas. Con razón lo humano de Jesús de Nazaret suplica: *!Nooo quiero morir! Deseo vivir... vivir... Quiero vivir. No me arrebates en la mitad de mis días. ¡Aparta de mí este cáliz!*

ORANDO PARA SUPERAR LA MEGACRISIS

Luego del colapso del cuerpo y alma de Jesús, por enfrentar en su mente y en sus sentimientos a las gigantescas fuerzas que lo destruían por dentro, la oración logra reconstruir la serenidad del Hombre-Dios para pararse con dignidad frente a sus captores, siguiendo así la Voluntad de su Padre Creador. A Abraham Dios le dijo. «*Vete de la casa de tu padre a una tierra que te mostraré.*» No le dijo que te la muestro ahora, sino que será en el camino: ¿no fue el resultado del sacrificio de Jesús un salto gigantesco para la Humanidad?

La Voluntad de Dios transformó a Jesús en un héroe. Tuvo una metamorfosis increíble y de gusano pasó a mariposa. El verdadero heroísmo está en transformar en realidad la Voluntad de Dios, hecha a la manera de deseos en nuestra persona. Ese proceso usualmente es doloroso porque significa la renuncia de algo cómodo, amado y esplendoroso, para entrar en un túnel hacia lo desconocido. ¡Es una vorágine! Por eso Jesús no debía revelársele a los que huían hasta que no llegaran al momento adecuado.

Sin esa condición no hay renovación de la mente: El verdadero progreso consiste en renovarse, ¿pero cómo? El Hombre-Dios nos da una clave: «El que es mayor entre ustedes, será vuestro siervo.»[85] El evangelista médico Lucas, describe ese momento (Lc 22,39): «Y sumido en agonía, insistía más en su oración. Su sudor se hizo como espesas gotas de sangre que caían en la tierra.» El hecho cierto es que según el evangelista médico la energía de su padecimiento anímico extremo, cual rayo, estalló sobre su cuerpo y se hizo público a la manera de hematohidrosis, haciendo que su cuerpo se bañara en su propia sangre.

Es un fenómeno raro, aunque explicable dentro de las leyes naturales aplicadas en un humano. La piel no solo se hincha por la entrada de agua, sino que además se vuelve hipersensible, por lo que cualquier golpe le dolerá más. Cuando una persona suda mucho crea inhibición social, y viene la aparición de los sentimientos de deshonra pública, especialmente si es de la magnitud del Hombre-Dios. Jesús conoció en el Huerto todos los miedos de los hombres y, los superó. El hecho cierto es que Jesús en el Huerto no solamente no se fue y se quedó, sino que NO permaneció triste, miedoso o angustiado. Al contrario, hubo cambio dramático en el Jesús "suplicante" que describen los evangelistas cuando pedía clamor (Mt 26,42): «¡Abba! ¡Padre!: todo es posible para ti, aparta de mí este trago.»

---

[85] http://www.renuevodeplenitud.com/el-misterio-de-la-voluntad-de-dios.html

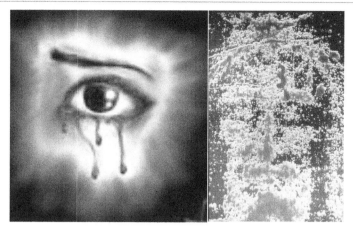

El rostro computarizado de la Sábana Santa mostrando a Jesús al rojo vivo.
Una lágrima furtiva sangrante desciende sobre nuestras mejillas.[86]

La oración permitió que el Jesús angustioso cediera el terreno al Jesús "Héroe", el "guerrero sereno, armónico, confiado y firme en su elección. Que enfrenta a sus captores con la compasión de perdonar el beso de Judas y curar la herida causada por Pedro al guardia. Eso no ocurre sino es porque un valor intenso irrumpió en su alma. De allí salió un hombre repotenciado. Getsemaní demuestra que el poder de la oración para superar las crisis humanas es infinito. Nos demuestra que como lo hizo Jesús, podemos decirle que <u>no</u> a los deseos más intensos de nuestro cuerpo, a las mayores tentaciones sociales de nuestro corazón y a la soberbia de nuestro intelecto. ¡Ese es el reto del camino a Emaús!

16. PERO ALGO IMPEDÍA QUE SUS OJOS LO RECONOCIERAN.

En este corto, pero sustancioso segmento de esta etapa, se menciona la existencia de "algo" que limitaba a los discípulos. La reingeniería se pregunta: ¿Cómo era ese rostro de Jesús que no podían reconocer? ¿Cómo

---

[86] *Imagen por computadora de la cara del Hombre impresa en la Sábana de Turín. Sindone. La Guida. Elle Di Ci. Torino. 1998. Como referencia léase la firma del Autor ya que no pude conseguir la fuente exacta de la referencia.*

era su mirada? ¿Qué pudo haber cegado a Cleofás? ¿Es contagioso? ¿Cómo se hace para caminar sin cegarse? Responder a estas preguntas nos ayudará a comprender por qué nuestras pérdidas en la vida pueden cegarnos, como a Cleofás.

LA FIGURA FÍSICA DE JESÚS DE NAZARET

Lucas indica que Jesús mismo se puso a caminar con los discípulos rumbo a Emaús, pero físicamente no lo reconocían. Cuando vemos una persona que hace cosas sorprendentes, pues queremos saber todo sobre Él: **¡queremos reconocerlo!**

Jesús de Nazaret realmente existió por lo que no fue una idea, en consecuencia fue una figura humana a la cual podemos conocer y por tanto Cleofás reconocer. Miles de personas han escrito sobre Él, por lo que podemos acercarnos a su descripción física, aunque sea no oficial. También podemos hacer inferencias de la Sábana Santa de Turín, como testigo de primera clase de esa fisonomía, que según los expertos, cumple con los cánones del tipo humano perfecto por bien formado y robusto.

Las autoridades de la época lo describieron. En una carta considerada como apócrifa, escrita en el año 31 por Poncio Pilato al emperador Tiberio César, le confiere unas cualidades especiales:[87] «Apareció en Galilea un hombre joven que en nombre del dios que lo envió predicaba humildemente una nueva ley. Primero temí que su intención era sublevar al pueblo contra los romanos. Pero pronto se borraron mis sospechas...»

Por lo escrito en los evangelios sabemos que era una persona muy fácil de abordar, que buscaba el contacto personal hasta con los más pequeños (Mc 10,14): «Le presentaban unos niños para que los tocara; pero los discípulos les reñían. Más Jesús, al ver esto, se enfadó y les dijo: "Dejad que los niños vengan a mí, no se lo impidáis."» Hasta el extremo llegó el "placer" de su presencia, que una mujer expresó (Lc 11,27): «Dichoso el seno que te llevó y los pechos que te amamantaron.» Sabemos que fue un hombre

---

[87] *El original de esta carta se conserva en la Biblioteca Vaticana en Roma y pueden solicitarse copias de la misma a la Biblioteca del Congreso en Washington..*

conversador que habló con todo tipo de personas, sean cuales sean, al ofrecerles su tiempo, atención y amistad, sin miedo, condiciones u obstáculos, lo que hizo se sintieran queridos, como si fueran su propia familia (Mc 3,20): «El que cumple la voluntad de Dios, ése es mi hermano, mi hermana y mi madre."» **Mitch Albom** decía: «Si no tienes el apoyo, el amor, el cariño y la dedicación que te ofrece una familia, no tienes gran cosa. El amor tiene una suprema importancia.

Jesús conversando con los hebreos de la época.[88]

Como lo dijo el poeta norteamericano **Wystan Hugh Acuden**: «amarse los unos a los otros o morir. Sin embargo no es lo mismo tener a alguien que no va a irse. No es lo mismo tener a alguien que te tiene el ojo encima y que te observa y vigila todo el tiempo y eso es parte de lo que es una familia. No solo es el amor, sino que también es hacer saber que alguien siempre vela por ti». Que tranquilizadoras palabras las de Jesús. No reniega de su propia familia, sino que la amplia incluyendo a todos los presentes y futuros observadores de sus palabras. Ello implica que Jesús siempre estará con nosotros cuando lo necesitemos, como ahora lo necesita su tio renegado.

Los placeres, así como los dolores, se comporten con los amigos, Por eso en este viaje vale la pena compartir el placer de "ser visto" por el ahora Dios-Hombre, tal como lo experimentó en diversas ocasiones San Pedro.

---

[88] en.wikipedia.org/wiki/Parable_of_the_Two_Sons.

EL ROSTRO Y LA MIRADA DE JESÚS

Los caminantes no podían reconocer a Jesús, pero de alguna forma era la misma alma con un rostro distinto, o simplemente que los ojos de los discípulos habían sido "manipulados" de alguna forma para no poder reconocerlo, hasta que su alma queda revelada al partir el pan en el destino.

Una forma de mostrar el alma es a través de las caricias, de la sonrisa, de los gestos del cuerpo y el rostro, especialmente la mirada.[89] Que alegría que en ese viaje hacia Emaús los discípulos hayan podido al menos interactuar con el alma de su Maestro, aunque luego más adelante si puedan disfrutar de ese rostro que cautivó al instante a Pedro y los otros apóstoles.

La potencia de la mirada del Hombre-Dios logró transformar de forma trascendental los corazones de la gente con la cual convivió por tres años y su rostro "dejó huella" cautivando a millones de hombres y mujeres hacia las próximas generaciones. "El primer beso no se da con la boca sino con la mirada". Debió haber sido un rostro que irradió amor, para que tanta gente dejara todo y lo siguiera sin siquiera preocuparse por lo que dejaban atrás.

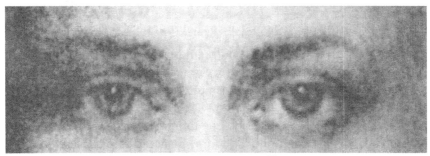

La mirada de Jesús.[90]

Lo que se deriva de los evangelios fue que Jesús sí usó la mirada y supo llegarle a los demás sin desviarla, lo que revela un contacto íntimo de su alma

---

[89] CARREL, Alexis. La Incógnita del Hombre. México: Diana. 1981

[90] Mirada computarizada de la imagen de la Sábana de Turín.

con las otras almas (Mc 10,21): «Jesús, fijando en él su mirada, le amó.» (Mt 9,22): «Pero Jesús volviéndose y mirándola dijo: "Ten ánimo, hija."»

Pensemos en la mirada que le dirigió al Apóstol Pedro, cuando lo negaba !tres veces el penúltimo día de su vida! Lo sucedido es un ejemplo del valor de la mirada que penetra y trasforma los corazones. Dice el Doctor Lucas en su relato (22,61): «Y en aquel momento, estando aun hablando, cantó un gallo y el Señor se volvió y miró a Pedro.» En ese preciso instante el Hombre-Dios le fijó la mirada a un ser humano mortal mostrándole, no importando las circunstancias, el amor omnipotente de Dios cara a cara, frente a frente y no de espalda con espalda a Pedro, quien lo negaba por miedo, al igual que ahora Cleofás lo negaba con su terror.

Mirar a los ojos suele ser un signo de atención, de atracción y de fraternidad. Cómo ha debido ser haber estado mirando al Hombre-Dios, mientras pronunciaba sus palabras de esperanza en el Monte, con esa compostura de una persona que se sabe hecha de amor puro:

Bienaventurados los que sufren...

Jesús hablando en el monte de las bienaventuranzas.[91]

¿Cómo serían el mundo y la vida humana sin que los arrogantes, los prepotentes y los privilegiados, quienes mediante el uso de la fuerza que concede los privilegios, tratan de dominar y someter a los demás? No habrían esclavos y oprimidos. Se trata de algo que no era concebible en la época y mundo en el que Jesús vivía. Como lo revelan su rostro y mirada: ¡Que personalidad la de Jesús de Nazaret!

---

[91] *caminocatolico.org.*

LOS CAMINANTES CIEGOS POR LAS PÉRDIDAS

No queda duda de que el cuerpo glorioso de JesuCristo tenía una inentendible, pero valiosísima cualidad: ¡Podía pasar irreconocible! Así sucedió en el caso de los discípulos de Emaús.

Al igual como la tristeza en el corazón de Cleofás le impidió reconocer a su mismo sobrino, a nosotros nos pasa que dejamos de reconocer a Jesús en los ojos de nuestro prójimo. Lo que este paraje nos invita a pensar es que a medida que nuestro corazón ha perdido la esperanza, se nos hace difícil reconocer a Dios en nuestra vida terrenal. Algunos llegan incluso a pensar que no existe y la vida se les transforma en un "congelador".

En el caso de Cleofás, su enorme pérdida le impide reconocer y vio a Jesús como un "forastero" en su camino. El Padre **Henry Nouwen** nos enseña que en nuestros casos, es posible que las pérdidas que hemos tenido en la vida nos haya hecho irreconocible el amor creador. *Francisco Alzuru* en sus disertaciones sobre el camino de Emaús hace un profundo análisis de esas pérdidas y como ellas nos alejan del amor creador. Por ejemplo:

- Perdemos nuestra infancia en la cual pasábamos el día jugando y alguien se ocupaba de nosotros. Ahora es posible que debamos trabajar para ganarnos la vida.

- Perdemos nuestra juventud con la cual podíamos superar los obstáculos naturales y lograr grandes metas atléticas. Ahora es posible que tengamos limitaciones físicas para hacer deportes o excursiones, e incluso pérdida de nuestra salud.

- Perdemos nuestra libertad en la cual veíamos la vida como una aventura a explorar. Ahora es posible que tengamos responsabilidades en el hogar y trabajo remunerado que nos impiden "volar" y disfrutar de los amigos y el fin de semana.

- Perdemos nuestra buena apariencia con la cual atraíamos al sexo opuesto y enamorábamos a nuestra pareja. Ahora es posible que el maquillaje no sea suficiente y nuestra gordura nos incomode.

- Perdemos a nuestros amigos con los que compartíamos nuestras historias y poníamos en ellos nuestra confianza. Ahora es posible que los que se nos acerquen se interesen más por nuestro dinero, nuestra posición o nuestras pertenencias.

- Perdemos nuestros sueños con los que trazábamos nuestro futuro, nuestra carrera profesional, nuestro emprendimiento. Ahora es posible que tengamos que soportar un trabajo que no nos guste para pagar las deudas del pasado.

- Perdemos nuestros familiares, nuestros padres u otros seres queridos en los cuáles depositábamos nuestro amor. Ahora es posible que estemos solos en la vida o preocupados por lo que será nuestra vejez.

- Perdemos hasta la fe en el Creador. Tal vez fuimos decepcionados por un líder que nos defraudó, por un movimiento político que no prosperó, por una organización que se estancó, o tal vez por un religioso que nos decepcionó.

Cuando nos resentimos por esas pérdidas, muchas de ellas naturales a la condición mortal de los seres humanos, dejamos escabullir a Dios en el trajín de la vida y nos olvidamos de escuchar su mensaje dejado por JesuCristo. Sin embargo, a pesar de que huyamos del amor, el relato del evangelista Lucas nos dice que Jesús viene a nuestro lado para acompañarnos en ese camino, tal como lo muestra la Figura.

Jesús acompaña el camino hacia Emaús.

Cuando Jesús como acompañante incógnita se le aparece a Cleofás no parece hacerlo al inicio del trayecto, sino que ocurre en alguna parte del camino. Posiblemente al principio los discípulos están muy temerosos para querer interactuar con nadie. Los caminantes tenían posiblemente la "guardia alta" y comenzaron su viaje temerosos y precavidos de todo. Jesús aparece más adelante en el camino, cuando ya deben estar más tranquilos y dispuestos a interactuar con otros. Pareciera que es en el momento oportuno, ni muy temprano ni muy tarde y lo hace a través de un rostro que no les genere impresión o incomodidad. ¡Que sabiduría y delicadeza!

Similarmente en nuestro caminar por la vida, es posible que hayamos tenido encuentros con personas o situaciones que nos alejen de Dios. Tal vez esta invitación a ser turistas en este viaje puede que haya llegado en el momento oportuno para reiniciar un primer encuentro con el Creador. Tal vez ya hayamos tenido la suerte de haber recibido una visita oportuna de un hermano, un amigo o un religioso que hizo la función de Jesús en la escritura, por lo que hoy simplemente estamos fortaleciendo el conocimiento que ya tenemos del amor a nuestro común Creador.

¿CÓMO HACER ESTE VIAJE?

Para no caer en la ceguera de los discípulos de Emaús, conviene acompañarlos en este viaje con la actitud correcta. Lo que sucede en el camino no se trata de una serie de novelas de suspenso, ni una reseña del algo minúsculo que le pasa a dos hombres tristes, sino de una peregrinación para explorar hechos reales, ya que la historia cristiana es ampliamente conocida. En la actualidad más de 2 millardos de personas la conocen en mayor o menor grado, por lo que es probable que tengamos conocimientos sobre el inicio de la Creación, la concepción, el nacimiento, la vida, la pasión, la muerte y la resurrección de Jesús de Nazaret.

> 17. EL LES DIJO: «¿DE QUÉ VAN DISCUTIENDO POR EL CAMINO?» SE DETUVIERON, Y PARECÍAN MUY DESANIMADOS.

En este siguiente segmento finalmente los discípulos escuchan la voz del Cristo resucitado, pero al igual que pasó con su figura, tampoco pudieron reconocer la voz. El análisis de la reingeniería se pregunta: ¿Por qué Jesús los detiene con una pregunta? ¿Cómo Jesús desarrolló su personalidad? ¿Cómo su personalidad le permite responder a la ofensa con compasión? ¿Cuál fue el origen del desanimo de los caminantes? Responder a estas preguntas nos ayudará a comprender mejor el estilo de liderazgo que aplica JesuCristo para retomar su rebaño.

EL RESUCITADO ACOMPAÑA A LOS CAMINANTES

Como claramente lo indica el relato de la aparición, por la forma de hablar de los discípulos se interpreta que en realidad no podía reconocer a su propio sobrino resucitado. JesuCristo lo sabe y sin embargo no aparece con un abrazo para su tío. Ese sería la primera reacción de un sobrino que acaba de vivir esa sorprendente experiencia dentro del Sepulcro. Si Jesús fuese un humano cualquiera, al ser resucitado por Dios llegaría frente a sus amigos y de inmediato los abrazaría. Hasta celebrarían juntos su regreso, como hacemos con todo ser querido que pensemos haber perdido.

Jesús en cambio se acerca sutilmente y se mezcla con la conversación que ya venían teniendo los caminantes. **Leonardo Páez** en sus investigaciones y reflexiones sobre la intervención de Dios en la Tierra, concluye que nuestro Creador suele aparecer en la calma del suave viento, más que en el estruendo del fuego.

Dios se comunica con nosotros en la quietud de la noche, mientras soñamos, como lo hizo con José el carpintero o con muchos de los Profetas de la antigüedad. El estudio del Antiguo Testamento nos muestra como Dios habla con la humanidad en la soledad del desierto, como lo hizo con Moisés, o en la cima de la montaña, como fue con Abraham. A nuestra forma de ver esto demuestra la humildad de la acción de Dios por encima de su condición de Todopoderoso. Por eso Dios le pide permiso a la Virgen para que su Sombra la embarace, y por eso Jesús le pide a los discípulos su silencio luego de la transfiguración.

Cuando el "irreconocible" Jesús se acerca a los discípulos en el camino actúa humildemente como si no supiera de antemano en lo que andaban, sabiendo bien de lo que venían hablando. A pesar de que Jesús fue el protagonista de los hechos y por ende sabe a detalle lo ocurrido, no llega a contarles, sino que muy hábilmente se involucra "ingenuamente" con ellos y lo hace usando una técnica exquisita de liderazgo: ¡las preguntas! Los expertos en liderazgo nos invitan a explorar los niveles más complejos y poderosos del influenciador, usando preguntas inteligentes que lleven al interlocutor a adueñarse de sus propias respuestas. Es lo que se denomina: "lead by asking questions".[92]

LA PERSONALIDAD DE JESÚS

La verdad es que sorprende que luego de todo lo que pasó con Jesús, sus primera palabras como resucitado hayan sido una pregunta tan singular: ¿De qué hablan? No queda duda de que un ser omnipotente capaz de hacer los milagros que hizo y en particular capaz de resucitar de entre los muertos, sabían exactamente de lo que hablaban esos discípulos por ese camino polvoriento. Sin embargo, su gran personalidad lo lleva a "hacerse el que no

---

[92] Heifetz, Ronald; Marquardt, Michael; Ross, Judith.

sabe" y hacerles una simple pregunta "inocente", que desata toda la conversación posterior.

¡No hay vidas y personalidades iguales! Una personalidad estructurada dará origen a una identidad firme y sólida y con ella es como nos vamos a relacionar con los demás. Comprender la personalidad del Hombre-Dios es vital para descomponer la potencia de su liderazgo.

El ser humano no nace con una personalidad determinada, aunque sí lo hace con una dotación predeterminada dada por un cuerpo con una organización psico-emocional, como una "semilla de mostaza"". Ni el campesino y ni el sabio saben cómo germina y crece la semilla. Saben que se trata de algo con toda la potencia en su interior que condicionará, si cae en un terreno fértil, el desarrollo posterior del árbol.

La gran regadora de esa semilla fue la Madre de Jesús, que fue una mujer excepcional que desde su infancia le fue alimentando el arbusto del amor, para que pudiera florecer con enorme belleza en sus años públicos.

La Virgen (Madonna) y El Niño.[93]

---

[93] *escuelacima.com.*

Si bien se inicia por el impulso maternal es fundamental la figura del padre y así estructurar el calor y la empatía genuina de la familia. En el caso de Jesús tuvo su abnegado padrastro terrenal que lo cuidó en los momentos de penuria y en especial a su Padre celestial, con quien conversó continuamente en cada paso de su campaña, mediante la oración.

Una familia honesta, justa y segura de sí produce hijos con la misma madera. La infancia de Jesús, tal como lo dijo San Lucas, marchó muy bien porque crecía en sabiduría, lo que nos hace pensar que fue criado con ese amor que hace a un ser humano mentalmente muy sano. Citando a **Mitch Albom**: «Si no tienes el apoyo, el amor, el cariño y la dedicación que te ofrece una familia, no tienes gran cosa.»

Una vez sembrada la semilla de la personalidad, se continúa el crecimiento con el empuje familiar y social, en este caso del pueblo hebreo. Por ello, en varias oportunidades Jesús dijo que su objetivo no era "destruir" lo que los profetas habían dicho y que él no venía ni a cambiar una "coma" de las antiguas Escrituras, sino a complementar con un nuevo mandamiento: «Ámense los unos a los otros, como yo os he amado.», que es precisamente lo que hace cuando inocentemente le pregunta a los discípulos en el camino a Emaús: ¿Qué pasó?

LAS RAÍCES DE SU PERSONALIDAD

Jesús llegó a la cúspide en las escaleras que integran la personalidad. La psiquiatría moderna lo denomina las raíces. Así lo enseña **Fernando Rísquez**:[94] «¡Son tres las escaleras! Cada una contiene sus respectivos tramos que ascienden paso a paso.» El simbolismo de las escaleras es universal. El Templo del Cielo en Beijing tiene tres escaleras circulares rodeándolo, que convergen en la unidad de la propia personalidad.

---

[94] RISQUEZ, Fernando. *Diálogos con Médicos y Pacientes.* Caracas: Monte Ávila. 2004.

El Templo del cielo en Beijing. [95]

La primera escalera de la afectividad se inicia con las emociones, siguen los sentimientos, afectos, el humor y se culmina con la pasión, con solo dos posibilidades de acción: O se ama y se sana la persona o se odia y se enferma. Jesús hizo y hace feliz a los que lo siguen. Su personalidad sustituye la enfermedad por salud espiritual, que luego se traduce en corporal. Jesús fue sensible a todo dolor humano y ante la miseria no actuaba como alguien superior. No humilló a nadie con su postura, y menos aún a su tío Cleofás que huía despavorido. Jesús conoce y penetra con simpatía los corazones, especialmente los que se sienten pequeños. Amó a mendigos, ladrones y esclavos, a enfermos y lisiados, a pescadores y recaudadores, a sacerdotes que se le acercaron y hasta a verdugos que lo maltrataban. Gracias a su obra son frases cotidianas de los hombres: "Gracias a Dios", "que Dios te bendiga", "si Dios lo quiere."

La segunda escalera de la intelectualidad se inicia con la imagen, asciende a la idea, pensamiento, concepto, conocimiento y raciocinio, hasta el último escalón que es el juicio. No sabemos a detalle si Jesús asistió a las escuelas rabínicas para subir por esta escalera, pero si sabemos que ascendió

---

[95] *en.wikipedia.org/wiki/Temple_of_Heaven.*

hasta la cúspide intelectual (Jn 7,15) «Mediada ya la fiesta, Jesús subió al Templo y se puso a enseñar. Los judíos asombrados, decían: ¿Cómo entiende de letras sin haber estudiado?» Ante la incredulidad, Jesús es sagaz y ofrece pistas de su sabiduría: «Mi doctrina no es mía, sino del que me ha enviado.» Jesús sabía al menos tres idiomas y podía leer y escribir.

La tercera escalera es la de la voluntad, que se inicia con la necesidad. Se asciende y conduce al deseo, pasa a la acción, luego al comportamiento y finalmente se llega a la conducta. Jesús demostró que ninguno de sus actos le fue impuesto por las circunstancias o en contra de su voluntad y tampoco fueron irreflexivos. No dudó jamás ante nada ni ante nadie. No tuvo ambiciones materiales. No vaciló al hablar o al obrar. Nunca se arrepintió de alguna palabra suya. Nunca dijo una cosa e hizo otra.

Su consistencia fue impecable, con una personalidad integral, equilibrada y saludable, aún mientras hacía un alboroto en el Templo con los mercaderes y más aún después de resucitado. Se concluye que Jesús fue un maestro al conducir a las personas hacia el conocimiento de la verdad, pero sin apabullar. Por eso comienza preguntando para ayudar a los renegados de Emaús en su retorno al amor. Con su lenguaje iluminado por la imaginación, Jesús "hecha un cuento", siendo un virtuoso para ayudar a comprender un hecho sin vivirlo, mediante la representación simbólica en nuestra mente. Por eso usó hermosas y aleccionadoras parábolas para llevar su mensaje a todas las generaciones y épocas,[96] ¡pero antes de contar, primero escucha!

EL ORIGEN DEL DESANIMO

San Lucas dice que Cleofás estaba "muy desanimado", por lo que vale la pena explorar el adjetivo calificativo que usa el evangelista. Cuando un seguidor ve a su héroe morir en batalla, pues muchas veces se siente energizado a seguir también por el camino de su líder y acompañarlo en el martirio. La historia humana está repleta de eventos de masacre colectiva defendiendo un ideal. Eso no fue el caso de la crucifixión del "Jesús Hombre-Dios", pero si lo será defendiendo la fe del "resucitado Dios-Hombre".

---

[96] CURY, Jorge. *Déjame que te Cuente*. Barcelona: Pérez Galdós. 2002.

Jesús se aseguró que ello fuese así, desde el mismo momento en que fue apresado en el Huerto y llevado al Tribunal para su juicio. Eso lo logró siendo destruido biológicamente, pero fuerte como un roble en lo psicológico, a pesar de los dardos envenenados de la burla y la humillación pública. La fragancia de dignidad y honor emanaron de su alma, de su corazón con el perdón que se observa no solo en la cruz, sino en cada momento del juicio. Jesús libera de la culpa a sus enjuiciadores cuando les dice que ellos no tienen poder sobre Él, porque su reino no es de este mundo. Frente a eso lo ponen a competir con el malhechor Barrabás por su libertad, a lo que Jesús responde como una flor silenciosa.

Jesús vivió como una flor.[97]

Guiados por las autoridades hebreas, la muchedumbre camaleón, que días antes lo alababan como el rey sobre el burrito, ahora se convirtió en serpiente y lo condena públicamente. ¿Qué habrá sentido la humanidad emocional de Jesús ante el hecho que su suerte sea sometida a elección con un criminal y que Él haya sido el escogido para ser crucificado?

Cuando se vive como las flores es como mejor se comprenden las palabras de Jesús en relación al juicio de los demás (Mt 7, 5):«Hipócrita, saca primero el tronco que tienes en tu ojo y así verás mejor para sacar la pelusa

---

[97] *Photography from the Passion of the Christ. Foreword by Mel Gibson. U.S.A. Icon Distribution. 2004.*

del ojo de tu hermano.» ***Charles Manz*** identifica que esta es una de las claves de la sabiduría de Jesús como líder de la humanidad.[98]

Jonathan Swift, un escritor irlandés dijo: «Cuando en el mundo aparece un verdadero genio, puede reconocérsele por este signo: Todos los necios se conjuran contra él» ¿Será un intento al "disfrazar a Jesús de esa cruel manera, burlarse de ÉL y hacerlo irreconocible, como un intento para hacerlo igualmente con su doctrina y enseñanzas?

Lo diferente asusta a las masas, no se comprende y se establecen resistencias para neutralizarlo, sea mediante la incomprensión, el rechazo, el desprestigio y hasta la muerte, tal como ocurrió con Jesús, sus discípulos y tantas personas, que no podemos enumerar para no ofender a los que no nombramos. Espectáculo terrible es el momento en que Jesús es comparado con un preso común. Es lastimoso porque ahora es el pueblo y no sus enemigos declarados quien, por solicitud del procurador romano, va decidir entre Él y ese otro hombre llamado Barrabás, ¿cuál de los dos será condenado al terrible tormento de la cruz, la peor tortura jamás concebida por el hombre para dañar a otro?

Barrabás es liberado y Jesús condenado. Sin embargo, es notable pues la ausencia del espíritu de venganza en el Hombre-Dios ante esta humillación. En sus apariciones como JesuCristo resucitado no hubo ni un signo de rencor, sino la de una persona amorosa que no vino a restaurar violentamente el honor perdido, sino a seguir perdonando a los que lo abandonaron como Cleofás, así como a los que lo traicionaron, olvidaron, enjuiciaron o perseguían. Simplemente el ángel de la venganza no forma parte de su legado, como ya lo había anunciado con la actitud del Padre Amoroso del Hijo Pródigo.

EL PRECIO DEL AMOR

Al finalizar el juicio de Jesús, el Rey del Amor se gana un título honorífico que se lleva a la cruz. Juan lo dice todo (19,20): «Jesús Nazareno, el rey de los judíos.»

---

[98] *Manz, Charles. Leadership wisdom of Jesus. Beret-Koehler Publishers. 1998.*

La calificación de Jesús como Rey de los Judíos (INRI).[99]

Tal *elogium* lo llevaba el oficial que marcha delante del condenado, o el mismo reo colgando del cuello. Al llegar al lugar de la crucifixión el título era colocado en la parte más alta de la cruz para que todos los presentes puedan leerla.[100] Pilatos pretendió contrariar a los "sabios hebreos" dejando que mataran a su rey, pero lo que logró fue abrirle las puertas para su coronación en el eterno reinado del amor entre los hombres.

Ante la situación, la autoridad declina, Pilato "tira la toalla" ¿Claudica por miedo? Parece que sí, para que se haga realidad lo que dice el Salmista. Es el precio del amor que las autoridades pretendieron cobrar hace dos mil años, al "tomar la luz Dios" con un dedo y buscar apagarla en la cruz. Eso solo duró unos cortos momentos, porque tres días después volvió a salir la luz de la vida y llenarnos de alegría y amor incondicional.

Jesús en vida compartió amor, preocupación, ternura, compasión, misericordia, tristeza y alegrías con y por los demás. Y al igual que el Mesías,

---

[99] *estuimagen.com.*

[100] *KLAUSNER, Joseph. Jesús de Nazaret. Su vida. Su época. Sus enseñanzas. Barcelona: Paidós-Orientalia. 1991.*

sintió la tristeza que se origina de las injusticias, ingratitud e iniquidades de los hombres «¡Ánimo hijo!, se te perdonan tus pecados. Viendo al gentío, le dio lástima de ellos, porque andaban fatigados y decaídos como ovejas sin pastor. Acérquense a mí todos los que están rendidos y abrumados, que yo les daré respiro. "¿Qué quieren que haga por ustedes?" Le contestaron ellos: "Señor, que nos abran los ojos." Jesús sintió lástima y les tocó los ojos; al momento recobraron la vista y lo siguieron.»[101]

Al igual que los hombres buscaron apoyo en el amor que traía Jesús, el Mesías debía buscar el apoyo en su fuente Creadora. Así lo predijo el salmista: «Piedad, Dios mío, que me atacan y me acosan... Cuando siento miedo, confío en ti. Vuélvete a mí y ten piedad...»[102] Y así lo hizo Jesús en su momento de ser enjuiciado por los hombres y padecer la tristeza que resulta del sentimiento de soledad: «*Eloí, Eloí, lamá sabaktani*» Dios, mío, Dios mío, ¿por qué me has abandonado?

RECUPERANDO LA DIGNIDAD DE LOS RENEGADOS

Si Jesús fue capaz de perdona en la cruz a los que lo condenaron, pues como no lo va a hacer con su escurridizo tío. Al revisar los hechos que condenaron a muerte al Hombre-Dios, nos sorprendemos una vez más de la dignidad con que Jesús enfrentó su proceso, comportándose como "las rosas", de la misma manera que ahora lo hace en su viaje a Emaús.

Cleofás sucumbió a la necesidad de huir porque sentía que las autoridades judías y romanas consideraron demasiado peligrosa la revolución que trajo Jesús. Los hombres de poder de la época no pudieron soportar los cambios que implicaban romper la gran cantidad de prejuicios, que por siglos se habían instaurado en una sociedad más preocupada por cumplir normas, que por mostrar los signos básicos de humanidad.

---

[101] *Mateo 9,2; 9,37; 11,27; 20,29-34. Hay muchos ejemplos en los Evangelios que muestran la sensibilidad humana de Jesús.*

[102] *Salmo 56,2. Salmo 25,16.*

Jesús se comportó como las rosas.[103]

La forma como Jesús se comportó como un Cordero yendo a su matadero fue factor clave para que la humanidad comprendiera la falta de amor, humildad y perdón frente a los prejuicios que imperaban en la época. Dos mil años después nos parece inverosímil que una mujer sea considera un objeto, que un enfermo sea revestido del manto de pecador por su condición de salud, que sea indigno comer en la casa de un cobrador de impuesto o que una víctima sea intocable por haber nacido en el sitio "equivocado".

---

[103] *www.123rf.com/photo_777545_revised-standard-version-bible.*

El cordero de Dios.[104]

Al final, Jesús de Nazaret cumplió con la voluntad de Su Padre y dignamente se convirtió voluntariamente en el Cordero de Dios, pero ahora le toca pasar a ser de nuevo el buen pastor y recuperar a parte de su rebaño que huía a Emaús.

> 18. UNO DE ELLOS, LLAMADO CLEOFÁS, LE CONTESTÓ: «¿CÓMO? ¿ERES TÚ EL ÚNICO PEREGRINO EN JERUSALÉN QUE NO ESTÁ ENTERADO DE LO QUE HA PASADO AQUÍ ESTOS DÍAS?»

En este siguiente segmento Cleofás procede entonces a contarle su versión de los hechos. El análisis de la reingeniería se pregunta: ¿Por qué habían tantos peregrinos en esos días en Jerusalén? ¿Cómo era el evento que celebraban esos peregrinos? ¿Qué podía pasar si la persona no iba a Jerusalén a peregrinar? ¿Por qué Jesús escogió "esos días" para entregarse? ¿Cómo respondieron esos peregrinos ante el mensaje de Jesús? Responder a estas preguntas nos ayudará a entender la psicología de Cleofás.

---

[104] en.wikipedia.org/wiki/Lamb_of_God.

EL "SEDER" DE PASCUA

Jerusalén estaba llena de peregrino porque esa semana los Israelitas celebraban la cena pascual. Es el momento en que se reafirma la propia identidad como el pueblo de la Alianza, al celebrar el memorial de la salida de Egipto y de la liberación de la esclavitud. Es como el equivalente de aquella época del evento de Thanksgiving en los tiempos modernos de Norteamérica, donde la gente se moviliza grandes distancias para reunirse y cenar, pero en vez de pavo se comía cordero.

Esa noche se aprovecha para recordar las cuatro grandes noches de la Historia de la Salvación de Israel: la Creación; la Alianza con Abrahán; la salida de Egipto y la noche de la futura manifestación del Mesías. Particularmente la última cena de Jesús en la Tierra coincide con el Seder de Pascua, que es la más ceremoniosa de las festividades entre los judíos.[105]

Se realizó el día Jueves 13 del mes de Nisán siguiendo las estrictas reglas que enseña el Deuteronomio (16:3): «No comerás con ella pan con levadura; siete días comerás con ella pan sin levadura, pan de aflicción, porque aprisa saliste de tierra de Egipto; para que todos los días de tu vida te acuerdes del día en que saliste de la tierra de Egipto. Y no se verá levadura contigo en todo tu territorio por siete días; y de la carne que matares en la tarde del primer día, no quedará hasta la mañana. No podrás sacrificar la pascua en cualquiera de las ciudades que Jehová tu Dios te da sino en el lugar que Jehová tu Dios escogiere para que habite allí su nombre, sacrificarás la pascua por la tarde a la puesta del sol, a la hora que saliste de Egipto.»

Tenían que celebrarla por lo menos diez personas, ya que se consideraba que un cordero de un año bastaba para saciar a ese número de personas. Todos los comensales tenían la obligación de beber cuatro copas de vino tinto, como prescripción obligatoria.

---

[105] KLAUSNER, Joseph. Jesús de Nazaret. Su vida. Su época. Sus enseñanzas. Editorial Paidós. España. 1991.

EL EVENTO QUE CELEBRABAN LOS PEREGRINOS

No se trató de una cena casual, tal como sucede hoy en día cuando un grupo de amigos van a un restaurante o a una casa de familia. Se rigió según las normas de la *Mishna*, en la que la liturgia dominaba cada paso mediante una serie de acciones y bendiciones concatenadas de una manera muy estricta y precisa:

I. Por la mañana se busca el pan y otros alimentos fermentados que puedan haber en la casa y se queman con unas oraciones.

II. Por la tarde, antes de que brille la primera estrella, la madre de la casa enciende el candelabro ritual (la *Menorá*), mientras canta una bendición.

III. Se inicia la cena con el KADESH, que consiste en el servicio de la primera copa de vino.

IV. Luego se procede con la U-RJATZ, que es lavado de las manos. El acto tiene sentido de purificación ritual, tal como dice el Profeta Isaías (1,16): «Limpiaos, lavaos las manos, aprended a hacer el bien y olvidad el mal.»

V. Continúa con el KARPAS, durante el cual el padre de familia moja una verdura en agua salada, pronuncia una bendición y da algo a cada uno de los comensales.

VI. Luego procede a partir con las manos el *matza* en dos mitades, que es el pan ázimo y reparte una mitad entre los comensales y la otra mitad la guarda para después de la cena. A esa acción se la denomina como el YAJATZ.

VII. De seguidas se ejecuta el MAGUID, en el que cualquiera de los presentes abre la puerta por si llega alguna persona.

VIII. Se sirve entonces la segunda copa de vino y el menor de los asistentes pregunta sobre la razón por la cual se celebra.

IX. A continuación el celebrante pronuncia el HAGADÁ, una homilía-explicación de la historia de la liberación.

X. Responden todos con salmos de alabanza.

XI. Comen algo del *matzá* y proceden a la segunda lavada de las manos.

XII. Se continúa el rito con el KOREJ. El jefe de la casa toma la *matzá* superior en la mano y dice la bendición.

XIII. Luego toma la otra mitad de la *matzá* mientras pronuncia la misma bendición y se come un pedacito de cada una.

XIV. Luego el que preside la ceremonia moja alguna hierba en el *jaroset* y comen mientras bendición (Número 9,11):

XV. En ese momento es traído el cordero pascual, *massot*, hierbas amargas (Ex 12,8) y se da inicio a la cena.

XVI. El padre de familia toma el *matza* que había guardado, pronuncia la acción de gracias y lo comparte.

XVII. Luego pronuncia una bendición y con la tercera copa de vino, que es la de la bendición.

XVIII. Finalmente, abren la puerta para que pueda entrar simbólicamente el mensajero del Mesías.

XIX. Con una oración se termina la celebración.

LAS CONSECUENCIAS DE FALTAR A LA PEREGRINACIÓN

Son múltiples las razones por las que se peregrinaba, pero quizás no son tan relevantes como las consecuencias: ¡Podían caer en desgracia con Dios! Y por supuesto en los "ojos de sus representantes en la Tierra."

Son sorprendentes los enormes prejuicios ante las personas que caían en la desgracia de la enfermedad. Han sido muy variadas las respuestas sobre el origen y causa de las enfermedades ¿por qué? ¿Por qué a mí? ¿Por qué ahora? Para los judíos de aquellos tiempos, la enfermedad no se trataba de una condición biológica, por lo que no actuaban terapéuticamente, sino que la consideraban desde la vertiente religiosa al pensar y creer que la persona se enfermaba por alejarse o pecar contra Dios. A los enfermos se les tratado con la vergüenza y la humillación de estar fuera del amor de Dios, lo que los hacía impuros.

La impureza de la enfermedad.[106]

Los prejuicios contra los enfermos eran tan fuertes, que hasta los lisiados de nacimiento eran causados por las faltas de sus familiares. Por ello, en la Israel antigua no habían médicos ni escuelas, salvo en las regiones de influencia griega. Jesús trajo a ese mundo la esperanza de la salud, atendiendo el sueño de todo enfermo de estar algún día saludable y disfrutar de la vida. Lo hizo en innumerables curaciones utilizando su deseo y otras fuerzas visibles.

Los evangelios describen hasta 22 curaciones variadas[107] (Lc 6,19): «Toda la gente procuraba tocarle porque salía de Él una fuerza que sanaba a todos.»[108] Los prejuicios no culminaban en la salud, sino que abarcaban todo

---

[106] *conocereisdeverdad.org.*

[107] *es.wikipedia.org/wiki/Milagros_de_Jesús.*

[108] *unrinconparaorar.blogspot.com.*

tipo de impureza, incluyendo el obligatorio Sábado de descanso. Simplemente no era posible vivir en una sociedad contaminada ¡Para vivir en la Tierra Santa hay que estar "puros"!

Las complejas normas de limpieza establecidas desde el Levítico generaban obsesión por los lavados rituales. Todo ello tenía que cambiar con la llegada del Hombre-Dios a la Tierra (Mt 15,10): «"Oíd y entended. No es lo que entra en la boca lo que contamina al hombre; sino lo que sale de la boca, eso es lo que contamina al hombre." Entonces se acercan los discípulos y le dicen: "¿Sabes que los fariseos se han escandalizado al oír tu palabra?" Él les respondió: "Toda planta que no haya plantado mi Padre celestial será arrancada de raíz. Dejadlos: son ciegos que guían a ciegos. Y si un ciego guía a otro ciego, los dos caerán en el hoyo."

EL COMPORTAMIENTO DE ESOS PEREGRINOS: LA BURLA

Lo cierto del caso es que Cleofás no tiene buenas palabras hacia esos peregrinos, dado que en vez de rendirle honor al "Cordero de Dios", lo que hicieron fue burlarse del él. La destrucción del "templo-cordero" que era Jesús no fue netamente física, sino que buscaba afectarle su corazón, puede ser algo tan o más doloroso que la "carne viva". El sufrimiento íntimo producto del agudo dolor que sintió Jesús a causa de la envidia de sus enemigos, que se traduce en resentimiento, buscando intoxicar permanentemente la psiquis del Hombre-Dios.

Jesús no solo será objeto de la burla, sino también de la indiferencia y abandono de sus amigos. Para el escritor irlandés **George Bernard Shaw**: «El peor pecado hacia nuestros prójimos no es odiarlos, sino ser indiferentes a ellos. Ésa es la esencia de la inhumanidad. La indiferencia, con la frialdad que genera, suponen la negación de la existencia e importancia de la otra persona: Mejor que hablen mal a que no hablen de ti.

La burla es una conducta objetiva, pero el ridículo es una valoración subjetiva tanto de la persona como de los observadores: ¿Qué o quién determina el tamaño de una ofensa? ¿Hizo Jesús el ridículo y se sintió ridiculizado? No, a pesar de que ensañarse con los defectos físicos de alguien, sean congénitos o adquiridos, es motivo de ofensa y crueldad. ¡Ofender a Dios es una blasfemia!

Salmo (22,8): «Pero yo soy un gusano y no hombre, vergüenza de la gente, desprecio del público.» Ese fue el Jesús que Pilatos le presentó al pueblo o lo que es lo mismo a decir: Ahí tienen ese desecho humano, malamente reducido, hecho trizas y convertido en una piltrafa: ¿Será posible tanta crueldad que los hombres no se compadezcan de esa lamentable, dolorosa y sufriente figura? ¿Será que el fanatismo los enceguecó?

Ser fanático es defender las ideas con exceso de celo, lo que obnubila a la cordura y le impide buscar a la riqueza más íntima que es la verdad. Para **Nietszche**, se encuentra, yace, debajo en las profundidades de un pozo inagotable al que ningún cubo desciende sin subir lleno de oro y de bondad.» **Lao Tzé** dijo: «No vayas contra lo que es justo para conseguir el elogio de los demás.» ¿Cómo pudo Jesús soportar tanta indignidad?

El Hombre-Dios estaba preparado para enfrentar esta batalla por el control de su dignidad. Desde su iniciación mesiánica en los 40 días del desierto, hasta sus tres horas de oración y sangre en Getsemaní, Jesús sabía lo que venía y podía tolerarlo porque estaba dotado del arma más poderosa que existe. Eso de lo que está constituido todo el universo: ¡el Amor! El retrato de Jesús en base a la imagen de la Sábana Santa de Turín. El rostro refleja un individuo sólido, preparado, en paz y en sus cabales, capaz de enfrentar la burla de esos peregrinos y mucho más.

Imagen computacional luego de todo el proceso de crucifixión.[109]

19. «¿QUÉ PASÓ?», LES PREGUNTÓ. LE CONTESTARON: «¡TODO
EL ASUNTO DE JESÚS NAZARENO!» ERA UN PROFETA
PODEROSO EN OBRAS Y PALABRAS, RECONOCIDO POR DIOS
Y POR TODO EL PUEBLO.»

El relato continua con la explicación que hace Cleofás de quién pensaba era su sobrino-maestro. El análisis de la reingeniería se pregunta: ¿Qué representa esa segunda pregunta del resucitado? ¿Qué eran esos profetas de los cuáles hablan esos caminantes? ¿Qué realmente implicaba ser "reconocido por Dios? Responder a estas preguntas nos ayuda a progresar en el viaje a Emaús.

---

[109] en.wikipedia.org/wiki/Shroud_of_Turin.

CONECTÁNDOSE CON LOS NECESITADOS

Al igual como Jesús lo hizo durante sus días en Galilea, JesuCristo continuó su proceso de conectarse con los más necesitados, interactuando con ellos a través de la escucha activa y cariñosa. La Figura muestra un ejemplo de cómo Jesús nos acompaña hoy día en nuestras posibles tribulaciones con su escucha activa y caritativa, al igual como lo hizo con Cleofás en su proceso de transformarlo de un hombre miedoso que huía a un líder virtuoso.

Cleofás nos indica claramente que escuchó las palabras que su sobrino Jesús dijo durante sus días en la Tierra, más no las comprendió del todo. El evangelio pasó por ellos, pero ellos no pasaron por el evangelio y por tanto no creyeron cuando Jesús hablaba que debía suceder lo predicho por los profetas. En su prédica, Jesús de Nazaret dijo que él no venía a resolver los problemas de "este mundo", sino que venía a abrir las puertas del cielo a los que abrieran su corazón a Dios y se dejaran transformar por su amor incondicional.

Jesús nos pide que seamos como un grano de café, que ante el agua hirviendo modificaba su conducta y adquiere el delicioso sabor de la taza de café, con un modelo de comportamiento distinto, basado en la misericordia y amor al prójimo. Con la huida de Cleofás a Emaús, difícilmente estaba cumpliendo esa misión de acompañar a su familia en ese momento de temor e incertidumbre. ¿Qué podía ser más importante en Emaús que estar en Jerusalén cuidando de su mujer y defendiendo a sus hijos del maltrato de las autoridades?

Cleofás, al igual que muchos de los seguidores de Jesús posiblemente se había dejado influenciar y seguía pensando en la revolución de las armas para triunfar frente a los romanos. Tenía esa "miopía" que solo lo dejaba ver la piedra en el camino y no el horizonte. Quizá su débil condición humana lo llevó a pensar las ventajas de tener un sobrino rey. Jesús vino a abrirnos el camino de la vida eterna y por ello el problema con los romanos era coyuntural. Ese no era su objetivo, puesto que era una meta terrenal y no celestial, como implica su condición de Hombre-Dios. Así se los hizo saber a sus seguidores: «dar al César lo que es del César y a Dios lo que es de Dios.»

LOS PROFETAS DE ISRAEL

El judaísmo descansa en dos columnas y cada una de ellas con su primera piedra, simbolizada en dos rollos: el amor con su misericordia y el conocimiento con su entendimiento, para coronarse con la llegada del Mesías o el Cordero de Dios. Las Profecías de los hebreos cuentan la historia de que ese héroe mítico se va a hacer carne y hueso, para vivir con y como los hombres. Su Padre es "celestial" y su madre una Virgen "terrenal": Se trata del Ungido del Señor del pueblo de Israel: El Mesías (Isaías 9, 5): «Porque un niño nos ha nacido. Nos han traído un hijo; lleva el cetro del principado y se llama "Milagro de Consejero, Guerrero Divino, Jefe perpetuo, Príncipe de la paz.»

La manera literaria usada por el "Prologuista" para presentar la historia mítica hebrea es a través de personas "especiales", con el don sobrenatural para conocer por inspiración divina los hechos futuros. ¡Eso es lo que Cleofás pensaba que era Jesús!, pero resultó ser mucho, pero mucho más que eso. Un ejemplo de lo que fue un profeta fue le sucedió a Daniel (9,23): «Aún estaba hablando en oración, cuando Gabriel, el personaje que yo había visto en visión al principio, vino volando donde mí a la hora de la oblación de la tarde. Vino y me habló. Dijo: "Daniel, he salido ahora para ilustrar tu inteligencia. Desde el comienzo de tu súplica, una palabra se emitió y yo he venido a revelártela, porque tú eres el hombre de las predilecciones."»

El Profeta Daniel y el Profeta Isaías en su inspiración divina.[110]

El rompecabezas profético de los israelitas es complejo, puesto se trató de una relato hecho en unas 550 partes, donde intervinieron al menos 24 profetas que escribieron sus respectivos capítulos durante miles de años sin conocerse entre ellos, ni conocer el bosquejo completo. Esto indica que el guion de la vida del héroe mítico les fue trasmitido por un único "prologuista", que diseñó ese mensaje de amor incondicional. ¡Ese autor es el Padre del que ahora camina con los discípulos rumbo a Emaús!

Los profetas fueron hombres de diferentes siglos, culturas y pueblos, trabajando independientemente en la elaboración del relato de lo que sería la vida del Mesías, para que Jesús hiciera su actuación, clavando cada una de las "profecías-flechas" en su cuerpo. De esa forma, la "flecha" que narra que las manos y pies del futuro Mesías les serían horadados, fue "disparada" al aire en forma de profecía 1012 años antes de que realmente ocurriera.[111]

---

[110] *palabra-creadora.blogia.com.*

[111] *McDOWELL, Josh. Más que un Carpintero. Unilit. Miami. 1997.*

Quizás el "arquero" que más disparó fue el Profeta Isaías, considerado por muchos como el más grande después de Moisés, quien fue para el pueblo de Israel un héroe nacional (Isaías 7,14): «He aquí que la Virgen concebirá y dará a luz a un niño al que llamarán Dios con nosotros.» Esa profecía-flecha disparada por el Profeta, descenderá 7 siglos después, para "clavarse" en el vientre de la mujer escogida para ser la Madre del Mesías, el Hijo de Dios.

Siguiendo la correlación de estas Escrituras, la probabilidad de que Jesús no fuese el Mesías es calculada en 1/125.000.000.000.000, lo que hace concluir que es imposible estadísticamente, que tal hecho sea una realidad. ¿Hemos pensado que actualmente "nadie" espera la venida del *Mesías*? ¿Qué después de Cristo dejaron de aparecer los "profetas"? Pareciera que el tiempo de su llegada ya pasó. ¿Será porque era una falsa promesa de Dios? o ¿Será porque ya fue engendrado por una mujer humana y nació, vivió y murió tal como fue revelado?

RECONOCIDO POR DIOS

Las narraciones de los mitos sagrados convergen en que el ser el héroe de los mitos reconocido por Dios, en realidad lo que implicaba era ser una víctima expiatoria y piedra angular de la humanidad. Que Dios reconociera a un ser en la Tierra, implicaba un reto para los otros que "decían" ser sus representantes frente al pueblo hebreo. De allí que esos "representantes" se movilizaran por tratar de controlar a ese reconocido o sino destruirlo, la magnitud del cambio que su mensaje significa para el pueblo.

Ese reconocido despertó el temor por los que dominan el antiguo status quo, lo que desencadena la movilización represiva de una multiplicidad de enemigos de la misma comunidad al que sirvió el héroe mítico. La "turba", que está compuesta por una mezcla de los menos humanos y la gente buena. Al final, "todos a una", se juntan con el objetivo de destruir al desgraciado (cordero) objeto de sus pérdidas, sacrificándolo en el Altar por la expiación de sus propias faltas.

Jesús como Cordero en el altar. Chivo expiatorio de la humanidad.[112]

Los libros sapienciales del antiguo testamento narran el drama de las penurias del chivo expiatorio, como lo hace con el personaje de Job, que simboliza el sufrimiento humano puesto a prueba, como lo muestran los Salmos (56,5): «Estoy echado entre leones que devoran hombres.»; (22,13): «Me acorrala un tropel de novillos, me cercan los toros de Basán, abren contra mí las fauces leones que descuartizan y rugen.»; (22,17): «Me acorrala una jauría de mastines.»; (118,12): «Me rodeaban cerrando el cerco, en el nombre del señor los rechacé. Me rodeaban como abejas.»

Job asciende y es casi idolatrado (tal como pasó con Jesús en Domingo de Ramos), luego sufre una estrepitosa, pero paulatina caída (apresado por los guardias); se transforma en una víctima de la cual todos se alejan (los discípulos reniegan de Él); pasa al olvido (en la cárcel), la calumnia y el sufrimiento (vía crucis). Cuando Job mantiene su Fe pese a todas las circunstancias, renace de las cenizas (Resurrección), trae la gran esperanza a su pueblo (Apariciones) y se renueva el camino del amor (Hechos de los Apóstoles). Ese fue el mensaje del reconocido por Dios: Jesús como chivo expiatorio para el progreso de la humanidad.

El tiempo, que es el gran destructor, no ha podido, ni podrá agotar la fuerza que dejó ese reconocimiento de Jesús de Nazaret como hijo de Dios para la humanidad. La naturaleza de la existencia de Cristo es misteriosa, pero este misterio satisface las necesidades más íntimas del hombre, por lo tanto

---

[112] *www.arikah.net.*

si se le rechaza, el mundo es un enigma inexplicable; más si se le cree, la historia de la raza humana en el mundo es explicada satisfactoriamente.

Con la llegada del Hombre-Dios a la Tierra, encarnado bajo la figura de Jesús de Nazaret se abre entonces de par en par la puerta que tanto hemos buscado para llegar al "más allá". Así lo afirma **Benedicto XVI** en su disertación sobre «¿Por qué merece la pena seguir a Cristo?» Las palabras del Santo Padre en su esfuerzo por comunicarnos que Dios está cerca nos dice: «JesuCristo, con el madero de su cruz, con la fuerza del amor que se entrega, ha llamado desde el lado del mundo a la puerta de Dios; desde el lado de un mundo que no lograba encontrar el acceso.

> 20. PERO NUESTROS SUMOS SACERDOTES Y NUESTROS JEFES RENEGARON DE ÉL, LO HICIERON CONDENAR A MUERTE Y CLAVAR EN LA CRUZ.

En su relato, San Lucas dice que lo que le pasó a Jesús había sido producto de sus diferencias con los sacerdotes de la época, que lo llevaron a ser enjuiciado. Al hacer la reingeniería espiritual de estos hechos nos preguntamos: ¿Cómo fue el juicio donde los sumos sacerdotes condenan a Jesús a muerte? ¿Hubo alguno de esos jefes que si se conectaron con Jesús? ¿Qué implicó que haya sido "clavado"? ¿Cómo morían las personas que eran clavadas a una cruz? Responder a estas preguntas nos ayuda a valorar lo que significa el coraje.

EL JUICIO A JESÚS

El proceso de "renegación" a Jesús se hace de una forma poco ortodoxa en los tribunales hebreos. Fue allí donde comienza la destrucción sistemática del Mesías de Israel y donde es enjuiciado a muerte por las autoridades de la época. Ahora bien, no todos los jefes renegaron al Hombre-Dios, dos de ellos, José de Arimatea y Nicodemo actuaron distinto y fueron vitales en los eventos que conducen a la Resurrección.

Nicodemo es una figura interesante, porque aunque simpatizó con la causa que significó Jesús, conocía muy bien todos los rincones, los personajes y las costumbres, al ser él mismo parte del sistema de autoridades que lo condenó. Este personaje nos acompañará para comprender mejor estos eventos en nuestro trayecto a bordo del caballo romano que simboliza el imperio de la fuerza que dominaba la Palestina antigua.

Jesús dialoga con el sabio fariseo Nicodemo.[113]

EL ASESINATO JURÍDICO DE JESÚS

Lo primero que intriga del juicio a Jesús es ¿dónde está la libertad de expresión? Aunque sea difícil de creer, el asesinato jurídico de Jesús mostró una unanimidad rotunda. Se trató del asesinato por los hombres de un hombre inocente que además es un Dios. Sería injusto decir que fue el pueblo judío de hace dos mil años quienes son los responsables de este crimen. Las personas comunes de este pueblo elegido por Dios no tuvieron nada que decir en ese juicio, ni menos aún pueden ser corresponsables de la decisión de las autoridades.

---

[113] *www.radiomaria.cr.*

En la antigua Israel no había democracia, ni representatividad, vivían bajo la dictadura político religiosa. Quienes enjuiciaron a un inocente fue un grupito de religiosos fanáticos y legalistas, comandados por el Sumo Sacerdote, de los cuáles hoy día no queda nada por la destrucción del Templo de Jerusalén en el año 70 d.C.

Todo comienza cuando Jesús es capturado en el Huerto de Getsemaní a medianoche, en un acto humillante por la traición de Judas con un beso. A partir del momento en que es capturado, comienza la sistemática destrucción de su cuerpo, al ser atado y llevado a empujones ante las autoridades del Templo. En las *Actas Pilati* se narra la conversación entre Pilatos y los Sacerdotes. Fue escrita por Nicodemo[114] (Actas 1,1): «Lo que voy a contar ocurrió el año decimoctavo del reinado de Tiberio César...» Entonces escribió Nicodemo lo sucedido en la pasión y en la crucifixión de Jesús. Y fue que varios judíos de calidad, Anás, Caifás, Sommas, Dathan, Gamaliel, Judas, Levi, Nephtalim, Alejandro, Siro y otros príncipes visitaron a Pilatos, y acusaron a Jesús de muchas cosas malas.

Nicodemo relata lo dicho: «Nosotros lo conocemos por hijo de José el carpintero y por nacido de María. Sin embargo, Él pretende que es hijo de Dios y rey de todos los hombres, y no solo con palabras, mas con hechos, profana el sábado y viola la ley de nuestros padres...» Del relato queda claro que estos hombres fueron a capturar a Jesús, no para llevarlo a un juicio normal y objetivo, sino para condenarlo pase lo que pase. Sus prejuicios ya perdieron el "pre" porque su alma estaba "podrida" por la envidia.

---

[114] *escrituras.tripod.com/Textos/EvNicodemo.htm*

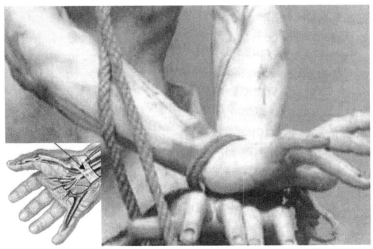

Jesús es atado y llevado al tribunal hebreo.[115]

En una serie de encuentros frente a los enjuiciadores, Jesús es hecho testificar en su propia contra y culmina revelando públicamente su condición de Hijo de Dios, activando el rasgado de las vestiduras de su enjuiciador y su veredicto de blásfemo. De allí en adelante continúa el encarcelamiento y la terrible paliza, hasta que las autoridades romanas refrendan la sentencia a muerte y se descarga el odio de la muchedumbre y los verdugos sobre el Rey del Amor.

A lo largo de todo el recorrido de Jesús por aquellas tierras, no se describe ningún episodio en el que se ponga de manifiesto en Él que su presencia, sus acciones, y su palabra produjesen otra cosa que admiración, agradecimiento, gratitud, acogida y alabanzas a Dios, a excepción del breve y sorprendente episodio en Nazaret su propio pueblo durante su iniciación mesiánica. "¡Nadie es profeta en su tierra!".

EL MAESTRO FARISEO QUE SE CONVIRTIÓ EN DISCÍPULO

Como los ánimos en contra de Jesús estaban muy caldeados, significaba para Nicodemo un enorme riesgo alinearse con Jesús. Nicodemo

---

[115] www.knocknovena.com.

intuye que Jesús se trata de una persona "fuera de serie" y un verdadero maestro sabe percibir la diferencia y busca la verdad sea cual sea.

Se trata de una acción que ningún judío fiel a sus tradiciones y pasado se hubiera atrevido a ejecutar, por ello visitó a Jesús amparado por la noche para que no lo reconocieran. Dios se esmeró a través de los escritos proféticos en preanunciar las señales y maravillas que van a rodear al Mesías de Israel, cuando éste se haga realidad física como un Milagro caminante en la Tierra Santa. (Jn 4,48): «En verdad os digo: A menos que ustedes vean señales y maravillas, no creerán de forma alguna.»

Situémonos en la mente de Nicodemo cuando repasaba las "señales" que se encuentran en las Escrituras. Era proverbial la frase "el látigo del Mesías" para significar la violencia que implica la irrupción de la era mesiánica. La conversación entre Jesús y Nicodemo debió ser excepcional, por su altura intelectual, al tratar sobre el ¡El origen del alma! Con el dilema existencial del hombre sobre su vida eterna (Jn 3,5): «Y Nicodemo le dijo: "Rabí, sabemos que has venido de Dios como maestro."» Las palabras hay que saber sopesarlas. Desde el mismo saludo un maestro como Nicodemo reconoce a otro como un "Maestro", entonces Jesús es "un sobresaliente". Un fuera de serie insuperable!

«Porque nadie puede realizar las "señales" que tú realizas, si Dios no está con él.» Es racionalmente honesto y reconoce. Jesús le responde: «En verdad, en verdad te digo: El que no nazca de lo alto no puede ver el Reino de Dios. Lo nacido de la carne, es carne; lo nacido del Espíritu, es Espíritu.» Nicodemo respondió: «¿Cómo puede uno nacer siendo ya viejo? ¿Puede acaso uno entrar otra vez en el seno de su madre y nacer?» Está sorprendido por lo "misterioso". ¡Es un absurdo! ¿Cómo se va uno a meter nuevamente en el útero de su madre?

Jesús le dice: «En verdad, en verdad te digo: El que no nazca de agua y de Espíritu no puede entrar en el Reino de Dios.» ¡Grandioso: Somos un cuerpo finito con un alma infinita! Es lo que todos los cristianos soñamos que pase cuando nuestro cuerpo físico deje de existir. **Aristóteles** lo define como el "viento" que anima al hombre.

Nicodemo ayuda a enterrar el cadáver de Jesús.[116]

Al final Nicodemo queda tan impresionado con Jesús, que luego de muerte lo reclama con José de Arimatea y acompaña al cadáver al sepulcro, preámbulo a su "vuelta a nacer como cuerpo glorioso." Por ello, la frase de Cleofás donde dice que los jefes renegaron de él no es suficientemente apropiada, porque se trató de solo un grupo de hombres soberbios que no supieron ser los suficientemente humildes de corazón, como si lo fue Nicodemo y dentro de un poco más lo será también los discípulos de Emaús.

CLAVADO EN LA CRUZ

Cuando Cleofás le cuenta al caminante lo que pasó, incida lo que pasó en la cruz, pero no la atrocidad del hecho, lo que refleja de alguna forma que la crucifixión era un hecho ampliamente conocido. Un hombre clavado a un madero es el acto cumbre de privación total de la libertad de una persona. Según *Tertuliano* los clavos son ¡lo más atroz de la cruz!

Históricamente hay evidencias de que los romanos de la época de Jesús sí eran capaces de clavar seres humanos a un madero. En un antiguo cementerio judío descubierto durante unas excavaciones realizadas en la

---

[116] *nicodemoblog.wordpress.com*

localidad de Giv`at ha-Mivtar, en Israel, se encontró una osamenta con varios esqueletos de hombres adultos que tienen clavos atravesando los huesos calcáneos de los pies, confirmando que los romanos de aquellos tiempos eran así de salvajes.[117]

Estos clavos de hierro eran gruesos, toscos y con punta roma, por lo que machaban los tejidos en el proceso. Las evidencias dejadas por la Sábana de Turín indican que el Hombre-Dios fue crucificado usando clavos en sus muñecas de las manos y en sus pies, propinando varios y fuertes golpes de martillo, para enterrar el clavo profundamente en la madera y evitar que el cuerpo se desprenda.

Crucifixión por las muñecas de la mano.[118]

La anatomía de la zona por donde pasaron los romanos los clavos es muy compleja por estar la mano formada por 27 huesos. Los estudios del cirujano francés **Pierre Barbet**, demuestran que una crucifixión sostenible debió hacerse atravesando el clavo por el "espacio de Desdot" y se corresponde con el pliegue de flexión de la muñeca. Allí está el túnel del

[117] HAAS, Nicu. *Anthropological observations of the skeletal remains from Giv´ha-Mivtar. Israel Exploration Journal. Vol. 20, No 1-2. 1970.*

[118] *The Passion. Photography from the Passion of the Christ. Foreword by Mel Gibson. U.S.A.: Icon Distribution. 2004. i62.photobucket.com/albums/h86/puzzlecrazy-vane1/jesus76.jpg.*

carpo, con ligamentos fuertes que soportan la carga. Sin embargo, por allí pasa el nervio mediano.

El nervio mediano es el más importante de la zona, porque da la sensibilidad a los dedos pulgar, índice, medio y la mitad del anular, además de originar las ramas que proporcionan la movilidad del pulgar. Este nervio pasa justamente por el espacio invadido por el clavo, delimitado por los huesos de la muñeca. El sufrimiento de lacerar este nervio es atroz, incapacitando más del 90% de fibras sensitivas de la mano.

El dolor sentido está catalogado entre los más severos que pueda sufrir hombre alguno. Jesús clavado siente ese terrible dolor en cada brazo cada vez que intenta respirar, haciendo que cada palabra pronunciada venga a costa de triturar sus nervios hipersensibles, hasta que se produzca el lento desangre del crucificado.

La tortura de la crucifixión es parte de la eficacia del nefasto instrumento de muerte romana, ya que permite que las víctimas permanezcan vivas durante largo tiempo, padeciendo al máximo sus dolores y sufrimientos. Esto era vital para que el castigo del crucificado disuadiera a otros a seguir por el camino indeseado para las autoridades que ordenaban el acto. Por ello era tan importante que los sacerdotes judíos lograsen que la muerte de Jesús fuese por la vía de la crucifixión y el lento dolor persuadiera a sus seguidores de seguir revolucionando su sistema de control religioso.

¿CÓMO SE MUERE EN UNA CRUZ?: ASFIXIADO

Luego de las poderosas palabras de Jesús en la cruz, el agotamiento de ese cuerpo flagelado, desgarrado, acalambrado, mutilado que colapsa y por asfixia precipita en la inevitable muerte del crucificado.

El rigor mortir se produce con la ausencia de oxígeno, la glucosa se transforma en "ácido láctico", el espasmo y la final tetanización muscular. La fase final produce la rigidez cadavérica que muestra el cuerpo muerto que albergó la Sábana Santa, quedando los músculos rígidos y duros, mientras el ser vivo tiene el músculo suave y dócil. Las consecuencias musculares de estar guindando producen una elongación tetánica.

La Sábana Santa muestra síntomas de tetania.[119]

Observando las marcas del Sudario vemos que, en la imagen frontal, el tórax aparece con su musculatura contraída en un espasmo, el diafragma elevado, visible por el hundimiento del abdomen. Son imágenes típicas de una tetania causada por la asfixia y ansia respiratoria. Al ver la imagen de la figura, **Rudolf Hynek** dijo: «Jamás podría creer, ni siquiera imaginar, que la crucifixión fuese tan atroz y cruel como nos permite entender el Santo Sudario, con su mudo, pero elocuentísimo lenguaje. La crucifixión excede en crueldad todo lo que podemos imaginar.»[120]

De esta forma se cumplen las Escrituras (Salmo 69,2): «Dios mío, sálvame que me llega el agua al cuello: Me estoy hundiendo en un cieno

---

[119] postpoliomexico.org/CPK/cont3.gif

[120] HYNEK, Rudolf. Op. cit., p. 51, apud Pe Manuel Solé.

profundo y no puedo hacer pie; me he adentrado en aguas hondas, me arrastra la corriente.»

La fisiología de la respiración muestra un cuerpo incapaz de realizar la ventilación pulmonar y sin renovar el aire la hemoglobina no puede hacer su función energizante para mantener vivo el templo del Hombre-Dios. Al final, no hace falta la rotura de las piernas, para que la víctima ya no pudiese elevarse para respirar. Jesús murió mucho antes de que hubiese sido necesario llegar a esa etapa, por lo que siguiendo la tradición, atravesaron el lado derecho de su cadáver con una espada. De esa forma, la asfixia acabó con la vida humana del Hombre-Dios.

21. NOSOTROS PENSÁBAMOS QUE ÉL SERÍA EL QUE DEBÍA LIBERTAR A ISRAEL. PERO TODO ESTÁ HECHO, Y YA VAN DOS DÍAS QUE SUCEDIERON ESTAS COSAS.

En este segmento, los discípulos le cuentan la intimidad de sus creencias al "forastero" y expresan la contundencia de su desilusión. Al hacer la reingeniería nos preguntamos: ¿Qué pensaban ellos que haría el supuesto Mesías? ¿Cómo pensaban debía comportarse ese libertador en la batalla? ¿Qué habrán pensado cuando lo vieron pidiendo ayuda para llegar a su cruz? ¿Qué habrán pensado cuando lo vieron desnudo frente a todos? Responder a estas preguntas nos ayuda a entender la magnitud de la desilusión.

LAS CREENCIAS SOBRE EL MESÍAS

Escuchando a Cleofás y Nicodemo, encontramos un concierto de ideas que su grupo de fariseos tenían en la cabeza sobre el Mesías de Israel. La poca uniformidad de la visión de este "ungido" en gran parte se debía a la diversidad y variedad de Escrituras anunciadas por siglos sobre este "héroe mítico". Debía ser el cuerpo colegiado de las autoridades hebreas las responsables de interpretar si Jesús cumplía con esas señales proféticas. Por los hechos pareciera que sus prejuicios traicionaron su veredicto, en un irregular juicio en la madrugada previo a esa trascendental Pascua.

El sanedrín de los hebreos antiguos.[121]

Para tratar de entender por qué terminó sentenciando un Tribunal de supuestos hombres devotos de Dios, a su mejor exponente de Mesías, tenemos que adentrarnos un poco más aún en los prejuicios de esa sociedad enferma y la naturaleza de la revolución que Jesús cargaba en sus hombros.

No va a ser un proceso bonito, pero así es la verdad ¡gústenos o no! El Hombre-Dios, el hijo del Creador, terminará siendo humillado vilmente por los que hasta ese momento eran considerados los "hombres buenos de Dios". Los que se "portaban bien", los "justos", son quienes condenan de una forma muy irregular, porque se hace en la oscuridad de la noche sin el debido proceso y con una sentencia ya dictada antes de que el reo pueda defenderse.

Con la llegada del Mesías, de alguna forma el pueblo hebreo ansiaba regresar a sus años de gloria. A los días en que el Rey David conquistaba la Tierra Prometida y no a los momentos en que los persas, los griegos o los romanos los dominaban. Que esta idea estaba muy arraigada en la época de

---

[121] gone-fishin.org/2011/11/18/your-self-interest-envy-jealousy-spite-fear-pride-will-destroy-you

Jesús es cierto, pero ni era exclusiva ni era la única. En la calle existía la imagen del guerrero mítico, que con la ayuda celestial y la espada terrenal, llevaría al pueblo hebreo a recuperar su antigua grandeza perdida.

Para los cristianos de la época moderna, no resulta difícil de entender lo que algunos los hebreos hicieron con la persona que tenía el mayor chance de ser ese famoso Mesías que esperaban con tanta ansia. Es como extraño que las principales autoridades de ese pueblo tan creyente en un Dios todopoderoso, que estuvo tanto tiempo esperando por su redentor, haya destruido tan descarnadamente el hombre que mayores méritos había hecho por convertirse en ese "ungido".

Lo increíble del cuento es que muchos de los escritos proféticos así lo prevenían, y sin embargo las autoridades judías siguieron con la masacre. Esto generó la imagen surrealista y difícil de entender que nos presenta la moderna veneración de un hombre semidesnudo clavado a una cruz.

EL COMPORTAMIENTO DE JESÚS

La forma como actuó Jesús en cada momento de su batalla heroica rompía por completo los paradigmas que tenían estos peregrinos. Particularmente les debió sorprender la forma sumisa como actuó Jesús, después de haber sido sometido al horrible e injusto abuso de la flagelación, cuya única limitación era dejarlo vivo.

El héroe se encuentra tirado en el suelo y bañado en su propia sangre, tan débil y en un estado tan lamentable, que el solo hecho de mirarlo inspira lastima y repulsión. Sin embargo, aunque Jesús estaba herido de muerte, se paró para proseguir con las siguientes etapas del vía crucis, que incluían otras inmensas dificultades, como eran la corona de espinas, cargar la cruz, soportar la monumental sed y las atrocidades de estar guindando clavado a un madero ¿Y el dolor? Luego de culminada la flagelación queda un hombre temblando y retorciéndose como un gusano a causa del feroz dolor que lo aqueja, pero no intenta si quiera pedir la misericordia de una muerte rápida.

En los evangelios no se dice nada sobre posibles quejidos de Jesús durante su flagelación. Por la forma como se comportó en su juicio y luego en la cruz, pareciera que se trató de un silencioso gemido dulce, mientras a lo lejos se escuchaba el silbido de los instrumentos de tortura cuando se encontraban en el aire. Al final Jesús era solo llaga y dolor. Era todo un silencioso delirio.

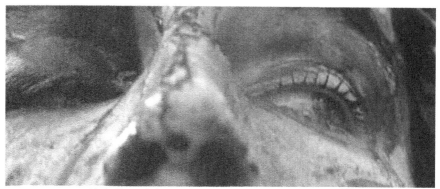

El delirio del Hombre-Dios en la flagelación.[122]

Jesús tuvo que ser un hombre excepcionalmente vigoroso y fuerte para poder sobrevivir a tan cruel y espantoso castigo, en el que la palabra "martirio" se encuentra plenamente justificada. Luego de ser flagelado, Jesús será sometido a una pena inhumana, perversa, salvaje, sanguinaria y despiadada, de ser coronado como rey.

La implicación de Pilato era que ya había ido mucho más allá de la ley en el cruel trato dispensado al prisionero, con el único objetivo de darle satisfacción a la muchedumbre que clamaba la vida del "blásfemo". Con ello esperaba haber ganado su consideración, y que no demandaran mayor castigo para Aquel a quien había declarado inocente en **cuatro ocasiones**. Pero las apelaciones de Pilato cayeron en oídos sordos, y obtuvo por única respuesta un tremendo clamor exigiendo la muerte por crucifixión, incluso luego de "coronarlo".

PIDIENDO AYUDA PARA LLEGAR A SU CRUZ

Quizás si Cleofás y su compañero hubiesen visto a un Jesús vigoroso, entonces pensarían que sería capaz de resucitar, pero lo que vieron caminar

---

[122] *The Passion. Photography from the Passion of the Christ. Foreword by Mel Gibson. USA: Icon Distribution. 2004.*

a la cruz fue una "piltrafa" humana que apenas podía moverse. Para sus ojos fue tan vergonzoso, que hubo que pedirle a un transeúnte de Cirene que ayudara a cargar el palo hasta el Gólgota.

Simón será un testigo excepcional, porque presenció en primera línea los acontecimientos que le permitieron al Hombre-Dios escalar su cumbre. Este oportuno esclavo de Cirene estuvo cerca de Jesús en estos críticos momentos y fue "testigo" de su incomprendido amor.

Los discípulos de Emaús probablemente no comprendieron la magnitud del logro de Jesús para llegar vivo al Gólgota, entre otras cosas porque se caía mucho. Unos dicen que fueron tres y otros siete, lo que importa es que se cayó varias veces, cada una ocasionando mayores problemas sobre su frágil cuerpo. Al caer al suelo y desde lo alto, el pesado *patibulum* empuja con fuerza la cabeza y el cuerpo, que son lanzados en caída libre contra el suelo. Al hacer contacto chocan "en seco" y sin poder protegerse con los brazos, por tenerlos amarrados al *patibulum*. El choque de la cabeza y la cara de Jesús contra el suelo empedrado es devastador. Su rostro queda aprisionado entre el piso y el madero, que son dos superficies sólidas sin protector.

El *patibulum* por detrás no solo le aplasta la cabeza y el cuerpo contra el piso, sino que en su caída libre es lanzado contra la cabeza golpeando fuertemente su nuca y espalda y todo ello con ¡la corona de espinas puesta! Si cae de frente al piso, sin la protección de los brazos y con la corona puesta, las espinas con el golpe se entierran, aplastan y doblan aún más en el interior del cuero cabelludo.

Las caídas también afectan seriamente las debilitadas rodillas del condenado. El análisis muestra que en el caso del hombre de la Sábana Santa, recibió golpes fuertes en una de las piernas. Al final los soldados se dan cuenta que el camino es largo, la carga pesada y las condiciones de Jesús hacen muy difícil llegar, por lo cual buscaron apoyo.

Simón de Cirene sintió compasión hacía Jesús y actuó: «Hice señas para que no fueran tan crueles y como expresé mi compasión, el soldado me amenazó, pero Jesús expresó tranquilidad.» Es sorprendente que a pesar del intenso dolor Simón haya capturado "paz" como la esencia del rostro de Jesús en ese difícil instante de su pasión. ¡El amor en momentos de odio!

Luego de caídas y lesiones en el camino, Jesús alcanza esa cima del Gólgota que debió ser como "hacer cumbre" del Everest, con una sensación de logro, pero de extremo agotamiento que queda al alcanzar un punto tan inhóspito para la anatomía del hombre.[123]

Hacer cumbre en el Gólgota.[124]

Al alcanzar su cumbre en el Gólgota Jesús debió sentir algo de orgullo por la proeza de superar el vía crucis, pero sabía que le esperaba lo peor: su crucifixión, que será el poderoso trono del Rey del Amor. Pero en los ojos de Cleofás se estaba subiendo al trono de la vergüenza, ¡porque sería crucificado desnudo!

22. EN REALIDAD, ALGUNAS MUJERES DE NUESTRO GRUPO NOS HAN INQUIETADO,

Finalmente en el relato los renegados le confiesan al forastero que en realidad sí sabían que Jesús había resucitado, pero simplemente no lo podían creer. Al hacer la reingeniería nos preguntamos: ¿Por qué desconfían de las mujeres, siendo una de esas señoras María, la mujer de Cleofás? ¿Por qué la

---

[123] *José Antonio Delgado. Proyecto Cumbre. http://www.solodeportes.com.ve/2001.*

[124] *elcostal.org; www.reachingthesummit.com.*

noticia solo los inquieta, pero no los convence como para quedarse a esperar los hechos? ¿Qué le debió de haber contado su mujer a Cleofás sobre la cruz? Responder a estas preguntas nos ayuda a comprender la inquietud de los caminantes que huían.

DESCONFIANDO DE SU PROPIA SANGRE

El nivel de incredulidad de Cleofás fue tan grande, que huyó a pesar de que su propia esposa le dijo que el milagro había sucedido. La historia nos relata que ya tenían algunas noticias de lo acontecido, pero aplicaron la misma incredulidad que tan famoso hizo a Tomás:

Este comportamiento de desconfianza a los demás en sencillamente inaceptable. Su propia mujer le dice que vio un ángel y Cleofás responde huyendo. Haciendo el paralelismo con estos discípulos en nuestras vidas, ¿cuántos de nosotros leemos en la Biblia que JesuCristo resucitó, pero luego realmente no creemos el impacto y la relevancia de ese fenómeno y lo olvidamos? Actuamos en esta vida temporal como si fuese la última y nos dejamos llevar por las tentaciones terrenales sin evaluar bien las consecuencias de nuestros pecados en el juicio final.

El pasaje de Emaús nos enseña que Él nos escucha, nos acompaña en nuestro caminar por el mundo y aunque no responde de inmediato, está allí para ayudarnos. ¡Si tenemos nuestro corazón abierto entrará en nosotros! Si por el contrario tenemos nuestro corazón endurecido y hacemos caso omiso de su presencia dentro de los demás, procederá a reprimirnos.

EL SILENTE CAMINO AL MATADERO

Los discípulos que huían a Emaús solo se inquietaron porque en realidad no vieron suficientes esperanzas de que Jesús quería "liberarse de su perdición." ¿Por qué tenía que ser así? ¿Por qué Jesús no se libró a si mismo, si tenía la capacidad de sanar a otros? ¿Por y para qué unos hombres hacen sufrir a otros hombres? He aquí un misterio angustioso e incomprensible de nuestro paso por la vida. ¿Por qué unos hombres que tienen poder hacen sufrir a otros hombres indefensos, débiles e inocentes? Como Cleofás no consigue respuestas a estas preguntas, lo que le anunciaron las mujeres no tenía el menor chance de ser una realidad.

Jesús de Nazaret no solamente era inocente, era asimismo un hombre notorio y manifiestamente justo y había llevado una vida de reconocida bondad entre el pueblo judío. ¿Es difícil de entender esto en un marco de amor incondicional? El Hombre-Cordero revela la intención de sacrificio como culto al Creador. El día "grande" lo constituía la fiesta de la "Pascua" en el Templo de Jerusalén, en el que se sacrificaba el "cordero". Los Evangelios confirmaron ese pacífico comportamiento, tal como lo anunció Juan el Bautista en el río Jordán (Jn 1,29): «He aquí el Cordero de Dios». Pero ¿quién podía pensar en esa época que un corderito era símbolo de fortaleza y esperanza?

El cordero de Dios.[125]

Jesús fue llevado por los que en esa época eran considerados como "buenos", por el vía crucis a su muerte como mártir del amor. Lo hizo con la dignidad silenciosa, que lo hace invencible. Jesús es señal de la vida eterna y a la vez ofrenda hecha a una deidad como manifestación de veneración y de esa forma alcanzar la comunión con Dios.[126]

Para que Jesús sea la ofrenda a sacrificar tiene que hacerlo a la manera de *ágape*, una forma de amor especial, incondicional y reflexivo, con el sentido que los filósofos griegos del tiempo de Platón emplearon para designar el amor universal. Esa clase de amor de Jesús no procede la biología,

---

[125] *Rectivia.org.*

[126] *El Budismo puro y el Islamismo, no tienen verdaderos sacrificios.*

sino de esa voz interior. Cuando uno se tropieza con una maravillosa obra de arte, la cataloga como una pieza extraordinaria. El silencio, la no palabra, se transforma en la mayor enseñanza.

Cuando Jesús habló lo hizo luego del silencio-reflexión. Es la sabiduría de conocer cuándo es el momento de callar y cuándo es el de hablar, usando palabras precisas y coherentes que proceden del corazón, pero filtradas por la mente. El silencio fue pues un grito con el cual Jesús demostró que tiene la capacidad para auto controlarse hasta lo imposible, pero que resulta un cambio total del paradigma de los renegados de Emaús.

Luego de una "vida impecable" que lo llevó a una "muerte con arte", no se quedó en la cruz, mudo como una estatua, sino que habló y reveló, justo antes de morir, sus pensamientos más íntimos sin ataduras y sin desear o esperar nada a cambio, demostrando que su verdadera belleza sale a relucir, cuando se iluminan desde adentro. ¡Cuanto más negra es la noche, mayor claridad emite la luz![127]

Su silencio fue un "grito" que revela la "esencia del alma", nos dice que va al lugar donde se reúnen todas las esencias de las almas y es el "Cielo". Con el último grito de Jesús en la cruz nos hace ver que hay un lugar ideal y simbólico, habitado por la esencia-Padre, por Dios.

LA VERGÜENZA DEL DESNUDO

Uno de los componentes de la desilusión debió haber sido lo que su mujer María le cuenta a su marido durante el Sábado de sepelio. Cleofás debió haber quedado en shock cuando escuchó (o vió) algo duro de aceptar y que por milenios se ha tratado de ocultar: la desnudez del crucificado.

María la de Cleofás fue testigo en primera fila de esa vergüenza pública. Al igual que la Virgen María, debió haber sufrido mucho por culpa de esta acción contra su "sobrino". Los historiadores son claros sobre la desnudez pública del crucificado: «En distintas oportunidades se había probado la muerte por lanza, empalamiento, lapidación, aceite hirviendo, estrangulación, ahogo y hoguera. Pero se consideró que dichas técnicas eran

---

[127] KUBLER-ROSS, Elizabeth. *Sobre la muerte y los moribundos*. Barcelona: Grijalbo. 1969.

demasiado rápidas. Era necesario buscar un método en el que murieran lentamente y que expusiera al condenado a los ojos del pueblo.»[128]

La "Revelación" anuncia la desnudez pública del Mesías: (Salmo 22,18): «Ellos me miran triunfantes, se reparten mis ropas, se sortean mi túnica.»; (Salmo 44,3): «Hasta cuando ultrajarán mi honor?»; (Salmo 44,16): «Tengo siempre delante mi deshonra y la vergüenza me cubre la cara.»

Sigmund Freud dice: «El hombre, al levantarse de la tierra y asumir la posición de pié, hizo que se hicieran visibles sus partes genitales que estaban escondidas, lo cual le provocó sentimientos de vergüenza, por lo que Adán, al verse desnudo, buscó unas hojas para tapar sus genitales ante la necesidad de protección.»[129] Estar expuesto desnudo es una herida en la intimidad y en la privacidad, que conduce al sentimiento de inferioridad: La vergüenza es el afecto de la indignidad, la derrota. Es un doloroso tormento interior porque se trata una emoción íntima. Es una grave enfermedad del alma: **¡Trágame tierra!** El sentimiento de "humillación" aparece, cuando la persona es avergonzada públicamente.

La desnudez en sitios privados no es escandalosa en tanto no sea señalada para la burla, como un intento de testimoniar la suciedad del alma del desnudado. En Jesús fue el intento de quitarle su honor, arrancándole violentamente las vestiduras en un cuerpo hipersensible, lo que debió arrastrar consigo pedazos de "carne" adheridos a la túnica.

Jesús, sin sus ropas puestas, fue mostrado en alto frente a su madre, amigos y seguidores, pero Jesús vence a la vergüenza en el Gólgota a través del amor y el perdón, causando admiración entre sus verdugos con su comportamiento elegante frente a su muerte. Hoy en día sus seguidores tapan la desnudez de la cruz con unos pocos centímetros de tela para cambiar la apariencia de un cuerpo humano. ¡Es el pañito de la vergüenza!

---

[128] BREHANT, J. Commentaires Historiques et Medicans sue la Crucifixión du Christ. Press Med, Vol. 73. 1965.

[129] FREUD, Sigmund. Civilization and its discontents. Standard, Número 21. 1961.

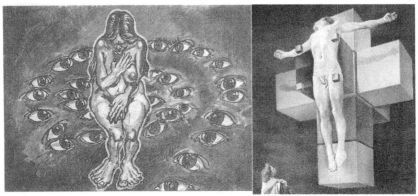

La vergüenza del desnudo.[130]

No es lo mismo estar desnudo que ser un "desnudo". El escultor **Auguste Rodin** dijo: «En realidad, todo es idea y todo es símbolo. Así, las formas y las actitudes de un ser humano necesariamente revelan las emociones de su alma. Y, para quien sabe ver, la desnudez ofrece la significación más rica.» Significa que estar desnudo es ser uno mismo. Eso fue lo que Jesús logró con su actuación en la cruz, transformando ese intento de humillación en un símbolo de honestidad total, reflejando la belleza de su alma hecha de puro amor incondicional.

EL PODER DE LA DIGNIDAD

El traje del pundonor fue la manera como los seguidores podemos soportar la tortura de la humillación y así venerar con menos dolor a Jesús crucificado, que iluminado desde dentro brilló desde la cima del Gólgota. En la cruz, Jesús sabe lo que es y quiere hacer, por lo que no cayó en esas actitudes emocionales negativas y superó a la vergüenza destructora.

Si nos atrevemos por un pequeño instante a humanizar a Dios, podríamos sentir que el eclipse de sol que acompañó la muerte de su hijo en la cruz, fue como una reacción natural de defensa a la humillación recibida. Aunque Jesús no estuvo disminuido en la cruz y no experimentó el sentimiento de ira y venganza, Dios cubrió su cuerpo con el "paño celestial de

---

[130] *Danish Medical Publisher. 1990, Suppl. Nº 1.*

la vergüenza", al producirse, ¿casualmente?, ese eclipse donde por unos instantes, la humanidad quedó desprovista del amor lumínico del Creador.

Impresionantemente, las Escrituras anunciaron ese fenómeno natural con la muerte del Mesías, tal como se había profetizado (Joel 3,2): «Haré prodigios en cielo y tierra: El sol aparecerá oscuro, la luna ensangrentada.» Es la promesa del Señor y ¿sería quizás, de esta manera, oscureciendo la región, como el mismo Dios le puso el "pañito de la vergüenza" a su Hijo?

Los Evangelios confirmaron ese oscurecimiento (Mt 27,45); (Mc 15,33); (Lc 23,44): «Desde el mediodía hasta la media tarde, toda aquella tierra estuvo en tinieblas.» El día viernes 3 de abril del año 33, ocurrió un eclipse solar visible en Jerusalén. Aunque la coloración varía según las condiciones atmosféricas del momento, el color rojo-amarillento es muy común y hace ver cómo que si la luna estuviera ensangrentada.[131]

El Hombre-Dios supera la humillación pública y no tiene reconcomio por lo que dejó por hacer, ni por lo que le hicieron. Está en total control de su ser, al contrario de otros que llegan a ese extremo en el cual sienten que la vida ha sido desvalorizada por completo. Jesús crucificado se siente satisfecho de su actuación y así lo demuestra con su pundonor.

La vela ensangrentada.[132]

---

[131] HUMPHREYS, Colin & WADDINGTON. W. Dating the Crucifixión. Review Article. Nature, Vol. 306/22-29. 1983.

[132] The Passion. Photography from the Passion of the Christ. Foreword by Mel Gibson. U.S.A.: Icon Distribution. 2004

En la cruz, Jesús luchó contra las pasiones del alma, superando la indignación y el odio que despiertan el honor mancillado. A la flagelación del cuerpo le acompañó la flagelación emocional del alma, mostrando compasión cuando recibía insultos (Salmo 119,51): «Los insolentes me insultan sin parar.»

Mientras la jauría de mastines escupía al Hombre-Dios, este devolvía las injurias con misericordia. Fue la verdadera batalla del guerrero de la paz, con el inmenso poder de la dignidad para superar la tentación de la venganza. Sus palabras reflejan como el amor fluía libremente desde su corazón. A través de sus palabras, simbólicamente Jesús nos va a tocar, abrazar y tomar en sus brazos. Sin embargo, el shock de Cleofás es tal que no es capaz de escuchar esas palabras que tanto confort le dieron a María. Su corazón estaba cerrado y por eso el resucitado necesitaba abrirlo en Emaús.

23. PUES FUERON MUY DE MAÑANA AL SEPULCRO Y, AL NO HALLAR SU CUERPO, VOLVIERON HABLANDO DE UNA APARICIÓN DE ÁNGELES QUE DECÍAN QUE ESTABA VIVO.

En este penúltimo segmento de la etapa de la desilusión, Cleofás cuenta el fenómeno sobrenatural que las mujeres presenciaron, pero eso no causó en él suficiente cambio como para quedarse. Al hacer la reingeniería nos preguntamos: ¿Por qué las señales no las podía percibir tal cual lo anunciaron los ángeles? ¿Cómo aceptamos con la cabeza racional lo que nos dicen los ángeles? ¿Qué actitud se necesita para aceptar esa gran verdad que nos enuncian los ángeles? ¿Qué implica que Jesús esté vivo y haya vencido a la muerte? Responder a estas preguntas nos ayuda a comprender la condición de Dios del resucitado.

LA BÚSQUEDA DE LAS SEÑALES

Una característica implícita en las profesiones científicas, es que funcionan a diario en base a la búsqueda, recolección, análisis e integración de evidencias, señales o hechos, y sin rechazarlas antes de evaluarlas. El término evidencia es la certeza clara y manifiesta de la que no se puede dudar. Se trata de la acción basada en los hechos. Para Cleofás, el relato de las mujeres muy posiblemente se cae cuando involucra un "cuento raro de ángeles", como nos sucede a muchos de los hombres modernos acostumbrados al pragmatismo y realismo de nuestros tiempos.

Por ejemplo, los médicos, para poder mirar en profundidad hay que recolectar verdades. Para ello los médicos están entrenados para seguir científicamente las pistas, cual detectives, que nos conducen al conocimiento de la enfermedad que padece la persona que nos consulta. En muchas ocasiones buscamos las opiniones de otros especialistas. Una característica del médico es la de estar abierto y dialogar. Cuando se tiene tanta información, es difícil apoyarse en el pensamiento de diferentes figuras representativas de la cultura humana, creyente o no en la condición de Hombre-Dios de Jesús.

Jesús de Nazaret retó científicamente a sus coterráneos y de allí en adelante a todos los hombres, para que sean curiosos y ahonden en su vida y admiren las maravillas exteriores (Jn 4,48): «En verdad os digo: "A menos que ustedes vean señales y maravillas, no creerán en forma alguna."» Mucho de lo que Jesús hizo no ha podido ser emulado por la tecnología moderna, como fue la conversión instantánea del agua en vino; la cura de palabra de un paralítico; darle la vista a un ciego de nacimiento; o la calma de una tempestad. Menos aún el regreso a la vida de un muerto.

A LA MANERA CIENTÍFICA

Cuando a Cleofás le cuenta que su mujer que vio ángeles, su intelecto lo traiciona porque no estaba buscando mirar al más allá. Cuando se interactúa con un "ciudadano del Jardín del Edén", una buena manera de hacerlo será mediante una actitud dual cual dos columnas: La del científico para lo terrenal y la del peregrino para lo celestial. Cada columna, aunque con su propio lenguaje y metodología, respetándose mutuamente. Ese "respeto" no ocurrió en el interior de los discípulos de Emaús.

Esa forma de pensar es lo que Jesús de Nazaret nos explica cuando nos presenta abrazados al publicano y al fariseo: Religión y Ciencia de la mano, Corazón e intelecto, Amor y razón. No son dos fuerzas enemigas antagónicas e irreductibles que se desafían: Ciencia sin esperanza contra Religión sin prueba. Son inseparables ya que son dos piedras de cimiento que todos los seres humanos tienen incluidos en su diseño. Es decir, se complementan.

Ciencia y Religión respetándose mutuamente en sus métodos y fines.[133]

Jesús dijo (Jn 10,37): «Si no hago las obras de mi Padre, no me creáis. Más si las hago, aunque no me creáis a mí, creed a las obras, para que conozcáis y creáis que el Padre está en mí, y yo en el Padre» La búsqueda de la verdad de Dios es una constante. Grandes mentes muestran inclinación hacia la espiritualidad en las fases avanzadas de su carrera. Eso pasó con al escritor gerencial **Ken Blanchard**: «*Lead like Jesus*»[134]; con el popular **Stephen Covey**: «El 8avo hábito»; y hasta el tecno-héroe **Steve Jobs**, culminando sus días queriendo "dejar marca en el universo" y "evangelizando en el mundo digital".[135]

Para la ciencia donde hay organización no es casualidad, sino diseño. Una intención. Una Inteligencia. "Un Autor Creador". La Capilla Sixtina no es el producto de pinturas arrojadas al techo. Para la ciencia la Creación tuvo un principio: "Hace 13 billones de años se inició el Universo con la materia, el tiempo y el espacio." Para los Mitos: "En un lugar muy, muy lejano..."

Acompañar a estos discípulos en este viaje a Emaús es inevitablemente una odisea con la intención de buscar la verdad, que es la base de la ciencia. ¿Cuántas veces no dijo Jesús de Nazaret: «En verdad, en verdad os digo.»? En ese esfuerzo decía el matemático francés **Blaise Pascal**: «El corazón (sentimientos) tiene sus razones que la razón no entiende». Para

---

[133] *piensalibre.foroactivo.net.*

[134] *Blanchard & Hodges. Lead like Jesus. Thomas Nelson. USA. 2005.*

[135] *GALLO, Carmine. Los secretos de Steve Jobs. Editorial Norma. Colombia 2011.*

Albert Einstein: «No todo lo que puede ser contado cuenta (demostrado científicamente) y no todo lo que cuenta puede ser contado (demostrado).»

Sin embargo, por más que busquemos, para penetrar en ese terreno desconocido donde aparecen ángeles, se requiere de una facultad que procede del Jardín del Edén y es la imaginación y la Fe. El incrédulo Tomas el Apóstol simboliza esta coyuntura (Jn 14,1): «No se turbe vuestro corazón. Creéis en Dios: creed también en mí. En la casa de mi Padre hay muchas mansiones; si no, os lo habría dicho; porque voy a prepararos un lugar. Y cuando haya ido y os haya preparado un lugar, volveré y os tomaré conmigo, para que donde esté yo estéis también vosotros. Y adonde yo voy sabéis el camino. Le dice Tomás: "Señor, no sabemos a dónde vas, ¿cómo podemos saber el camino?"»

Ante su negativa de aceptar la Resurrección y profesar su necesidad de evidencia, Tomás, al igual que Cleofás, busca usar dos de sus sentidos a la vez: los ojos y el tacto para mitigar dudas y verificar no se trata de un impostor. Esa actitud es el primer mandamiento de toda actitud científica. Ante la evidencia respondió: (Jn 20,20): «JESÚS MIO Y DIOS MIO.» y añadió Jesús (Jn 20,19): «Porque me has visto has creído; dichosos los que sin ver creyeron». Necesitamos de las señales y el amor en armonía para reconocer a Dios.

A LA MANERA DEL PEREGRINO

El reconocido científico **Stephen Hawkins** hace un increíble esfuerzo por tratar de sacar a Dios de esa ecuación, pero al final capitula ante la maravilla de la Creación. En sus reflexiones sobre el origen de la vida y el universo dice: «Todos somos libres para pensar lo que queramos...» (partiendo desde el regalo más increíble del amor de Dios: la libertad); «Pero en relación al universo creo que la explicación más simple posible es que no existe Dios.» (pensamiento agnóstico al no lograr conseguir científicamente el camino hacia el Creador); «Nadie creó el universo y nadie dirige nuestro destino.» (máxima arrogancia del intelecto); «Esto me lleva a la profunda realización. Probablemente no hay un fin, ni tampoco vida después de la muerte.» (con la palabra "probablemente", siembra una inmensa duda en el corazón); Finalmente culmina con el peregrino: «Solo tenemos una vida para apreciar el grandioso diseño del universo y por esto estoy extremadamente agradecido.» reconociendo tácitamente la obligatoria existencia de un "diseñador": Dios. ¡al cual le da las gracias!

De esa forma usamos un bastón peregrino para acompañar a Jesús en el camino a Emaús. Nos ataviamos con la túnica del explorador y nos ponemos a sentir los símbolos y mensajes del corazón enamorado de Dios con la humanidad. Para ello nos dotamos de:

El atuendo del peregrino.[136]

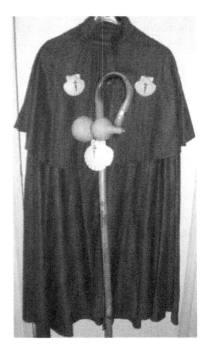

✓ La <u>parsimonia</u> le permite al peregrino que las respuestas vayan madurando y que sus conclusiones no sean prematuras o apresuradas. Esta actitud de vida le permite al peregrino conectarse y contemplar, a través de la Creación, al Autor de toda la materia inerte y viva, incluyendo a todos los seres humanos.

✓ Sin el <u>coraje</u> del Patriarca Abraham no existirían el Viejo y el Nuevo Testamento (Génesis 12,1): «Deja tu tierra, tu parentela, la casa de tu padre, para ir a la tierra que yo te indicaré.» ¡Qué coraje y osadía desplegó Abraham para lanzarse, cual peregrino lleno de paciencia y decisión, en dirección a una Tierra Extraña por ser desconocida!

✓ Hay que estar en <u>paz</u>. Una persona con ideas violentas no puede encontrar el camino que lleva a la luz, al Paraíso. Usualmente utiliza otros que lo llevan a la oscuridad, a las tinieblas.

---

[136] *peregrinoteca.com.*

✓ El <u>sentido común</u> del peregrino le permite distinguir lo esencial (importante) de lo accesorio (secundario); el conocimiento útil del inútil; el más útil del menos útil.

✓ La <u>compasión</u>, es un sentimiento que proviene del corazón, con su lenguaje irracional de impulsos y emociones, que hacen vivir y sentir a las personas.

¡JESÚS ESTÁ VIVO!

Lo que su esposa le dice a Cleofás es que los ángeles dicen que está vivo. No dicen que desapareció, sino que el Maestro venció a la muerte y por tanto no es un ser humano cualquiera, sino que es:

✓ <u>Omnipotente</u> (todo lo puede).

✓ <u>Omnisciente</u> (todo lo sabe).

✓ <u>Omnipresente</u> (todo lo abarca).

✓ <u>Omnibenevolente</u> (absolutamente bueno).

¡Hágase la Luz! ¡Hágase la vida! [137]

---

[137] *www.walldigest.com/wallpaper/galaxy-star-wallpaper.*

O creemos y nos quedamos, como un acto de FE, con que Jesús está vivo y le achacamos que es omnipotente, omnisciente, omnipresente y omnibenevolente, o creemos en que su cuerpo fue robado y que los ángeles son alucinaciones de las dementes mujeres. !Somos, eres, libre de elegir! Cleofás eligió lo lógico y no lo extraordinario, y por eso se fue.

Como la esencia del impulso de la Creación es el amor, necesariamente su creador, en un acto de **AMOR INCONDICIONAL**, escucha a su oveja perdida para traerla de nuevo al rebaño.

24. ALGUNOS DE LOS NUESTROS FUERON AL SEPULCRO Y HALLARON TODO TAL COMO HABÍAN DICHO LAS MUJERES, PERO A ÉL NO LO VIERON.»

Finalmente la desilusión de los caminantes se resume en que "no lo vieron". Al hacer la reingeniería de ese hecho nos preguntamos: ¿Cuándo fue la última vez que vieron con vida a Jesús? ¿Hubo alguien o algo que "sí lo vio"? ¿Cómo se salió el resucitado del sepulcro? Responder a estas preguntas nos ayuda a.

EL CADAVER PERDIDO DEL HOMBRE-DIOS

Cleofás concluye la narración de su desilusión argumentando que la pérdida del cuerpo es suficiente para no creer. Los hechos históricos descritos en los evangelios indican que el cuerpo de Jesús se transforma en cadáver y enterrado en una tumba, con una guardia romana que sello la tumba. Todo indicó que se dieron las condiciones para bajar un cuerpo muerto de la cruz.

El evangelista Doctor, Lucas, que es el de mayor visión científica de los cuatro, precisa la hora (Lc 23,44): «Era ya cerca la hora sexta (mediodía) cuando, al eclipsarse el sol, hubo oscuridad sobre toda la tierra hasta la hora nona (3pm). El velo del Santuario se rasgó por medio y Jesús, dando un fuerte grito, dijo: "Padre, en tus manos pongo mi espíritu y, dicho esto, expiró."» Desde ese momento no habían visto por sus propios ojos el cuerpo del Maestro vivo, por lo cual las noticias no eran suficientes para superar su desilusión.

La muerte ocurrió en el inicio de la hora nona y al final de la sexta, del sexto día de la semana. Era también el momento del inicio de las ceremonias que precedían a la Pascua, la cual sería legal desde la puesta del sol. Ya en el Templo habían sonado el triple toque de las sagradas trompetas: uno breve, otro mayor y otro muy corto.

El Sumo Sacerdote, a esa hora, subía por los escalones del santuario con una capa azul y se escuchaba el sonido de la flauta en el altar de los sacrificios[138]. Confirma Lucas la última palabra de Jesús, pronunciada en el momento mismo de la separación de la estrecha unión del alma con el cuerpo, las dos partes de la humanidad de todo hombre: Cuerpo y alma. A partir de ese momento la humanidad vivió sin una parte importante de la Santísima Trinidad. Sin embargo, a pesar del trauma que significó la muerte atroz del hombre que había sido el ídolo del momento, muchos de sus seguidores estaban preparados para este doloroso momento, porque el mismo Jesús se encargó de que así fuese. Al centurión romano responsable de certificar la muerte así se cercioró al lancear y certificar que salió sangre y agua de un cuerpo inerte, con el tórax inmóvil y un "un solo túnel" hasta el corazón. El cuerpo luego es descendido en un momento históricamente capturado por Michelángelo para la posteridad, al entregarlo en los brazos de su Madre.

Cuenta **Santiago Marín** en su traducción sobre las intimidades de la Virgen María en su evangelio secreto, que presentamos extensamente en nuestra visita a Nazaret para explorar la concepción del Hombre-Dios, que en esos momentos sintió tristeza, más no desesperación: «Me sentí preocupada y me reproché a mi misma no estar hundida, desesperada. Mi hijo acababa de morir y yo estaba triste, indudablemente, pero no lograba sentir desesperación, no podía.» Ese mismo sentimiento no era compartido por Cleofás.

Luego de bajarlo de la cruz y de preparar el cadáver para el entierro, de nuevo la madre de Jesús emite su mensaje de esperanza: «Así que le besé por última vez y recuerdo que le dije, sin saber porque: "Hijo, hasta luego. No estás solo. No te preocupes. Todo va a ir bien. Te quiero mucho. Hasta pronto,

---

[138] MUÑOZ, Luis Ortiz. *Cristo. Su Proceso. Su muerte. La Muerte II.* Madrid: Fomento. 1976.

amor mio, hijo mio, hasta pronto".» La película «*La Pasión*» captura ese mágico momento.

María y su "hasta pronto".

EL TESTIGO DE LA RESURRECCIÓN

El primero en verlo vivo no fue Cleofás, como narra San Lucas, sino un testigo muy particular y especial para los que vivimos en estos tiempos. El Hombre-Dios no solo dejó testigos hace dos mil años, sino que dejó sus evidencias pensando en los "hombres modernos". Entre las muchas reliquias cristianas, para la ciencia resaltan la Sábana Santa de Turín, el paño de Oviedo, los milagros eucarísticos y algunos otros instrumentos como lanzas, clavos, maderos, el Santo Grial, etc.

En el caso de la sorprendente Sábana Santa se ha transformado en un quinto evangelio de lo ocurrido con Jesús en sus últimos días en la Tierra, acompañándolo en la soledad del frío sepulcro durante su trascendental resurrección. Como todos los testigos, ha estado rodeada de la controversia y no se ha librado de quienes intentan sacrificarla, buscando inconsistencias en su testimonio que invalide su potente mensaje: Jesús de Nazaret murió torturado vilmente y resucitó para revivir el amor.

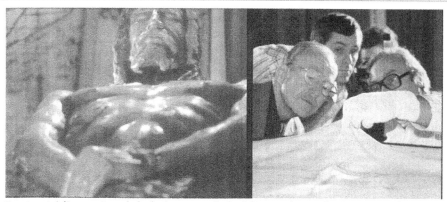

Rostro tridimensional de la imagen de la Sábana de Turín, investigada por la ciencia moderna.[139]

La fe en Jesús de Nazaret y su doctrina, no dependen de la veracidad de este testigo, ni del hecho que se trate o no de la misma tela que cubrió su cuerpo muerto en aquella tumba en la Palestina de hace dos mil años. El misterio que gira en torno al Lienzo y su misteriosa imagen, se ha ido profundizando cada vez más en la misma medida que los científicos la van estudiando. A pesar de todas las investigaciones realizadas, no ha sido posible determinar en forma "contundente" su origen, técnica y fecha de realización. Las controversiales pruebas del carbono 14 condujeron a más motivos de discordia que soluciones.

Robert Wilcox, en sus investigaciones realizadas sobre lienzos mortuorios en diferentes museos del mundo, encuentra que la Sábana de Turín es única, al no haber hallado ningún otro lienzo funerario, con la imagen impresa de un hombre representado a tamaño natural y por ambos lados.

A esta sábana se ha hecho el seguimiento histórico, desde que José de Arimatea la adquirió hasta su residencia actual en Turín. Ha sobrevivido guerras, robos, incendios y distintos ultrajes a lo largo de dos milenios, para llegar a dar su testimonio hoy. El Dr. *Delage*, profesor de Anatomía de la Universidad de la Sorbona, Director del Museo de Historia Natural y miembro de la Academia de Ciencias de París, afirmó que la evidencia médica le había

---

[139] *Ian Wilson, catedrático de Historia de la Universidad de Oxford.*

convencido, que el hombre ahí representado es: «¡El Jesucristo histórico de los Evangelios!»

Al igual como le sucedió a San Pablo cuando dio testimonio de la Resurrección de Cristo, los que han defendido el valor de esta reliquia han sido atacados por las críticas. Luego de múltiples pruebas técnicas e históricas (5,000+ fotografías, VP8, función de mapas, imágenes topográficas, multiespectral, matemático, fluorescencia de rayos X, reflexión espectroscópica, termografía, bioestereometría, microlasérica, microespectrofotométrica, test químicos, inmunofluorescencia,etc.) las cifras publicadas (*Filas, Donovan, Tino Zeuli, Paul de Gail y Bruno Barberis*), arrojan una probabilidad de 1 en trillones que no fuese la auto-imagen de Jesús de Nazaret.

¿CÓMO RESUCITÓ EL DIOS-HOMBRE?

Cuando era ya el momento elegido por el Creador, el cadáver frio de Jesús de Nazaret se calentó y se transformó en una hermosa luz, que como una sutil sombra luminosa salió por los poros de la Sábana Santa. Una vez liberada la energía del espacio confinado del Sepulcro, regresó de nuevo a su estado material y tomó nuevo contacto con la humanidad, para conversar con los discípulos caminantes.

Lo que sucedió no fue la mera reanimación de un cadáver, como ocurrió con Lázaro, sino la radical transformación de la realidad terrestre de Jesús. Fue el cambio de la ecuación del Hombre-Dios al Dios-Hombre. Ese proceso no es desconocido para nosotros, porque ya Jesús lo había mostrado en el monte Tabor cuando se transfiguró en presencia de tres de sus apóstoles de mayor confianza: Pedro, Santiago y Juan. ¡Lástima que Cleofás no lo vio en ese momento de esplendor! ¡Quizás así lo quizo Jesús para luego poder reconstruirle su espíritu en el camino a Emaús!

La forma como ese milagro de Resurrección sucedió y la causa que lo produjera son desconocidas, se tratará por siempre de un misterio para la ciencia, pero estudiable con todos los elementos de modernidad, gracias a la "huella" que dejó en la Sábana Santa de Turín. *Albert Einstein* argumenta que «El hombre encuentra a Dios detrás de cada puerta que la ciencia logra abrir.» Ese mismo proceso de transfiguración es nuestra mejor propuesta científica para interpretar lo que sucedió en la oscuridad del Santo Sepulcro. Lo interesante del milagro es que ¡**dejó huella**! Es decir, nuestro testigo material (la sábana) tuvo una transformación que la ciencia nos permite estudiar y como dice **Einstein**, al "abrir esa puerta" nos conseguimos a Dios "manejando el volante". Es como si un cuarto testigo estuvo en el Tabor y en el sepulcro y ahora podemos hurgar su memoria, gracias a las maravillas de la modernidad. ¡Bendita la ciencia y la religión!

Cuando estudiamos este testigo vemos el "ligero chamusco" de la luz al pasar por la tela, dejando información del hecho científicamente corroborable demostrando que Jesús se resucitó a Él mismo, gracias a una energía que surge de su interior. El analizar la Sábana con equipos especiales, nos permite capturar tridimensionalidad en la imagen, ya que la magnitud de la quemadura es proporcional a la distancia entre la tela y el cuerpo incandescente, tanto por delante como por detrás. De hecho, los estudios muestran que solo se generó quemadura en los puntos en los cuáles el cuerpo se encontraba a menos de 4 cms de la Sábana.

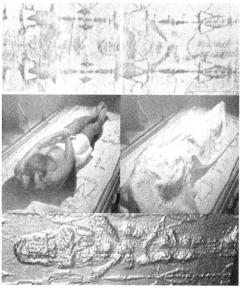

Sábana Santa de Turín.[140]

---

[140] HELLER, Jhon D. Report on the Shroud of Turín. Houghton Mifflin Company: Boston. 1983.

Esto hace presumir que al momento de la chispa de la resurrección, el cuerpo-energía estaba "flotando" y ya las leyes de la naturaleza hacían reverencia sumisa a su Creador. La pirólisis del cuerpo pareciera haber funcionado como un "flash" adecuado para que los hombres del futuro **seamos testigos de primera línea de lo ocurrido** por el ahora Dios-Hombre que sale del sepulcro repotenciado y listo para mostrarse al mundo ¡**vencedor de la muerte!**

ETAPA 3:

LA CONVERSIÓN

ENTONCES ÉL LES DIJO: «¡QUÉ POCO ENTIENDEN USTEDES, Y QUÉ LENTOS SON SUS CORAZONES PARA CREER TODO LO QUE ANUNCIARON LOS PROFETAS! ¿NO TENÍA QUE SER ASÍ Y QUE EL MESÍAS PADECIERA PARA ENTRAR EN SU GLORIA?» Y LES INTERPRETÓ LO QUE SE DECÍA DE ÉL EN TODAS LAS ESCRITURAS, COMENZANDO POR MOISÉS Y LUEGO TODOS LOS PROFETAS.

AL LLEGAR CERCA DEL PUEBLO AL QUE IBAN, HIZO COMO QUE QUISIERA SEGUIR ADELANTE, PERO ELLOS LE INSISTIERON DICIENDO: «QUÉDATE CON NOSOTROS, YA ESTÁ CAYENDO LA TARDE Y SE TERMINA EL DÍA.» ENTRÓ, PUES, PARA QUEDARSE CON ELLOS.

Y ESTO SUCEDIÓ. MIENTRAS ESTABA EN LA MESA CON ELLOS, TOMÓ EL PAN, PRONUNCIÓ LA BENDICIÓN, LO PARTIÓ Y SE LO DIO, Y EN ESE MOMENTO SE LES ABRIERON LOS OJOS Y LO RECONOCIERON. PERO YA HABÍA DESAPARECIDO. ENTONCES SE DIJERON EL UNO AL OTRO: «¿NO SENTÍAMOS ARDER NUESTRO CORAZÓN CUANDO NOS HABLABA EN EL CAMINO Y NOS EXPLICABA LAS ESCRITURAS?»

Partiendo de la desilusión, Lucas relata como ocurre la etapa de la conversión, de manera que al igual que Jesús transformó en Caná el agua insípida en glorioso vino, ahora hará lo mismo con estos caminantes que huían de su familia para transformarlos en gloria mundial, venerados milenios después por su entrega y amor. Es lo comprenderemos mejor si vamos palabra por palabra:

> 25. ENTONCES ÉL LES DIJO: «¡QUÉ POCO ENTIENDEN USTEDES, Y QUÉ LENTOS SON SUS CORAZONES PARA CREER TODO LO QUE ANUNCIARON LOS PROFETAS!

El primer segmento de esta tercera etapa de conversión comienza con el Maestro que pasa de escuchar a hablar. La reingeniería espiritual genera múltiples preguntas al respecto: ¿Por qué Jesús regaña a los caminantes? ¿Por qué los caminantes dejan que un forastero desconocido los regañen? ¿Qué cosa fue esa que no entendieron? ¿A qué anuncio profético hace referencia? Responder a estas preguntas nos ayudará a completar las principales piezas de este proceso de conversión, clave para comprender la potencia del milagro.

LA REPRIMENDA CARITATIVA

Este viaje hacia Emaús, donde conseguiremos a Dios, busca abrir corazones y vivir la experiencia tiene un precio: Transformarnos en portadores del mensaje de amor cristiano. Lo interesante es que al final, la apertura del corazón no solo tiene un costo, sino que viene con una enorme recompensa, como lo explica la tremenda celebración que hace el Padre Amoroso al Hijo Pródigo arrepentido.

Desde el punto de vista de liderazgo, Jesús nos enseña que antes de proceder a la reprimenda, primero busca primero comprender y luego ser comprendido. El experto en liderazgo **Stephen Covey** dice que este es uno de los hábitos que hace a la gente altamente efectiva: «Tenemos tendencia a precipitarnos a arreglar las cosas con un buen consejo. Pero a menudo no nos tomamos el tiempo necesario para diagnosticar, para empezar a comprender profunda y realmente el problema.» Eso fue lo que JesuCristo hizo cuando les pregunta "¿qué pasó?" y así abre el espacio para escuchar sus pérdidas. Solo cuando los discípulos exteriorizan sus pensamientos, es que viene la reprimenda caritativa:

Esta etapa del pasaje de la aparición de JesuCristo a los caminantes de Emaús, lleva un mensaje que puede ser interpretado de varias formas. Por un lado parece una reprimenda por el acto cobarde que estos dos discípulos hicieron al dejar solos a los demás. Podría interpretarse también como un acto de frustración del Dios-Hombre por la falta de comprensión de los seres humanos. También podría interpretarse como palabras de caridad, como quien le explica a un niño su error.

Uno de los problemas de la palabra escrita es que carece de los componentes fundamentales del "verbo", que incluyen la entonación. Una misma palabra puede tener implicaciones completamente distintas dependiendo del tono en que sean dichas. Cuando JesuCristo le dice a los caminantes "qué poco entienden", la interpretación de un posible regaño depende de la versión de la Biblia usada. En algunas ediciones la interpretación es "insensatos"[141], en otras la traducción es "torpes" o "tontos"[142] y en otras ocasiones los editores incluyen signos de expresión al lado de la reprimenda: «¡Hombres duros de entendimiento, cómo les cuesta creer!»[143]

Lo cierto del caso es que las palabras del extraño visitante debieron haber causado gran impresión en los caminantes. Cleofás y el otro discípulo se han podido preguntar ¿Y quién es este para reprimirnos nuestra falta? Más la forma como lo hace tiene en la misma respuesta expresión de reproche y compasión simultáneamente. Esta parece ser una de las claves más interesantes de la habilidad "supervisoria" de Jesús. No tolera la mediocridad, la hipocresía y así se la hace ver a la "oveja descarriada", pero de inmediato muestra compasión en la forma de tratarlo y lo ayuda a superar su pobre

---

[141] ewtn.com/spanish/.../Evangelio_de_San_Lucas.

[142] biblegateway.com.

[143] vicariadepastoral.org.mx/sagrada_escritura/biblia/nuevo_testamento/03_lucas_05.

desempeño o en este caso su comportamiento alejado de la esencia del amor creador.

LA INTELIGENCIA EMOCIONAL DEL REGAÑO

Jesús demuestra una gran inteligencia emocional en el camino a Emaús, dominando las lógicas alegrías de alguien que debería estar muy emocionado por reencontrarse con su tío. El manejo de las emociones positivas es solo un pequeño aspecto de la insuperable fortaleza emocional de Jesús. Una muestra de esa capacidad de autocontrol la mostró en sus momentos más complejos de temor en Getsemaní.

Para intimar con Jesús en el huerto, debemos comprender las emociones acumuladas antes de decidir entregarse como cordero al matadero, que lo llevaron a un estado de angustia tal que su cuerpo reventó y sudó sangre. La angustia es esa expresión del alma por lo que sabe le va a ocurrir si decide entregarse. Al final Jesús eleva su espíritu por encima de su condición humana y demuestra que es "Su espíritu el amo de su casa. Su alma el mayordomo y su cuerpo el criado."

Somos la única criatura sobre el planeta Tierra capaces de transformar nuestra biología mediante lo que sentimos y pensamos. En el caso de Jesús, el sentimiento de amor fue tan intenso que esa transformación biológica fue "radical" y llegó hasta el punto al que los seres humanos comunes no hemos llegado: sudar sangre fue la expresión del lenguaje del cuerpo ante la tristeza, reportada por nuestro guía San Juan y que se transforma en la angustia, reportada por el médico evangelista San Lucas en el frio de esa noche.

Una forma de ver al alma es a través de las caricias, de la sonrisa y de los gestos del cuerpo.[144] El alma habla a cada momento. Las personas entran en comunicación no tan solo con la palabra, lo hacen con el rostro. Para **Simón Brown**: «Nos pasamos la vida leyendo el rostro de los demás y nos ayuda a

---

[144] CARREL, Alexis. *La Incógnita del Hombre. México: Diana. 1981*

tomar decisiones cuando queremos saber en quién podemos confiar, trabajar, entablar amistad y hasta tener un relación amorosa.»[145]

El cerebro conoce cada cara por una infinidad de formas y expresiones de cada quien. Esa fascinante cara nos hace únicos, es el sello que nos identifica y constituye la manifestación de nuestra intimidad, que es la esencia del alma. Los gestos suelen ser sinceros: «Una mirada, dice más que muchas palabras.» Para **Paul Ekman** hay expresiones faciales que representan a la misma emoción, independientemente de la sociedad o la cultura en la que se vive. Cuando se contraen o retraen los 44 músculos que componen el rostro, originan en nuestra visión un glosario de palabras en silencio, que expresan el estado de ánimo. En el caso de Jesús de Nazaret en el huerto, el evangelista Juan reportó que su cara se hizo tristeza.

Su cuerpo y su cara se hicieron tristeza.[146]

Las pasiones reptiles, mamíferas y humanas del Hombre-Dios deben ser superadas por el impulso de trascender y convertir en realidad el llamado mesiánico del Cordero de Dios, permitiéndole a la humanidad comprender la esencia iluminadora del Creador (Jn 1,1): «En el principio era el Verbo y el verbo estaba ante Dios y el Verbo era Dios. Él estaba ante Dios en el principio. Por Él se hizo todo, y nada llegó a ser sin Él. Lo que fue hecho tenía vida en Él,

---

[145] BROWN, Simón. Barcelona: Océano. 2000.

[146] The Passion. Photography from the Passion of the Christ. Foreword by Mel Gibson. U.S.A.: Icon Distribution. 2004.

y para los hombres la vida era luz. La luz brilla en las tinieblas, y las tinieblas no la impidieron.»

En el camino a Emaús, al igual como lo hizo en Getsemaní, Jesús nos enseña que un liderazgo responsable debe ser emocionalmente inteligente, capaz de presentar la emoción correcta ante una situación específica. Presentar la pasión humana cálida y amoroso puede ser el mejor instrumento para ser vocero del progreso, pero puede nublar nuestra razón a la hora de evaluar opciones. A la vez, el corazón frio de un líder egoista destruye la buena convivencia humana. Jesús demuestra estas cualidades al comenzar escuchando, para seguir reprimiendo, luego explicando y finalmente enamorando.

LO ANUNCIADO POR LOS PROFETAS

En el camino a Emaús, Jesús pasa de la reprimenda caritativa a explicar el anuncio profético más esperado por la humanidad: La encarnación milagrosa de Dios. Para que eso ocurra coherentemente debe suceder la fecundidad de la Virgen María. Eso fue lo que le anunció el Ángel Gabriel a María y luego a su prima Isabel, a través del niño bautista que cargaba en su vientre.

Para que se encarne dentro de ella el Hijo-Dios y nosotros podamos reconocerlo con nuestra Fe y razón, es conveniente que la puericultura del hecho, vista desde la perspectiva científica, esté alineada con la visión peregrina de lo sucedió en ese encuentro respetuoso entre Dios y su esposa humana. ¡Dios es Amor, es la Palabra, una Sutileza, una Esencia! Es un Espíritu, una Sombra, un Viento, un toque de energía que se hace material en un vientre humano.

Es verdaderamente un reto teorizar sobre cómo hizo Dios para ser el Padre responsable de aportar la otra mitad de la carga genética. Además, esa mitad celestial fue la que le otorgó el sexo masculino, incorporando las capacidades del cromosoma Y en Jesús de Nazaret, puesto que su condición sexual nunca estuvo en duda en sus días de prédica pública en la Tierra.

La célula madre originaria de Jesús de Nazaret no se produjo producto material aportada solo por María la Virgen a causa de una clonación: María + María = Hijo de María o del espermatozoide de su padrastro: José + María =

Hijo común ¡Terrenal y mortal! Tampoco pude ser solo por el aporte del Padre Creador, puesto que en ese caso sería Dios + Dios = Hijo de Dios. ¡Celestial inmaterial!

La fórmula coherente entre la biología de lo que hizo en la Tierra es que una de las cadenas del DNA de Jesús de Nazaret fue aportada por María la Virgen y la otra por Dios: Dios + María = El Dios hecho hombre. El Mesías de Israel. Jesús-Cristo. ¡Celestial y Terrenal a la vez!

Genoma celestial-terrenal del Hombre-Dios.[147]

Con la misma actitud de entrega por amor entre el varón y la mujer, la Virgen María lo hizo con el Inmortal, quien se fundió en ella de una manera misteriosa y absolutamente respetuosa, como tuvo que ser, por tratarse a "la manera de Dios" al fertilizar a su óvulo: Son detalles que toda mujer y madre guarda en su corazón de por vida y María así lo contó a su confidente, el evangelista Dr. Lucas.

La historia contada por la Madre coincide con la historia anunciada por los profetas y explicada luego por el hijo, ya que **¡Jesús dijo que salió de Dios!**, expresando en más de una ocasión que Él es el Dios eterno hecho hombre. De igual forma, en el nacimiento, luego en el bautizo y finalmente en la transfiguración, el Padre celestial también lo confirma, tal como lo había

---

[147] www.youtube.com/watch?v=vQIKzGSXIOA

prometido hacer por intermedio de sus mensajeros. Más adelante en la Galilea, justo antes de subir al cielo, el resucitado lo vuelve a relatar en su despedida. De esa forma, el cuento es coherente, hasta desde la perspectiva de su primo Juan, que dio la vida por defender ese milagro que fue la encarnación de Dios.

EL INVISIBLE SE HIZO VISIBLE

No solo vale la pena conocer qué fue lo anunciado por los profetas, sino también cómo ocurrió. Dios embarazó a una mujer, no es fascinante conocer ¿cómo lo hizo? Debió ser interesantísimo estar allí para saber cómo sucedió, tal como lo hizo el Dr. Lucas cuando conversó con la mujer embarazada ¡Qué privilegio!

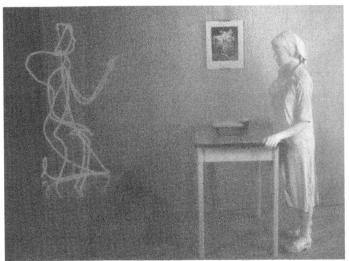

La Anunciación de *Timothy Verdon*.[148]

(1,26): «Al sexto mes, del embarazo de Juan el Bautista en Isabel, fue enviado por Dios el Arcángel Gabriel a una ciudad de Galilea, llamada Nazaret, a una Virgen desposada con un hombre llamado José, de la casa de David; el nombre de la Virgen era María.» El comienzo del relato es científico, dando

---

[148] VERDON, Timothy. *María en el Arte Europeo. Barcelona: Electa. 2004.*

información técnica de lo acontecido: Qué: "un embarazo"; Cuándo: "6to mes"; Dónde: "Nazaret"; Quién: "Arcángel Gabriel" "María"; Proveniencia: "de la casa de David", etc. Luego continúa con los hechos: «Y entrando, le dijo: "Alégrate, llena de gracia, el Señor está contigo." Ella se conturbó por estas palabras, y discurría qué significaría aquel saludo. El ángel le dijo: "No temas, María, porque has hallado gracia delante de Dios; vas a concebir en el seno y vas a dar a luz un hijo, a quien pondrás por nombre Jesús; El será grande y será llamado Hijo del Altísimo, y el Señor Dios le dará el trono de David, su padre; reinará sobre la casa de Jacob por los siglos y su reino no tendrá fin."» Esta etapa del cuento nos reafirma que sin maternidad no hay encarnación y sin encarnación no hay el "Misterio". A pesar de estar plenamente consciente del "absurdo científico", el Dr. Lucas se atreve a aceptar como un hecho cierto la concepción virginal de María.

«María respondió al ángel: "¿Cómo será esto, puesto que no conozco varón?" El ángel le respondió: "El Espíritu Santo vendrá sobre ti y el poder del Altísimo te cubrirá con su Sombra, por eso el que ha de nacer será santo y será llamado Hijo de Dios."» Para confirmar y defender un testimonio que afecta su reputación, tuvo que haber insistido en la respuesta de María muchas veces, tal como nosotros mismos lo estamos haciendo "científicamente". Al darle el ángel la noticia de su futuro embarazo, hay implícito un permiso de ambos, pues todavía no ha ocurrido la fecundación. Hace falta el consentimiento de la madre para que no sea una violación.

(Lc 1,35): «El Espíritu Santo vendrá sobre ti y el poder del Altísimo te cubrirá con su Sombra. Por eso el niño será Santo y será llamado Hijo de Dios. También tu parienta Isabel concibió un hijo a pesar de su vejez, y la que era considerada estéril, ya se encuentra en su sexto mes, porque no hay nada imposible para Dios.» El poder de Dios lo avala, como lo reseña el evangelista Marcos, lo cual sería en ciencia como otra fuente confirmatoria (Mc 10,30): «Para Dios todo es posible». La respuesta de María, a punto de ser madre permaneciendo Virgen, cambió el destino de la Humanidad.

(Lc 1,37): «María dijo entonces: "Yo soy la servidora del Señor, que se cumpla en mí lo que has dicho." Y el Ángel se alejó». He ahí la respuesta producto de los propios labios de la Madre, la única persona que sí conoce la certeza de la causa del hecho. Lo fantástico e ingenuo, por lo absurdo y no creíble del relato, hacen lo más probable que realmente tal suceso sea una verdad y no una farsa o una mentira. Más todavía, si la forma como La Virgen afirmó que Dios la embarazó fue con su "Sombra".

EL MILAGRO DE LA ENCARNACIÓN

Sombra, fue la palabra que el Ángel escogió para manifestarle a La Virgen como es la esencia de Dios en acción. Eso coincide con la visión que muchos de los profetas tenían del Creador. Se vislumbra fugazmente y luego desaparece, es a la vez visible e invisible pero se encuentra ahí, aquí y por allá rodeándonos por todas partes y con formas distintas. Se encuentra en la realidad de la vida y en los "cuentos de hadas".

Sombra es lo que aparece y desaparece de repente, por lo que se puede vislumbrar solo fugazmente pero siempre está ahí, sea por delante o detrás y con distintas formas y maneras de hacerse notar. Ser una "sombra" significa tener un toque y un paso tan ligero, que se puede mover libremente por doquier y manifestarse como algo tan tenue como el humo y el viento que van, vuelven y se mueven con mucho sigilo: **Sombra es observar sin ser observado.** No es la sombra de un ser humano con cabeza, cuello, tórax, abdomen y genitales, sino que es la de un poderoso Ser libre.

La misteriosa sombra descendió del Edén para sembrar su semilla divina en un vientre terrenal.[149]

---

[149] VERDON, Timothy. *María en el Arte Europeo.* Barcelona: Electa. 2004.

Se trató de la esencia de Dios al abrazarla delicadamente para hacer un nuevo "mini *Big Bang*" en su interior y sintetizar de inmediato el "gameto masculino celestial" que entró en su óvulo y generó un zigoto celestial-terrenal.

Dios, el padre "biológico", en ese fugaz instante tuvo que crear los incontables átomos para construirlo (oxígeno, hidrógeno, carbono, nitrógeno, fósforo). Todos esos átomos fueron el producto de miles de millones de años de mini-reacciones atómicas muy bien controladas. Ahora, El Creador tiene que recrear no solo nueva materia, sino que tuvo que hacer el trabajo de "hormiguita" y juntarlos cuidadosamente mediante las uniones exactas para sintetizar la compleja molécula de nucleótidos: ¿cuántos? Una cadena completa de ADN tiene tres mil millones de nucleótidos. Si cada tres de ellos forman una tripleta y en promedio un gen está formado por 500 mil nucleótidos, ello hace que contengan 180.000 codones en el orden exacto.

Si un milímetro de la cadena de ADN tiene un millón de nucleótidos que ocupa, una distancia lineal de tan solo 0,034 cms ¿cómo hizo Dios para condensarlos en ese orden tan exquisito y no ser un rompecabezas sin armar de tres mil millones de piezas y todo ello instantáneamente? Lo hizo para los 23 cromosomas requeridos para insertar en María su aporte del código masculino, de forma que pudiera ser formada luego la cadena de ADN de Jesús. María, humana y no divina, ahora se encuentra embarazada, no está oficialmente casada y está feliz pues, como una rosa, la Sombra de Dios también entró en su corazón: ¿sabrá que su Hijo saldrá de su corazón bajo la forma de una espada que lo atravesará de dolor?

26. ¿NO TENÍA QUE SER ASÍ Y QUE EL MESÍAS PADECIERA PARA ENTRAR EN SU GLORIA?»

Luego de la anunciación profética, le explica que así debía ser. La reingeniería se pregunta: ¿Cómo se preparó Jesús para ese padecimiento voluntario? ¿Cuándo Jesús comenzó su padecimiento como Mesías? ¿Por qué debía ser así? Responder a estas preguntas nos ayuda a comprender el rol del sufrimiento en el despertar del amor y la reconciliación con Dios.

LA PREPARACIÓN EN EL DESIERTO

El padecimiento de Jesús comienza a día siguiente que decide iniciar el camino mesiánico y se bautiza. De allí pasará de lo familiar de su entorno en Nazaret, a lo agreste del mundo del desierto. Marca la división entre lo conocido y lo desconocido para el héroe. Es la separación de la persona del mundo de todos los días, donde aparece el miedo y hay que enfrentarse a las tentaciones y peligros del cambio.

Durante la iniciación el Héroe pasa por una serie de pruebas, que se las conoce en mitología como la "travesía". Es un duro proceso de maduración, padecimiento y cambio que debe cumplir el Héroe, para regresar con "algo" nuevo. De esa forma, Jesús en el desierto pasa por una metamorfosis del alma. El "campo de batalla" no se encuentra en el exterior del hombre, como pudiera pensarse, sino que la lucha se lleva a cabo en el interior, donde ahora también debe darse la batalla de reconversión de Cleofás. Es la batalla de la luz contra la oscuridad; el agua contra el fuego; el orden contra el caos; el bien contra el mal.[150]

Para poder "sanar" el reino es necesario que el Héroe emprenda una "travesía" con la misión simbólica de luchar y liquidar dragones; rescatar mujeres en peligro; encontrar un objeto sagrado, etc. El "enemigo" a vencer es el animal de la psiquis, por eso la culebra simboliza la lucha de Jesús contra las tentaciones (Mt 4,2): «Entonces Jesús fue llevado por el Espíritu al desierto para ser tentado por el diablo. Y después de hacer un ayuno de cuarenta días y cuarenta noches, al fin sintió hambre.» La labor del maligno en el desierto es perseverante y viene disfrazada de muchas maneras. En cada etapa Jesús batalla contra sus tentaciones: "Apártate, Satanás, porque está escrito: Al Señor tu Dios adorarás, y sólo a él darás culto." Entonces el diablo le deja. Y he aquí que se acercaron unos ángeles y le servían.»

Para los israelitas el desierto tiene un carácter histórico producto de los largos 40 años que pasaron luego de salir de Egipto y antes de llegar a la Tierra Prometida. En ese tiempo es que el pueblo recibe los 10 mandamientos, razón

---

[150] MOORE, Robert & GILLETE, Douglas. The Warrior Within: William Morrow and Company: New York. 1992.

por la cual se le considera como un lugar privilegiado para el encuentro con Dios y para conocer mejor sus planes.

Jesús meditando en el desierto y batallando el mal.[151]

Nadie podrá saber que pasó en la intimidad de Jesús durante ese período, pero sabemos que padeció mucha hambre y sed, pero al final salió con un plan maestro de lo que haría rodearse con algunos discípulos escogidos por Él y dirigió sus pasos a una boda en Caná de Galilea. Allí comenzará su camino de señales y prodigios.

Cleofás también debe transformarse para arrancar junto a sus amigos la gran tarea de levantar una Iglesia que tiene ya dos mil años cosechando éxitos y almas. Pero al igual que Jesús en el desierto, los discípulos de Emaús deben caminar para completar con éxito su transformación. En una campaña hace falta una buena fase de preparación, identificando los recursos necesarios y cómo conseguirlos. Esa planificación incluyó la preparación del carácter del líder capaz de llevar adelante la misión, batallando las

---

[151] *lasbodasdecana.wordpress.com.*

tentaciones que podían desviar la labor, así como lo hizo el cordero de Dios. Es la etapa para elaborar los mensajes que llegarían a su gente y diseñando los eventos e intervenciones necesarias para mantener viva la agenda de transformación del cristianismo.

EL PADECIMIENTO ES PARA PODER HABLAR DEL AMOR

A lo largo de sus enseñanzas Jesús es claro: Es muy potente hablar del amor cuando incluimos el sufrimiento en la ecuación. El padre amoroso sufre por su hijo perdido, para luego amarlo en el reencuentro y enseñar su lección de amor. Dios ve como su pueblo sufre por el pecado de los opresores y expresa su amor liberándolo. Jesús sufre en el vía crucis para poder hablar de amor en la cruz.

Moribundo Jesús habló en la cruz. Casi que en agonía, su cuerpo se elevó siete veces y habló ante los mudos y petrificados asistentes. Los que presenciaron el momento quedaron sorprendidos ante la majestuosidad de sus palabras de amor, emitidas en medio de tanto dolor y sufrimiento.

La palabra fue la última propiedad de su alma. Jesús permaneció callado durante los ultrajes, golpes y salivazos, pero habló cuando se calmó la tempestad de la violencia. Para ello usó el órgano del alma: La voz.

Como la respiración es la base de la fonación, para que un crucificado pueda emitir palabras, le es necesario expulsar una cantidad suficiente de aire capaz de mover a las cuerdas vocales, lo que no podía anatómicamente hacer colgado a un madero. Por ello, Jesús pronunció palabras a un inmenso costo y lo hizo con la suficiente potencia para que los asistentes lo oyeran. (Mt 12,36): «*Porque de lo que rebosa el corazón habla la boca.*»

El Hombre de la Sábana habla en su cruz.[152]

El abuso emocional puede doler y durar mucho más tiempo que el dolor del cuerpo porque destroza el corazón. Jesús sufriendo el mayor abuso emocional y físico posible sobre una persona, no se retiró a lo profundo y petrificó su rostro ocultando de esa manera a su verdadero yo, que es el que necesita, el que siente, el que imagina. En cambio Jesús se comunicó y compartió su intimidad con todos los presentes y pronunció palabras en la cruz, que los presentes oyeron y los evangelistas reseñaron.

En sus estudios sobre liderazgo primal, **Daniel Goleman**, **Richard Boyatzis** y **Annie Mckee**, concluyen que: «la acción emocional de un líder es primitiva.» [153] Desde los tiempos tribales, la persona que logra trascender es la que logra una resonancia emocional con los demás. Es la que ante una

---

[152] *en.wikipedia.org/wiki/Shroud_of_Turin.*

[153] *Primal Leadership. Goleman, Boyatzis, Mckee. Harvard Business School Press. 2002.*

situación de alta incertidumbre y stress, habla cuando los demás lo único que pueden es callar.

Jesús habló cuando toda su humanidad lo que lo invitaba era a callar. El momento en la cruz era una oportunidad única de resonar con los demás y por tanto no se podía quedar con los "brazos cruzados" o mejor dicho "clavados". Tenía que aprovechar el momento y por eso sus palabras de amor y perdón han perdurado dos milenios.

El experto en liderazgo **Ronald Heifetz**, médico y músico a la vez, identifica que detrás de las palabras de las personas se esconde una canción que quiere salir. Por eso plantea que la forma como nos comunicamos es tan o más importante que el contenido de lo que queremos decir. En el caso de las palabras de perdón de Jesús en la cruz, vale tanto el contenido de las palabras dichas, como la forma como fueron dichas en ese momento tan dramático de la historia de la humanidad.

En el Gólgota, Jesús nos enseña que un liderazgo responsable está pendiente de esos momentos de alarma para despertar la necesidad del cambio, aprovechando los puntos de quiebre. El líder habla con sus emociones y logra que los demás resuenen con su canto.

LAS PALABRAS EN LA CRUZ

Desde su intimidad Jesús pronuncia su primer grito desde la cruz, que es su silencio, que es la palabra más estridente. Solo un Hombre-Dios puede quedarse callado cuando lo clavan a una cruz. Ese silencio lo logró gracias a la paciencia, al autocontrol y la relajación, lo cual ya refleja amor.

Luego su primeras frases: «Mujer, he ahí tu hijo», Discípulo: Ahí tienes a tu madre...» Son palabras espectaculares al provenir de un hombre que ha sufrido lo indecible, porque muestran su preocupación por los demás y no por su inevitable destino.

El amor se preocupa por los demás.[154]

Luego viene el gran acto de perdón: «Padre, perdónalos, que no saben lo que hacen.» Que el Hombre-Dios usara sus preciosas gotas finales de vida para perdonar a los hombres que lo torturaron, resulta algo increíble. ¡Palabras insólitas!, **¡Demuestra y enseña el perdón de Jesús, que "no hay ofensa" humana que no se pueda perdonar!**

Perdonar es transmutar el odio, con su amargura, en amor, con su dulzura: **¡Qué salto de crecimiento para la humanidad!** Se trata de un salto de fe con un "abrazo espiritual" entre el perdonador y el perdonado. Jesús fue sincero en su perdón: No maldice, no juzga, no acusa y ni desea el castigo de quienes lo hirieron. Se trata de la máxima expresión de la bondad y sobre todo la demostración de un amor indefinible. Es el paso necesario para la reconciliación, mostrando el preámbulo de la Declaración de Derechos

---

[154] *www.patersondiocese.org/page.*

Humanos de la ONU: «**Puesto que las guerras nacen en la mente de los hombres, es en la mente de los hombres donde deben erigirse los baluartes de la paz.**». Y ante el perdón solo queda una respuesta adecuada del transgresor: su arrepentimiento, que es lo que hace el "buen ladrón" en la cruz, rendido ante la misericordia del Hombre-Dios. Es la base de la parábola del Hijo Pródigo que muestra la esencia del amor de Dios.

Ya a punto de sucumbir vienen las controversiales palabras que muestran su humanidad (Mc 15,34): «*Eloi, Eloi, lema sabactini.*» que se traducen: «Padre, Padre, porque me has abandonado? Son los momentos de tinieblas y tentaciones, justo antes de la muerte. Son las experiencias místicas de la llamada noche oscura, demostrando la condición humana de Jesús en la cruz. De su alma brotó un gemido sin consuelo. Es la agonía del alma en los momentos finales que muere de una muerte sin morir, porque el alma no puede morir. Es un sufrimiento totalmente espiritual al sentirse olvidada por la eternidad. En esos momentos finales, el alma de Jesús está colocada en un altísimo pico que se encuentra sobre un precipicio.

Sin embargo la oscuridad cedió: El Espíritu Santo penetro en su alma y le ayudó a emitir sus últimas palabras: (Jn 20,30) «Todo está cumplido»; (Lc 23,46): «Padre, en tus manos encomiendo mi espíritu.» **¡Qué hermosas palabras para cerrar!** ¡El amor abre todas las puertas! Es un grito alegre hacia la vida eterna.

En el Gólgota, Jesús nos enseña que se perdona al otro para el alivio personal, del cuerpo y del alma. Es la única manera efectiva de salir de la herida personal, profunda o no, de la furia y del reconcomio, lo que impide que el cuerpo y el alma se recreen entre sí y con los demás. Ese es el paso que está ahora iniciando Cleofás en su camino y que culminará al invitar a Jesús a cenar en su casa en Emaús. De esa forma, un liderazgo responsable entiende que debe dar un primer paso para reconstruir las relaciones dañadas y ese paso conduce a la reconciliación para lograr el progreso colectivo.

27. Y LES INTERPRETÓ LO QUE SE DECÍA DE ÉL EN TODAS LAS ESCRITURAS, COMENZANDO POR MOISÉS Y LUEGO TODOS LOS PROFETAS.

En este siguiente segmento Jesús les descifra el rompecabezas profético a los caminantes, explicándoles paso a paso como la historia hebrea decanta hasta su aparición. La reingeniería se pregunta: ¿Por qué Jesús se toma el tiempo de explicar? ¿Cómo les habrá explicado esa parte que tenía que ver con su resurrección? ¿Con su muerte? Responder a estas preguntas nos ayuda a valorar la historia de las relaciones de Dios con la humanidad.

EL ETERNO MAESTRO

Como vimos con las primeras palabras del extraño, por la incredulidad les dice "torpes o necios". El padre **Henri Nouwen**[155] habla de que esta torpeza para entender y confiar no es una torpeza inocua ("*harmless*"). Al contrario, es muy peligrosa porque «nos podemos ver atrapados en nuestras inútiles lamentaciones y en nuestra estrechez mental para ver las cosas. La vida es breve y la podemos pasar atrapados si esperamos que lo poco que vemos, oímos, o experimentamos nos revele la totalidad de nuestra existencia.

Somos demasiados cortos de vista y duros de oído para entender y confiar.» Por ello, si somos suficientemente humildes, sabremos que necesitamos que alguien nos abra los ojos y los oídos, y nos ayude a descubrir lo que está más allá de nuestra percepción. Así como lo necesitaron los discípulos de Emaús y por ello el "extraño" del camino reprime y de inmediato avanza: «Y les interpretó lo que se decía de Él en todas las Escrituras, comenzando por Moisés y siguiendo por los profetas.»

Este pasaje de Emaús nos ofrece una clave más del liderazgo de JesuCristo: **¡Jesús habla luego de escuchar!** El Dios-Hombre no reprocha y se va, sino que explica para sacarnos de lamentaciones y eso es justamente lo que buscamos con este viaje hacia Dios, tratar de ayudarnos todos a comprender lo que dicen las "Escrituras" sobre el Mesías. Y para ello escuchamos todos los posibles lenguajes que haya podido usar Dios para hablarnos: La Ciencia y la Religión; la Filosofía y la Biología; La Historia y la Arqueología; La Matemática y la Fábula; La Física Cuántica y el Arte.

---

[155] *Nouwen, Henri: With a Burnin Heart. Con el corazón en ascuas. Editorial Sal Terrae. Santander*

Si exploramos el Nuevo Testamento, veremos la enorme cantidad de veces que se menciona a Jesús como un "Maestro". Dependiendo de la traducción usada, esta palabra es mencionada más de 70 veces. Si Jesús le dedicó su vida a enseñar a otros su sabiduría omnipotente, ¿cómo no lo vamos a hacer nosotros con los limitados conocimientos que nuestra mente haya podido amasar en nuestro corto paso por la Tierra?

SALIENDO DEL FOSO

El evangelio no nos dice cuánto tiempo pasó Jesús interpretándoles a los discípulos las Escrituras. Son miles las pistas dejadas por Dios a lo largo de milenios, "publicadas" de la mano de diferentes Profetas en distintos documentos. Si el trayecto de 12 kilómetros lo hicieron en unas 8 horas y estas explicaciones comenzaron en la mitad del camino, pues posiblemente esas enseñanzas fueron bien detalladas y transformaron la visión que los caminantes tenían de sus vivencias acumuladas durante años.

La historia nos dice que durante todo ese trayecto Cleofás no reconocía a su "sobrino" Jesús como su acompañante. Lo termina identificando es en la noche durante la cena, por lo cual debemos interpretar que el "hoyo" donde se encontraban era bien profundo y por lo que hemos venido investigando, razones tenia para ello. La Figura busca reflejar ese apoyo de JesuCristo para ayudarnos a salir del estado perdedor en el cual se encontraban estos dos discípulos.

Como exploradores "científicos" de los acontecimientos, podemos y debemos ir más allá, lo que nos invita a pensar que tal vez estos discípulos caminantes vivieron una experiencia singular durante el vía crucis o alrededor de la cruz. Sabemos que la mujer de Cleofás estaba junto al crucificado y que por su avanzada edad, es probable que a este hombre lo consideraran un anciano. Eso haría más probable que durante el trayecto ocurriese un intercambio de miradas con el crucificado. La Figura muestra lo que pudo ser ese hipotético momento.

La mirada desolada del crucificado.[156]

La mirada de la figura es desgarradora. Si somos Cleofás y un familiar cercano nos mira de esa manera en sus momentos de apremio, ¿cómo nos sentiríamos? ¿pensaríamos que es posible recuperarse luego de esa destrucción tan viciosa?

La reacción de estos discípulos ante las palabras de sus mujeres el Domingo, cuando les informaron que la tumba estaba vacía, debió ser más asociada a un robo del cadáver, que a una resurrección. Por tanto el trabajo "curativo" de Jesús en el trayecto implicaba limpiar ese cerebro incrédulo de cualquier cantidad de emociones y pensamientos negativos. Eso lo hizo no con nuevas palabras, sino explicándoles algo que ya sabían: la palabra de Dios dada históricamente a los hombres por medio de los profetas, razón por la cual los escritos bíblicos representan un extraordinario manual sobre liderazgo y autoayuda.

---

[156] *pastoralucsf.blogspot.com.*

LA RESURRECCIÓN DESDE EL SEPULCRO

Particularmente interesante debió haber sido escuchar de la propia voz del protagonista la explicación del significado de su propia resurrección. Así como Moisés le devolvió la vida a un "pueblo muerto", Jesús lo haría de nuevo con la esperanza perdida y el "alma muerta" de esos caminantes.

En este viaje hacia Emaús tuvimos el placer de "hablar con la Sábana Santa de Turín", que como testigo de la resurrección nos contó algunos detalles de ese momento. Vamos ahora a hablar con otro testigo de lo que implica morir, ir al más allá y regresar a la vida terrenal: Lázaro. De esa forma, si nos ponemos una sábana mortuoria y guiados por Lázaro nos adentraremos en las profundidades del Santo Sepulcro, para ser testigos de primera línea del hecho más asombroso jamás acaecido en la historia de la humanidad: La resurrección de JesuCristo. Esa es la noticia más importante en la historia de la humanidad: El triunfo de un hombre sobre la muerte. Lázaro será un gran guía en este segmento de la reingeniería espiritual, porque es el único otro hombre del que se tenga noticia que ha logrado reconstruir las células muertas y regresar a la vida.

Lázaro se levanta de la muerte: Preámbulo de la resurrección. [157]

---

[157] en.wikipedia.org/wiki/Raising_of_Lazarus

Haremos mención especial a otro personaje valeroso, que fue José de Arimatea, el poderoso que se atrevió a donar su sepulcro y acompañar a Jesús en las entrañas de la muerte. Para explorar este hecho milagroso nos ataviaremos de la Sabana Santa, porque fue el único elemento que podemos investigar para tratar de entender que fue lo que ocurrió en esa oscura caverna, ese trascendental Domingo de Primavera que cambió para siempre el tiempo antiguo del tiempo nuevo.

Guiados por Juan el Bautista, vimos a detalle en qué consistió la iniciación de Jesús en el Templo. Los días en el desierto nos permitieron comprender como el entonces desconocido Jesús de Nazaret, batalla contra las tentaciones en el desierto. Guiados por la roca Pedro, comprendimos como en Galilea Jesús se dedica a una prédica pública de 3 años, usando la energía de sus palabras y los milagros esporádicos para complementar su mensaje.

Nicodemo nos ayudó a comprender lo que sucedió en los Tribunales y la mujer de Magdala lo que sucedió por el Vía Crucis. Vimos como el Cordero de Dios debió batallar las críticas y torturas de sus verdugos. Ahora Jesús explica a los caminantes lo que pasó en el Santo Sepulcro y con la ayuda del resucitado Lázaro estamos viendo como el ahora Cristo tiene un nuevo reto: combatir la incredulidad y el ataque a su memoria, que fue a través de la crítica de la alucinación, por lo que debemos meternos científica e históricamente a entender este complejo fenómeno humano.

Esta explicación nos llena de esperanza, luego de que en este viaje pasamos por los duros momentos de la pasión y muerte de Jesús. Sin la resurrección no hay cristianismo. La verdadera noticia no fue la crucifixión de un hombre, lo cual ocurrió muchas veces en la historia. La noticia que realmente sacude una y otra vez las portadas del diario de la humanidad, fue la resurrección. Es el hecho singular, el cambio de rumbo, la verdadera obra maestra del Creador en su esfuerzo por enseñarnos lo que es su esencia: ¡El Amor!

SU "PALABRA DE HONOR"

En el camino a Emaús, luego de hablar de la anunciación profética a María y de los acontecimientos de liberación de Moisés, Jesús debió haber explicado lo que serían sus padecimientos, tal cual los describen Isaías y los demás profetas mesiánicos. Esos momentos difíciles del camino donde el forastero explica la sistemática y brutal destrucción de su cuerpo, debió pasar al momento en el cual pasa a interpretarles de que se trató el compromiso de un valiente que dió su ¡Palabra de Honor! (Jn 3,19): «Danos una señal destruid este santuario y en tres días lo levantaré.»

Al expresarlas Jesús comprometió a todo su ser, porque provinieron desde su corazón, desde su mente y desde su cuerpo. Fueron dichas desde su corazón, porque no importa lo que después se diga o se haga, esas palabras fueron expresadas en el lugar más sagrado de la Tierra y por ello significó que Dios fue su testigo. Jesús expresó que Dios era en esencia Amor, por lo cual si el compromiso fue hecho en presencia de Dos, las palabras tuvieron que nacer de donde surge el amor, que es desde el corazón. Si bien las palabras nacieron en el corazón del Hombre-Dios, al final fueron dichas desde su mente, porque Jesús las pronunció de una manera tranquila, segura y firme. De esa forma, el Mesías comprometió su honor con los hombres ante Dios, su Padre. Esas palabras fueron dichas desde el cuerpo, porque las articuló lleno de confianza en sí mismo de una manera clara, contundente, alegre, en voz alta, sin tibiezas y con firmeza.

Una promesa no es una garantía de fiel cumplimiento. Las palabras de Jesús fueron muy precisas: Destrucción y luego la reconstrucción de su "Cuerpo o Santuario". Resucitar significa la reunión del mismo espíritu con el mismo cuerpo luego de ciertamente muerto, lo que va en oposición radical con el diseño natural de todo cuerpo humano. La señal se trata de dos maravillas realizadas en consonancia con su genoma de Hombre-Dios.

Las estructuras del Templo-Cordero fueron totales e irremediablemente aniquiladas durante su pasión, para regresar como cuerpo glorioso con su espíritu intacto a pesar de las ofensas recibidas. Como el testigo primordial es un ente inerte, sin vida, la información de lo que realmente pasó y que tendremos será siempre incompleta, por lo cual requiere que nos ayudemos de la actitud del peregrino, teniendo un poco de Fe para acompañar a nuestro espíritu científico.

Se trató de una propuesta inverosímil e insólita desde el punto de vista de un médico y de un ser humano ordinario. En primer lugar, Jesús los conmina a que destruyan su cuerpo. ¿Hemos pensado en lo que implica la destrucción de un Templo? Significa que acepta morir destrozado por los hombres y a eso se le conoce como un sacrificio. De seguidas se compromete que al tercer día lo va reconstruir o resucitar, para así nuevamente vivir.

La palabra de honor.[158]

Para el experto en liderazgo **Dean Williams**, uno de los retos más difíciles de sostener es aquel que busca una genuina innovación: Hacer algo que nunca ha sido hecho antes.[159] La resurrección fue ese único e inigualable reto creador que Jesús nos dejó en su paso por la Tierra. La ciencia solo puede ayudar a dar un pedazo de la compleja realidad. Un buen líder comprende que se requiere saber asumir, y trabajar con información limitada. Comprende que siempre los recursos son escasos y que debe tomar decisiones en el margen de lo que pasa.

---

[158] www.youtube.com/watch?v=gUcUmzXvxuQ

[159] Real leadership. Dean Williams. Berret-Koehler Publishers. 2005.

MORIR CON ARTE

La resurrección no es noticia aislada única en la historia universal, es un hecho íntimamente conectado con la terrible masacre que significó su muerte en la cruz. Fue una muerte con arte, íntimamente relacionada con los Mitos Universales sobre la resurrección con la imagen de un héroe devorado por un monstruo terrorífico, y posteriormente regurgitado. La resurrección está asociada a la creencia de que hay un alma inmortal que habita el cuerpo durante la vida y que luego de la muerte del cuerpo, regresa a un lugar "simbólico" para vivir para siempre al lado de Dios.

Existen innumerables ejemplos de muerte con arte. Podríamos mencionar muchas de ellas, pero para esta etapa en la reingeniería, hemos elegido recordar una muerte religiosa de los tiempos actuales: la de Juan Pablo II. *Karol Wojtyla*, este extraordinario ser humano quien se convirtió en el Santo Padre de la Iglesia Católica, compartió con la humanidad su agonía y muerte, en sus habitaciones del vaticano, al ser televisada *in vivo* y transmitida a todos los rincones del mundo.

En el último momento de la existencia, la mente se encuentra completamente expuesta y vulnerable a cualquier pensamiento. Depende de la personalidad, de los valores y del "conocimiento espiritual". En esos momentos finales, la mente no expone es una simple creencia, sino los valores espirituales más profundos, que no necesariamente consisten en su práctica religiosa.[160] El *Papa Juan Pablo II*, en sus últimos instantes no dudó, no titubeó, no mostró ansiedad y angustia. Murió como Jesús: «Padre, en tus manos encomiendo mí espíritu.»

Este Santo Padre, con su muerte nos enseña la necesidad de la toma de conciencia, con la comprensión y aceptación, de que existe algo mucho más grande e incomprensible para la mente, por lo ilimitado, que ha creado el Universo y la vida. Son las personas que han sido tocadas por el mundo del

---

[160] CASTAÑEDA, Carlos. *El conocimiento silencioso*. FCE. 1998.

espíritu y modelan su actitud.[161] **Juan Pablo II** fue un "guerrero espiritual",[162] que vivió su vida desde y con "impecabilidad", lo que le permite, con serenidad y alegría, "morir con arte" o *ars moris*. Es morir feliz, aun en medio de la angustia que producen la asfixia y los dolores. Lo hizo, lo hacen y lo harán, tantos otros incontables guerreros espirituales, con esa felicidad que nace desde la paz profunda de un ser en comunión con la divinidad.

El alma en su rumbo futuro.[163]

La muerte de Jesús fue promovida por esas autoridades que buscaban proteger a su pueblo. Sin embargo, eso no impidió que Jesús pudiera ejercer un liderazgo transformador que ha perdurado con fuerza hasta nuestros días. Para lograrlo, fue necesaria esa fabulosa resurrección, que sirvió como punto de quiebre. Sobre la hora de la muerte, a nosotros los cristianos no nos queda otra que dejarnos guiar por Jesús y allí es donde sus majestuosas palabras de amor aleja el temor: «Tranquilícense, soy yo»; «no teman.» (Jn 10,30) «Yo y mi Padre somos Uno.»

---

[161] *KÜBLER-ROOS, Elizabeth. La muerte: Un Amanecer. España: Luciérnaga. 1989.*

[162] *blogs.catholic.net.*

[163] *uana.deviantart.com/art/Rebirth-of-a-Black-Moth*

Sin embargo, la expectativa de los seguidores de Jesús era que su autoridad, su Maestro los proteja contra los cambios difíciles. Para Cleofás, ese "protector" estaba enterrado y difícilmente podía ser ese forastero que ahora los ayudaba a enfrentar una vida nueva y desconocida. Es entonces el miedo lo que nubla la vista de los caminantes para ver que el desconocido que los acompaña es el Dios-Hombre en persona. Ante la incertidumbre de lo que hay despúes del progreso, los humanos suelen preferir la seguridad del atraso: **¡El forastero!**

28. AL LLEGAR CERCA DEL PUEBLO AL QUE IBAN, HIZO COMO QUE QUISIERA SEGUIR ADELANTE,

Finalmente culmina la explicación y llega el momento de tomar decisiones. Entrar en Emaús significa que se acaba el tiempo de dudar y viene el verdadero compromiso. La reingeniería se pregunta: ¿Por qué Jesús hace como si quisiera seguir adelante? ¿Qué haría Jesús si ve a un necesitado que intenta seguir adelante? ¿Qué estaba tratando hacer el resucitado con esa actitud? Responder a estas preguntas nos ayuda a ver el avance del proceso de conversión de un hombre temeroso en representante del amor de Dios en la Tierra y por tanto "pastor de la palabra".

MILAGROS DE CURACIÓN

Jesús hace como si quisiera seguir y ese momento implica que los caminantes debían despedirse de la persona que los venía ayudando a superar sus temores. Cuando eso ocurre lo lógico es pedirle al forastero que los siga sanando y por tanto se quede con ellos. En ese sentido, lo que hacen los discípulos de Emaús es similar a lo que hicieron por 3 años los incontables enfermos que le pedían sanación al Maestro galileo y "curandero ambulante".

Las maravillas hechos por Jesús sobre la biología humana fueron los más numerosos y reflejan con gran fuerza la esencia del mensaje de amor misericordioso de Dios. Fueron incontables los milagros de curación (Mc 1,37): «La ciudad entera estaba agolpada a la puerta. Jesús curó a muchos que se encontraban mal de diversas enfermedades y expulsó muchos demonios.» Aunque sus milagros son incontables hay detallados en los evangelios 20 de dolencias variadas y con curaciones instantáneas. Generalmente se trataban de afecciones incurables.

El hecho cierto es que quedaban curados de inmediato y podían integrarse normalmente a las labores cotidianas y sometidos a las condiciones ordinarias de la existencia. Todos estos milagros regresaron al individuo a su condición saludable anterior a la enfermedad. Los métodos de curación son absolutamente irrepetibles, por ser desconocidos para la ciencia médica. Jesús curó a personas mediante la imposición de sus manos o tocar a los enfermos. En ocasiones usó su saliva o con solo mirarlos.

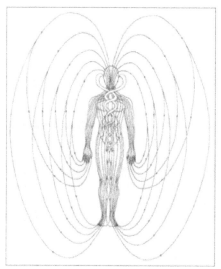

El poder curativo ilimitado.[164]

Con el ilimitado poder curativo, Jesús no pedía aplausos, emolumentos o servilismo a cambio de sus prodigios. Incluso curaba sin darse cuenta (Lc 6,19): «Toda la gente procuraba tocarle, porque salía de Él una fuerza que sanaba a todos»: **¿Qué fuerza es esa?** La fuerza que nos da vida desde el Jardín del Edén, con una energía curativa que emanaba de Él y que incluso sanaba a distancia, como sucede con la hija del capitán.

Según las leyes de la física, donde existen corrientes eléctricas se suceden campos electromagnéticos, de forma que el ser humano está de

---

[164] *www.mythirdeye.info/main/prana.*

alguna u otra forma interconectado con el espacio que lo rodea. La fuerza de esa energía inagotable que emanaba del espíritu de Jesús, permitió la curación de una mujer con tan solo tocarle sus ropas (Mc 5,25). Sin embargo, la fe era necesaria por parte del curado. Jesús recalca que sin ella el poder curativo se limita (Mt 6,5): «Y no hizo allí muchos milagros, a causa de su falta de fe.» Se trata la fe de una condición, pero no la causa, para que suceda el hecho milagroso. En Emaús, Cleofás demostró fe al invitar a Jesús a su casa y por eso su curación es completa con la eucaristía.

Cuando la fe era débil, Jesús procuró fortificarla usualmente de una manera amable (Jn 11,26): «¿Crees tú esto?» Esa fe que pide Jesús, es como un despertar del alma a una nueva vida espiritual, para que esté en consonancia con la nueva vida física que obtuvo a través del milagro: La vida no debe seguir igual. Sean cuales sean sus causas médicas que limitaban la vida del que se le acercaba, Jesús les otorga una capacidad que incluso nunca tuvieron, como los casos del paralítico o del ciego de nacimiento. Ello implicó la construcción inmediata e inédita de nervios y órganos instantáneamente. !Amor en acción! «De modo que quedaban todos asombrados y glorificaban a Dios, diciendo: "**Jamás vimos cosa parecida.**"»

(Mc 8,17): «**¿Aún no comprendéis ni entendéis? ¿Es que tenéis la mente embotada? ¿Teniendo ojos no veis y teniendo oídos no oís?**» ¿No todavía? ¡Entonces invítame pues a tu casa para que sigamos tu proceso de sanación!

INVITANDO A DIOS A SANARTE

La biblia está llena de momentos en los que los poderosos buscan a Dios para que los ayude, pero no reciben esa ayuda divina porque lo hacen "exigiendo" la presencia de Dios. Un ejemplo de ello es Saúl, el primer rey de los israelitas, quien luego de ser ungido por Samuel, decide seguir su propio camino de soberbia y deja de hacerle caso al representante de Dios. Cuando luego aparecen las consecuencias de alejarse del Creador, Saúl le exige a Dios que le hable, con la misma actitud con que "una hormiga le pudiese exigir a un elefante que no la aplaste."

Jesús nos enseñó cómo es que se debe conversar con Dios: ¡Hágase tu voluntad! Entra en mi si así lo consideras oportuno para ayudarme. Durante sus años de prédica hay muchos momentos en los que el Maestro se retiraba a orar con su Padre, pero quizás el más dramático y recordado es el que sucede en el Huerto de Getsemaní.

De la mano del evangelista San Juan, vamos a adentrarnos en el drama de la última noche del Jesús, donde Jesús tomó la difícil decisión de sacrificar su vida bajo tortura infernal. Para entender estos sucesos, nos adentraremos en la intimidad de Jesús, en la de sus amigos y hasta en la "voluntad de Dios". No va a ser un viaje nada fácil y es muy probable que muchos de los viajeros quieran bajarse del autobús a mitad del camino, como lo hicieron sus acompañantes en Getsemaní.

Intentaremos ensamblar las piezas de una batalla épica. Como dice el **Papa Benedicto XVI**, entraremos en un "territorio sagrado" y por ello es necesaria una alta dosis de humildad simbolizada en "quitarse las sandalias", tal como lo hizo Moisés ante la zarza ardiente. Para emprender ese camino hacia el corazón del Hombre-Dios, debemos dejarnos guiar por los que conocen el camino, como es nuestro pastor San Juan, quien aprendió del propio maestro de pastores Jesús de Nazaret.

Por ser el sufrimiento algo personal, no es posible "ver" todo lo que sintió Jesús en esos días ¿Cómo se puede comprender que esa noche, en un lapso de seis horas, Jesús pasó de comer, beber y cantar para luego estar triste hasta la muerte y con una angustia que lo llevó a sudar sangre? ¿Cómo se puede comprender que en cuestión de minutos, Jesús pasó de estar aterrado suplicando por su vida, para luego enfrentar una turba armada con majestuosa presencia y poder en sus palabras?

Podremos acercarnos a las respuestas si profundizamos en la intimidad que Jesús nos dejó a la humanidad. La autenticidad y la honestidad son la base para la confianza de un "buen pastor". En Jesús concuerdan sus pensamientos, emociones y sentimientos, con sus palabras y actos. Es honesto porque habla de lo que realmente está pasando en su vida, de cómo se siente, revelando lo realmente importante. Pero sobre todo Jesús fue un hombre bondadoso, que es tener un "buen corazón o un buen pastor"[165], lo que hace feliz a los seres humanos que lo siguen, por ser instintos generosos

---

[165] *Sinónimos: simpatía, generosidad, altruismo, benevolencia, humanidad, compasión, caritas.*

(Jn 10,10): «Yo he venido para dar vida a los hombres y para que la tengan en plenitud.»

CONVIRTIÉNDOSE EN PASTOR

Pedirle a Dios que entre en nuestra casa es un acto de caridad que nos convierte en buenos pastores, que cuando ven una oveja sin techo buscan traerla a su rebaño y darle de comer. Eso es lo que le ofrece Cleofás al forastero, al invitarlo a quedarse con ellos.

Jesús el buen pastor.[166]

Ese buen pastor nos da de comer el pasto bueno del amor y la caridad, y no el pasto malo proveniente del pastor egoísta que debe ser escupido. Solo con una actitud caritativa y saludable podremos meternos en la intimidad de Jesús y "calzar sus zapatos" para comprender por qué sudó sangre en Getsemaní.

---

[166] *destellodesugloria.org*

Pedirle a Dios que entre en nuestra casa es una actitud de un líder responsable, que busca mantenerse espiritualmente saludable, para que no sean sus pérdidas las que gobiernen su comportamiento futuro. De esa forma se transforma, Cleofás puede también convertirse en ese buen pastor, que cuida de sus ovejas, deseando lo mejor para cada una de ellas.

> 29. PERO ELLOS LE INSISTIERON DICIENDO: «QUÉDATE CON NOSOTROS, YA ESTÁ CAYENDO LA TARDE Y SE TERMINA EL DÍA.» ENTRÓ, PUES, PARA QUEDARSE CON ELLOS.

El relato sigue entonces describiendo la respuesta de los caminantes para invitar al forastero a continuar sanándolos. La reingeniería se pregunta: ¿Por qué Cleofás invita a Jesús a su casa? ¿Qué implica tomar esta acción? ¿Qué pasa luego de que los caminantes despiertan y actúan? Responder a estas preguntas nos ayuda a comprender el proceso de pasar de la reflexión a la acción.

LA INVITACIÓN A QUEDARSE "EN CASA"

Cuenta la historia que ya al culminar el día, finalmente los tres caminantes llegaron a Emaús. Los hechos que siguen son singulares y denotan que los temerosos discípulos tenían un largo trayecto avanzado en su salida del foso y ya mostraban sus cabezas fuera del hueco:

Una vez más esta aparición nos da magníficas claves para entender el liderazgo de JesuCristo y la forma como transformó hombres miedosos que huían, en evangelizadores que enfrentaban su destino. Para nosotros, esa clave estuvo en la invitación que los discípulos le hicieron a Jesús, a pesar de que Él hizo como si quisiera seguir adelante. Esta invitación representa la primera vez en la aparición en la cual los discípulos mostraron iniciativa y actitud proactiva hacia el progreso: Invitan a un transeúnte desconocido a su casa. Es decir, esos dos hombres acobardados por lo ocurrido, ahora se atreven y en un acto poco prudente, invitan al extraño a su casa.

Es realmente hermoso con el pasaje de Lucas muestra la libertad que Dios les dio a los discípulos. El relato indica que JesuCristo hace como si iba a seguir y les da la oportunidad para que sean ellos los que toman el verdadero paso de la esperanza: ¡*La invitación a que Dios se quede con nosotros*! Es lo que **Nouwen** denomina «la vida eucarística», donde no estamos nosotros esperando la invitación de Dios para nosotros entrar en "su vida", sino que lo invitamos a "Él" a que entre en nuestras vidas.

El acto de recordación en la cena.

Todos sabemos hoy en día lo que tenemos que hacer para invitar a JesuCristo a nuestra casa. Todos los días en innumerables templos del mundo, el Dios-Hombre regresa del cielo y se hace presente para que nosotros "abramos la boca" y lo invitemos a nuestra casa, nuestro templo. Dios no se "mete dentro de nosotros a la fuerza", sino que espera que "abramos la boca" y usemos nuestra lengua para ayudarlo a adentrarse. La Figura muestra ese mágico momento en esa casa de Emaús en el cual Jesús parte el pan y su esencia es revelada a los discípulos.[167]

---

[167] *juanjohombrebueno.wordpress.com.*

EL IMPULSO DE AMOR HACÍA EL PRÓJIMO

Invitar a un extraño a tu casa es seguir el impulso de amor al prójimo que tanto predicó Jesús en sus días de Galilea, especialmente el día que se subió a un alto monte y habló de la misericordia al necesitado. Fue una revolución el amor al prójimo que impulsó Jesús de Nazaret durante su vida terrena. Es una sencilla fórmula que si la cumplimos, nos conduce a un mundo más feliz, donde hay balance y la creación se transforma en el verdadero paraíso divino aquí en la Tierra.

El hombre se enferma al vivir un modo de vida que niega sistemáticamente el amor, por lo cual lo que Jesús vino a traer fue un regalo, no un mandamiento (Mt 22,34): «Amarás a Dios sobre todas las cosas y al prójimo como a ti mismo.»

Cuando Jesús nos enseñó a orar con el Padre Nuestro y nos entregó a María como nuestra Madre, nos transformó a todos los hombres en hermanos de la familia de Cristo. Esta simpleza de oración transforma toda la visión que se tiene del prójimo, invitándonos a amarlo de la forma como Dios lo hace con su Creación: ¡Respetuosa e incondicionalmente!

✓ Una fuerza es el impulso del amor como Amistad para lo social, que le permite al ser humano convivir "a distancia": en Comunidad. Metafóricamente, este impulso es similar a la fuerza de la gravedad pues, aunque se debilita según las distancias, su manifestación nunca desaparece porque su fuerza es infinita. Decía **Francis Bacón**: «Sin la amistad el mundo es un desierto.»

✓ La otra fuerza es el amor como Querer, que les permite a las personas vivir en la cercanía de lo íntimo, en Familia. Metafóricamente, su fuerza es similar al enlace nuclear, que al igual que la trinidad de partículas que forman el átomo: El protón, el neutrón y el electrón, este impulso es responsable de mantener unidos a la trinidad humana: El padre, la madre y los hijos.

De esa forma, cuando llegan a Emaús, los discípulos usan la fuerza de la gravedad para no dejar que se les escape de nuevo el Amor Creador y luego usan la fuerza atómica para meterlo en su "núcleo familiar", que era su casa. ¡Lo que demuestran con este acto es que despertaron!

DESPERTANDO AL AMOR

¡Despertemos!: Lo que necesitamos son amigos en quien descansar y confiar cuando estamos agobiados. Lo que requerimos es formar familia con quiénes vivir el presente y soñar el futuro. Para volar con ese amor, a veces hay que pasar por un arduo proceso de transformación, como la mariposa cuando sale del capullo, con la confianza de que existe un mundo que le acoge. Es un símbolo que refleja ese "dolor de parto" que acompaña al dejar salir a Dios que está dentro de uno y reconocerlo en los demás.

El amor nos conduce a la libertad, como lo hizo la amistad de Jesús.[168]

Estos conceptos los enseñó Jesús con sus palabras (Jn 15,14): «Vosotros sois mis amigos.» y acciones:

I. Por la amistad y lealtad para con su madre y sus amigos, Jesús realizó su primer milagro.

II. Por la amistad y lealtad para con un amigo y sus hermanas, Jesús realizó su último milagro.

III. Por la amistad y lealtad para con la humanidad entera Jesús, Dios Encarnado, sacrificó su vida bajo tortura infernal y amistad heroica.

---

[168] *www.pinterest.com/daniellestc/beautiful-butterflies; **www.fotolog.com/huellas.***

IV. Por la amistad y lealtad para con la humanidad toda, Jesús realizó el milagro de la Resurrección y se transformó en JesuCristo.

V. Por la amistad y lealtad para con la humanidad, JesuCristo resucitado hace su milagro de reconversión espiritual en Emaús, impidiendo que sus amigos se pierdan en la desilusión.

Daniel Goleman dice: «Primero viene la idea y de allí se origina el cambio.» De manera que si desde la idea del amor surgió la creación como consecuencia de transformar esa idea en realidad. La esencia del mensaje de Jesús es el amor en acción. ¡No se nace para odiar sino para amar!

Con esta invitación a pasar la noche en su casa, ahora es Cleofás quien nos enseña que a quien debe comenzar a movilizar un líder es a él mismo. Si seguimos sus enseñanzas y nos convertimos en la persona amorosa que los demás están buscando, veremos el progreso. Ese gesto amoroso será correspondido y reflejará la fuerza fundamental con que fuimos creados.

> 30. Y ESTO SUCEDIÓ. MIENTRAS ESTABA EN LA MESA CON ELLOS, TOMÓ EL PAN, PRONUNCIÓ LA BENDICIÓN, LO PARTIÓ Y SE LO DIO,

El relato continúa con los hechos derivados de la invitación: la Eucaristía. La reingeniería se pregunta: ¿Cómo fueron esos momentos juntos en la mesa compartiendo el pan? ¿Qué recuerdos debió haber despertado en Cleofás ese momento? ¿Cómo se debió haber sentido Cleofás cuando se da cuenta que también había abandona a su Maestro? ¿Cómo se abrió el cielo en el momento en que el forastero parte el pan? Responder a estas preguntas nos ayuda a comprender la potencia de la Eucaristía en nuestras vidas para recuperar la ilusión de la vida eterna.

LA VIDA EUCARÍSTICA

La esencia de la vida eucarística le presenta Lucas con los hechos de Jesús en la historia de la aparición a Emaús. Resulta pues increíble que Cleofás, un hombre tan cercano a Jesús y el otro discípulo, que estuvieron años con el nazareno, no pudieron reconocerlo sino hasta que compartieron la mesa y el pan con JesuCristo. Solo después de experimentar la palabra, las enseñanzas y pronunciar la bendición, es que podemos reconocer a Dios.

De esta forma al partir el pan, JesuCristo resucitado termina algo similar a lo que el experto en emociones **Daniel Goleman** denomina: "la reconfiguración del cerebro."[169] A partir de ese momento ya esos dos hombres no fueron los mismos que antes, recibieron un "*wake up call*" tan fuerte que cambió sus vidas para siempre, transformándose en hombres virtuosos y dejando atrás su cobardía.

Afortunadamente esta aparición del cuerpo de JesuCristo en la eucaristía nos da la libertad, pero a la vez el gran poder para estar con Dios. Es un cambio radical con el pasado judío, ya que ahora Jesús nos enseña que podemos estar con él cada vez que nos de la gana y no una vez al año en el Templo de Jerusalén, como vimos eran las enseñanzas de las autoridades judías a lo largo de este viaje con Dios. Una vez experimentado este reconocimiento, los discípulos no les queda otra que iniciar una "vida eucarística", como lo expresa el Padre **Henri Nouwen** en sus reflexiones sobre el camino de Emaús.[170] La Figura muestra la magnificencia de ese momento de compartir íntimamente con Dios.

La vida eucarística.[171]

---

[169] Goleman, Boyatzis & Mckee. *Primal leadership. HBS Press. 2005.*

[170] *Con el corazón en ascuas. Henri Nouwen. Editorial Sal Terrae. 1994.*

[171] *juanjohombrebueno.wordpress.com.*

Luego de que Cleofás experimenta la crudeza de la muerte de su amado y lo reconoce con la Eucaristía, en él y en nosotros hay un cambio en la percepción: «Jesús es Dios para nosotros, Dios con nosotros, Dios dentro de nosotros. Jesús es Dios entregándose por completo, derrochando su vida por nosotros sin ningún tipo de reserva... Comed... Debed... esto es mi cuerpo..., esta es mi sangre..., este soy yo que me entrego por vosotros... Dios no se guarda nada. Dios lo da todo.»

EL ESPÍRITU DE JESÚS

En el momento en que el forastero pronuncia la bendición, parte el pan y se los da a sus compañeros de viaje, su cuerpo desconocido es reconocido, pero desaparece. Por un instante, Cleofás experimenta con el canal de conexión entre lo terrenal y lo celestial. Se abre el cielo y el cuerpo desaparece, más el espíritu de Jesús pasa por medio de la Eucaristía al pan para poder alimentar a los caminantes hambrientos del amor de Dios.

La eucaristía es pues una forma de comunicarnos con el más allá. Para poder usarlo a menudo tenemos que comenzar por entender cómo funciona ese canal de comunicación entre la fuente originaria y nuestro espíritu. La clave está en la propia programación de diseño del canal, es decir ¿el alma de cada ser humano viene al mundo vacía o lo hace ya con un contenido preinstalado para conectarse con Dios?

Carl Gustav Jung, al profundizar en los niveles del alma humana, encontró que habita en nosotros un inconsciente colectivo distinto al personal. Eso es lo que Jesús nos intenta decir en su parábola sobre el grano de mostaza (Mc 4,1): «Dijo Jesús entonces: "¿A qué se parece el reino de Dios, y a qué lo asemejaré? Es como un grano de mostaza, el cual cogiendo un hombre, lo tiró en su huerto, y creció y llegó a ser un árbol grande, y los pájaros del cielo vivieron en sus ramas."» Esa pequeña semilla tiene todo el potencial transformador. Así lo hizo ese sencillo carpintero hebreo que fundó la institución más poderosa en la historia de la humanidad, así como en menor medida lo han hecho vidas virtuosas como las de **Nelson Mandela, San Ignacio de Loyola, Jackie Robinson, etc.**

Esa "inteligencia espiritual" puede crecer si se le alimenta adecuadamente con el amor creador, para enseñarla a escuchar la voz de Dios a través de la Palabra y la oración. Para eso es vital ser como esa "tierra fértil" donde la semilla puede germinar, regarla con la palabra y fertilizarla con la Eucaristía. El Creador desde **"siempre y a su manera"**, les ha hablado a los hombres y esa noche lo hizo con Cleofás a través del resucitado, así como previamente Jesús lo hacía a través del internet de Dios. La ciencia lo denomina como el "canal de la neuro-teología".

¿Cómo recibimos esa información y la procesamos? Necesariamente tenemos que usar al cuerpo para recibir esas señales que, por no provenir desde los centros de recepción de los órganos de los sentidos, se denominan como mensajes extra-sensoriales. Jesús en Getsemaní usó ese canal para tener una conversación íntima con su padre y nosotros podremos revivir esa película, teniendo a los evangelistas como los guionistas que nos relatan esa experiencia. La experiencia mística en sueños, vivencias y oración nos permite alimentar el espíritu del amor de Dios.

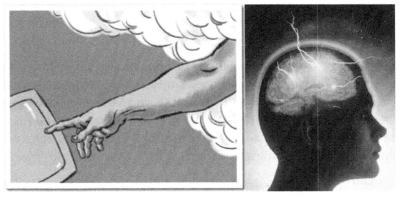

Dios.com @ Reino de los Cielos inserto en nuestro cerebro.[172]

Dios le dijo al Profeta (Ezequiel 36,25): «Esparciré sobre vosotros agua limpia y seréis purificados de todas vuestras impurezas, y de todos vuestros ídolos os limpiaré. Os daré un corazón nuevo y pondré un espíritu nuevo dentro de vosotros. Quitaré de vosotros el corazón de piedra y os daré un corazón de carne. Pondré dentro de vosotros mi espíritu y haré que andéis en mis estatutos y que guardéis mis preceptos y los pongáis por obra.» El ser humano se comunica con el cuerpo a través de las emociones y con el alma

---

[172] *http://www.senderoespiritual.com/wp-content/uploads/2010/01/image7.png.*

por medio de los sentimientos. La comunicación con Dios la hace por medio del espíritu, que es la esencia del Creador (Ezequiel 36,23): «Pero la hora viene y ahora es cuando los verdaderos adoradores adorarán al Padre en espíritu y en verdad, porque también el Padre tales adoradores busca que lo adoren.» Jesús nos anunció (Jn 10,27): «Mis ovejas oyen mi voz, y yo las conozco y me siguen.»

EL RECUERDO DE LA ÚLTIMA CENA

Solemos pensar en la última cena como un evento especial, donde Jesús se despide con alegría de sus amigos, **¡pero lo cierto es que esa noche fue todo un drama!**

Toda vida humana es un drama, una historia que se vive y que hay que vivirla. Los últimos momentos de Jesús con sus amigos están cargados de esas dramáticas emociones que traen una despedida. Esa noche, Jesús comparte su intimidad con sus discípulos, mediante palabras y gestos corporales cargados de simbolismos. Es un evento que sucede en el marco de la festividad primaveral hebrea, que ya tenía todo el significado del éxodo del pueblo esclavizado de Egipto, en una celebración que tenía milenios de tradición ritual.[173]

El drama de ese Jueves Santo se inicia luego de la resurrección de Lázaro, cuando Jesús les propuso a sus discípulos regresar a Judea, con el inminente peligro que conlleva la acción (Jn 11,7). Como el guión de una buena película, un momento mágico impactante tiene un preludio en el cual se van desenvolviendo los hechos, cuando sus discípulos le claman para que no vaya y Jesús les responde: "¿Quieres que mi valor flaquee? ¿Me aconsejas huir?" Tomás se envalentona (Jn 11,16): «Vayamos también nosotros a morir con Él.», lo que claramente no es secundado por otros como Judas Iscariote, lo cual activa sus pensamientos de traición.

Las emociones que acompañaron la despedida están ligadas con lo que pocos días antes había sucedido, cuando vitoreado por la multitud Jesús entra

---

[173] *El día antes se retira toda levadura de la casa en la que se va a celebrar la Cena Pascual, ya que la levadura simboliza a la malicia y la maldad.*

triunfante a Jerusalén, en el trascendental Domingo de Ramos. Para sus seguidores, ese acto de euforia con que inicia el drama, rápidamente cambiaría a miedo e incertidumbre, con las disputas con los fariseos. Esa noche Jesús dialogó de temas trascendentales con sus discípulos, en una conversación franca donde lo íntimo se hace público.

Siguiendo el ritual milenario hebreo, le anunció a sus íntimos que le tocaba ahora a Él ser ese cordero que se iba a sacrificar. Son palabras y hechos cargados de emoción, rodeadas de un misterio inentendible (Jn 16,16): «"Dentro de poco ya no me veréis, y dentro de otro poco me volveréis a ver." ¿A dónde va que no lo podremos ver? ¿Cuál es ese camino al que hay que seguirlo? Son palabras de intimidad (Jn 16,18): «En verdad, en verdad os digo que lloraréis y os lamentaréis, y el mundo se alegrará. Estaréis tristes, pero vuestra tristeza se convertirá en gozo... y vuestra alegría nadie os la podrá quitar.» Luego les presenta el misterio de la Eucaristía, donde el pan y el vino se transformarán en su cuerpo y su sangre. ¡inaudito!

Y de lo sublime de la comunión espiritual con el Creador, pasa a lo mundano de la traición del amigo íntimo. Cuando dijo estas palabras, Jesús se turbó en su interior y declaró: «En verdad, en verdad os digo que uno de vosotros me entregará. Los discípulos se miraban unos a otros, sin saber de quién hablaba.» Cuando la roca Pedro sale adelante a ofrecerse por Jesús, este le sale adelante mostrándole el golpe emocional del abandono: «¿Que darás tu vida por mí? En verdad, en verdad te digo: no cantará el gallo antes que tú me hayas negado tres veces."» El evangelista Mateo (26,31) narra que Jesús durante el camino hacia el Monte de los Olivos, después de la Última Cena, predice a sus discípulos que pronto iba a ocurrir lo que estaba anunciado (Zacarías 13,7): «Heriré al pastor y se dispersarán las ovejas del rebaño.»

La última cena del pintor Leonardo Da Vinci.[174]

EL "DEJA VU" DEL DRAMA DE LA TRAICIÓN

Es valioso hablar de la partida del pan en Emaús en el marco de lo que fue la traición de los amigos de Jesús en la última cena. Cleofás vivió de cerca esa traición de su compañero Iscariote y él mismo la replicó en menor escala al huir a Emaús y abandonar a su mujer. No han debido ser fáciles las emociones que vivió Cleofás al ver al forastero hacer un gesto que hasta ese momento representaba tanto dolor para el viejo tío. **¡Le debió de haber dado un "deja vu"!**

El vaso de emociones vividas por Jesús antes de llegar al huerto eran múltiples:

I.   Estuvo la tristeza por la muerte de un amigo y la consecuente alegría al verlo resucitado.

II. Luego está la decisión de acudir a su destino y enfrentar a las autoridades del Templo, en contra de los prudentes consejos de sus amigos.

---

[174] *es.wikipedia.org/.../La_Última_Cena.*

III.   Estuvo la euforia de la entrada victorioso en Jerusalén sobre su asno.

IV.   La íntima celebración de la cena pascual, con la despedida.

V.   Y finalmente el sabor de la traición de Judas, ya iniciada desde la misma última cena.

La traición de Judas Iscariote es el inicio de las "tramoyas del poder". Al fijarse el precio de la venta en treinta siclos, es un acto deliberado de desprecio de las autoridades judías hacia Jesús y sus amigos. Es transformar del rey de la libertad en un esclavo que podía transarse con dinero romano.

Es fácil esquivar la lanza, más no el puñal oculto.[175]

Ante el impacto de una traición, el doliente queda herido emocionalmente. ¿Quieres perdonar y no puedes? ¿Estás tentado de empezar a pagar con la misma moneda? Lo normal es que pensemos que somos tontos, desconfiamos y destruimos nuestras futuras relaciones humanas. Es el agravio a la amistad y a la sinceridad. Produce rabia en los traicionados y ganas de venganza.

---

[175] *www.biblegateway.com/passage.*

Jesús ya los había perdonado por anticipado cuando lo abandonaron y lo dejaron solo a merced de sus enemigos (Mt 26,30): «Heriré al pastor, y las ovejas del rebaño serán dispersadas. Pero después que haya resucitado, iré delante de vosotros a Galilea.» Ese perdón no es fácil. Sin embargo, en Getsemaní Jesús sabe que enfrentará solo su proceso y que no tendrá nadie para defenderlo, consolarlo y animarle a subirse a su cruz, menos aún tendrá a su lado a Cleofás, "lo más cercano que le quedaba a su padre terrenal".

El grado de expectación sobre el rol del Mesías no era el mismo entre todos los grupos judíos: Los saduceos vivían la experiencia mesiánica de forma poco entusiastas y muy alejados; Los celotes la vivían de una manera guerrera y con gran entusiasmo por acabar con el imperio romano; los esenios se entusiasmaban de una forma ética-mística; Los fariseos la vivían de todo corazón, pero con una idea política-espiritual.

Al final Judas cae en el abismo entre el ideal mesiánico promocionado por Jesús y los hechos de la realidad del país que eran insalvable. La contrapartida cuando el héroe no cumple con las expectativas esperadas es la regresión destructiva. ¡Por eso pensamos que Judas lo vendió por unas pocas monedas!

El liderazgo responsable implica esa capacidad para decepcionar a la gente, poniéndoles la realidad frente a sí, a una velocidad que puedan tolerar y absorber. En el caso de Jesús esa realidad fue muy fuerte y propició la traición. ¿Qué sucederá ahora cuando desaparezca en Emaús frente a los ojos de los caminantes convertidos?

31. Y EN ESE MOMENTO SE LES ABRIERON LOS OJOS Y LO RECONOCIERON. PERO YA HABÍA DESAPARECIDO.

Finalmente el misterio es revelado y Jesús deja de ser un forastero, ¡pero desaparece! La reingeniería se pregunta: ¿Por qué tenía que desaparecer? ¿Pasó eso mismo en otras de las apariciones? ¿A quién más se le abrieron los ojos? Responder a estas preguntas nos ayuda a comprender la potencia de la importancia del regalo de la libertad.

EL REGALO DE LA LIBERTAD

Un aspecto de vital importancia en la historia de Emaús es que después de finalmente los discípulos reconocen al Maestro al partir el pan, ¡JesuCristo desaparece!

Para nosotros los guías turísticos de este viaje, hombres de ciencia y gerencia, este extraño acto de desaparición despierta gran curiosidad y porque no, ¡de incredulidad! Nos ha tomado toda una vida empezar a comprender algo tan singular, pero trascendental aspecto de la historia.

Para nosotros, la clave para analizar la desaparición está en hacernos la pregunta ¿Qué hubiese pasado si no desaparece? Si JesuCristo resucitado no desaparece, si después de 40 días no asciende a los cielos, entonces en el mundo se habría acabado ¡nuestra libertad!

Si los seres humanos sabemos a ciencia cierta de que existe un Dios omnipotente, omnipresente y eterno, entonces nuestro paso por la Tierra es irrelevante e innecesario. Por el *Big Bang* sabemos que Dios existe desde hace billones de años atrás, por lo que nuestra cortísima vida terrenal de promedio 72 años, es relativamente apenas una gota en un océano de tiempo. Si no tuviésemos la libertad en ese período de obrar por nuestra cuenta, perderíamos el regalo más preciado que Dios nos da.

El siguiente poema historia ideado en conjunto con **Luisa Palacios** e inspirada en el Génesis, refleja la esencia de ese regalo divino: «El Octavo Día»

Y creó Dios al hombre y vio que todo era bueno.

El cielo y las estrellas, El día y las tinieblas, La tierra y los mares, Las plantas y animales,

Dios los creo con su bendición, Al quinto día de la creación.

El hogar de todos era el paraíso, vigilado y resguardado por el señor,

quien fue el misterioso constructor del infinito y eterno universo.

Cual cristal era el mundo existente, sus habitantes manejados por un jugador, ingeniando leyes de divino creador,

Ser todopoderoso y omnipotente.

El señor se sentó a observar, de su gran creación quería disfrutar, su obra intensamente deseaba vivir, en su ser todo ello anhelaba sentir.

Se sintió dueño y señor de la verdad, ya que El tenía la única capacidad de concretar lo que sólo se podía idear.

A través de la abstracción y lo etéreo, logrando el impensable deseo que sólo existe después de soñar.

De todo cuanto había creado, Amo y señor El se sintió. Se sintió y se maravilló.

Ante su infinito poder, de su capacidad de poseer,

poseer y de disponer, Dios se sintió perturbado.

Aunque amaba lo creado, todo lo ha creado, sentía que aún faltaba la gran pieza para encajar, le faltaba y la deseaba ¡y la deseaba!

Vio Dios cuanto había creado.

Contempló al universo por un tiempo prolongado, quizás siglos, quizás años, y es que el tiempo tiene esa sensación, es ilimitado y sin definición

Ni se cuenta, ni se siente, no deja marcas existentes. Así transcurría la vida en esa arena infinita de la cuarta dimensión.

Finalmente el propósito entendió para el cual este Edén ideó

Y al sexto día al hombre Dios creó a su imagen y semejanza,

Para que domine a las fieras, a los peces del mar, a las aves del cielo y a los reptiles de la tierra.

El hombre será creador de sueños, edificador de logros, tenaz, guerrero y pensador. ¡De la evolución maestro y señor!

De la naturaleza vencedor y para ello le dio la inteligencia para resolver fácilmente controversias, así la memoria, la astucia y reflexión, Y en fin, toda su capacidad de razón.

Le dio su pasión para reír y llorar, sentimientos para anhelar y sus deseos para triunfar o fracasar, ya que en el sentir está la llama que ilumina lo que todo ser reclama.

Dios hizo al hombre débil, porque en su debilidad está su grandeza,

y sobre ella se levanta, su sentido de compasión.

De humanidad y fortaleza, le dio mente para almacenar inteligencia, le dio alma para brindar su energía y poder sentir la felicidad y la desdicha.

Y vio Dios que al hombre le faltaba de su experiencia para vivir, para amar y sufrir, equivocarse necesitaba, para así encontrar el camino de su vida. ¡Lo más importante de todo!

Es que el señor comprendió que el hombre ante todo necesitaba:

Libertad para escoger; Libertad para decidir; Libertad para vivir; Libertad para ser hombre

De todo cuanto había creado, amo y señor El se sintió,

se sintió y se maravilló. Finalmente comprendió lo que el hombre requería: Libertad

¡Y le dio la libertad; Y le dio la libertad!

Luego de reflexionar sobre este vital aspecto de la historia de Emaús, la desaparición de JesuCristo luego de partir del pan, es esencial para mantener su promesa a la humanidad: Libertad para seguir o no el camino.

EL RETORNO DEL DIOS-HOMBRE

San Lucas describe que fue en Emaús donde ocurre la primera aparición del ahora Dios-Hombre. En su relato no indica que el resucitado se le haya aparecido primero a otras personas y de la forma como habla Cleofás, lo que sabía era que el cuerpo no estaba y que habían sido los ángeles fulgurantes los que habían anunciado que Jesús estaba vivo.

Sin embargo, los evangelistas Mateo y Marcos si afirman que las mujeres habían encontrado al resucitado. Los tres narradores coinciden que el cadáver no estaba en su lugar. Que el cuerpo había desaparecido. Ese es un hecho. En la primera aparición Magdalena pensaba que alguien se llevó el cuerpo muerto. La mujer no reconoce inicialmente a Jesús, lo que es consistente con esa característica experimentada por Cleofás y constante en algunas de las apariciones del ahora Dios-Hombre. No ser capaz de reconocer a Jesús fue algo que no solo le pasó a María Magdalena y Cleofás, sino también a los discípulos más adelante en Galilea mientras pescaban.

El mismo JesuCristo nos deja una clave para aprender a verlo. ¡Un regalo para todas las generaciones! «Jesús le dice: "María." Ella se vuelve y le dice en hebreo "Rabbuni", que quiere decir: "Maestro." Dícele Jesús: "No me toques, que todavía no he subido al Padre."» Aquí hay un dato científico difícil de interpretar. Jesús se le apareció a María Magdalena poco tiempo después de su resurrección, en la mañana de ese día y antes de subir al Padre. Ella, advertida, no lo puede tocar sino después que suba al Padre. Pareciera que solo entonces es cuando sí podrá ser tocado, tal como ocurrió en sus apariciones sucesivas a los Apóstoles en las que permitió e invitó a que lo tocaran: ¿Por qué? ¿Por qué tenía que subir primero y luego bajar para que lo puedan tocar?

Lo cierto es que al atardecer de aquel mismo día, el primero de la semana, estando cerradas las puertas del lugar donde se encontraban los discípulos, por miedo a los judíos, se presentó en medio de ellos (Jn 20,17): «Pedro vete donde mis hermanos y diles: Subo a mi Padre y vuestro Padre, a mi Dios y vuestro Dios.»

Jesús le hace saber a María Magdalena que su resurrección no es igual a la de Lázaro, o a la de la hija de Jairo, o al hijo de la viuda de Nahim. Es muy diferente por especial y única: Puede subir y bajar del cielo. Puede ver a Dios y a los Hombres. Pertenece a la vez a la Tierra y al Cielo. Por ello, el resucitado es un hombre con su dualidad humana, pero convertido en Dios. Algo así como un *quantum* de energía que oscila en cualquiera de sus dos fases y según su voluntad: Onda y materia, conocido como el cuerpo glorioso de JesuCristo resucitado.

La combinación materia onda del cuerpo glorioso.[176]

Los soldados que montaban guardia frente al sepulcro huyen porque vieron una potente energía salir de las profundidades de la Tierra, las autoridades tratan infructuosamente de renegar el hecho, pero no pueden tapar el sol con sus dedos. Los policías que persiguen a los testigos reciben la extraña visita del resucitado en el camino a Damasco. Las autoridades romanas quedan confundidas y los discípulos renovados en su esperanza y amor incondicional.

La resurrección de JesuCristo sigue siendo noticia de primera plana dos mil años después. Algunos pocos hebreos del momento se perdieron su chance de reaccionar al fenómeno del amor, que es capaz de transformar la materia inerte de un cadáver y transformarlo en energía controlada. Este fenómeno ocurrido en el Santo Sepulcro nos enseña que lo difícil no es la reflexión sobre lo que pasa, lo complicado es hacerla mientras se actúa antes de que sea tarde la respuesta. El período entre el estímulo y la respuesta se amplia a medida que el lider responsable es emocional y espiritualmente inteligente.

---

[176] *conocereisdeverdad.com/website/index.php?id=5930.*

32. ENTONCES SE DIJERON EL UNO AL OTRO: «¿NO SENTÍAMOS ARDER NUESTRO CORAZÓN CUANDO NOS HABLABA EN EL CAMINO Y NOS EXPLICABA LAS ESCRITURAS?»

En este último segmento de esta etapa se materializa finalmente el *wake up call* y ocurre la transformación simbolizada por el corazón ardiente. La reingeniería se pregunta: ¿Qué significa esa conclusión de los discípulos cuando se dicen algo "el uno al otro"? ¿Sabemos de alguien más al cual le ardió el corazón? ¿Por qué nos arde el corazón cuando entramos en presencia del Creador? ¿Existe algún requisito fundamental para completar este milagro de conversión? ¿Por qué las Escrituras deben ser explicadas? Responder a estas preguntas nos ayuda a comprender el impacto que significa estar cara a cara con el Creador del Universo.

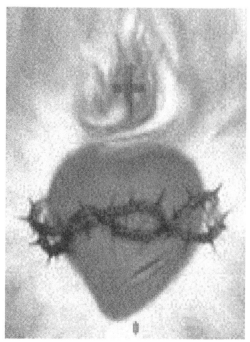

El corazón ardiendo en el pecho de los caminantes de Emaús

LA ESENCIA DEL VIAJE

Cuando se hace un viaje especial y asombroso, el viajero ya no puede seguir siendo la misma persona que era antes del viaje. No solo cambia su comportamiento en su día a día, sino que llega entusiasmado por compartir sus experiencias con otros. Usualmente se elabora un álbum y se muestran fotos a los demás. De esa forma el impacto del viaje trasciende al viajero y se convierte en efecto multiplicador.

Eso fue lo que le sucedió a Cleofás en Emaús, al evangelista Lucas y a los demás apóstoles luego de conocer a JesuCristo resucitado. Fue un final fenomenal a una experiencia de tres años mágicos, llenos de milagros y parábolas. Su viaje se hizo especial cuando se convencieron de que tenían a Dios con ellos y que él era el Mesías de Israel. Se hizo completamente asombroso cuando reconocieron a JesuCristo resucitado, lo vieron y palparon su cuerpo "glorioso".

De manera similar, luego de acompañar a estos caminantes en este viaje, no podemos dejar de asombrarnos ante las maravillas que presenciamos, así como el increíble mensaje de amor incondicional de Dios y Jesús por la humanidad. Este viaje nos impactó en lo más profundo de nuestro ser, despertando nuestra motivación por mostrarle lo que vimos a los demás, tal como sucedió con los discípulos que fueron a Emaús y luego de su encuentro con Jesús-Cristo, regresaron transformados.

Nos sentimos "bienaventurados" en poder transmitirle al futuro viajero lo que experimentamos y aprendimos en cada parada de este viaje, así como la forma como Dios y Jesús ejercieron su liderazgo para el beneficio y el crecimiento espiritual de la humanidad.

Con nuestro mayor esfuerzo aceptando las limitaciones, pero con la convicción de que es mejor intentarlo que el no hacerlo, esperamos que el este enfoque de reingeniería contribuya a que el mensaje de esperanza inserto dentro del viaje, contribuya en lo cotidiano de la vida familiar, laboral y comunitaria.[177]

---

[177] *http://iranzucra.blogspot.com/2011/05/el-amor-incondicional-del-padre-del.html.*

Antes de emprender un largo viaje de aventura, es lógico que los turistas hagan una primera exploración y en base a eso decidan regresar llenos de brío a conocer los detalles. Para los buenos conocedores, un autobús turístico *"Hop On – Hop Off"* no es muy apetecible, puesto que solo permite dar una pasada muy corta por los sitios maravillosos que se visitan. Sin embargo, usualmente cuando llegamos a una nueva ciudad, tomamos este autobús turístico para ver el "bosque completo", antes de decidir a cuáles "árboles" específicos visitar con mayor profundidad. Esa es la intención de esta esencia, que sería fenomenal completar con la colección "Viaje hacia Dios", donde es analizado a mayor detalle cada aspecto de la intervención del Creador en nuestro mundo.

La reingeniería en Emaús es apenas un abreboca algo superficial de los distintos temas. Conocer a Dios es algo tan maravilloso, que recomendamos ampliamente no quedarse con la corto de este pequeña historia de Lucas, sino que luego de ver el todo, le entren a la maravilla de los detalles, porque es allí donde se encuentra la verdadera magnificencia de la Creación.

Cuando Dios diseñó el agua como un elemento vital de nuestro mundo, le puso tanto énfasis a la grandiosidad del océano, como al fino detalle del copo de nieve. Esta esencia hace un "vuelo raso" del océano, con la esperanza que a los viajeros le arda el corazón y quieran invertir su tiempo para hacer el esfuerzo por explorar algún día el infinito mundo de nuestro Creador y enamorarse perdidamente de Jesús.

ELÍAS: EL PROFETA AL CUAL LE ARDIÓ EL CORAZÓN

Cuando Lucas nos relata el ardor de corazón que sintió Cleofás, nos conectamos de inmediato con el profeta Elías, quien en su carro de fuego visitó el hogar que Dios creó para la humanidad. Elías es un gran exponente de lo que significó este sentimiento, porque según el antiguo testamento de la Biblia Judea-Cristiana, fue el primer ser humano en subir a los cielos al ser llamado para estar con Dios.

Este profeta gozaba de una enorme popularidad en la época de Jesús. La Biblia relata que Elías un día fue llamado por Dios al monte Carmelo, que en la antigüedad estaba cubierto por viñedos y fue siempre famoso por su fertilidad. En la montaña, el profeta subió al cielo en un carro de fuego y la creencia indicaba que volvería de nuevo para abrirle camino al Mesías. Esas ideas estaban muy vivas en los tiempos de Jesús y cuando ocurrió su transfiguración el evangelista sitúa a Elías como testigo ante los hombres de que Jesús de Nazaret era el Mesías esperado por todos.

Al montarnos en el carro de fuego de Elías, podemos admirar el espectáculo que es la Creación de Dios y así sentir nuestro propio corazón arder al acercarnos a la potencia del Autor de esta maravilla. Cuando el ser humano tiene consciencia y observa la gran creación del mundo y de la vida, solo le queda dejar que arda su corazón, arrodillarse y adorar al Arquitecto que lo diseñó y creó.

El profeta Elías y su carro de fuego.[178]

---

[178] www.flickr.com

Para nuestra limitada humanidad, es imposible comprender este acto creador de algo tan extraordinario, así como inimaginable la omnipotencia del Creador. Ese "algo" que fue capaz de concebir el Universo es incognoscible y por tanto nosotros no alcanzaremos nunca a entenderlo en su complejidad, al igual que seguramente el pobre Cleofás no habrá comprendido la mitad de lo que el farastero le explicaba, porque era "lento" para entender.

Pero allí donde la mente sucumbe a la toda potencia, el corazón entonces ¡arde de emoción! El acto Creador tampoco puede medirse a cabalidad con ningún instrumento científico desarrollado por el hombre. Solo puede ser sentido y venerado al observar la Creación, que es lo que vieron cuando Jesús partió el pan e incineró sus almas.

EL AUTOR-CREADOR

El JesuCristo resucitado que sintieron estos caminantes parecía ser mucho más parecido al Padre que al Hijo que conocían. Para aproximarnos entonces a este Creador con algún vestigio de sentido común, nos conseguimos con las palabras de un Arzobispo de Canterbury: **San Anselmo**. «El Señor es algo tan grande que nada mayor puede ser concebido».

Históricamente, el Creador detenta innumerables títulos: Dios-Creador; la Causa Primera; El Enigma; La Razón inabarcable; El Absoluto; La Potencia; YWHE y Alá. Modernamente lo llaman el Divino Fundamento de Nuestro Ser (**Aldous Huxley**); La Alta Potencia (**Bill Wilson**); La Divina Chispa (**Ralph Waldo Emerson**); El Primer *Penseur* (**Oscar Palacios**). Como ninguno de esos títulos lo definen con satisfacción, el corazón lo llama Dios y el Espíritu Dios-Padre.

Admirando asombrado el espectáculo de la Creación y a su arquitecto.[179]

El esfuerzo por conocer enteramente a Dios es un acto de humildad, tal como lo indican dos grandes de la ciencia *Isaac Newton*: «Lo que sabemos es una gota. Lo que ignoramos un inmenso océano. La admirable disposición y armonía del universo, no ha podido sino salir del plan de un Ser omnisciente y omnipotente.» *Albert Einstein*: «Todo aquel que está seriamente comprometido con el cultivo de la ciencia, llega a convencerse de que en todas las leyes del Universo está manifiesto un espíritu infinitamente superior al hombre, y ante el cual, nosotros con nuestros poderes debemos sentirnos humildes. El hombre encuentra a Dios detrás de cada puerta que la ciencia logra abrir.»

Podemos acercarnos al origen de la Creación a través de lo sagrado, como lo hizo el hombre antiguo por medio de los mitos. La mayoría de esas culturas coinciden que el origen surgió cuando el dios de "Todas las Cosas", se alzó frente al Caos y puso orden, tal como lo estudió *Robert Graves*, para el caso de los griegos.[180] El hombre moderno ha intentado responder a esa angustia existencial del origen, a través de una poderosa explosión, dando así inicio a la materia, el tiempo y el espacio, ordenados por medio de un conjunto de leyes naturales estudiables. Sin embargo, como lo indica *Arnol Penzias*: «Si no tuviera otros datos que los primeros capítulos del Génesis, algunos de los Salmos y otros pasajes de las Escrituras, habría llegado

---

[179] *Flickr.com; Miguel Ángel Buonarrotti. Capilla Sixtina.*

[180] *Graves, Robert. Los Mitos Griegos.*

esencialmente a la misma conclusión en cuanto al origen del Universo, que la que nos aportan los científicos.»[181]

Es difícil amar lo que no se conoce. Dios, como la Causa Primera responsable de lo que existe físicamente, es desconocido e indemostrable para la ciencia. Los primeros pasos de esta visita corroboran los consejos de **Albert Einstein**: «Ciencia sin Religión está ciega y religión sin ciencia está coja.» Un ciego difícilmente hará que un cojo camine sin dificultad y un cojo menos podrá hacer ver a un ciego, pero juntos superan sus dificultades.

Cuando Cleofás se consiguió esa tarde al Creador frente a frente, desarrolló un liderazgo responsable enfrentando la realidad con humildad y no tratando de ocultar el sol con un dedo. Se quedó maravillado y agradecido por el regalo recibido y optó por contárselo a los demás. Cuando un líder se da cuenta que existe un ser superior imposible de comprender, entiende que él mismo es un ser limitado. La búsqueda de esa realidad, con la humildad de aceptar los resultados de su investigación, es una enseñanza que nos deja el Dios Creador al revelarse y hacer arder esos corazones maltrechos por el miedo y la desesperanza.

EL MILAGRO DE LA CONVERSIÓN

Cuando comenzamos esta visita hablábamos que ésta aparición representaba, desde el punto de vista del liderazgo, el equivalente a la resucitación de Lázaro. Cuando estos dos discípulos escuchan las enseñanzas de JesuCristo, lo invitan a su casa y comparten la mesa y el pan, resucitan en su liderazgo muerto y recobran su fortaleza perdida.

Reconocerlo en la eucaristía es hacer "arder nuestro corazón". Tal como sucede con el café recién colado, al pasar por el agua hirviente y dejarnos transformar, nos sube la "temperatura emocional" y recuperamos nuestras fuerzas y liderazgo para llevar el progreso a nuestra comunidad. Eso es lo que busca este viaje con Dios a ese lejano pueblo, que nosotros los turistas lo invitemos, lo reconozcamos y ¡*así nos arderá el corazón*!

---

[181] *Astrofísico Alemán Arnol Allan Penzias.*

Lo que es realmente esperanzador es que no tenemos que revivir el mismo vía crucis que vivió Jesús para recuperar nuestra energía vital. Él nos lo hizo todo mucho más fácil: Escucha, invita y reconócelo. Sin embargo, la lectura detallada de la historia de Emaús tiene un tesoro preciado que solo hemos podido descubrir con el tiempo.

Los discípulos son claros al decir que las Escrituras ¡fueron explicadas! Es decir, los caminantes aunque conocían las palabras y relatos, no habían podido comprenderlas para que sus corazones ardieran, porque no había sido suficiente la explicación. Esto nos refleja que la Palabra de Dios viva que nos regala la Biblia es algo que necesita ser explicada y eso requiere conversar con otros cristianos, con los líderes de nuestra Iglesia para asimilar poco a poco los tesoros escondidos de la Palabra. Por eso es tan valioso que en cada celebración eucarística el Sacerdote reflexione sobre el Evangelio y en cada encuentro de retiro espiritual, escuchemos el testimonio de nuestros Hermanos en Cristo.

ETAPA 4:
EL REGRESO

DE INMEDIATO SE LEVANTARON Y VOLVIERON A JERUSALÉN, DONDE ENCONTRARON REUNIDOS A LOS ONCE Y A LOS DE SU GRUPO. ESTOS LES DIJERON: «ES VERDAD. EL SEÑOR HA RESUCITADO Y SE HA APARECIDO A SIMÓN.» ELLOS, POR SU PARTE, CONTARON LO SUCEDIDO EN EL CAMINO Y CÓMO LO HABÍAN RECONOCIDO AL PARTIR EL PAN.

MIENTRAS ESTABAN HABLANDO DE TODO ESTO, JESÚS ESTUVO EN MEDIO DE ELLOS, Y LES DIJO: «PAZ A USTEDES.» QUEDARON ATÓNITOS Y ASUSTADOS, PENSANDO QUE VEÍAN ALGÚN ESPÍRITU, PERO ÉL LES DIJO: «¿POR QUÉ SE DESCONCIERTAN? ¿CÓMO SE LES OCURRE PENSAR ESO? MIREN MIS MANOS Y MIS PIES: SOY YO. TÓQUENME Y FÍJENSE BIEN QUE UN ESPÍRITU NO TIENE CARNE NI HUESOS COMO USTEDES VEN QUE YO TENGO.» Y DICHO ESTO LES MOSTRÓ LAS MANOS Y LOS PIES.

Y COMO NO ACABABAN DE CREERLO POR SU GRAN ALEGRÍA Y SEGUÍAN MARAVILLADOS, LES DIJO: «¿TIENEN AQUÍ ALGO QUE COMER?» ELLOS, ENTONCES, LE OFRECIERON UN PEDAZO DE PESCADO ASADO (Y UNA PORCIÓN DE MIEL); LO TOMÓ Y LO COMIÓ DELANTE ELLOS.

Una vez logrado el acto de conversión, pasamos a vivir el regreso de los caminantes con sus amigos. Es una etapa de gran emoción y alegría, donde la tristeza queda atrás y las emociones del camino se transforman del miedo al valor:

> 33. DE INMEDIATO SE LEVANTARON Y VOLVIERON A JERUSALÉN, DONDE ENCONTRARON REUNIDOS A LOS ONCE Y A LOS DE SU GRUPO.

En este primer segmento de esta etapa, los caminantes conversos se reúnen con sus amigos y comparten la buena nueva de la resurrección. La reingeniería se pregunta: ¿Cómo fue ese regreso? ¿Quiénes eran esos once? ¿Qué cambios produjo la noticia en esas personas? Responder a estas preguntas nos ayuda ver los resultados de la conversión en hechos concretos.

DE LA HUIDA AL REGRESO

Los que hemos estado estudiando el liderazgo por años sabemos lo difícil que es "hacer arder el corazón" de un hombre derrotado por la vida. Solo lograr reconfortarlo sería todo un éxito. La historia sería genial si termina diciéndonos que los dos discípulos se abrazaron y se fueron a acostar en su pueblo de Emaús, llenos de esperanza y alegría por saber que JesuCristo, su sobrino y maestro, había resucitado. Sin embargo, la historia de esta aparición nos sorprende una vez más y nos muestra una faceta aún más increíble para un viejo como Cleofás.

Para comprender la magnitud de la conversión lograda y la resurrección de liderazgo, debemos situarnos en Emaús esa noche dominguera hace dos mil años. El viejo Cleofás, en vez de quedarse allí tranquilo, bañarse, dormir y esperar a que se calmaran los peligros de Jerusalén, decide regresar de "inmediato". Es decir, que a pesar de que ya era de noche, de que estaban a 12 kilómetros de distancia, que tenían todo el día caminando, de que en Jerusalén estaban aquellos a quienes habían traicionado. A pesar de todo ello, de lo exhaustos que podían estar, el "despertar" fue tan potente que de inmediato regresaron.

Sería genial que algo similar nos sucediera a los turistas que hemos estado acompañando a los caminantes en la reingeniería de este viaje. Que luego de hacer esta maravillosa parada en Emaús, nosotros recuperáramos nuestras fuerzas y salgamos a transmitir el mensaje de Jesús por doquier. Que salgamos a la "vida real", con los peligros que yacen fuera de este viaje seguro virtual y que nos pongamos en marcha para transformar nuestro entorno, llevando la energía del amor por doquier. La Figura muestra la alegría y el coraje de esa victoria moral.

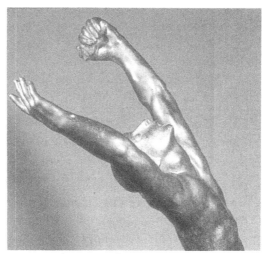

El coraje y la victoria moral.

QUIÉNES ERAN ESOS ONCE

Los logros de los seguidores de Cristo son sencillamente grandiosos. Luego de Pedro le siguen Andrés, el decano del cuerpo apostólico, que era originalmente discípulo de Juan el Bautista. Nunca fue protagonista pero estaba ahí, disponible y sin dudas o arrepentimiento y sin complicarse la vida en explicaciones teóricas. Siempre escuchando y meditando. Tuvo un final trágico: Fue muerto en Patras, en Acaya, a manos del gobernador Egeas. No se sabe la fecha de su muerte. Pero sí se sabe que fue crucificado en una cruz en forma de aspa. No lo clavaron sino que lo ataron con sogas para que el tormento durara más. Estuvo dos días enteros antes de expirar en la cruz. Durante esas horas trágicas, no dejó de proclamar el "sueño de Jesús" y, en forma convincente, la buena nueva de la salvación en el Reino del Cielo: «Tremendo error fue mi crucifixión. El mejor favor que se le puede hacer a una semilla: es enterrarla.»

Tomás el incrédulo era casado y con cuatro hijos. Cuando la persecución dispersó a los creyentes, fue a Chipre, a Creta, a la costa nor-africana y a Sicilia. Predicó la buena nueva del Reino y bautizó a los creyentes, hasta que fue arrestado por los agentes del gobierno romano y ejecutado en Malta: Murió atravesado por las flechas.

Felipe el curioso marchó a Escitia y luego a Hierápolis. Después de haber predicado veinte años, sufrido persecuciones y hecho numerosos milagros sus enemigos se apoderaron de él, lo azotaron y le crucificaron en Gerápolis. Su esposa permaneció al pie de la cruz alentándolo a que proclamara la buena nueva, incluso a sus asesinos. Fue apedreado estando en la cruz. Cuando él ya no tuvo fuerzas, ella siguió relatando la fe en Jesús. Sólo pudieron silenciarla los airados judíos, apedreándola a muerte.

Bartolomé, renombrado Natanael era un israelita veraz, transparente y sin doblez ni engaño. Jesús así se lo reconoce. Viajó a Mesopotamia y a la India, proclamando la buena nueva del reino hasta morir martirizado.

Otros fueron Matías, el sucesor del traidor; Santiago el mayor y el menor; Judas Tadeo y Simón el cananeo. La convicción de fe de estos grandes hombres nos sorprende aún hoy día. ¿Qué líder moderno no quisiera que sus procedimientos de trabajo no fuesen implementados por un equipo tan leal de seguidores?

Lo sucedido con estos grandes hombres y mujeres de los orígenes de la cristiandad es que al poner a la gente a enfrentar la dura realidad, es posible que quién ejerza el liderazgo termine siendo neutralizado, ignorado o incluso atacado. La etimología de la palabra liderazgo nos dice que en sus orígenes, liderar es "el que va delante y muere". Jesús fue el primero y los demás lo siguieron, hasta que lograron transformar gradualmente el paradigma imperante sobre Dios. Afortunadamente no murieron en vano, sino que su semilla germinó y ahora disfrutan de sus logros desde ¡el paraíso eterno!

34. ESTOS LES DIJERON: «ES VERDAD. EL SEÑOR HA RESUCITADO Y SE HA APARECIDO A SIMÓN.»

Este segundo segmento de esta etapa de regreso, los caminantes se enteran de que el resucitado también se ha aparecido en Jerusalén. La reingeniería se pregunta: ¿Cómo fue ese encuentro con sus amigos de regreso? ¿Qué pasó cuando el resucitado se le presentó a Simón? ¿Replicaron esos seguidores algunas de las propiedades del resucitado? Responder a estas preguntas nos ayuda a comprender las consecuencias de tener un encuentro cercano con Dios.

COMPARTIENDO CON NUESTRA COMUNIDAD

Es interesante analizar cómo termina esta historia de reconversión. Al regresar a Jerusalén, Cleofás y el otro discípulo no sintieron los rigores del camino, no perdieron su rumbo, sino que llegaron a donde sus amigos y familiares con la noticia, que de alguna forma ellos ya conocían, como se lo había dicho antes de partir.

Lo que nos invita pues esta aparición es a compartir la noticia de que JesuCristo vive, pese al peligro de la noche. Se acabaron las pérdidas y llegaron las alegrías. ¿Qué diferencia entre los "líderes muertos" que iban y los "líderes resucitados" que venían. Es la muerte que significa el Sábado y la vida que simboliza el Domingo.

En sus intervenciones evangelizadoras, **Francisco Alzuru** y **Pablo Sacheri** reflexionan sobre este momento y analizan las posibles emociones encontradas de Cleofás al conseguir a sus amigos. En vez de ser el "periodista" que trae la "primicia caliente", se encuentra que los demás ya lo saben. Esto podría ser un poco desmotivante para un hombre que quiere ser el centro de atracción y que egoístamente quiere llevarse el crédito.

Muchos políticos de la era moderna hacen lo imposible por ser los protagonistas de esta noticia. Sin embargo, en el nuevo liderazgo, Cleofás no se decepcionó por traer una noticia ya conocida por el grupo, sino que compartió en igualdad de condiciones la nueva vida de progreso que se les abría a todos con la resurrección. ¡Fue como un acto final sublime de humildad!

Ese es lo que esperamos que el hombre moderno del nuevo milenio pueda hacer. Aprovechar al máximo las maravillas de la Creación que Dios nos mostró en la primera visita de esta colección y que co-creemos con Él para hacer de este mundo un mejor lugar para vivir, para trabajar, para procrear. Sin embargo Jesús sabía que no sería fácil para los discípulos de antaño, como no lo es para el hombre moderno, "gritar a todo pulmón" la buena nueva: ¡JesuCristo ha resucitado y vive en nuestros corazones!

Como lo muestra la Figura, al proclamar ese mensaje nos conseguiremos mucha resistencia de nuestra propia comunidad, tal como se la consiguieron los Apóstoles hace dos milenios.

Llevando el mensaje a la multitud no es tarea fácil.

LA ROCA EN ACCIÓN

Uno de los que cambió por completo su comportamiento a partir de esta reconversión, fue nuestra venerada roca Pedro. Al cabo de poco tiempo de esta experiencia con el resucitado, realizó el primer milagro, curando a un paralítico en el nombre de Jesús en el pórtico de Salomón del Templo de Jerusalén. ¡Imaginemos como se sintió! Inmediatamente y en vista del prodigio, se convirtieron cinco mil personas más y pidieron el bautismo (Hechos 3 y 4):

I.   «Pedro y Juan subían al Templo para la oración de la hora nona. Había un hombre, tullido desde su nacimiento, al que llevaban y ponían todos los días junto a la puerta del Templo llamada Hermosa para que pidiera limosna a los que entraban en él. Este, al verlos entrar en el Templo, les pidió una limosna. Pedro fijó en él la mirada juntamente con Juan, y le dijo: "Míranos." El les miraba con fijeza esperando recibir algo de ellos.»

Resalta de esta primera parte de la historia el hecho de que a los discípulos les empezó a pasar lo mismo que a Jesús en sus días, los buscaban los más necesitados, los enfermos.

II.   «Pedro le dijo: "No tengo plata ni oro; pero lo que tengo, te doy: en nombre de Jesucristo, el Nazareno, ponte a andar."»

Al igual de Jesús en sus días de prédica, es a través de la energía de la palabra que se realizan los milagros. En este caso, San Pedro logra proyectar parte del regalo del Espíritu Santo que JesuCristo les deja, para que otros necesitados se beneficien.

III.   «Y tomándole de la mano derecha, le levantó. Al instante cobraron fuerza sus pies y tobillos, y de un salto se puso en pie y andaba. Entró con ellos en el Templo andando, saltando y alabando a Dios. Todo el pueblo le vio cómo andaba y alababa a Dios; le reconocían, pues él era el que pedía limosna sentado junto a la puerta Hermosa del Templo. Y se quedaron llenos de estupor y asombro por lo que había sucedido. Como él no soltaba a Pedro y a Juan, todo el pueblo, presa de estupor, corrió donde ellos al pórtico llamado de Salomón.»

Al igual de Jesús tuvo su iniciación mesiánica en el Templo de Jerusalén, este primer milagro del nuevo Papa cristiano sucede en las mismas entrañas del judaísmo hermético de la época. Es entonces de notar que el comportamiento de las autoridades fuese el mismo, tratando de aplacar el fenómeno que se esparcía por todos lados y que poco a poco les iba quitando su "monopolio del Señor".

IV.   «Pedro, al ver esto, se dirigió al pueblo: "Israelitas, ¿por qué os admiráis de esto, o por qué nos miráis fijamente, como si por nuestro poder o piedad hubiéramos hecho caminar a éste? El

Dios de Abraham, de Isaac y de Jacob, el Dios de nuestros padres, ha glorificado a su siervo Jesús, a quien vosotros entregasteis y de quien renegasteis ante Pilato, cuando éste estaba resuelto a ponerle en libertad. Vosotros renegasteis del Santo y del Justo, y pedisteis que se os hiciera gracia de un asesino, y matasteis al Jefe que lleva a la Vida.»

Resulta pues muy sorprendente que este mismo Pedro, días antes había negado asustado a Jesús y ahora, en la centro del poder hebreo, cuestiona las bases autoritarias de la misma forma como lo había su Maestro. Eso es liderazgo inspirador:

V.   «Pero Dios le resucitó de entre los muertos, y nosotros somos testigos de ello. Y por la fe en su nombre, este mismo nombre ha restablecido a éste que vosotros veis y conocéis; es, pues, la fe dada por su medio la que le ha restablecido totalmente ante todos vosotros.»

Pedro les recuerda su actitud pero luego los tranquiliza y los invita al arrepentimiento y reflexión:

VI.   «Ya sé yo, hermanos, que obrasteis por ignorancia, lo mismo que vuestros jefes. Pero Dios dio cumplimiento de este modo a lo que había anunciado por boca de todos los profetas: que su Cristo padecería. Arrepentíos, pues, y convertíos, para que vuestros pecados sean borrados, a fin de que del Señor venga el tiempo de la consolación y envíe al Cristo que os había sido destinado, a Jesús, a quien debe retener el cielo hasta el tiempo de la restauración universal, de que Dios habló por boca de sus santos profetas. Moisés efectivamente dijo: El Señor Dios os suscitará un profeta como yo de entre vuestros hermanos; escuchadle todo cuanto os diga. Todo el que no escuche a ese profeta, sea exterminado del pueblo. Y todos los profetas que desde Samuel y sus sucesores han hablado, anunciaron también estos días. Vosotros sois los hijos de los profetas y de la alianza que Dios estableció con vuestros padres al decir a Abraham: "En tu descendencia serán bendecidas todas las familias de la tierra". Para vosotros, en primer lugar, ha resucitado Dios a su Siervo y le ha enviado para bendeciros, apartándoos a cada uno de vuestras iniquidades.»

La actitud de las autoridades del Templo es similar a la que ya habían ofrecido a Jesús. Sin embargo, su capacidad de mantener a su "rebaño dentro de la cerca" estaba resquebrajada y ya los seguidores comenzaban a unirse en grandes masas a la nueva religión:

VII.   «Estábamos hablando al pueblo, cuando se presentaron los sacerdotes, el jefe de la guardia del Templo y los saduceos, molestos porque enseñábamos al pueblo y anunciábamos en la persona de Jesús la resurrección de los muertos. Les echaron mano y les pusieron bajo custodia hasta el día siguiente, pues había caído ya la tarde. Sin embargo, muchos de los que oyeron la Palabra creyeron; y el número de hombres llegó a unos 5.000. Al día siguiente se reunieron en Jerusalén sus jefes, ancianos y escribas, el Sumo Sacerdote Anás, Caifás, Jonatán, Alejandro y cuantos eran de la estirpe de sumos sacerdotes. Nos pusieron en medio y nos preguntaban: ¿Con qué poder o en nombre de quién habéis hecho vosotros eso? Entonces Pedro, lleno del Espíritu Santo, les dijo: Jefes del pueblo y ancianos, puesto que con motivo de la obra realizada en un enfermo somos hoy interrogados para saber por quién ha sido éste curado, sabed todos vosotros y todo el pueblo de Israel que ha sido por el nombre de Jesucristo, el Nazareno, a quien vosotros crucificasteis y a quien Dios resucitó de entre los muertos; por su nombre y no por ningún otro se presenta éste aquí sano delante de vosotros.»

LOS ONCE EN ACCIÓN

Pedro y los Apóstoles se enfrentaron ante las máximas autoridades de la época, que fueron los mismos que ordenaron la muerte de Jesús y se lo dijeron en su cara. Pasaron del temor mostrado por Cleofás antes del encuentro en Emaús, a la seguridad de estar haciendo lo que debían hacer. Las apariciones de JesuCristo los transformaron en hombres bien seguros de sus convicciones. ¿Qué los habrá cambiado para que su comportamiento sea tan firme?

VIII.   «De seguidas les dijimos: "Él es la piedra que vosotros, los constructores, habéis despreciado y que se ha convertido en piedra angular. Porque no hay bajo el cielo otro nombre dado a los hombres por el que nosotros podamos salvarnos." Viendo la valentía de Pedro y Juan, y sabiendo que eran hombres sin instrucción ni cultura, estaban las autoridades maravilladas. Reconocían, por una parte, que habían estado con Jesús; y al mismo tiempo veían de pie, junto a ellos, al hombre que había sido curado; de modo que no podían replicar.»

Al igual como experimentaron en sus días con Jesús en la Galilea, los milagros sirvieron como una especie de altavoz, para llamar la atención y generar credibilidad.

IX.   «Les mandaron salir fuera del Sanedrín y deliberaban entre ellos. Decían: "¿Qué haremos con estos hombres? Es evidente para todos los habitantes de Jerusalén, que ellos han realizado una señal manifiesta, y no podemos negarlo. Pero a fin de que esto no se divulgue más entre el pueblo, amenacémosles para que no hablen ya más a nadie en este nombre." Les llamaron y les mandaron que de ninguna manera hablasen o enseñasen en el nombre de Jesús. Mas Pedro y Juan les contestaron: "Juzgad si es justo delante de Dios obedeceros a vosotros más que a Dios."»

Luego de la resurrección de JesuCristo, los apóstoles se consiguieron con un inmenso dilema: ¿Le hacemos caso el Dios-Hombre, que ya no está aquí con nosotros y quien nos ha prometido recompensa en el más allá o le hacemos caso a nuestras autoridades humanas, quienes nos han prometido represión aquí mismo en el acá y el ahora?

X.   «Comenzaron las amenazas y no les hicimos caso, porque no podíamos silenciar su resurrección: "No podemos nosotros dejar de hablar de lo que hemos visto y oído." Ellos, después de haberles amenazado de nuevo, les soltaron, no hallando manera de castigarles, a causa del pueblo, porque todos glorificaban a Dios por lo que había ocurrido, pues el hombre en quien se había realizado esta señal de curación tenía más de cuarenta años. Una vez libres, vinieron a los suyos y les contaron todo lo que les habían dicho los sumos sacerdotes y ancianos.»

Es notable el cambio de actitud de los discípulos, ya que en los Hechos de los Apóstoles se hablaba de que (4,31): «Predicaban la Palabra de Dios con valentía.» y Pedro era el nuevo líder de esa fuerza evangelizadora.

Por sus convicciones, Pedro sufrió la misma "suerte" que Jesús, San Andrés y numerosos otros cristianos. De esa forma, la cruz no solo es símbolo de la muerte del Hombre-Dios, sino que es recordatorio de lo ocurrido con sus principales seguidores en el esfuerzo por llevar el mensaje de amor y el cuestionamiento de la hipocrecía de las autoridades de su época. Esta profesión de fe es quizás la más antigua de cuantas haya elaborado el cristianismo. Por mantenerla, murió azotado y crucificado en Roma, obteniendo como gracia serlo cabeza abajo como se muestra en la Figura. Su esposa murió el mismo día en que su ilustre marido entregó su vida. Ella fue arrojada a las bestias salvajes en la arena de Roma.

San Pedro crucificado cabeza abajo.[182]

---

[182] conocereisdeverdad.org.

35. ELLOS, POR SU PARTE, CONTARON LO SUCEDIDO EN EL CAMINO Y CÓMO LO HABÍAN RECONOCIDO AL PARTIR EL PAN.

Este segmento confirma la eucaristía como el hecho determinante del encuentro. La reingeniería se pregunta: ¿Cómo le habrán justificado los caminantes a los otros su incapacidad para reconocer que el forastero era Jesús? ¿Cuál fue la respuesta de los once cuando los caminantes le contaron cómo lo habían reconocido? Responder a estas preguntas nos ayuda a comprender lo que pasa en nosotros cuando reconocemos a Dios.

EL FORASTERO IRRECONOCIBLE

Los discípulos de Emaús tuvieron que explicarle a sus compañeros que no habían sido capaces de distinguir que el forastero que los acompañó era Jesús. Debieron de haberle argumentado a sus compañeros que sus enormes prejuicios habían causado en ellos el mismo efecto que le sucedía a los hebreos antiguos con todos aquellos que caían en miseria.

Cuando el ser humano se enfrenta a esta situación, suele responder de dos grandes formas: ¡huyendo o peleando! Cuando las cosas se pusieron difíciles, Cleofás salió corriendo cuando pudo. Cuando sus compatriotas fueron confrontados de sus hipocresías por Jesús, estos optaron por pelear y llevarlo al tribunal a la nefasta decisión de condenar al Cordero de Dios y transformarlo en un gusano asqueroso. Una sociedad obsesionada con los símbolos de la limpieza, que en vez de limpiar y cuidar a los que caían en desgracia, más bien los echaban hacia las afueras de las ciudades, hacia el desierto donde eran considerados carroña. Eso es lo que hacían con los que enfermaban, los que se contagiaban de lepra, o se les metía algún demonio.

Cuando Cleofás huye lo hace porque se siente como un enfermo que debe alejarse de la sociedad. Con la Eucaristía, Jesús lo limpia, le perdona sus pecados y le devuelve su dignidad.

Cuando las autoridades se enfrentaron a Jesús, el defensor de los miserables, lo querían convertir en piltrafa humana con la flagelación, echarlo de la ciudad y guindarlo como carroña en el Gólgota. Como estaban dominados por el Imperio Romano, necesitan la autoridad del Procurador, único con poder de sentenciar a muerte a un judío. En un intento por evitar lo inevitable, el infame Pilatos presenta a la muchedumbre un hombre destruido por los castigos de la flagelación ¡Qué mal aspecto el de Jesús! ¡Qué falta de respeto hacia su persona!

El juicio romano a Jesús.[183]

Dijo **Tácito** en sus "Anales" (XV,44) el historiador romano: «La burla y el desprecio se añadían a los sufrimientos de los que eran condenados a muerte.» Al final, lo que estuvo frente a Pilatos para su condena final, se simplifica con la vulgaridad de la frase: "*Ecce Homo*", como fue anunciado en las escrituras (Salmo 22,8): «Pero yo soy un gusano y no hombre, vergüenza de la gente, desprecio del público.»

La parodia de igualarlo a un "rey" a medio vestir, una capa roja de soldado romano, una corona de espinas sobre su cabeza y una caña como

---

[183] *Photography from the Passion of the Christ. Foreword by Mel Gibson. U.S.A. Icon Distribution. 2004.*

cetro. Así fue como se le hizo el juicio final al Hombre-Dios. No como un reo cualquiera, sino como una "Miseria Humana", mostrando con hechos los prejuicios de su corazón podrido.

Con la resurrección de JesuCristo y el avance que significó el mensaje de amor y caridad, hoy día hay pocos sitios en el mundo en donde no haya una institución cristiana, cuidando de los miserables que quedan en el mundo. Todo esto, guiados por el Dios-Hombre vivo que día a día orienta a su ejército de caridad, como el caso de las hermanitas organizadas por la **Madre Teresa de Calcuta**.

EL AMOR INCONDICIONAL DE LOS ONCE

Emaús es una forma alternativa de escuchar uno de los mensajes más poderosos del cristianismo: ¡La misericordia de Dios! Hay un paralelismo tremendo entre la huida de los caminantes y la parábola del Hijo Pródigo, donde a pesar de que Cleofás traiciona a sus amigos y huye, Jesús lo ayuda a regresar al amor de su comunidad.

Si bien Dios con su Creación nos deja su obra de amor, Jesús de Nazaret con sus palabras y su actuar en la Tierra nos deja su obra maestra de amor incondicional (Lc 15,1) «La Parábola del Hijo Pródigo» y el perdón del Cordero en la cruz. De esa forma, Dios no se olvida de los hombres, aunque nosotros nos olvidemos de Él. ¡El amor siempre hace retornar!, esta vez de Emaús a Jerusalén, donde estaba su nuevo "Papá Pedro".

Para profundizar en lo que significa esta parábola, vale la pena analizarla contemplando el último cuadro en vida del pintor holandés **Rembrandt**. Esta obra sobrecoge, porque su autor le muestra al espectador el drama de su vida y sus más íntimos sentimientos con su sincera, angustiada y atormentada búsqueda de Dios. En la parábola, el hijo, en medio de su desgraciada situación, recobró la sensatez y regresó "a la casa del Padre, su casa". En el centro del cuadro se observa el abrazo entre el padre y el hijo menor, representado con una luz cálida y amorosa que simboliza el gozo del reencuentro. En ese abrazo hay intimidad, acogida, cercanía, reconciliación y perdón. Contrasta con la actitud de indiferencia del hijo mayor con la luz fría y la oscuridad de la lejanía de los otros espectadores, que están casi que ausentes.

El Regreso del Hijo Pródigo. Museo del Hermitage. San Petersburgo. [184]

La Parábola parte por el hijo menor que pide su herencia, lo que es un hecho inaudito, hiriente y ofensivo. Es deshonrar y desear la muerte en vida, poniendo en peligro a la familia. La sabiduría del padre le indica que esa decisión puede llevarlo a una vida de libertinaje, sin embargo su amor incondicional le da la libertad.

La vida disoluta sin familia, dignidad y protección, más temprano que tarde, conduce a una vida infrahumana y lleva a la persona a la ruina moral y monetaria. Al caer en la degradación termina comiendo las "bellotas" de los cochinos. Para **Carl Jung**: «El ser humano es un animal religioso.» y ¡**Sin Dios se pasa hambre**! Y por eso es que era necesario buscar una salida a la situación de miseria que se vive estando alejado de Dios y decide regresar.

El Hijo Pródigo, convencido de que las cosas no pueden ser igual que antes, se presenta como un jornalero más, arrepentido y creyendo que el

---

[184] *Foto propia.*

amor del padre tiene condiciones, cómo que si fuera un amor justiciero. Para sorpresa de todos, el Padre le regresa su dignidad perdida devolviendo la túnica, su anillo y su vestido, abriéndole de nuevo corazón. El Maestro **Rembrandt** captura el momento con un tierno abrazo paterno y materno a la vez, celebrando el retorno.

La respuesta de compasión y perdón fue increíble para los testigos y tuvo su repercusión en el hermano mayor, quien queda cegado por su envidia. La acción del Padre ante la falta de compasión es igual de potente, mostrando que en el Reino de Dios no se actúa sobre la base de los cálculos terrenales. **¡Qué compasión! ¡Qué perdón! ¡Qué amor incondicional!**

De esta forma, la Parábola y el talento del pintor, nos muestra que este amor incondicional es la fuerza creadora del Universo, de la Tierra, de la vida, de cada uno de nosotros. Los hechos pintados por el Maestro pintor y relatados por el mismo evangelista Lucas, se repiten de forma impresionante con el abrazo de alegría que los once le dan a sus "discípulos pródigos." Pero eso solamente podía suceder si estos ya habían sido a su vez limpiados por Jesús al aparecérsele a los once momentos antes del reencuentro con los caminantes del Emaús.

Este último acto de reencuentro nos enseña que el liderazgo responsable entiende que cada situación es distinta y se debe responder de manera específica. Sin embargo, en cada respuesta hay un mismo propósito, que es la expresión del amor misericordioso.

36. MIENTRAS ESTABAN HABLANDO DE TODO ESTO, JESÚS ESTUVO EN MEDIO DE ELLOS (Y LES DIJO: «PAZ A USTEDES.»)

Este segmento relata un nuevo encuentro con el resucitado, pero esta vez ya sabiendo de quién se trataba el "forastero". La reingeniería se pregunta: ¿Cuándo Jesús les da la paz, qué pasa? ¿Cómo es que el resucitado puede estar "en medio de ellos"? Responder a estas preguntas nos ayuda a comprender la importancia del mensaje de paz que trae el cristianismo.

LA FUERZA PARA SEGUIR LIDERANDO

Afortunadamente, JesuCristo no dejó allí el asunto para Cleofás y los discípulos. Los siguió apoyando, fortaleciendo su renovado liderazgo con una herramienta fundamental: El Espíritu Santo.

La Figura muestra ese momento en que JesuCristo se les reaparece a los discípulos. En esa visita no les dio el "día libre" para celebrar, sino que les dejó un mandato de servicio y evangelización, que desde ese momento y hasta nuestros días ha guiado a la majestuosa Iglesia cristiana por dos "y pico" milenios. El Papa **Benedicto XVI**, en audiencia el 15 de abril de 2009, indica que este acontecimiento de interactuar con el cuerpo glorioso de JesuCristo resucitado, introdujo una nueva dimensión de vida en los testigos oculares y cambió la razón de su existencia.

Como lo demuestran los relatos evangélicos y los demás escritos del Nuevo Testamento, hubo una apertura de nuestro mundo hacia la vida eterna. Finalmente se abrió la puerta del cielo para que un pedazo santo de Dios se quedara por siempre en nuestro mundo, transformando para siempre nuestra historia humana.

El poder del Espíritu Santo.[185]

---

[185] *mensajes-de-dios.blogspot.com.*

UN MILAGRO QUE CAMINÓ 40 DÍAS

Según el evangelio de Lucas, las primeras apariciones de Jesús habían sido muy puntuales, mostrándose ante uno o dos mortales, lo que incluso puede dejarle dudas al testigo de la aparición de que lo sucedido podía ser una alucinación. Sin embargo, cuando ya el cuerpo glorioso es visto por una docena de personas simultáneamente, pues ya la evidencia del triunfo sobre la muerte es completa.

Médicamente la muerte física es irreversible al cruzar el umbral del "no retorno". Al ser cadáver ocurre la separación definitiva y para siempre del cuerpo con la sustancia que lo anima. Son leyes naturales férreas e inmutables. Hay personas "muertas" a las que es posible **revivirlos** mediante las técnicas modernas de resucitación, siempre y cuando, su cuerpo no haya cruzado el umbral y todavía no se es cadáver. Usualmente se logra con solo unos pocos minutos a partir de que el corazón deja de latir. Cuando se pasa esa ventana, es que el daño de las células es "**irreversible**" debido a la ausencia de oxígeno, lo que conlleva a su destrucción masiva.

Si las leyes son hechas por una "Inteligencia Superior", este es su diseñador y por tanto tiene la potestad de cambiarlas, por lo que la resurrección es una señal indiscutiblemente sobrenatural de un universo "teístico", y eso es lo que experimentan los once cuando Jesús les dice que la paz esté con ellos.

Si Jesús ya cadáver resucitó, constituye una señal indiscutiblemente sobrenatural y confirma que la vida transcurre dentro de un universo creado por Dios. Un milagro es la única posibilidad para un "hecho" así suceda. No hay otra posibilidad: !**Un milagro solo lo puede ejecutar Dios!** Es el poder de los hechos, previamente anunciado con las resucitaciones de la hija de Jairo, la viuda de Naim y de Lázaro, para que JesuCristo fuera reconocido, no como un engaño, sino como un hecho cierto.

La separación definitiva de lo terrenal y lo celestial. [186]

Si Jesús resucitó, tiene que ser con el mismo cuerpo, rostro y con las señales propias, previamente a su muerte. Debió tener el tamaño, forma y peso que definían su figura corporal humana. El Neurocirujano **William Penfield** indica que en el cerebro tenemos un "hombrecito".[187] Nuestro rostro es único e irrepetible, resultado final de lo genético con lo de afuera. El cerebro conoce cada cara por una infinidad de formas y expresiones particulares e individuales, para cada uno de los seres humanos. La cara, nos diferencia de los aproximadamente seis billones de rostros humanos que habitan en este momento en la Tierra.

---

[186] *www.escalofrio.com.*

[187] *PENFIELD, William. En RISQUEZ, Fernando. Diálogos con Médicos y pacientes. Caracas: Monte Ávila. 2004.*

Además, con las deformidades y marcas específicas que poseía su cuerpo, sean el producto del nacimiento (congénitas), así como las adquiridas durante su propia, personal y única vida humana y muy especialmente, las cicatrices y las secuelas definitivas que, sobre su cuerpo, produjeron las crueles torturas que le infringieron. De otra forma, Tomás no hubiese podido haber metido su dedo sobre las heridas de Jesús.

No solo los demás pudieron reconocerlo, sino que Jesús también reconoció a los suyos. Por ello, tuvo que hacerlo también y obligatoriamente, con su propia y única alma, plena de los recuerdos y memorias, que fueron el producto de todas las vivencias que experimentó con su cuerpo mientras estaba vivo. Todo esto que ocurre es para que la humanidad pueda progresar, de una época antigua donde dominaba la ley del talión del más fuerte, a una nueva condición después de Cristo, en el imperio del amor. La Resurrección logró eso, con lo que vemos que no hay una varita mágica cuando se trata de progresar en el futuro. Es un proceso balanceado de planificación e improvisación. A los seguidores hay que prepararlos poco a poco para que el cambio pueda ser sostenible, que fue lo que hizo el forastero camino a Emaús.

37. QUEDARON ATÓNITOS Y ASUSTADOS, PENSANDO QUE VEÍAN ALGÚN ESPÍRITU,

Este segmento relata la sorpresa del encuentro con lo supernatural, incluso a pesar de las evidencias anteriores. La reingeniería se pregunta: ¿Cómo era ese cuerpo de Jesús resucitado que les hizo pensar en que veían un espíritu? ¿Qué circulaba por sus arterias y venas? ¿Cómo es que estaba vivo? ¿Dónde dormía y se alojaba? ¿Cómo podía pasar a través de paredes y puertas cerradas? ¿Cómo podía aparecer y desaparecer? ¿Cómo ascendió y siguió vivo? Responder a estas preguntas nos ayuda a comprender lo incomprensible que es para el hombre lo que hay en el más allá.

EL CUERPO GLORIOSO

Los testigos indican que JesuCristo resucitado se apareció en cuerpo físico y no como fantasma, pero que "era como si lo fuese". Se trató de un cuerpo y no un espíritu, pero con propiedades físicas diferentes que hacían simbiosis entre lo material e inmaterial, razón por la cual aparece pero desaparece, es extraño pero luego reconocido, camina pero luego asciende.

Lo terrenal y lo celestial en simbiosis. [188]

Se trató pues de una evidencia de una vida superior. Un ser especial que conecta el mundo material con el celestial. Un puente entre dos mundos que nos ofrece un camino sin fin. Para la actitud científica es como un laberinto sin salida tratando de entender lo que pasó, es un camino de nunca acabar, que es la búsqueda de la verdad inalcanzable de Dios. Para las mentes científicas curiosas y obstinadas, eso queda claro. Seguiremos hurgando, levantando cada piedra, entrando en cada puerta, haciéndonos cada pregunta con el fin de adentrarnos un paso más por el bosque en la vía al Jardín del Edén.

---

[188] *www.asimagens.com.*

Conseguir respuestas a las preguntas de la reingeniería pareciera un "martirio intelectual", sin embargo, entramos en este laberinto con tranquilidad y paz, porque como peregrinos sabemos que en esta vida nunca llegaremos a encontrar la salida, pero eso no nos puede limitar en nuestro afán de servir a Dios y a nuestros hermanos. Para nosotros, eso significa poner una y otra vez nuestros limitados talentos en la exploración continua del camino de conocer un poco más a JesuCristo. Solo esperamos que el camino avanzado le sirva a las generaciones futuras a que sigan conociendo y enamorándose cada vez más de ese milagro que caminó por la Tierra hace dos mil años y que vive en nuestro corazón creyente.

Jesús repite el milagro de la resurrección en cada aparición. **¡Por ello decimos que era un milagro andante!** La clave para entender ese cuerpo está en la transfiguración (Mc 9,2): «Se transfiguró delante de ellos y sus vestidos se volvieron resplandecientes, muy blancos.» Es como si su cuerpo glorioso se escapó para siempre de las leyes de la Creación, pero a la vez mantenía su condición humana. Los testigos lo describen como dos cuerpos funcionando en forma paralela y armónica en una misma figura.

EL FINAL CONECTA CON EL PRINCIPIO

Para comprender lo que era el cuerpo glorioso de JesuCristo, final de la estadía del Hombre-Dios en la Tierra, es conveniente ir al inicio: ¡El Génesis!

En la Biblia llama "día" a esa energía con la cual la Palabra se transforma en algo visible y luego palpable. Resulta impensable que los gigantescos tamaños de las galaxias y el universo, provengan de los estas fascinantes partículas subatómicas. Fue a partir de una "onda" inteligente, que surge la "partícula de Dios" y a partir de allí el fotón como primer elemento de luz y luego las distintas partículas de materia:

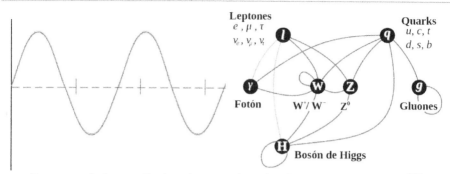

Esquema de las partículas elementales y las fuerzas que las unen.[189]

Los once apóstoles y los discípulos de Emaús pueden ver algo que se parecía a un espíritu, porque Jesús maneja "su energía" de forma tal que su onda inteligente se hace visible a los limitados ojos humanos. El término energía está relacionado con la capacidad para poner algo en movimiento[190]. Es el impulso que hace que la luz viaje a 300.000 Km/seg. Para tratar de comprender lo que es la luz, el físico neerlandés **Christian Huygens** propuso la teoría ondulatoria, como una sucesión de crestas y valles que se extienden en el espacio oscilando periódicamente, con una frecuencia, una amplitud y una rapidez.

A través del tiempo, notables físicos como **Newton, Planck, de Broglie** han desarrollado teorías y fórmulas para explicar el comportamiento de estas ondas energéticas, donde lo que los humanos experimentamos como luz o sonido son solo las longitudes capturables por los limitados sensores humanos, como el ojo y el oído. En el caso de la radiación energética emitida por el Sol, solo el 41% es a base de luz visible que "nosotros" podemos ver. Las ondas ultravioleta, rayos X y rayos gamma, poseen una longitud de onda mucho más corta y por ende contienen mayor energía, por lo cual al ser humano terminan siendo dañinos. La microondas y las ondas de radio poseen longitudes mayores que la luz visible, siendo imperceptibles al ser humano.

Toda la energía del Universo provino del *Big Bang*, que salió disparada en todas direcciones en incontables fotones, que son los componentes más

---

[189] wikipedia.org/wiki/Bosón_de_*Higgs*.

[190] *Del griego ἐνέργεια/energeia, actividad, operación; ἐνεργός/energos=fuerza de acción o fuerza trabajando.*

pequeños de la luz. Es sorprendente que de ello haya resultado un mundo tan hermoso y visualmente ordenado como el que disfrutamos. Es simplemente una evidencia mágica de que no estamos solos en esta Tierra y que hay allá arriba un creador omnipotente, que es energía vital pura e indestructible, que fue lo que les dio la paz ese hermoso día hace dos mil años. Todo ese fenómeno había comenzando desde un foco de energía con una temperatura indescriptible de cerca un trillón de grados. Esa energía es la que hace moverse a cada ser vivo del planeta, que luego se organiza en células y moléculas especiales que interactúan inteligente y libremente con lo creado. ¿De qué están hechas las moléculas? La respuesta es simple: del material que estructura a toda la Creación, ¡manejado a su antojo por el resucitado!

Ahora bien, ese "antojo" no es para fines destructivos, sino para traer la paz. Por ello, las palabras de paz de Jesús nos enseñan que el liderazgo para crear un progreso sostenible, es un arte en el manejo de la energía "positiva". De esa forma, un liderazgo responsable orienta la energía en la construcción de una solución, en la promoción de la paz. Ese manejo energético parte del punto inicial del propósito deseado, organizando las pequeñas fuerzas creadoras para construir algo maravilloso: **¡El cuerpo glorioso del Cristo, por donde no circulaba ya sangre, sino energía luminosa!**

38. PERO ÉL LES DIJO: «¿POR QUÉ SE DESCONCIERTAN? ¿CÓMO SE LES OCURRE PENSAR ESO?

Este segmento nos sorprende con la capacidad del resucitado de saber lo que piensan sus amigos. La reingeniería se pregunta: ¿Por qué el desconcierto de los once al verlo y escucharlo hablar de paz? ¿Hay coherencia entre el mensaje previo y posterior a la resurrección? ¿Hubo algún momento previo de desconcierto de los discípulos por el comportamiento de su Maestro? Responder a estas preguntas nos ayuda a conectarnos con nuestro Creador desde una posición de mayor certeza de su amor.

EL DESCONCIERTO DEL DESTINO DEL ALMA HUMANA

Cuando JesuCristo se les aparece a los once, estos se desconciertan porque es lo único que pueden hacer cuando ven a alguien que superó su destino. Ese desconcierto se traduce luego a sus respectivos destinos. ¿Resucitarán ellos también de la misma forma como lo hace ahora su Maestro?

Al igual que Jesús se enfrentó a su destino en el Gólgota y lo venció ese Domingo de Resurrección, nuestro fin es un problema que nos atañe a todos por igual porque algún día, sin excepción, ¡vamos a morir! Las experiencias recogidas respecto a la existencia de una vida después de esta vida son numerosas, remontándose desde tiempos ancestrales hasta la modernidad. La ciencia ha tenido múltiples reacciones al respecto, desde el que vive un cambio drástico hacia la Fe, como le pasó a los caminantes de Emaús, hasta el escéptico que creen que son un tipo de enfermedad.[191]

Los que han experimentado esas vivencias hablan en positivo del más allá, contando sobre un atractivo túnel que conduce hacia la paz, tal como se lo anunció Jesús. Menos del 3% de las vivencias sobrenaturales son descritas como negativas o desagradables. Muchos de los que han tenido una experiencia cercana a la muerte se han vuelto más espirituales. La mayoría, afirman haber dejado de temer a la muerte y comenzado a creer en la vida en el más allá.[192] Una pregunta lógica que surge de estas experiencias es ¿cómo siguió la vida en la tierra de las personas después de la "casi-muerte"? Las personas tienden a comprender mejor su rol en la Tierra y hacen correcciones en la continuación de su vida terrenal.

---

[191] HEIM, Albert. Omega: 3: 45. 1972.

[192] losenigmas.com.ar/losenigmas/ebm.htm.

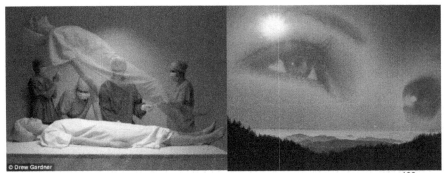

Experiencias cercanas a la muerte concientizan lo trascendente.[193]

La luz cálida al final del túnel la explican como "omnisciente" que todo lo perdona y que todo lo ama. ¿Será la luz de la transfiguración? (Jn 8,12): «Yo soy la luz del mundo; el que me siga no caminará en la oscuridad, sino que tendrá la luz de la vida.» Con nuestra muerte culmina nuestra capacidad de elegir: ¡no o si! Es el fin de la libertad humana, que es un regalo que Dios le dio al hombre. Finaliza nuestro dilema existencial de ser buenos o malos, de amar a los demás o a uno mismo. El objetivo único de una existencia terrenal animal es satisfacer al máximo las necesidades del cuerpo. No hace falta eso del "amor al prójimo", la compasión, la misericordia, la honradez, la dignidad, porque para poco son útiles en un mundo de feroz sobrevivencia. Si optamos por la decisión que nuestra alma trasciende y permanece "viva" en el otro Reino y en forma infinita, tenemos la opción de escoger el camino de JesuCristo. La ecuación es sencilla:

I.   Cielo = Amor a Dios y al prójimo = Bien y Verdad = Recompensa.

II.   Infierno = Amor a sí mismos y al mundo = Mal y falsedad = Castigo.

Los que escogen en segundo camino viven como si la Divinidad no existiese. Los que siguen la primera parte de la ecuación entienden que el destino final del alma humana es el que nos mostró Jesús con sus palabras de amor en la cruz y serán como aves que cuando muere el árbol en donde anidan tendrán vida propia y se reencontrarán con el Creador en la inmortalidad del Jardín del Edén.

---

[193] *Experiencias cercanas a la muerte de Steve Boggan.*

EL ROSTRO DE LA PAZ

Resulta difícil de comprender no solo el hecho milagroso de la resurrección, sino el comportamiento posterior del resucitado. Jesús no se les aparece a sus amigos con la expresión: ¡Lo logré!, que sería la actitud "humana" de alguien que ha triunfado sobre el poder de la muerte. En cambio, lo que ven los once es un individuo en paz consigo mismo, sin ganas de demostrar su potencia. Quizás la clave para comprender este comportamiento post-resurrección, es analizado los pensamientos pre-crucifixión, cuando el "cordero" estaba en pleno sacrificio en el altar del Gólgota. En la cruz Jesús mostró un alma limpia, reflejando paz incluso en esos momentos finales. Esa paz que muestra la figura computarizada sacada de las fotografías tridimensionales del testigo de la resurrección, la Sábana Santa de Turín, muestran un rostro de paz que refleja lo que representaba el amor incondicional de Dios hacia los hombres. En esos momentos de apremio Jesús:

El hombre de La Sábana Santa muestra paz.[194]

---

[194] postpoliomexico.org/CPK/cont3.gif

I.   Siguió el guion de sacrificio pascual.

II.   Se puso un traje de pundonor ante la vergüenza de la desnudez.

III. Se ocupó de que sus seres queridos no quedaran en situación precaria, sino que los protegió a futuro.

IV.   Se preocupó por salvar nuevas almas que sufrían.

V.   Mostró a la humanidad el poder salvador del Perdón.

VI.   Se abrazó al grito de alegría por ir a reunirse con el Creador.

Luego de estudiar los temas de la muerte y la vida después de la vida, como conclusión de lo que podemos interpretar del mensaje dejado por Jesús en sus días de enseñanzas en Galilea, esa alma: ¿comparecerá delante de Dios y será juzgada? Si todo fue hecho de acuerdo a los mandamientos de Dios, ¡pues no tendrá otra cosa que reflejar que la paz a su regreso a la Tierra!

EL DESCONCIERTO DE LOS DISCÍPULOS EN LA CASA DE DIOS

Jesús hizo en sus días de prédica muchas cosas que causaban sorpresa, asombro y alabanza. Sin embargo, hay un episodio que causó mucho desconcierto que vale la pena analizarlo en este momento del viaje a Emaús: el día en que con un látigo mostró su indignación ante los mercaderes del Templo. Dice Jacobo Borges: «Después de un tiempo uno aprende la sutil diferencia entre sostener una mano y encadenar un alma.» Para Jesús-Mesías aceptar lo que pasaba en el Templo sería a costa de su alma, de su espíritu, de su esencia. Existe un punto en que la tolerancia ya no es una virtud valiosa y debe tener un límite. Para **Mahatma Gandhi**: «En cuanto alguien comprende que obedecer leyes injustas es contrario a su dignidad como ser humano, ninguna tiranía puede dominarle.»

En este último acto de iniciación mesiánica Jesús no se intimidó ante el poder avasallante. En vez de ser un prisionero más de las cadenas del miedo y la sumisión cual esclavo sin derechos o subalterno incondicional, actuó a sabiendas de que habrá una reacción por parte de las autoridades y gran desconcierto por sus contemporáneos. Aún así Jesús se dispuso a reordenar la Casa de su Padre!

La manera que tenía para ser ético era ejecutar lo correcto y lo hizo mediante la indignación manifestada en sus palabras y actitud. Lo hizo a través del grito simbólico del látigo: ¡Eso era lo auténtico! No es fácil hacer lo correcto aunque las razones sean las correctas. Para **Edmund Burke**: «Todo lo necesario para el triunfo del mal, es que los hombres del bien no hagan nada»: ¿Cuántas veces no sucumbimos ante medidas injustas, solo por no tener la valentía para luchar por lo correcto?

Jesús, investido con la autoridad que le otorgaba el hecho de ser el Mesías de Israel, ejecutó lo que hizo con el enojo reflejado en su humanidad, pero sin la cólera que ofusca a la mente y enfurece al corazón. Demostró en su actuación una enorme "inteligencia emocional", porque expresó el sentimiento adecuado, dejando que saliera un poco de "vapor de la olla de agua hirviendo", sin pegarle a nadie ni perder la compostura. La ira que movió a Jesús fue la "justa indignación", que aparece al no conformarse el ser humano con una realidad que lo aplasta, tanto a él como a los demás. ¡Ya basta!, pero pocos lo comprendieron y quedaron desconcertados ante la inaudita "violencia" del príncipe de la paz.

La problemática radica que ante la injusticia y la tiranía muchas personas se doblegan y esconden su alma; otras no comprenden que tienen el alma encadenada; otras protestan y se quejan pero carecen del valor necesario para rebelarse; otras lo hacen con violencia, causando odio y dolor. Es obra de misericordia suprema despertar al dormido y sacudir al parado. Sus congéneres estaban en la actitud de "servidumbre voluntaria".

Así como Jesús rechazó durante su vida a la violencia, también lo hizo con la sumisión. Simplemente se debe decir que ¡NO! En esa palabra yace la libertad y eso fue lo que hizo en el Templo de Jerusalén durante ese memorable día. Fue un "escándalo" para los presentes, no solo el hecho de la acción física de Jesús sino el que acercara tanto a Dios a los hombres cuando lo llamó Abba o Papá: Con esas sencillas y humanas palabras, Jesús desacralizó y familiarizó la relación del hombre con el Creador. La blasfemia era evidente para los corazones cerrados de los que se vieron afectados con la revolución.

Lo que Jesús les exigió es que de ahí en adelante el Templo fuera un lugar de oración, amor, confianza y afecto, porque el Templo (y de ahí en adelante en todo templo o casa de oración) es una casa amorosa de un Padre que acoge y conversa de manera íntima y personal con cada quien.

Si bien su actuación fue desconcertante para muchos, volteando mesas, regando dinero y liberando palomas, su acción nos enseña que el pensamiento grupal mal manejado nubla las individualidades, haciendo que la masa actúe menos inteligente que cada uno de sus miembros. Ante esa miopía popular, el liderazgo responsable debe expresar su justa indignación y reaccionar controladamente para cambiar la situación.

LA RAÍZ DEL DESCONCIERTO

Para comprender mejor la raíz del desconcierto causado ese día, es conveniente estudiar como el pueblo hebreo tenía un respeto y honor por la dignidad del Templo de Jerusalén, que excedían en sobremanera a su magnificencia arquitectónica. Lo admiraban, con justo título, como el lugar más sagrado de todo el Planeta, por ser el Templo la residencia de Dios en la Tierra y su habitación era el *Santa Sanctorum*!

La historia del Templo nace desde el mismísimo tiempo de Moisés, cuando Dios se manifestó a los hebreos y les ofreció los Mandamientos, el pueblo comenzó a crear éste concepto de Templo. En la época del desierto se trataba del "Altar de Tierra" y dado que eran nómadas, el santuario también tenía que ser móvil para que Dios los acompañase a donde fuesen: el **Tabernáculo.**[195]

Este templo móvil tenía algunos elementos que vale la pena describir: El altar de bronce, el lavatorio, el centro del tabernáculo, la mesa de los panes, el altar de incienso, el candelero, el *Sancta Santorum* y el Arca de la Alianza. Cada elemento tenía su simbología y rito y Según el Éxodo (25,22), Moisés era el único que podía entrar libremente en el tabernáculo, porque Dios allí hablaba con él y le daba instrucciones para el pueblo. Una vez en la Tierra Prometida se procedió a construirle a Dios una edificación definitiva. Al llegar a la Tierra Prometida la tienda móvil fue sustituida por un Templo. El primero

---

[195] *Tabernáculo proviene de la palabra en latín tabernaculum, que quiere decir tienda. Tabernaculum es diminutivo de taberna que significa cabaña.*

fue edificado por el rey Salomón con la ayuda de Hiram (el rey de Tiro), un milenio antes de Cristo. Hoy día no queda ningún rastro de ese Templo, que fue destruido con en la época del destierro a Babilonia.

La Morada de Dios en la Tierra.[196]

El Templo del rey Salomón fue reedificado por Zorobabel en el mismo sitio del anterior, a la vuelta del cautiverio de Babilonia. El rey Herodes, el Grande lo amplió al duplicar la extensión del Templo antiguo, que fue lo que conoció Jesús de Nazaret. Era la más grande obra arquitectónica y de ingeniería de aquella época. Nada en toda Palestina podía compararse con el Templo de Jerusalén. Estaba recubierto con espesas placas de oro y un mármol tan blanco, que brillaban refulgentes al sol y despertaba la admiración de la gente (Mc 13,1): «Maestro, ¡mira que piedras y que edificios!» El Templo que vio Jesús tenía una gran explanada donde estaban los mercaderes, unos pórticos de entrada, el atrio de los gentiles y el centro del Templo donde se hacían los sacrificios y se "comunicaban con Dios."

---

[196] en.wikipedia.org/wiki/Temple_in_Jerusalem.

«Ningún extranjero podrá entrar en el recinto que rodean la zona del templo. El que sea capturado será reo de muerte.» Por eso era tan importante destruir conceptualmente el interior del Templo y hacer que Dios fuese accesible a todos los gentiles de la Tierra, ya que en el interior del Templo, **¡Dios estaba secuestrado!** Los gentiles solo podían acceder a una vista lejana, las mujeres hebreas a algo, los hombres maduros a un poquito más, los sacerdotes algo más y el Sumo Sacerdote de cerca y una sola vez al año. Dios era inaccesible a causa de sucesivas barreras hasta llegar a la final, el infranqueable Velo, que nadie se atrevía a cuestionar y menos a violentar.

El secuestro de Dios en el Templo nos enseña que como los patrones negativos aprendidos en nuestra infancia nos limitan ser la persona que podemos ser. Romper con esas creencias requiere del coraje para enfrentar el status quo, que defiende como autómata lo que limita el progreso del amor fraternal. Uando Jesús enfrenta esa situación, causa ese gran desconcierto entre sus amigos, al igual como lo genera ahora que resucita de entre los muertos.

LOS SACRIFICIOS DEL TEMPLO

En todas las culturas primitivas el hombre ofreció a sus dioses algo suyo, como un símbolo de sumisión y una forma de pedir ayuda o perdón. Se trata de las ofrendas hechas en forma de oraciones, cánticos, perfumes, vino, productos del campo que se queman y hasta sacrificios sangrientos de seres vivos sean de animales, aves e incluso de seres humanos.

Para los hebreos en la época de Jesús los sacrificios no consistían en dar o perder algo, sino que era la mejor forma que creían para estar cerca de YHWH y por eso eran expresión objetiva de un profundo sentimiento religioso. La Figura muestra como debió ser el evento en las primeras comunidades hebreas.

Sacrificios hebreos a Dios.[197]

El concepto es totalmente diferente a la idea moderna de este acto, simbolizada por palabra en español "sacrificio", porque denota que se pierde o se renuncia a algo. Para los israelitas acercarse a YHWH hay que hacerlo con sangre (Levítico 16,3) Se aceptaban varios tipos de animales como ofrendas de pecado, dependiendo según la posición social de la persona en la comunidad: Los sacerdotes traían un buey; El gobernante un cordero; Un feligrés traía una oveja y el que tenía menos una paloma.

Es conocido que todo tipo de culto provoca rápidamente la aparición del negocio, lo que resulta muy natural e incluso hasta necesario. Cuando los feligreses van a los lugares santos, sea cual sea, requieren de hoteles, transportes, comidas, ofrendas y algunos recuerdos para llevar. Ese "comercio de santería" puede causar distancia entre el peregrino y Dios, por la facilidad de caer en la hipocresía y el chantaje. Eso ocurría con el enorme mercado que rodeaba al Templo en la época de Jesús, lo que transformó al dinero en la deidad imperante y a los "trabajadores de la religión" en más ricos según la severidad del pecado a limpiar con el sacrificio.

---

[197] *mmorales-personal.blogspot.com.*

Como todo ritual religioso, existían un conjunto de pasos a realizarse en el proceso de sacrificar un animal en el Templo de Jerusalén, de forma que si entráramos hoy día en el Templo se nos asemejaría a matadero y a un mercado libre y no a una casa de oración y alabanza. Un lugar inmundo y nauseabundo, con la gritería ensordecedora de animales degollados, sacerdotes mugrientos, cenizas del fuego eterno del altar, todo al ritmo de las monedas. Ese era el ambiente que rodeaba la instrucción religiosa de la época, más parecido a un centro comercial que un lugar de aprendizaje.

Para la cultura de la época, la manera de estar lo más cerca humanamente posible de Dios, era si la persona tenía mucho dinero, era un varón hebreo de Judá y si estaba sana. Los samaritanos estaban excluidos y los peregrinos eran extorsionados por sus propios líderes, comprando con el dinero su salvación. Lo que es así no tiene por qué seguir siéndolo, por ello Jesús irrumpe con un látigo en ese "nido de serpientes".

Esto nos permite concluir que las personas se desconciertan cuando lo logran comprender la realidad oculta tras nuestros hábitos y creencias. La irrupción de Jesús en el templo muestra como la realidad es algo muchas veces compleja de ver, porque cada quien lo hace con su propio cristal. Si además, ese cristal tiene intereses particulares, es muy probable que se ensucie y no permita ver con claridad lo que otros ven de la realidad.

LA LLEGADA DEL MESÍAS AL TEMPLO

Cada hombre sigue el camino que antes imaginó. Por los evangelios sabemos que Jesús ya había visitado el Templo anteriormente, por lo cual sabía lo que allí acontecía. No se sorprendió al entrar y ver la algarabía. Cuando decide entrar y tumbar las mesas de los mercaderes, sabía exactamente lo que venía hacer, desde sus días de preparación en el desierto, completando así el hecho de iniciación mesiánica que a nuestro parecer es más significativo para explicar los sucesos que lo llevaron a la cruz con su tormentoso sufrimiento.

El acto insólito de revolución no podía pasar desapercibido y sin castigo por los secuestradores de Dios. Debió tener mucha adrenalina los momentos expectantes antes de la avanzada a Jerusalén.

El salto revolucionario en Jerusalén.[198]

Los Profetas habían "profetizado" las señales que anuncian el inicio de la era Mesiánica:

I.   (Malaquías 3,1): ¡He aquí que viene! ¿Quién podrá resistir el día de su venida? ¿Quién podrá mantenerse en pie cuando Él se manifieste? Porque Él es como fuego purificador.»

II. (Jeremías 7,20): «Miren que mi ira y mi furor se van a derramar sobre este lugar, sobre los hombres y los animales.»

III. (Zacarías 14,21): «Y ya no habrá más comerciantes en la Casa de Yahvé el día aquel.»

La irrupción de Dios en la historia tiene que producir un profundo cambio en la Humanidad. Tal inicio ocurrió históricamente con la llegada de Jesús de Nazaret al Templo de Jerusalén y no lo hizo con las manos vacías, ¡sino con un látigo en la mano!, tal como el evangelista lo reseña (Jn 2,17): «Y

---

encontró en el Templo a los vendedores de bueyes, ovejas y palomas, y a los cambistas en sus puestos.»

Los sacerdotes que controlaban el Templo fungían de intermediarios entre Dios y las personas. Un intermediario, es el que controla el acceso a los lugares importantes. Si se trata de un lugar sagrado adquiere el mayor poder que ser humano alguno pueda aspirar, porque detenta la capacidad para facilitar o impedir la relación de los hombres con el Creador. Estos sacerdotes separaron a Dios de los hombres al establecer diferencias entre los judíos y los extranjeros; entre los hombres y las mujeres; entre los sanos y los no sanos; entre los ricos y los pobres; entre los privilegiados y los marginados. No solo excluyeron a Dios del pueblo judío, sino que además pretendían quitárselo a los otros pueblos al prohibirles el acceso al interior del Templo. **¡Si Jesús es el Hijo de Dios todo ello tenía que cambiar!**

Jesús no entró para curar un alma perdida, sino para combatir un dios enemigo que se había enraizado en el corazón de su pueblo y en la casa de su Padre. **Stephen Covey** dice: «Empezar con un fin en mente significa comenzar con una clara comprensión de su destino. Significa saber a dónde se está yendo, de modo que se pueda comprender mejor dónde se está, y dar siempre los pasos adecuados en la dirección correcta».

Estos sucesos desconcertantes nos muestran entonces como un liderazgo responsable debe jurarle la eterna hostilidad a toda forma de tiranía de la mente y del corazón del hombre. Estamos llamados a no ser complaciente cuando algo valioso es dejado a un lado, sino que debemos reaccionar para llamar la atención del grupo en la búsqueda de hacerlos cambiar y así revalorar lo que habían olvidado.

39. MIREN MIS MANOS Y MIS PIES: SOY YO. TÓQUENME Y FÍJENSE BIEN QUE UN ESPÍRITU NO TIENE CARNE NI HUESOS COMO USTEDES VEN QUE YO TENGO.»

El relato continua con Jesús tranquilizando a sus amigos al permitirle interactuar con su cuerpo. La reingeniería se pregunta: ¿Cómo se transformó eso que veían y que parecía un espíritu en algo de "carne y hueso"? ¿Esperaban los humanos que Dios se hiciera carne? ¿Qué implica que un Dios se haya encarnado después de resucitar? Responder a estas preguntas nos ayuda a conectar al Hombre-Dios, que era Jesús de Nazaret, con el Dios-Hombre, que era el Jesús el Cristo.

LAS PARTÍCULAS DE LA "CARNE Y EL HUESO"

Cuando Jesús se les aparece a los once les pide que verifiquen que su cuerpo está hecho de algo material y no espiritual. De esa forma, el ahora Dios-Hombre repite el fenómeno de la Creación, haciendo que a partir de la luz surja la materia.

Nosotros los humanos somos en esencia íntima: materia energizada. El interés por descubrir la constitución interna de la materia se remonta hasta los filósofos griegos. Se tratan de los primeros que creyeron en una organización interna de la materia cuando se preguntaron ¿de qué están hechas las cosas?

Leucipo y *Demócrito* postularon una estructura basada en la existencia de los átomos o "*sin partes*". En el siglo XIX *John Dalton*, plantea la teoría atómica moderna, indicando que los átomos de un elemento eran iguales entre sí y diferentes de los átomos de los demás elementos. Estos átomos luego se unen entre sí para formar los compuestos químicos de la Creación y los organismos de todos los seres vivos, incluyéndonos.

Con la ayuda de *Thomson*, *Goldstein* y *Rutherford* y otro, la ciencia moderna ha podido entrar dentro del átomo, descubriendo partículas subatómicas más pequeñas, como los quarks que conforman los protones y neutrones del núcleo y los leptones como el electrón, que son las partículas giran a su alrededor, como si fueran un sistema solar en miniatura.[199]

---

[199] Http://www.visionlearning.com/library/module_viewer.php?mid=50&l=s&c3.

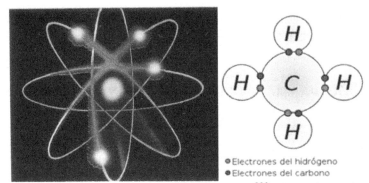

●Electrones del hidrógeno
●Electrones del carbono

Modelo planetario del átomo de **Rutherford-Bohr**[200] y los enlaces de átomos para formar compuestos moleculares.[201]

Lo incomprensible del mundo galáctico es aplicable al mundo atómico. Si el núcleo fuese del tamaño de un humano, el electrón sería un mosquito que vuela supersónicamente a 100 kilómetros de altura, balanceado en menos de 1/1018 con nuestra misma carga energética. Es decir, lo que realmente hay es un enorme y armónico espacio vacío en nuestro interior, tal como lo hay en el espacio sideral. ¿Por qué? ¿Para qué?

La organización del diseño del átomo es lo que hace que no seamos polvo cósmico. El protón es grande y firme, como el placentero óvulo de la madre, y el electrón es pequeño y móvil, como el travieso espermatozoide del padre. Este diseño es una señal que el Universo fue creado con un propósito: ¡Permitir la existencia y la vida, al menos en la Tierra!

El científico ruso **Dimitri Mendeléyev**, organizó este juego atómico en su tabla periódica según los electrones que muestran cada uno de los 118 elementos conocidos. Estos proyectiles se organizan en capas que orbitan a distintas distancias del núcleo, dándole a cada elemento propiedades especiales para unirse en moléculas. Es tan sorprendente, que los mismos elementos de la inofensiva sal común, como el sodio y el cloro, usados diferente son explosivas armas y venenosos gases. ¡Asombroso!

---

[200] RUTHERFORD, Ernest (1871-1937) y BOHR, Niels (1900-1958).

[201] http://es.wikipedia.org/wiki/Enlace_covalente.

Son llamativas las múltiples formas como se entrelazan las partículas de la vida, como son el oxígeno, hidrógeno y carbono. Estos átomos forman complejos abrazos de amor covalentes, creando un "súper-matrimonio" molecular como el ADN humano. Nuestro Autor Creador no solo se inventó un mágico universo para vivir, sino que nos dio la libertad, la capacidad y los ladrillos para que juguemos y complementemos su creación.

Ahora el "maestro albañil de esos ladrillos" de la Creación, le pide a sus amigos que lo toquen para que así disminuyan sus temores humanos ante la realidad celestial. Lo que continuación les pedirá es que usen sus palabras como "ladrillos", para construir su Iglesia, enseñándonos que el liderazgo responsable es un acto de co-creación. El progreso perdurable se logra cuando las soluciones son concebidas e implementadas de forma conjunta entre los implicados, no como una imposición unilateral. El buen diseño de una solución implica el uso inteligente de los ladrillos disponibles para la acción.

LA ENCARNACIÓN DE DIOS

Cuando Jesús le pide a sus apóstoles que toquen su carne, está confirmando el cumplimiento del mito histórico de la "encarnación del Creador". En íntima e inseparable relación con los mitos sobre la Divinidad, existe la firme creencia difundida en todos los confines de la Tierra, que el Dios-Creador se hará realidad física en algún momento de la historia al encarnar, nacer y vivir con y cómo los hombres. De esa forma el invisible se va hacer visible y podremos convivir con Él, como un hecho histórico científicamente reconocible.

Tal suceso no puede ocurrir bruscamente. El impacto sería inimaginable, puesto que es muy difícil aceptar que Dios mismo es el que está junto a ti caminando, comiendo y hablando. Para que pudiéramos prepararnos, hubo un plan integral debidamente orquestado por el Creador, con su debido prólogo para que todas las culturas pudieran aceptarlo. De esa forma, primero fueron los once en reconocerlo y luego serían el resto de los pueblos de la costa mediterránea, gracias a la acción evangelizadora de San Pablo y los primeros cristianos. Más adelante serían los otros pueblos europeos, africanos, asiáticos, e incluso los de la nueva américa, gracias a la labor evangelizadora principalmente de frailes españoles y portugueses.

La encarnación de Dios se transformará en el gran héroe de la humanidad. *Joseph Campbell* identifica esos mitos en los egipcios (*Osiris*), babilónicos (*Gilgamesh*), griegos (*Jasón* y los *Argonautas*), germánicos (*Sigfrido*), británicos (leyendas *artúricas*), las leyendas polinesias, los cuentos de *Perrault*, los hermanos *Grimm*, los relatos africanos y otros más. Los nombres del Héroe de la Humanidad son diversos según la cultura.[202]

La Revelación sobre la Encarnación de Dios en Figura Humana.

Razón *Pitágoras de Samos* cuando enseñaba que los Dioses, diversos en apariencia eran en el fondo los mismos, ya que corresponden a las mismas fuerzas activas.[203] Ese héroe dejaba a su vez un mensaje, siempre alrededor del buen actuar y su acto heroico tenía un esquema común:

---

[202] *www.udp.cl/comunicados/1005/13/Nietzsche Estudios clásicos.*

[203] *ELIADE, Mircea. Lo Sagrado y lo Profano. Labor. Barcelona. 1992.*

I.   La Travesía heroica: Es simbolizado por un viaje de aventura durante la cual el héroe madura y cambia, realizando actos de amor de tal valor, que lo elevan a la cúspide de la naturaleza.

II. El Enemigo: Lo que debe vencer el héroe son las pasiones humanas, representadas bajo la forma de animales fantásticos.

III. El campo de batalla: No se encuentra en el exterior del hombre como pudiera pensarse. La lucha se lleva a cabo en su interior, en el corazón y el alma, usando como arma el poder formidable de la "furia", transformada en coraje, decisión y creación.

IV. El cruel sacrificio del héroe: Es el ritual universal en el cual el héroe se sacrifica por la salvación de los demás, venciendo el miedo voluntariamente para ser su cuerpo animal ofrenda simbólica ante la Divinidad, realizado durante un proceso brutal, por lo que es despedazado, despellejado y escalpado vivo.

V.   Aceptación del sacrificio: El héroe está consciente de que va a morir bajo terribles dolores y acepta pasivamente su humillación como prueba de su valentía manteniendo su palabra y dignidad.[204] Su muerte no es vengada ni se olvida jamás. No guarda rencor, sino que enseña cómo sacar provecho de ella.

¡Todo eso fue lo que significó JesuCristo en su martirio como Mesías! Ahora ya no hacía falta más seguir usando la imaginación y la fantasía para transmitir y consolidar mensajes, porque la realidad estaba frente a ellos y la podían tocar. Dios usó efectivamente ese imaginario simbólico con la humanidad, impregnándola de creencias de héroes míticos que traían un mensaje de amor que se materializaron en el JesuCristo de carne y hueso que les vino a traer la paz en esa tarde primaveral hace dos milenio.

---

[204] LOISY, Alfred. Los misterios paganos y el misterio Cristiano. Paidós. Barcelona. 2ed., 1990.

40. (Y DICHO ESTO LES MOSTRÓ LAS MANOS Y LOS PIES).

Este segmento muestra como Dios da la evidencia completa, cerrando el ciclo al dejarse tocar la carne. La reingeniería se pregunta: ¿Por qué las manos y pies permitían cerrar el ciclo de evidencia? ¿Qué tipo de heridas debieron de haber visto y tocado esos testigos? ¿Por qué las heridas eran de esa forma? Responder a estas preguntas nos ayuda a comprender la potencia de la misericordia en la cruz, producto de la magnitud del sufrimiento padecido.

EL SIERVO SUFRIENTE EN EL CALVARIO

JesuCristo le muestra sus heridas a los apóstoles con alegría, dándole sentido a la etapa más sombría de la vida de Jesús de Nazaret, al enfrentar a la infame tortura de la cruz romana y su muerte como Cordero de Dios. Ese momento confirma el sorprendente acto de perdón que hizo en la cruz, símbolo del amor incondicional de nuestro Creador. Comenzando por el Salmo 22: «Dios mío, Dios mío, ¿por qué me has abandonado?», este antiguo escrito datado cientos de años antes de Jesús y muestra la guía de las palabras que luego pronuncia el Hijo del Hombre ante el sufrimiento de la crucifixión, representado la victoria "Siervo Sufriente" del Profeta Isaías.

Gracias al sacrificio del Dios encarnado, los hombres que lo siguen renunciaron a la existencia como bestias salvajes y dejaron de comerse los unos a los otros. Los que lo hacen son los que no aceptan que Dios se encarnó, sufrió y mostró sus heridas. Los acontecimientos de la "jauría de mastines" que acorralaron y masacraron al manso Cordero de Dios, sucedieron en una colina en las afueras de Jerusalén: el Gólgota.

En esa colina "calavérica", en la antesala del desierto, convierten al cordero en carroña para ser execrado del sistema. Afortunadamente María y Juan, con la ayuda de Nicodemo y José de Arimatea, salvan lo que quedó del cuerpo de Jesús para que el rey del amor, muerto en el ¡altar de sacrificio!, pueda renacer de su rudo holocausto, conocido por Jesús en sus días de libertad: la crucifixión romana, para sembrar esperanza en los corazones humanos por el resto de los tiempos.

Colina del calvario.[205]

El comportamiento de Jesús en ese momento nos enseña que un liderazgo responsable debe ser capaz de usar el pasado como información valiosa para actuar en el presente, perdonando sin olvidar lo que pasó. El pasado es usado como fuente de aprendizaje y no como germen de rencor.

LA BARBARIE DE LA CRUZ ROMANA

La ciencia de la investigación histórica y arqueológica, relatan que la crucifixión se originó en Persia. Alejandro el Grande y sus generales la adoptaron y la trajeron al mundo mediterráneo. Posiblemente le llegó a los romanos a través de Cartago, quienes la mejoraron para hacerla altamente eficiente como método de tortura y la utilizaron ampliamente para condenar a los rebeldes, traidores, esclavos renegados y criminales.

---

[205] *ww.geocities.ws.*

¿Un Hombre-Dios muere maldito en un madero? [206]

En las sociedades modernas los juicios que incluyen la pena de muerte son en general largos y la ejecución de la pena es rápida. Todo lo contrario ocurría en la antigüedad con la crucifixión. Este cruel suplicio era utilizado para evitar revueltas.

La cruz es la cima del arte de la tortura por ser el instrumento más degradante, repugnante, doloroso y aterrador jamás concebido por el ser humano para dañar y matar a otro. Para la ley judaica, la maldición de Dios recaía sobre el crucificado, entonces, ¿cómo entender, aceptar y explicar que, si Jesús es un maldito de Dios, cómo puede ser Dios?

Tanto era que los familiares no asistían a la muerte del ser querido y ni reclamaban el cadáver para enterrarlo. Hoy día, gracias a Jesús, la imagen de la cruz es utilizada como un símbolo religioso. Afortunadamente la crucifixión

---

[206] *en.wikipedia.org/wiki/William_Congdon.*

ya no se usa en el mundo moderno y solo sabemos de ésta espantosa tortura a través de los libros y las películas.

El experto en liderazgo, **Ronald Heifetz** identifica que las personas que intentan cambios significativos en su comunidad, comúnmente chocan con las autoridades del momento, que buscan sostener el *status quo*.[207] Cuando su perseverancia llega a un punto de quiebre, las autoridades reaccionan, usualmente destruyendo la fuente del cambio. En el caso de Jesús, esas autoridades hebreas no le permitieron al revolucionario caminar "al filo de la navaja" y buscaron cortar el cambio con la crucifixión.

Lo que sucedió en el Gólgota nos enseña que mientras se promueve un cambio se camina por un filo peligroso que requiere de aliados para mantener la adaptación. ese cambio promoviendo el amor cruzó las fronteras de lo aceptable por las autoridades de la época, lo que lo llevó a perder sus aliados y su vida. Sin embargo, Jesús usó su crucifixión para llamar la atención en torno a la importancia del perdón como expresion de la incondicionalidad del amor. Con su actuación, contribuyó a finiquitar la terrible práctica de la crucifixión.

EL PEDESTAL DEL SUPLICIO

Para cumplir con el objeto de amedrentar a los seguidores, no podía ser una muerte rápida indolora, sino un suplicio lento y doloroso. Por ello, un crucificado clavado necesitaba de un pedestal para mantenerse sufriendo. Eso solo se lograba si los pies también eran clavados. Por eso el resucitado no solo muestra heridas de las manos, sino que enseña los pies.

El Dr. **Herman Moedder** experimentó al colgar de las manos a voluntarios sanos con las manos sobre sus cabezas. Estudió las consecuencias médicas mediante el uso de radiografías y fluoroscopias, observando que en pocos minutos la respiración se hace por sorbos. La capacidad vital de 5,2 litros baja a 1,5 litros, la presión arterial disminuye, el pulso sube en su frecuencia, el rostro se pone pálido, el tórax se infla, se ensancha y adopta la forma de un tonel. Los voluntarios sudan tan copiosamente, que se forma un

---

[207] *Leadership without easy answers. Ronald Heifetz. Belknap Harvard Publishing. 1994.*

charco en el suelo. Así no era tan efectivo el componente disuasivo, por lo que para que el crucificado pueda permanecer vivo en la cruz era indispensable fijar los pies.

En ese proceso, según **Ball**, existen dos factores a considerar: El punto del madero al que fueron clavados los pies. Si el cuerpo queda muy estirado, el crucificado no podía elevarse para coger aire, con lo cual hacía un máximo esfuerzo para coger un mínimo de aire y la muerte sucedería rápidamente. Por eso se clavaban los pies más arriba y así podía el sentenciado elevarse para respirar mejor. Es importante la forma en la que el clavo atraviesa los pies. Si los pies se colocan de lado y el clavo pasa a través de los tobillos, (entre la tibia y el tendón de Aquiles), entonces la víctima podía cerrar las rodillas y levantarse para respirar.

En el caso de Jesús, las autoridades necesitaban completar el proceso antes de que llegara el Sabath, por lo cual era conveniente una muerte "semilenta", lo más dolorosa posible. Eso podía ocurrir si se clavaban los pies uno sobre otro, apoyando la planta del pie inferior en la madera. En ese caso, el clavo los atravesó de arriba abajo y entonces no le fue imposible estirar o cerrar las rodillas. Por esa forma de clavar, en cada ciclo respiratorio, habría necesitado derrochar una gran cantidad de energía para levantar todo el peso de su cuerpo, tomar aire, y volver a descender lo más suavemente posible para evitar el dolor de los clavos de las muñecas.

La Sábana Santa revela al Hombre-Dios clavado por manos y pies, cumpliendo cabalmente con el procedimiento de crucifixión romana, que dislocaba el hombro y taladraba los pies creando un espectáculo muy difícil de observar y así cumplir lo descrito por el evangelista (Lc 23,47): «La muchedumbre que había acudido al espectáculo, al presenciar lo ocurrido, se volvió a la ciudad dándose golpes de pecho.»

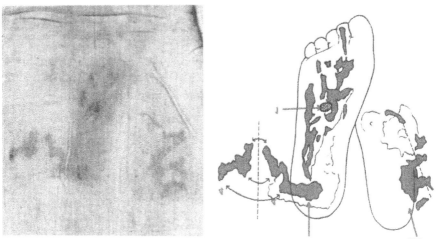

La imagen de la Sábana con las consecuencias de los pies clavados.[208]

Jesús clavado en la cruz queda lesionado para cumplir el ejercicio obligatorio para vivir, limitando al rey de la libertad confinado a un madero sin poder bajarse y teniendo que hacer un esfuerzo sobrehumano para mantenerse respirando y cumplir su anhelada oda al perdón.

Se necesita estar muy consciente de qué es lo que se quiere hacer en materia de liderazgo, para ser capaz de mantener el rumbo a pesar de las miles de fuerzas de todo tipo que atentan contra el progreso que se desea alcanzar. En su caso, esas fuerzas lo clavaron a un madero y lo inmovilizaron hasta frenar momentáneamente su camino, pero ahora al mostrar las heridas reconstruidas parcialmente, Jesús valora su futuro respetando su pasado. Por eso no solo es importante saber cómo resucitó, sino ¡cómo vivió antes del milagro máximo!

41. Y COMO NO ACABABAN DE CREERLO POR SU GRAN ALEGRÍA Y SEGUÍAN MARAVILLADOS, LES DIJO: «¿TIENEN AQUÍ ALGO QUE COMER?»

---

[208] *Maria Grazia Siliato. El Hombre de la Sabana Santa. Biblioteca de Autores Cristianos. Madrid.1985.*

El relato continua pasando del milagro de la aparición a la cotidianidad de la interacción natural que traían los discípulos con su amigo maestro. La reingeniería se pregunta: ¿Cómo era esa interacción diaria de Jesús con sus discípulos? ¿Porqué específicamente pide comer? ¿Cuándo había sido la última vez en que Jesús había ingerido líquidos? Responder a estas preguntas nos ayuda a comprender la capacidad de Jesús de pasar de un estado celestial a uno terrenal.

¿CÓMO ES ÉSTE?

Un Hijo de Dios en una mujer humana tiene que vivir de una manera muy especial y no a la manera regular de un hombre. Tuvo que haber tenido un espíritu puro, sea como un ángel o como un dios. Tuvo que haber tenido una información genética muy especial que lo hacía vivir al máximo su humanidad y su divinidad, prendiendo y apagando continuamente cada una de sus condiciones. Es lo que se denomina biológicamente: Genes dominantes y recesivos.

Para que un cuerpo humano actúe bajo la forma dual terrena-celestial, tiene que existir una cooperación armónica entre los componentes estructurales de su genoma, de manera que los genes recesivos pueden quedar "latentes" y por eso se pueden prender y apagar durante la vida de esa persona. En momentos los terrenales dominaron, por lo que sintió hambre y sueño, alegría y tristeza, mientras que en otros momentos se activaron los celestiales, predominantemente recesivos en los primeros años de vida de Jesús, para que pudiera caminar sobre el agua, transfigurarse y darle vida a los muertos.

Es común ver hijos que se comportan muy parecido a la madre en su infancia, con muchos de sus genes maternos dominando su conducta, pero en algún momento de su vida empieza a desarrollar conductas más similares a las de su padre, dejando la latencia y pasando a la acción.

En los momentos donde Jesús prendía su gen celestial, se mostraba al mundo con toda su potencia, realizando milagros sorprendentes y emitiendo Palabras inverosímiles para un mortal (Jn 11,25): «YO SOY la resurrección y la vida.» (Apocalipsis 22,13): «YO SOY el Alfa y la Omega, el Primero y el Ultimo, el Principio y el Fin.» (Jn 14,9): «Si me has visto, has visto al Padre.»

El Jesús terrenal con vestigios del ser celestial.[209]

En las Sagradas Escrituras Hebreas, cuando Moisés preguntó a Dios su nombre en la zarza ardiente, Dios le respondió: «YO SOY.» Dios le estaba diciendo a Moisés que Él es el único Creador, eterno y trascendente en el tiempo. Jesús siguió los pasos de su Padre y respondió de la misma manera.

El apóstol Pablo, quien anteriormente rechazó a Jesús como otro radical, luego escribe de él así en la Carta a los Colosenses (1, 15): «Cristo es la expresión visible del Dios invisible. Existió antes de que empezara la creación, porque por él fueron creadas todas las cosas, sean espirituales o materiales… La vida de la nada inició por él, y Él es, por lo tanto, justificablemente llamado el Señor de todo.»

Cuando JesuCristo en su aparición le pide algo de comer a sus amigos, les está diciendo que en su persona conviven en armonía el aspecto celestial y terrenal. Por eso es importante hacer como hizo el **_Papa Benedicto_**,

---

[209] *Deahaba.blogspot.com.*

alabando la condición divina de Jesús resucitado, pero también haciendo reverancia a cómo fue su vida simple como carpintero nazareno. [210]

Esos años de prédica pacífica en Galilea enseña que para ejercer el liderazgo responsable es necesario mostrar logros, para lo cual es vital tener unas cualidades espirituales dignas. Jesús nos enseñó en sus milagros, que las personas orientadas al logro tienden a tener muy desarrollada la iniciativa, la capacidad para buscar información, la capacidad de análisis lógico y la perseverancia para lograr las metas.

LA SED DEL CAMINO

Para comprender un poco mejor porqué surge el tema de la alimentación en la aparición, vale la pena analizar cuándo fue la última vez que Jesús había ingerido alimentos, especialmente líquidos. Si revisemos los evangelios, desde la Última Cena no se describe al Hombre-Dios alimentando su cuerpo.

A lo largo del tortuoso camino del vía crucis de Jesús, aparece aquel interno, durísimo y largamente soportado sufrimiento: su sed. Pocos podemos saber por experiencia propia cuán grande fue ese sufrimiento, puesto que fácilmente hallamos agua en cualquier lugar para calmar nuestra sed. Aquellos que viajan días seguidos en el desierto algunas veces conocen lo que es la tortura de la sed. De hecho, **Curcio** relata que el ejército de **Alejandro Magno** estuvo una vez marchando a través del desierto y luego de sufrir inmensamente la falta de agua, cuando llegaron a un río muchos se ahogaron al beber con tanta ansiedad. «el número de los que murieron en aquella ocasión fue mayor que el que había perdido en cualquier batalla».

La garganta, los labios y la lengua, se mantienen húmedos y lubricados gracias a la saliva, que contiene agua. Al bajar el nivel de humedad y secarse se produce un estímulo para la sed, el cual es temporalmente aliviado al tomar líquidos. Como la sed se produce por una disminución en la proporción de agua en el organismo, es conveniente analizar lo que sucede cuando disminuye esa proporción:

---

[210] *Joseph Ratzinger. Jesús de Nazaret*

- (0-1%) Cuando se tiene alrededor de un 1% menos de agua en el organismo, se está en el "umbral de la sed";
- (2-3%) Una pérdida de agua en este nivel provoca malestar y sequedad de la boca;
- (>4%) Si la disminución es de alrededor del 4% se compromete el rendimiento físico y los músculos tienen más dificultad para contraerse, lo que conlleva a una reducción de hasta un 30% en el rendimiento físico y pueden aparecer calambres en los músculos sometidos a contracciones;
- (5-6%) Las fallas en el organismo son múltiples y la dificultad de concentración se hacen ostensibles, pudiendo tener visiones y tener problemas para la retención de imágenes;
- (>6%) Aparecen fallos en la termorregulación del cuerpo;
- (>7%) Por encima de este nivel los fallos de multi-órganos empiezan a aparecer;
- (>10%) La muerte está cercana.

Jesús se fue fatigando y perdiendo líquidos hasta sucumbir a la fatiga. Desde el instante en la última cena cuando bebe su última gota de líquido comienza una deshidratación indetenible. El agua la perdió con el sudor de sangre en el Huerto, por la sangre perdida en la flagelación, ser coronado de espinas y ser clavado, por el sudor del camino a pleno sol hacia el Gólgota y finalmente por cada esfuerzo para respirar en esa terrible cruz.

La parábola de Jesús sobre el mendigo Lázaro y el rico Epulón, muestra a la sed como el mayor suplicio del infierno. En los momentos en que el rico es torturado por la sed, no está pensando en la eternidad de su condena, sino en el instante actual en que la gota pudiera saciar su intensa sed. De esa forma, Jesús en el camino al Gólgota no lo motivaba saciar su sed, sino que este era un impedimento para alcanzar su verdadera motivación trascendental, que el inmenso amor a su Padre que lo llevaba a querer sacrificarse en la cruz y así cumplir con su destino redentor.

La sed que imposibilita la razón del torturado.[211]

El hecho de que en su primera aparición al grupo completo de discípulos, Jesús haya pedido alimentos nos dice que el liderazgo responsable debe estar pendiente de primero atender las necesidades básica de sus seguidores, evitando que se desmotiven en el proceso de cambio. Una vez atendidos los temas higiénicos, el liderazgo debe proveer una visión de progreso atractiva que haga sentir a los seguidores que están transitando una ruta hacia la auto realización. Ellos, entonces, le ofrecieron un pedazo de pescado asado (y una porción de miel);

Este penúltimo segmento de esta etapa muestra la respuesta terrenal de los amigos, ofreciéndole el alimento que le pedía su maestro. La reingeniería se pregunta: ¿Por qué los discípulos le ofrecen compartir el

---

pescado con el resucitado? ¿Qué implica que el todopoderoso haya escogido elegir comer en ese momento histórico? Responder a estas preguntas nos ayuda a valorar la cotidianidad de la vida cristiana.

COMPARTIENDO CON LOS AMIGOS

Sorprende que después de tan maravillo milagro, lo que hayan hecho estos amigos haya sido compartir una comida, una vez más. Así lo fue en la última cena y su recuerdo en la eucaristía que es el momento más común como los católicos modernos interctúan con su religiosidad. Compartiendo el pan es que Jesús atraía a justos y pecadores al poder de su Palabra. En la medida que nos vamos conectando con la vida pública de Jesús de Nazaret, sus milagros, sus palabras y su personalidad, nos maravillamos de su sencillez y su capacidad de compartir. En ese camino vemos que la personalidad de Jesús se fue construyendo en sus días de calma en Nazaret, desarrollando una potencia increíble al punto que lograba lo increíble de sus coterráneos con su solo llamado "Ven y sígueme".

Ven y sígueme.[212]

---

[212] ww.jesuit.org.sg/html/prayer/.../year.a.03ord.sun.

En sus días por Galilea, Jesús demostró que tiene un gran poder sobre la naturaleza, sobre el cuerpo de los hombres y sobre la esencia creadora del mismo Universo. Es a través de sus milagros que se puede comenzar a asombrarse de la capacidad omnipotente del Creador. Al Hombre-Dios solo le bastaba su voluntad y al emitir simples palabras cambiaba las vidas de las personas, haciéndolos florecer con el árbol de la mostaza. En esta ocasión, era compartiendo la miel de la vida.

Jesús fue un hombre simple, bueno y poderoso, que mantuvo un corazón puro a lo largo de esos maravillosos tres años que estuvo enseñando en Galilea, para traer un mensaje de esperanza que es simbolizado por su trascendental "Sermón de la Montaña".

Sermón de la montaña.[213]

La historia de un hombre es la inscripción de su personalidad en su tiempo. La mayoría de los hombres vagamente tienen una historia que permanece en el tiempo, cual grano de arena en una playa o las diminutas pisadas de un insecto. Pero si la historia de una persona es fuerte, entonces trasciende en el tiempo. El impacto que imprimió este Nazareno sobre la Humanidad fue tan importante, que cambió para siempre la era de los tiempos: Antes y Después de Cristo.

Una forma impresionante de capturar la magnitud de su impacto, fue lo que escribió un autor anónimo en el telón de fondo del Teatro Radio City

---

[213] *www.dvdclassik.com/critique/le.../galerie*

Music Hall de New York: «*Nació en un villorrio, hijo de una campesina. Creció en otro villorrio, donde trabajó en una carpintería hasta que llegó a los treinta años. Entonces y por tres años fue un predicador itinerante. Nunca escribió un libro. Nunca dirigió una oficina. Nunca tuvo familia o fue propietario de una casa. No fue a la universidad. Nunca visitó una gran ciudad. Nunca viajó más de doscientos kilómetros del sitio donde nació. Nunca hizo ninguna de las cosas que están comúnmente asociadas a hechos importantes. No tuvo más credenciales que Él mismo. Tenía treinta y tres años, cuándo la marea de opiniones se volcó contra él y sus amigos le abandonaron. Fue entregado a sus enemigos y sometido a juicio preparado. Fue crucificado entre dos ladrones. Mientras moría, sus Ejecutores se jugaron su ropa, la única propiedad que tuvo en la tierra. Cuando murió, por caridad de un amigo, su cuerpo se puso en una tumba prestada. Veinte siglos han ido y venido y hoy es la figura central de la raza humana, señalando el progreso de la humanidad. Todos los ejércitos que jamás hayan marchado, todas las flotas que jamás se hayan reunido, todos los reyes puestos juntos que hayan reinado, No han cambiado tanto la vida del hombre en la tierra, Como éste hombre solitario.*»

PARA EL HOMBRE-DIOS TODO ES POSIBLE

Lo encarnado dentro de María todo lo puede y así lo avaló una vez que inició su condición mesiánica, dando señales de todos los tipos y milagros de todos los colores. Desde algo tan simple como transformar las moléculas de agua en vino y transmutar instantáneamente la energía solar en panes y peces, como reparar partes dañadas irreversiblemente del organismo humano ¿Por qué no resucitar su propio cadáver? ¿Por qué ahora no compartir la dulce miel con sus amigos?

(Mt 15,30): «Pasó Jesús de allí y vino junto al mar de Galilea; y subiendo al monte, se sentó allí. Y se le acercó mucha gente que traía consigo a cojos, ciegos, mudos, mancos, y otros muchos enfermos; y los pusieron a los pies de Jesús, y los sanó; de manera que la multitud se maravillaba, viendo a los mudos hablar, a los mancos sanados, a los cojos andar, y a los ciegos ver; y glorificaban al Dios de Israel».

Durante su vida Jesús demostró su gen celestial, "subiendo y bajando" al Reino de los Cielos, demostrado porque fue a buscar de regreso el alma de su amigo Lázaro para regresarla a su cuerpo podrido y reconstruido. Jesús les mostró a los hombres que tiene poder sobre la materia y puede cambiar a voluntad una molécula en otra y hacer que los espíritus y demonios le obedezcan.

El Hombre-Dios demostró en vida su control sobre los átomos, como los ladrillos base del Universo y la vida, así como sobre la energía, transformando su propio cuerpo en una bomba atómica no destructiva de luz en el monte Tabor, tal como lo atestiguaron sus discípulos Mateo (17,17): «Su rostro se puso brillante como el sol.»

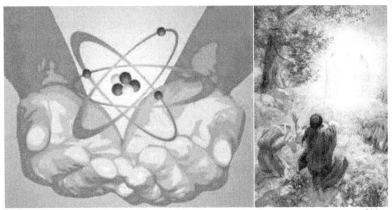

El poder de Dios y el Dios-Hombre sobre el átomo y el fotón.[214]

Los Apóstoles vieron a Jesús con un resplandor que casi no se puede describir con palabras: Su rostro brillaba como el sol y sus vestidos eran resplandecientes como la luz. Desde el punto de vista científico, como médico e ingeniero que somos, diríamos que los genes celestiales tomaron el control completo del cuerpo, para darles a entender a tres de sus discípulos toda la potencia del componente no humano de su organismo. De esa forma, Jesús les mostró que Él era el Mesías de Israel. Luego aparecieron Moisés y Elías (Lc 9,28), quienes hablaron con él, por lo que Pedro sugirió que hiciesen tres tiendas para ellos. Se oyó luego una voz desde una nube que se refirió al carácter filial de Cristo y su autoridad, tras lo cual terminó la visión. Con esta

---

[214] *Estampas.com.*

inmensa demostración de poder celestial, no era de extrañar que los discípulos le creyeran cuando resucitó de entre los muertos, luego de recibir la "paliza más descomunal" de la turba.

Al compartir el pan en la Última Cena y luego volver a hacerlo en su primera aparición a los once, Jesús nos enseña que sabía valorar los momentos íntimos y hacer compromisos que podía cumplir. Las promesas efectivas surgen de un conocimiento profundo de las propias capacidades y no del bravato. Por ello, un liderazgo responsable no hace promesas en vano, sino que las emite luego de conocer bien sus limitaciones y capacidades, de forma que lo prometido tiene verdadera probabilidad de lograrse.

42. LO TOMÓ Y LO COMIÓ DELANTE ELLOS.

El último segmento de la etapa del regreso es corta, pero sustanciosa en su mensaje. La reingeniería se pregunta: ¿Por qué era necesario que el resucitado comiera? ¿Qué hubiesae pasado si los discípulos no se van convencidos de que la aparición no era una alucinación? Responder a estas preguntas nos ayuda a comprender el siguiente paso en la acción, que es la evangelización.

LAS ALUCINACIONES

¡Comer es una forma contundente de romper con un posible alucinación! ¡Listo! ¡Sucedió! ¡No lo soñamos! ¡Es una realidad que está aquí con nosotros! ¡Hasta come!

JesuCristo resucitado se concentra en mostrar la ecuación Dios-Hombre, en apariciones cortas y contundentes, y menos en palabras y parábolas. Los 40 días posteriores a la resurrección fueron el cierre de post-proyecto, tal como los 40 días de preparación del desierto fueron el arranque o pre-proyecto mesiánico.

No fueron alucinaciones, ni ilusiones, ni visiones producto de la fantasía en el subconsciente. No es médicamente posible que quinientas personas experimenten la misma alucinación y en el mismo momento y lugar, a menos que haya habido una fuente externa física visible externa común a todos.

Una ilusión es una representación sin verdadera realidad. Es confundir una cosa con otra. Por ejemplo al entrar en un lugar oscuro es creer ver una cosa y que al prender la luz se observa al verdadero objeto real y que es muy diferente a lo que creyó ver. En las apariciones, ninguno de los discípulos dijo haber "creído" ver a Jesús y luego darse cuenta de que no era.

¿Qué fue lo que vieron y que les produjo tan tremendo impacto, cosa que no sucedió con Lázaro, y que lo difundieron a todo el mundo y sin miedo? Es evidente que el cuerpo de nuestro guía Lázaro volvió igual a su vida anterior. A su vida "normal" en la Tierra, al compartir la vida diaria y volver a morir en algún otro momento de su efímera vida. En el caso de Jesús no fue así, ¡pero si que comió!

El cuerpo, aunque era "exteriormente" igual al que tenía antes y por eso lo reconocieron, detentaba una transformación o cambio en las propiedades "intrínsecas" de su cuerpo físico. Era diferente y por ello San Pablo usó el término "cuerpo glorioso", como la mejor frase para definirlo, dado que no existía en el vocabulario de su época alguna palabra para nombrarlo. Por ello, podríamos llamar como "resucitación" a lo sucedido con el cuerpo de Lázaro y como "resurrección" a lo sucedido con el cuerpo de Jesús.

Resucitar a Lázaro versus la Resurrección de JesuCristo.[215]

---

[215] dadlogratis.blogspot.com.

El cuerpo físico de Jesús de Nazaret, luego de su resurrección, lo transformó en el Cristo y ahora lo llamamos JesuCristo. Lázaro se siguió llamando igual y nadie, ni siquiera él mismo, pensaron o pensó que era Dios. Igual sucedió con el hijo de la viuda de Naím. El impacto y asombro ante estos dos "resucitados" por Jesús, aunque fue tremendo, no fue tan brutal y decisivo como con lo sucedido con la resurrección de Jesús. En esos casos hubo continuidad física con el anterior modo de vida y ajustado a las leyes de la naturaleza a las que están unidas todos los humanos: Frágil y corruptible con envejecimiento y muerte. Todos ellos, murieron posteriormente a su resucitación. Eso es un hecho cierto porque ninguno de ellos se encuentra vivo. En el caso de JesuCristo no podemos decir lo mismo, para todos los efectos de sus seguidores y de la historia, ¡ese Dios-Hombre sigue vivo en algún lado! ¿de nuestros corazones?

Tener una visión es una gran herramienta para ejercer el liderazgo, pero a veces puede limitarnos nuestra capacidad de enfrentar una realidad. Un liderazgo que no es responsable estará mas interesado en "vender" su visión personal, que en el progreso real que genera. Por eso comer juntos es una forma de transformar algo etéreo en una simple realidad.

EL COMPONENTE MORTAL DEL HOMBRE

Comer es un acto fundamental del componente mortal del hombre. Es una forma de atarnos a las leyes de la Creación, al tener que depender de los vegetales y "carnes" de la naturaleza. Nos hace dependientes del estado terrenal del hombre, tal cual lo necesitaba el componente humano de Jesús. Sin embargo, Jeús demuestra que no solo del alimento terrenal vive el hombre. Somos una dualidad con lo espiritual, por lo que tenemos nuestra alma eterna dentro. Eso es lo que nos permitirá algún día ser ciudadanos del Reino de los Cielos, siempre y cuando cumplamos con los requisitios de la "Visa eterna: Los 10 mandamientos".

Para **Bertrand Roussel**: «El hombre es un animal crédulo y debe creer en alguna cosa. Ante la ausencia en la creencia en Dios no lo quedan sino malas creencias.» Se trata del espíritu en funcionamiento y por supuesto Jesús no es la excepción, sino la regla de ese espíritu vivo, comunicándose y amando a su alrededor, lo que lo lleva a aceptar la voluntad de Dios y entregarse como Cordero.

Al pronunciar las palabras de aceptación de su sacrificio, es como si fuera una gota de vivencia que lo energiza con la vibración de la Creación. Esas palabras son un envase cargado de energía, que trasporta ideas y afectos y le dan la fuerza para emprender el camino.

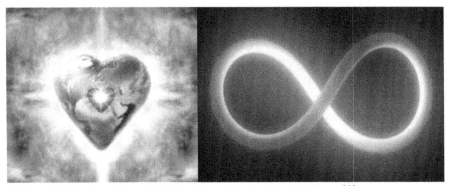

El corazón le aporta energía a las palabras.[216]

La Palabra "viva" de Dios activa de inmediato al cerebro límbico del hombre, produciendo las hormonas que primero lo hacen sudar sangre sangre y que luego le permiten recuperarse para emprender dignamente el camino. De forma que esas palabras y sentimientos tienen poder. Las dichas con odio para herir más fuerte que los golpes físicos y las expresadas con amor para reconciliar hasta lo imposible. Igual ahora con los once, una vez intercambiadas las palabras, se pasa a la siguiente etapa: La comida.

Las palabras en forma de pensamientos se asocian con las vivencias (Génesis 4,9): «Cuando Dios se dirige a Caín y le pregunta por Abel, Caín le contesta: ¿Acaso soy el guardián de mi hermano?» En esta reacción se nota que el cariño entre hermanos ha sido sustituido por otro sentimiento completamente dispar, que es la envidia. La boca termina hablando lo que tiene dentro del alma. En el caso de Caín fue un odio que lo llevó a asesinar a su hermano, mientras que en el caso de Jesús en Getsemaní fue el temor al imaginarse su propia crucifixión. Su miedo le hace rememorar las sensaciones de las vivencias que tenía cuando observó a otros hombres crucificados y

---

[216] *http://etaci.org/detalles.php?id=208.*

azotados por los romanos. ¿Cómo superar el instinto de evitar que eso le pasara a él mismo? Ahora, una vez resucitado, con una bocado en su plato Jesús le debió contar las intimidades de sus andanzas por el inframundo.

Las vivencias son fotografías vivas y la imaginación de Jesús en su agonía en Getsemaní, las trae al presente en intensas emociones sobre lo que le va a pasar y con la expectativa de lo que Él va a hacer. Es la ansiedad de ver aproximarse el momento culmen de su película mítica, la cual después de orar con su Padre asume con entusiasmo y hasta con la alegría de su martirio, al saber que pronto viajará al Jardín del Edén, a la fuente originaria del amor. Ahora solo queda comartir los recuerdos de ese tumultoso viaje, ¡con sus amigos!

En Getsemaní Jesús vive pues el tormento de la elección, que solo es posible porque era libre para huir. Es la batalla con **¡la responsabilidad!** Su condición simultanea de ser Hijo del Hombre e Hijo del Padre Creador está a prueba, ¿me quedo o me voy? Al final, la fuerza de voluntad de su espíritu fue la que lo llevó de forma responsable a cumplir con la voluntad de transformarse en sacrificio humano para enseñarnos el camino del amor incondicional. ¡Ahora en ese cuarto con los once puede echar con calma el cuento de su regreso!

En Getsemani Jesús nos enseña que un liderazgo saludable que trae progreso es responsable. Eso implica impulsar a las personas para que se hagan las responsables de su propio desarrollo, abriéndoles opciones para que elijan. Para que esa elección sea hacia el progreso debemos informar y educar, ¡y luego celebrar con lo logrado!

MILAGROS DE CREACIÓN Y PODER

Compartir una comida fue uno de los milagros más lindos de Jesús en sus días de prédica en Galilea. Lo hizo al borde de una montaña cuando multiplicó panes y peces para compartir con más de los cinco mil seguodores en una calurosa tarde hace dos mil años,

La religión cristiana se asienta no solo en la belleza de su doctrina o en la santidad de su fundador, Jesús de Nazaret, sino que se afianza en hechos exteriores precisos que pueden ser vistos o tocados por testigos inmediatos.

En consecuencia, es un movimiento espiritual atestiguado sobre hechos inexplicables, sobre una verdad histórica.

Mateo y Juan fueron testigos oculares de muchos de ellos. Lucas, fue un médico científico griego, que hizo una averiguación de campo e interrogó concienzudamente a innumerables testigos, antes de darle validez a los milagros como hechos históricos. *San Anselmo* dijo: «Haz, te lo ruego, Señor, que yo sienta con el corazón lo que toco con la inteligencia». Tales palabras conectan a la ciencia con la religión: Causa y razón del hecho que nos aboquemos a un tema que por ser religioso es "misterioso".

Que nadie se engañe, dijo San Pablo (Corintios 1,18): «Si alguno entre vosotros se cree sabio según este mundo, hágase necio, para llegar a ser sabio» y agrega (1,6): «Hablamos de sabiduría entre los perfectos, pero no de la sabiduría de este mundo, abocados a la ruina, sino que hablamos de una sabiduría de Dios, misteriosa, escondida, destinada por Dios antes de los siglos para gloria nuestra, desconocida de todos los príncipes (sabios) de este mundo, pues de haberla conocido, no hubieran crucificado al Señor de la Gloria». ¡Es querer saber!

En aquellos tiempos los judíos estaban acostumbrados a los milagros como señales. Ese pueblo vivía en una atmósfera de prodigios realizados por Dios. El apoyo que el Creador le dio a los Patriarcas, Profetas, a Moisés y hasta algunos reyes, hacía que los hebreos de la época pedían continuamente prodigios y maravillas para creer.

Jesús, al igual que Dios, también se los dio a granel. Impactante fue el milagro realizado en las colinas que rodean al Mar de Galilea, donde se multiplicaron panes y peces para satisfacer el hambre humana. Ese milagro, relatado por el testigo (Jn 6,10) lo repite más adelante en su campaña, demostrando que no es casualidad que Jesús tenía en sus manos el poder de la Creación, al igual que lo hizo al transformar agua en vino.

Multiplicando una canasta donde habían cinco panes y dos peces, para terminar alimentando a más de 5,000 personas.[217]

Más adelante, Jesús le demuestra a sus experimentados pescadores que tiene el poder de hacer aparecer peces vivos en el lago y que puede puede calmar las tempestades, cuando estos pensaban que iban a morir a causa de una tormenta (Mt 8,25): «Acercándose ellos le despertaron diciendo: ¡Señor, sálvanos, que perecemos! Díceles: ¿Por qué tenéis miedo, hombres de poca fe? Entonces se levantó, increpó a los vientos y al mar, y sobrevino una gran bonanza. Y aquellos hombres, maravillados, decían: ¿Quién es éste, que hasta los vientos y el mar le obedecen?»

En esta aparición Jesús se regala la paciencia para disfrutar un ruta con sus amigos al comer con ellos es rica miel. Así, a pesar de que todavía quedaba una parte importante en su campaña, nos enseña que un buen plan para ejercer el liderazgo responsable parte de un rumbo claro, pero se da los descansos y tiempos respectivos, así como hace adaptaciones a medida que

---

suceden las cosas. Para enfrentar esos cambios necesarios, el líder debe tener la sabiduría para discernir entre lo que puede ser cambiado y lo que debe ser aceptado con paciencia, esperando a un mejor momento para seguir presionando.

ETAPA 5:
LA RE-ILUSIÓN

JESÚS LES DIJO: «TODO ESTO SE LO HABÍA DICHO CUANDO ESTABA TODAVÍA CON USTEDES; TENÍA QUE CUMPLIRSE TODO LO QUE ESTÁ ESCRITO EN LA LEY DE MOISÉS, EN LOS PROFETAS Y EN LOS SALMOS REFERENTE A MÍ.»

ENTONCES LES ABRIÓ LA MENTE PARA QUE ENTENDIERAN LAS ESCRITURAS. LES DIJO: «TODO ESTO ESTABA ESCRITO: LOS PADECIMIENTOS DEL MESÍAS Y SU RESURRECCIÓN DE ENTRE LOS MUERTOS AL TERCER DÍA. LUEGO DEBE PROCLAMARSE EN SU NOMBRE EL ARREPENTIMIENTO Y EL PERDÓN DE LOS PECADOS, COMENZANDO POR JERUSALÉN, Y YENDO DESPUÉS A TODAS LAS NACIONES, INVITÁNDOLAS A QUE SE CONVIERTAN. USTEDES SON TESTIGOS DE TODO ESTO.

AHORA YO VOY A ENVIAR SOBRE USTEDES LO QUE MI PADRE PROMETIÓ. PERMANEZCAN, PUES, EN LA CIUDAD HASTA QUE SEAN REVESTIDOS DE LA FUERZA QUE VIENE DE ARRIBA.»

JESÚS LOS LLEVÓ HASTA CERCA DE BETANIA Y, LEVANTANDO LAS MANOS, LOS BENDIJO. Y MIENTRAS LOS BENDECÍA, SE SEPARÓ DE ELLOS Y FUE LLEVADO AL CIELO. ELLOS SE POSTRARON ANTE ÉL.

DESPUÉS VOLVIERON LLENOS DE GOZO A JERUSALÉN, Y CONTINUAMENTE ESTABAN EN EL TEMPLO ALABANDO A DIOS.

El regreso no está completado si luego no hay un mandato especial que haga del camino un completo estilo de vida. Eso es lo que ocurre cuando JesuCristo prepara el terreno para su ascenso definitivo al Reino de los Cielos, implantando con roca firme y para siempre su reinado terrenal eterno:

> 43. JESÚS LES DIJO: «TODO ESTO SE LO HABÍA DICHO CUANDO ESTABA TODAVÍA CON USTEDES; TENÍA QUE CUMPLIRSE TODO LO QUE ESTÁ ESCRITO EN LA LEY DE MOISÉS, EN LOS PROFETAS Y EN LOS SALMOS REFERENTE A MÍ.»

Este primer segmento de esta última etapa sobre la nueva ilusión que el Dios-Hombre le deja a sus amigos comienza retomando la idea de que todo lo que había sucedido ya estaba escrito. La reingeniería se pregunta: ¿Cuándo y cómo fue que Jesús le había dicho a sus amigos que sus padecimientos estaban escritos? ¿Qué significa decirle a sus amigos que algo escrito hace miles de años es referido a Él? ¿Quién le enseñó que eso que estaba escrito se refería a Él? Responder a estas preguntas nos ayuda a comenzar el proceso de reilusión sobre el mensaje de amor de Dios de todos los tiempos y no de una nueva ilusión.

EL PSICODRAMA DE LO QUE VENÍA

A lo largo de sus 3 años de vida pública, Jesús les fue dando a sus amigos pequeños indicios de lo que ocurriría en Jerusalén, pero la misma noche en que iba a ser entregado, explotó en gran fuerza ese drama de saber por anticipado lo que venía. Las tres largas horas del drama de Jesús con sus pensamientos ocurren en un Huerto en el Monte de los Olivos.

El camino lo lleva a las afueras de Jerusalén, donde tenía todo el desierto tentándolo para escapar. Antes de comenzar el drama Jesús les dijo (Jn 14,12): «Este es el mandamiento mío: que os améis los unos a los otros como yo os he amado. Nadie tiene mayor amor que el que da su vida por sus amigos. Vosotros sois mis amigos, si hacéis lo que yo os mando.» Y agregó (Jn 14,16): «Acordaos de la palabra que os he dicho: El siervo no es más que su señor. Si a mí me han perseguido, también os perseguirán a vosotros… Pero es para que se cumpla lo que está escrito en su Ley.» De esta forma, el camino de salida hacia el huerto ya viene rodeado de un misterio dramático.

Esquema geográfico del Monte de los Olivos.[218]

Luego de atravesar el arroyo del Cedrón y ver el simbolismo del líquido vital pasar por sus ojos, Jesús se adentra en su Krisis, que es ese período de ruptura y zozobra por el doloroso camino que hay que transitar para llegar al otro lado, hasta convertirse en el "Ungido de Jehová".

---

[218] *http://www.sepapbcn.org/archivos/C3P125-136.pdf.*

No fue un drama "virtual", sino que se trató de una cruda y dura realidad que se aproximaba inexorablemente, desde el día en que Jesús hizo pública su condición de Mesías. En esa batalla ¡*VINCIT QUI SE VINCIT!* Vence quien se vence a sí mismo y todo conociendo de antemano el guion de lo que viene. Jesús sabe que como el Ave Fénix debe renacer de su propia muerte, para retomar su vuelo hacia la tranquilidad y la paz. Es un mito con el simbolismo universal del redentor.

El común denominador del sacrificio del Dios-Hombre es su muerte bajo una muy cruel tortura o "poda" necesaria para el progreso de la humanidad. En su estado natural la vid es una liana trepadora cuyas ramas pueden alcanzar hasta 30 metros. Sólo prosperan las yemas situadas en los extremos porque reciben más savia y las situadas más cerca del tronco no brotan. En esas condiciones, los racimos tienen uvas pequeñas y maduran difícilmente, por lo que su calidad es deficiente. Con la poda se producen menos racimos, pero de más calidad. Alarga la vida de la vid y asegura la cosecha de un año para otro. El fin del invierno es una fecha señalada para los amantes de la jardinería, ya que es el momento de podar la planta que nos regala la flor más bonita del jardín: la Rosa.

Esas son las leyes de la naturaleza ideadas por el Creador para que prospere la vida en la Tierra. De una manera u otra todos somos "podados" en el transcurso de la vida. Jesús de Nazaret vivió en un período de la Historia en el que la tortura era practicada públicamente. Eso generó una descomunal pasión emocional del Hombre-Dios. En el huerto de Getsemaní, entre los olivos, Jesús se preparó para ser "podado".

A eso es lo que se refería cuando ya resucitado le dice a sus amigos que esa poda debía cumplirse, porque estaba predicha desde tiempos antaños por Moisés, los Profetas y los Salmos. Es ahora en esta maravillosa aparición post-Emaús, que el Maestro les recuerda a sus amigos que el progreso no sucede por casualidad, sino por el esfuerzo y sacrificio de personas que superan sus temores y emprenden el camino del cambio. Para iniciar ese camino de progreso es necesario un intenso período de reflexión y unos símbolos que le den buen arranque al proyecto. Esos símbolos es lo que va a hacer en las próximas apariciones, ya no del resucitado, sino del tercer componente de la divinidad: El Espíritu Santo, cuando se les aparezca en Pentecostés!

LA PROFESÍA HECHA REALIDAD

Cuando un ser querido nos da una advertencia sobre los acontecimientos que nos van a pasar, llevamos sobre nuestros hombros un gran peso. Hay una gran ansiedad cuando sabemos que lo que nos va a psar es algo público, que otros lo saben y que otros lucharon para darnos esa oportunidad. En el caso de Jesús, este les confiesa a sus amigos que lo que le pasaría es un guión que se fraguó por miles de años y que fue escrito a pedacitos por los hombres más importantes de la historia.

Moisés fue el gran libertador de los hebreos, era recordado y venerado a diario, milenios después de su partida. Los Profetas fueron los que por siglos condujeron al pueblo en sus luchas por mantener su tierra prometida. Los Salmos fueron escritos por los grandes reyes de la nación: El Rey David, el Rey Salomón!

Jesús les confesó a sus amigos que todo eso que tanto importaba para la nación era lo que debía pasar y en la intimidad de Getsemaní Jesús les hizo ver la pesada carga que eso significaba y que lo llevó a ese drama que culminó en el sudor de sangre. Fue una terrible batalla interior contra el componente reptil, mamífero y humano de su cerebro.

La actuación de Jesús en el Huerto fue una obra de arte en el ejercicio de la inteligencia emocional, logrando que su espíritu dominara las enormes fuerzas de su instinto natural de supervivencia. La tentación de huir fue combatida por medio de una intensa oración que le pasó gran factura en su cuerpo, hasta producirle la increíblemente dolorosa hematohidrosis. La Krisis del momento llevó a sus vasos sanguíneos al colapso y así lo vio la humanidad a través del apóstol Juan presente. Ahora ees el mismo Juan quién celebra junto al resucitado el éxito de la batalla.

Con el drama de su Hijo en Getsemaní, nuestro Creador nos dice que los hombres tenemos las herramientas para superar cualquier circunstancia que pese sobre nuestro instinto terrenal: La Oración.

La oración en Getsemaní.[219]

Lleno de coraje Jesús asumió con gallardía su juicio, su vía crucis y su muerte. No se escondió ante su destino, al contrario, le salió al paso. La oración en Getsemaní es lo que le da la fuerza para que al final en el Gólgota emita sus palabras mágicas que transformaron la visión del amor en la historia: «Padre, perdónalos porque no saben lo que hacen.» y así «Hágase tu voluntad sea en la Tierra como en el Cielo.» Esa voluntad se cumplió a cabalidad!

HE AQUÍ LA SIERVA DEL SEÑOR

Luego de Emaús, el resucitado les cuenta a sus amigos que su padecimiento era parte del servicio a la voluntad de su Padre. Aquí vale la pena preguntarse de dónde aprendió eso Jesús? Pues de quien más, sino de su mamá! No fue ella la que primero le dijo a Dios: ¡Hágase en mí según tu Palabra!

Hasta la encarnación de Jesús, los milagros de Dios más recurrentes y significativos narrados en la Biblia sobre el tema de la maternidad, eran que Dios hiciera concebir indirectamente a mujeres estériles utilizando a los gametos "terrenales", más no así el de hacer concebir a una "virgen" sin la ayuda del gameto masculino de un varón.

Desde antes ya eran famosas las mujeres vírgenes: Las cariátides del pórtico del Erecteion en la Acrópolis y las vestales en Roma, así como las diosas griegas Atenea y Artemisa (Minerva y Diana para los romanos). El relato de la fecundación vista por la protagonista en su evangelio secreto es sencillamente una obra maestra de amor y respeto.

Esa muchacha, pueblerina y con tan solo quince años de edad, le da una lección a la humanidad entera, al no estar dispuesta a ser la "Madre humana de Dios", si la manera para hacerlo es realizando algo impropio para una joven honesta. ¡Qué temple! "Bendita eres entre todas las mujeres y sagrado es el fruto de tu vientre, Jesús", porque significa que esa mujer humana tuvo un "pedacito de Cielo dentro de su cuerpo".

Es normal que un hijo, a medida que va madurando le pregunta a sus padres por su nacimiento. Eso debió ocurrir entre Jesús de Nazaret y su Madre, pero también en los momentos de oración con su Padre. **Jesús, su Hijo, gritó para afirmar que Él es el Hijo de Dios y María** (Jn 10,30): «Yo y el Padre somos uno.» «Nadie llega al Padre, sino a través de mí.»

Un hecho histórico cierto es que ninguna mujer en la historia humana ha trascendido al carácter de veneración por haber sido madre. Por siglos, los cristianos de muchos pueblos han conseguido la fe en el culto a la Virgen. Esa esperanza hoy día viene desde Guadalupe (México), Fátima (Portugal), Medjugorje (Bosnia-Herzegovina), La Chinita (Venezuela), etc.

Escuchen porque Mi Madre no miente: "Yo y Dios somos lo mismo." [220]

Es muy fácil decir que sí al Señor pero no es tan fácil llevarlo a la práctica". De manera que al día siguiente María tuvo que transmitir la noticia de su embarazo a sus padres, con la gran interrogante: ¿Cómo iban a aceptar sus padres, su prometido José y la comunidad en la que vivía, que en su vientre estaba el Hijo de Dios? ¿Que el "Hombre" responsable de su embarazo era el Espíritu Santo? ¿Cómo va a decirles a sus padres que se encuentra embarazada de una manera que no es creíble? ¿Cuál va a ser la posición de José con quién ella estaba desposada? ¿Quién se lo va a decir? ¿Por qué se fue de inmediato a casa de su prima Isabel y regresó tres meses después con los evidentes signos externos de un embarazo? ¿Por qué José la tomó como esposa de inmediato?

Las Palabras del resucitado nos enseña que somos dueños de lo callamos y esclavos de lo que decimos. Al exteriorizar una idea, el líder deja de ser su propietario y esta pasa a tener vida propia. Si esas palabras vienen del corazón y traen el amor del alma, vale la pena que la voz humana las transmita. Si lo que reflejan son ambiciones personales y egoismo, nos limitan la capacidad de ejercer un liderazgo transformador. Jesús definitivamene no

---

[220] en.wikipedia.org/wiki/Jesus.

quería tener que pasar por el padecimiento y por eso en el Huerto le suplica a su Padre que apartara ese amargo cáliz, pero al final, luego de gruesas gotas de sangre accede. Aclararle ahora a sus amigos lo ocurrido es una gran herramienta para ilusionarlos para que comiencen a predicar su Evangelio, sabiendo ellos que muy probable su respectivo final sería muy similar a la de su Maestro, como de hecho terminó siendo con 10 de los 11 apóstoles que ese día lo escucharon hablar de las escrituras.

> 44. ENTONCES LES ABRIÓ LA MENTE PARA QUE ENTENDIERAN LAS ESCRITURAS.

Este segundo segmento de esta última etapa es corto y simple, pero de gran poder: Les abrió la mente. La reingeniería se pregunta: ¿Para qué necesita Jesús abrirle la mente a sus amigos? ¿Hay algún otro hombre al que Dios le haya abierto la mente? Responder a estas preguntas nos ayuda a comenzar el proceso de reilusión sobre el mensaje de amor de Dios de todos los tiempos y no de una nueva ilusión.

JESÚS Y LAS ESCRITURAS

Lucas en su relato nos dice que no fue cualquier cosa la que Jesús le hizo entender a sus discípulos, sino las famosas Escrituras sagradas del pueblo Hebreo. En esa primera aparición a los once, al igual que lo hizo con los discípulos de Emaús, Jesús se enfoca en abrirles la mente en lo relacionado con la Escritura, que es lo mismo que crearles un puente al más allá.

La Palabra contenida en la Escritura "ES" la esencia del Creador, dado que antes del Big Bang lo que existía era "La Palabra" y a partir de ella surgió la luz y luego la materia. De esa forma, al abrirles la mente sobre las Escrituras, Jesús se asegura de mantenerse por siempre en contacto con sus amigos, dado que estos con la mente abierta aprendieron a abrir la puerta a donde Él irá en unos pocos días cuando ascienda el Reino de los Cielos, donde mora su Papá!

Para acercarnos al Autor Creador requerimos una puerta al más allá, lo que necesita de "piedras y columnas" por donde se abrirá el "boquete" para pasar. Para su construcción, son de especial interés la piedra de cimiento, que es la primera que se pone; y la piedra angular, que desde arriba une y completa un arco para formar la edificación.

El simbolismo de la primera piedra es y era muy conocido por los judíos en la época y Jesús usó bien ese concepto para cimentar si Iglesia sobre la primera piedra (Mt 16,17): «Tú eres Pedro, y sobre esta piedra edificaré mi Iglesia, y las puertas del infierno no prevalecerán contra ella.»

El judaísmo descansa en dos columnas y cada una de ellas con su primera piedra, simbolizada en dos rollos: el amor con su misericordia y el conocimiento con su entendimiento. Esos dos rollos se coronan con la llegada del Mesías o el Cordero de Dios, que es la piedra angular del proyecto de sembrar el amor en la Tierra.

Los cimientos del Judaísmo son el amor y el conocimiento, que tienen su piedra angular en Jesús como Cordero de Dios.[221]

El cimiento es una piedra bruta tiene que ser trabajada, es fuerte y abundante. Metafóricamente es el símbolo de la edad primitiva, en el estado de imperfección del hombre a causa de su animalidad y la ignorancia. «Para Miguel Ángel, el trabajo del escultor consiste en liberar la forma que, según creía, ya se encontraba dentro de la piedra.» Eso fue lo que hizo Dios con Noé y Abraham, introduciendo el atributo de la fe en ese mundo primitivo que no cuestiona nada: Todo corazón para seguir la voluntad del Creador sin

---

[221] *ministeriodirectoalcorazon.blogspot.com.*

cuestionarla, hasta el punto que estuvo cerca de sacrificar a su propio hijo Isaac por amor y temor de Dios.

La segunda columna que conforman los cimientos de la puerta es el conocimiento simbolizado por Isaac, al cuestionarse su rol de ser sacrificado. De allí sigue un torrente de información que es regulado en las leyes del Torah judío, pero que también requería pulirla para separar lo importante, el amor, de lo superfluo. Los fariseos no pudieron hacerlo, pero Jesús completó la tarea, armonizando lo levantado por sus antecesores (Mt 5,18): «Les aseguro que no desaparecerá ni una i ni una coma de la Ley, antes que desaparezcan el cielo y la tierra, hasta que todo se realice.», con la esencia del mensaje (Jn 15,9) «Ámense los unos a los otros como yo lo he amado.» *Albert Einstein* recomendaba: «Debes digerirlo y rumiarlo lo suficientemente en la mente hasta que se entienda de una manera tal que se lo puedas contar a la abuela.» Es decir, como semillas, o sea, con ¡paciencia, humildad y sencillez!

De esta forma, cuando Jesús les abre la mente a los once, explicándoles las Escrituras, les está dando una gran herramienta para ejercer el liderazgo responsable: armonizar el progreso con la cultura tradicional. Es lograr construir un futuro apetecible a partir de lo aprendido del pasado y que nos permite vivir en un presente valioso. JesuCristo fue esa pieza que vivió en un presente mágico y conectó todas las líneas del pasado con el futuro en el cual hoy nos encontramos. Es ese futuro que se seguirá proyectando por la posteridad, en la espera de que nuestro Creador intervenga nuevamente con su amor incondicional en el destino de la humanidad.

OTRO AL QUE LE ABREN LA MENTE: JOSÉ EL CARPINTERO

Mucho se ha escrito acerca de Jesucristo, su vida y su obra. De sus años perdidos y públicos, sobre su muerte, resurrección y su capacidad de obrar milagros. Pero hay un gran personaje desconocido y del que poco se habla en las escrituras. Se trata de José el Carpintero, un hombre al cual Dios le abrió la mente!

José es como una sombra en los evangelios, que se disipa cuando a los doce años de edad Jesús se perdió en el Templo de Jerusalén. No se sabe a ciencia cierta si era un carpintero o constructor. Tampoco su edad cuando se desposó con María de Nazaret y más discutible si ya era un anciano, viudo y con hijos de un matrimonio anterior. Lo que podemos inferir es que fue el padre humano "adoptivo" de un embrión en desarrollo en el útero de su mujer, tal como lo relatan algunos evangelios. Para poder hacernos una idea de quién fue este hombre hay que recurrir a documentos complementarios. De lo que si no hay duda es que debió ser un individuo maravilloso para hacer lo que hizo y haber sido seleccionado para ser el compañero de la mujer más importante de la historia.

Los evangelios indican que después de pasar María tres meses en la casa de su tía Isabel (Lc 1,56): «Regresó a su casa y José la desposó». Para ello, José necesitó de la intervención "sutil" de Dios para transformarse en la figura paterna protectora del Hombre-Dios. Cuando un hombre duda de ser el causante del embarazo de la mujer que ama y más aún cuando se es el esposo de ella, le es difícil hacerse responsable de la madre y la criatura en formación (Mt 1,19): «José, su esposo, siendo justo y no quería ponerla en evidencia, resolvió repudiarla en secreto.»

La paternidad es un acto de fe de un hombre en una mujer cuando le dicen que será padre. No hay forma segura de tener garantía total. Es un acto de confianza que conlleva un esfuerzo de cuidado y protección de ese nuevo ser para toda una vida. José estuvo a punto de no casarse, más no así de repudiarla públicamente para evitar que ella y su hijo murieran apedreados por la comunidad. Su mente estaba cerrada al hecho milagroso que su joven esposa le contó, por lo que Dios decidió "abrirle lamente".

Mateo relata que José se quedó dormido y soñó (Mt 1,20): «Mientras reflexionaba sobre esto, he aquí que se le apareció en sueños un ángel del Señor y le dijo: José, hijo de David, no temas en recibir en tu casa a María, tu esposa, pues lo concebido en ella es obra del Espíritu Santo». Solamente el soñador puede decir lo que soñó y fue el momento decisivo no solo de su vida, sino de la humanidad. ¡Sin ese sueño podía no haber resurrección y seguiríamos viviendo antes de Cristo, tal vez flagelando y esclavizando a diestra y siniestra! Los sueños, sueños son!

¿Qué sería de la humanidad de no haber ocurrido ese sueño y que José le haya ello caso? **Sigmund Freud**, exclamó: «La interpretación de los sueños es la vía regia al conocimiento de las actividades inconscientes de la mente. Se leen dichas páginas a través de los sueños y los ensueños.»[222]

José soñó y creyó en la honestidad y dignidad de su esposa María.[223]

Por hacerle caso a la "sorpresa y el momento del sueño", José lo hizo realidad y se desposó con María la Virgen, lo que le permitió no solo la dicha de convivir con ella y disfrutar de su alma sino que también y especialmente la oportunidad envidiable, de ser el "padre humano" del Hombre-Dios, para abrazarlo, amarlo, criarlo y enseñarle un oficio: ¿Qué más se le puede pedir a un sueño? ¡despertar a una nueva vida de amor incondicional!

De esta forma, cuando el resucita se les aparece a los once y les abre la mente para que entendieran las Escrituras, pues les estaba dando el mayor regalo posible: Quedarse por siempre con La Palabra, con Dios, con el Amor! Esta apertura entonces representa un acto generoso, que les permitirá enfrentar los retos que la vida les traerá con energía y decisión. Nos enseña que no podemos controlar el destino, pero si nuestra actitud frente a los hechos, despertando ante las realidades y cambiando nuestro accionar para el progreso del amor.

---

[222] RÍSQUEZ, Fernando. *Psiquiatría y Homeopatía. India: Jain Publisher. 1995.*

[223] *12apostoles.com.*

45. LES DIJO: «TODO ESTO ESTABA ESCRITO: LOS PADECIMIENTOS DEL MESÍAS Y SU RESURRECCIÓN DE ENTRE LOS MUERTOS AL TERCER DÍA.

En este siguiente segmento Jesús le responde a los once de forma similar a como lo hizo con los caminantes, indicándoles que los padecimientos estaban escritos. La reingeniería se pregunta: ¿Para qué necesita Jesús hablarle a sus amigos sobre sus padecimientos? ¿Habrán comprendido estos once hombres el sentido de la flagelación? ¿Cuál era elsimbolismo detrás del padecimiento de la coronozación de espinas? ¿Qué tipo de padecimiento estaba asociado al vía crucis? ¿Debían estos once padecer al igual que lohizo su Maestro? ¿Tendrían una mano amiga para enfrentar su padecimiento? Responder a estas preguntas nos ayuda a conectar la nueva ilusión con la vieja ilusión.

LOS PADECIMIENTOS DE LA FLAGELACIÓN

Saber que un hombre flagelará a otro es difícil de entender, saber que será una pandilla es aún más duro de aceptar. No existían normas en la jurisprudencia romana que regulen las zonas del cuerpo que pueden ser flageladas y tampoco en relación al número de golpes. Dependía en gran medida del criterio y cansancio de los verdugos.

Jesús decide decirle a sus amigos que esos padecimientos sufridos durante la flagelación eran parte de un plan maestro, como también era parte de ese plan que estos apóstoles escribieran a detalle sobre esos padecimientos del Mesías y que quedara la Síndone como testigo adicional para la posteridad y así hacerle ver a todos los hombres de todos los tiempos lo que fueron esos padecimientos.

La imagen humana impresa sobre la Sábana de Turín muestra que fue flagelado por los romanos, con más de 120 golpes que produjeron más de 600 heridas en la piel diseminadas por todo el cuerpo.

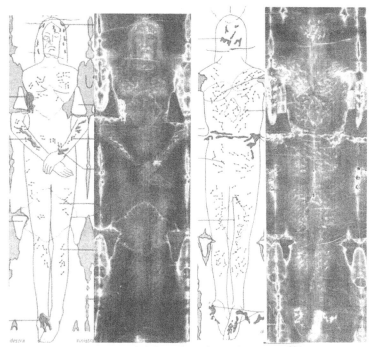

Impactos del flagelo sobre el cuerpo.[224]

Según las investigaciones de **Habermas** y **Stevenson**, la longitud promedio por herida es de 3,7 cms.[225] No menos de 444 centímetros de la superficie de su humanidad fue cercenada. (4 metros y medio de lesiones en la piel del flagelado) Internamente, aunque no se pueden ver, se producen desgarros musculares por las bolas de plomo y las correas de cuero, así como de otros tejidos blandos tales como la grasa, los tendones, las ramas nerviosas y los vasos sanguíneos que se encuentran dispersos por todo el cuerpo. El análisis anatómico de estas lesiones indica que el hombre de la Sábana debió sufrir lesiones en la pleura, el hígado, los riñones, el pericardio y el periostio, que es la membrana que recubre las superficies óseas.

---

[224] *SCHIATTI Lambert. The Shroud. Ed. San Paolo. 1998.*

[225] *STEVENSON, Kenneth &. HABERMAS, Gary. Dictamen sobre la Sábana de Cristo. Barcelona: Planeta. Documento 108. 3 Ed. 1981.*

No quedó prácticamente piel sana ni zonas del cuerpo sin flagelar. Al mirarlo con los ojos de la Magdalena comprendemos que el Vía Crucis de Jesús ¡no fue una fábula, un mito o ciencia ficción!: Fue realidad. El Hombre-Dios ha caído en las manos de sus verdugos ¡Piedad! ¡Piedad! ¿Quién lo ayuda a sostenerse?

Ahora, en la tranquilidad de ese cuarto de Jerusalén donde el resucitado le enseñó sus heridas a los incrédulos once, Jesús les enseña a sus amigos que para ejercer el liderazgo futuro, tendrán que saber manejar esas opiniones encontradas que incluso puedan en un momento dado aumentar la tensión del grupo y desatar el ataque al rostro que representa el cambio. El ataque buscará inhibir a que otros intenten promover cambios que alteren el orden tradicional de hacer las cosas. El cristianismo iba a ser ese movimiento revolucionario, por lo que sus líderes debían prepararse a sufrir las consecuencias, no sin antes comprender que todo estaba escrito y que ese sufrimiento para ellos también tendría un final feliz con sus respectivas resurrecciones al Reino de los Cielos.

LA CORONACIÓN DE ESPINAS

La coronación de espinas es una tortura innovadora. No tiene nada parecido ni en el pasado ni en el presente. No se da ningún otro caso en la historia en el que a alguien se le haga sufrir con esa peculiaridad. Que se sepa no hay precedentes en la Historia de la Humanidad de otro personaje diferente a Jesús de Nazaret y el de la imagen de la Sábana de Turín, que le hayan colocado una corona de espinas con el fin de torturarlo.

Ese padecimiento tiene un sufrimiento único, que fue acompañado por escarnio y burla, simulando la adoración y el respeto a ese supuesto rey de los judíos, ahora mostrado con una corona de rey "espinosa". Al ser coronado de espinas, Jesús de Nazaret es tratado como un "juguete para la tropa". Sin embargo, a pesar del escarnio, debemos comprender que esa tortura implicó que fue escalpado estando vivo, sufriendo el levantamiento del cuero cabelludo de su inserción ósea. El espino representa una burla al "rey de paja". Es la "pena ajena" que genera esa burla.

La forma de la corona de espinas es motivo de controversias. El estudio histórico y las evidencias de la Sábana Santa indicaría que se trató de un "casco espinoso", clavado con saña para que no se cayera durante el vía crucis, con consecuencias médicas aterradoras. Es la expresión de un sadismo difícil de comprender al arrancarle el cuero cabelludo a Jesús aun estando vivo, lo que se denomina "escalpado". Es impensable que una de esas espinas haya penetrado el hueso y tocado el propio cerebro de Jesús, ¡estando despierto!

El dolor neurálgico que produce una espina clavada en el interior de un nervio es permanente e indescriptible. Cada espina produjo su coágulo que puede ser identificado en la Sábana Santa y el análisis indica que Jesús fue coronado de espinas ¡tres veces! mientras le quitaban y ponían la túnica. Esta acumulación de castigo y sufrimiento denota hasta donde es capaz de llegar **la maldad del hombre contra el hombre, en extrema crueldad**.

La coronación como objeto de burla.[226]

---

[226] LORING, Jorge. La Sábana Santa. Universidad Autónoma de Guadalajara. 8 ED 1. 2001.

Los evangelistas describen que esta tortura vino acompañada con la burla (Jn 19,1): «Los soldados del gobernador romano llevaron a Jesús a la residencia y reunieron a toda la tropa alrededor de Él. Lo desnudaron y le echaron encima un manto rojo; después trenzaron una corona de espinas, se la pusieron en la cabeza.» Eso significa que en la burla participaron entre 400 a 500 hombres agrestes y rudos: ¿Cuántas burlas, sadismo, violencia y golpes? Lo primero que hicieron fue sentarle en cualquier sitio y le arrancaron sus propias vestiduras, que debieron estar ensangrentadas y pegadas a los coágulos de la piel, al cuerpo flagelado.

El padecimiento de la coronación y el via crucis nos enseña que el liderazgo debe evitar crear antagonismos temprano en el proceso, creando una polarización que resulta difícil de resolver porque la gente se vuelve fundamentalista. Una vez que la gente se pronuncia en contra del cambio, es muy difícil que se retracten y más bien tiende a contagiarse la enemistad hacia una idea, especialmente cuando se hace popular rechazar lo desconocido.

CARGANDO LA CRUZ

La esencia del Vía Crucis fue el camino por las calles de la vieja Jerusalén con la pesada carga que debe llevar: La cruz. Este instrumento de la muerte consta de dos maderos toscos y rugosos entrecruzados. El madero que se clava en la tierra y sirve de sostén se conoce como el palo vertical o *stipes*. El madero transversal se denomina *patibulum*. La víctima es clavada por las manos al horizontal y por los pies al vertical.

El objetivo del *patibulum* en la crucifixión es sostener un cuerpo pendiente de las manos para que no se deslice hacia abajo, por estar levantado en posición vertical. También tiene que tener la fortaleza para que al moverse en la cruz al respirar, no se caiga de bruces hacia delante. Para que el *patibulum* pueda sostener un cuerpo humano de 70 Kgs. sin quebrarse, debe ser un palo grueso que pesa entre unos 50 Kgs. y un madero vertical mayor de 100 Kgs. Cargar esto por las congestionadas calles no es tarea fácil, razón por lo que fueron de extrañar las caídas, especialmente si durante el trayecto continuaban los latigazos y jalones durante los más de 800 pasos que separan a la Torre Antonia de la Puerta Judiciaria, que es el lugar por el que se solía salir de la ciudad para dirigirse al sitio de la crucifixión, fuera de sus murallas de la vieja Jerusalén.

Para que el crucificado pudiera llevar este pesado madero, se lo colocaban con los brazos extendidos sobre la espalda y hombros. Es amarrado con una cuerda que parte del tobillo izquierdo y llega hasta el madero. Es enrollada entre el madero y la espalda, los hombros, el cuello y los brazos, hasta salir por el otro lado en dirección a otro reo. El peso y la posición que adopta el madero dificultan seriamente poder cargarlo y mantener el equilibrio.[227] **Giulio Ricci**, Presidente del Centro Romano *di Sindonología*, le colocó sobre las espaldas a un joven sano y colaborador un *patibulum* y comprobó lo difícil que era cargarlo sin caerse. El joven al final quedó aplastado sin poder levantarse, y el experimento tuvo que ser suspendido sin poder recorrer la distancia.[228]

La mano amiga de Simón.[229]

---

[227] *PLUTARCO. Moralia, 554, A,B,D.*

[228] *RICCI, Ricci. La morte di Cristo contestata in nome de la Santa Sindone. Italia: Assisi. 1970.*

[229] *Photography the Passion of the Christ. Foreword by Mel Gibson. USA: Icon Distribution. 2004.*

Los romanos destinaban para el trayecto a una cuadrilla de soldados (cohorte), comandada por un oficial especializado en esos menesteres, conocido como el *exactor mortis*. Su función es conducir a los condenados, custodiarlos y asegurarse de su muerte. Para cumplir con la estrategia disuasiva de la crucifixión, el cortejo pasaba por las zonas y horas más concurridas de la ciudad, para la humillación de la víctima y el escarmiento de los presentes.[230]

El procedimiento podía durar días, por lo que se crucificaba en grupo, como fue el caso de Jesús y otros dos condenados.[231] El varón de dolores y sabedor de dolencias, paso a paso, tembloroso y con el cuerpo encorvado culmina la cuesta con un dolor excruciante, donde hasta la ropa se transforma en instrumento de tortura, pero satisfecho de hacer cumbre con la ayuda de la mano amiga del cirineo. Al confrontar los problemas, Jesús nos demuestra que es necesario tener válvulas de escape y saber pedir una mano amiga en el momento adecuado. Liderar cambios que transformen la cultura y reencaminen el progreso es un trabajo arduo y se necesita saber hasta cuándo se puede y cuándo buscar de auxilio. Ahora le tocaría a estos once elegidos hacer lo mismo para llevar el mensaje a todos los confines de la Tierra.

46. LUEGO DEBE PROCLAMARSE EN SU NOMBRE EL ARREPENTIMIENTO Y EL PERDÓN DE LOS PECADOS, COMENZANDO POR JERUSALÉN, Y YENDO DESPUÉS A TODAS LAS NACIONES, INVITÁNDOLAS A QUE SE CONVIERTAN.

Finalmente Jesús pasa de hablarles del pasado a darle las instrucciones del futuro. La reingeniería se pregunta: ¿Cómo evolucionó eso que comenzó en Jerusalén? ¿Qué logros tuvieron estos once hombres cuando invitaron a todas las naciones a su conversión? ¿Sobre qué rocas se fundamenta ese proclamación? ¿Quién fue ese primero que se le adelantó a Jesús en la proclama del arrepentimiento y el perdón de los pecados? Responder a estas

---

[230] TACITO. *Anales IV.*

[231] HALICARNASO, Dionisio. *Antino: Libro VII.*

preguntas nos ayuda a darle dimensión al trabajo evangelizador hecho a partir de la conversión de Emaús.

EL MENSAJE APOSTÓLICO

La Resurrección de Jesús centró el mensaje. Los Hechos de los Apóstoles y las posteriores cartas a los primeros cristianos no propagaron solamente las enseñanzas de Jesús de Nazaret, cuando su cuerpo tenía la ecuación Hombre-Dios, sino que estaban absolutamente convencidos y comenzaron a difundir el milagro del retorno del Dios-Hombre. Ante ese hecho, la humanidad reacciona al sentir ese "aguacero" de amor y de señales. ¿Tenemos nuestros pétalos abiertos con bellos colores para que los demás admiren la obra del Creador en nuestra vida terrenal?

En el inicio del Génesis dice (1:26): «Entonces dijo Dios: Hagamos al hombre a nuestra imagen, conforme a nuestra semejanza; y señoree en los peces del mar, en las aves de los cielos, en las bestias, en toda la tierra, y en todo animal que se arrastra sobre la tierra. Y creó Dios al hombre a su imagen, a imagen de Dios lo creó; varón y hembra los creó. Y los bendijo Dios, y les dijo: Fructificad y multiplicaos; llenad la tierra, y sojuzgadla, y señoread en los peces del mar, en las aves de los cielos, y en todas las bestias que se mueven sobre la tierra.» Dios nos hizo como su mejor "piedra preciosa", nos hizo como el "oro" de su Creación. Ante esa "realidad" nos preguntamos ¿Cómo debemos reaccionar ante su "aguacero" de amor?

Con su resurrección, Jesús retornó a la Tierra a la manera del aroma de un grano de café, para penetrar en nuestra intimidad y decirnos: ¡Yo te amo y quiero ser tú amigo! Dicho a la manera de los Indios Yanomani del Amazonas: *Ya pihi irakema*, que significa estoy contaminado por tú ser, que es lo mismo a decir que parte de ti ha entrado en mí y vive y crece en mi intimidad.[232]

---

[232] *SERVAN-SCHRIBER, David. Anticancer. A New Way of Life. Penguin Group: Usa. 2007.*

¿Reaccionamos al amor de Dios como la rosa? [233]

Jesús nos dijo que SÍ con todo su ser y de una manera libre, sin miedo y para toda la eternidad. ¿Y nosotros? ¿y los discípulos? Luego de esta travesía ida y vuelta al desaparecido pueblo antiguo de Emaús, comprendemos como fue esa genial forma de actuar de estos antiguos hombres, que de ser unos humildes pescadores de una región recóndita y olvidada por el mundo, llegaron a conquistar el corazón del gran imperio romano y de las subsiguientes naciones e imperios que los humanos pretendan construir.

JesuCristo logró que estos hombres que huían se recuperaran de su miedo y su desesperanza, transformándolos en sabrosos granos de café que llenaron de sabor la vida humana. El *Maestro Caravaggio* nos pinta magistralmente los detalles de cómo Jesús nos reconquista, con el inolvidable grito: ¡Hágase la paz! Con estas palabras Jesús le pide a sus amigos que para progresar tendrán que adaptarse a una nueva situación. Que será necesario superar el dolor de cambiar. Hay que dejarse influir por lo bueno que puedan aportar los demás y transformarse con el mensaje del cambio y el progreso.

---

[233] *hermandadblanca.org.*

LOS LOGROS DE LA IGLESIA

El mensaje que Jesús le deja a sus Apóstoles llegó "clarito". A partir de allí esos hombres fueron pragmáticos y lograron resultados increíbles! Este grupo de hombres siguieron los pasos de JesuCristo en la Tierra, inspirando una organización que perdura más de dos mil años y donde su fundador sigue siendo el jefe máximo y figura de veneración e inspiración para todos sus integrantes. Algo único en la historia de las organizaciones humanas.

Daniel Goleman, **Richard Boyatzis** y **Annie Mckee** dicen: «Cuando los equipos fallan: El poder de las normas.»[234] De esta forma los integrantes de la Iglesia primitiva se constituyeron en un equipo "autoadministrado" virtuoso, en su poder para expandir el mensaje y los hechos por el planeta. La Iglesia cristiana, con todas sus ramificaciones, es sin duda alguna la organización más importante creada por el hombre, representando al 33% del mundo moderno, con 2 billones de personas que creen en mayor o menor grado que Jesús de Nazaret fue un Hombre-Dios que resucitó y dejó su hermoso mensaje de amor incondicional.

Los movimientos cristianos en el mundo son completos y complejos, desde la misma Iglesia Católica Romana hasta sus múltiples derivaciones. Un movimiento que agrupa a millones de trabajadores cristianos al servicio de la evangelización, con un logro impresionante a nivel educativo con una red de instituciones para la formación de niños, jóvenes y adultos en todo el mundo; un ministerio formidable en materia de salud que siguiendo los pasos de Jesús de Nazaret atiende todo tipo de enfermedades, estimándose que más del 26% de los principales hospitales del mundo occidental son operados por una institución cristiana; el ejemplo de Jesús para atender a los pobres en acción ha quedado en miles de instituciones de caridad que ayudan a donar dinero, ropa y comida, así como la reconstrucciones de hogares, familias y comunidades.

No hay forma de saber qué hubiese pasado y qué pasaría en el mundo hoy si Jesús no resucita, pero si sabemos las hermosas consecuencias de su

---

[234] Goleman, Boyatzis & Mckee. Primal leadership. HBS Press. 2005.

milagro en las artes, las edificaciones y las personas, que son las rocas esenciales del amor de Dios en la Tierra.

Santa Sede del catolicismo en el mundo.[235]

Parados en el nuevo milenio, la potencia de las obras e instalaciones cristianas hacen fácil confundir la esencia de la Iglesia de Cristo. Como lo dijo a San Pedro en Galilea, la potencia de esta gran institución milenaria no está fundada en sus "palos" y edificios, sino en su gente (Mt 16,18): «sobre esta roca edificaré mi Iglesia.» Los Santos cristianos son las verdaderas "rocas" de la Iglesia, con tantas personalidades cristianas que nos han inspirado con sus palabras y hechos.

Emaús fue entonces el inicio de un viaje mucho mayor y para verlo hay que parase sobre los hombros de estos gigantes del amor": *San Lucas, San Pablo, Santo Tomás, San Agustín, San Ignacio, Santa Teresa, San Antonio, Juan Pablo II, Benedicto XVI, Teresa de Calcuta, Papa Francisco* y muchos que con su ejemplo son "el único evangelio que muchos leyeron." Todos podemos ser parte de ese liderazgo sin tan solo nos comportamos con Cleofás en el camino hacia Emaús y abrimos nuestro corazón al mensaje de JesuCristo. Sus palabras fueron claras y contundentes: *¡Hágase el amor!*

---

[235] *html.rincondelvago.com.*

El mensaje fue contundente y lo que sucede a continuación nos demuestra que las organizaciones no tienen límites. Pueden crecer sin fin siempre y cuando esté liderada responsablemente por seres humanos que con humildad e inteligencia espiritual, sigan el mensaje de amor cristiano.

47. USTEDES SON TESTIGOS DE TODO ESTO.

Las siguientes palabras del resucitado hablan sobre la importancia de ser testigo de lo ocurrido. La reingeniería se pregunta: ¿De qué fueron testigos estos hombres? ¿Por qué es importante que sean testigos para poder cumplir la misión encomendada? ¿Cuáles sucesos y actos pueden causar más impresión en un testigo? Responder a estas preguntas nos ayuda a darle valor al inexplicable fenómeno del sufrimiento dentro del proceso evangelizador.

LO DESCONCERTANTE DEL VÍA CRUCIS

Los testigos son siempre importantes cuando se trata de algo difícil de creer para los demás. Si fuese algo normal, pues no hace falta gente que testifique de lo ocurrido. El Dios-Hombre expresó claramente su interés de que estos simples pescadores funcionaran como testigos de algo muy desconcertante para el humano normal, lo que hace a la divinidad un ente misterioso y difícil de descifrar, por lo que requiere testigos que lo certifiquen. Así como quizo nuestro Creador para darnos suficiente certeza para tener fe, pero insuficiente para darlo por un hecho. Sólo así nos daba nuestra libertad y por eso en Emaús se le desaparece a los dos discípulos, como lo hace también en Galilea cuando asciende a los cielos frente a los once!

Los testigos son especialmente necesarios en los juicios. Estos Apóstoles no pudieron estar cuando el Hombre-Dios fue condenado, pero si lo estarán cuando sea absuelto. La ciencia de la investigación histórica y arqueológica reportan que, al pronunciar la autoridad romana la frase *Ibis in crucem*, el condenado pierde la condición de ser humano y pasa a ser "nada o nadie".[236] Dictada la sentencia, de ahí en adelante es considerado igual a un animal cualquiera, una "cosa" perjudicial, con la que el pueblo y el gobierno pueden hacer lo que les venga en gana.[237] Para muchas mentes humanas resulta incomprensible todo lo relacionado con el tortuoso camino que tuvo que sufrir el Cordero de Dios rumbo a su matadero ¿Por qué tenía que ser así?

En Jerusalén, el hombre que caminaba curando y enseñando por Galilea, ahora debe hacerlo solo y con una pesada carga, frente a miles de personas en la fiesta de la pascua judía. Es el "peor momento posible", para un hombre que pretenda disminuir en algo su dolor, dado que los humanos buscamos el silencio para nuestra propia pasión. Así sucede en los hospitales y terapias intensivas de todo el mundo.

La historia del Vía Crucis no es solo lo que sufrió Jesús en sus terribles torturas, sino que también es la historia de la cobardía permanente y eterna. ¡Al caído nadie ayuda, todos se alejan de él! Pareciera que las penurias del largo recorrido pasaron factura sobre un cuerpo hipersensibilizado con la hematohidrosis de Getsemaní (sudado de sangre). El esfuerzo de Jesús en el Vía Crucis fue demasiado y requirió ayuda para llegar al Gólgota, como lo demuestra el episodio de Simón de Cirene.

Para Jesús, caminar no era nada desconocido. Recorría Galilea entera, enseñando en aquellas sinagogas, proclamando la buena noticia del Reino y curando todo achaque y enfermedad del pueblo. Sin embargo, esta vez caminaría solo y con una pesada carga, que materialmente era el tronco de la cruz, pero que sus discípulos nos han transmitido que metafóricamente era la carga de los pecados de la humanidad.

La sentencia de la cruz incluía a la flagelación: *virgis caedere* precedía siempre a *securi percutere*: Primero eran "maltratados" con el látigo como tortura preliminar y luego son crucificados. El rigor, la crueldad y la severidad de las lesiones producidas durante la flagelación, determinaban en gran medida, el tiempo que el condenado sobrevivía en la cruz. Tanto, que en

---

[236] *LIVIUS, Titus. XXXIII, xxxvi 3.*

[237] *JOSEFO, Flavio. Guerras II, XIV, p. 9; y V, xi.*

ocasiones el reo puede morir antes de ser crucificado. En dicho caso, se consideraba que había sido cumplida la sentencia de muerte en la cruz.[238]

La tristeza del camino sin clemencia. [239]

Con sus acciones Jesús nos enseña que ejercer el liderazgo es peligroso, por lo que se requiere ayuda. El mismo Hombre-Dios así lo requirió para sobrellevar la pesada carga del cambio sobre sus hombros. Esa carga la pueden llevar personas que hasta ahora no se habián comprometido con la causa, pero que las circunstancia los ponen en el sitio y momento correcto. Ahora, una vez mostradas las heridas, explicadas las Escrituras y entregada la orden de acción, el Dios-Hombre transformará a sus evangelizadores en testigos de primera línea de sus padecimientos y de su insuperable triunfo sobre la muerte.

---

[238] TENNEY, S. On death by crucifixión. Am. Heart. J. 1964.

[239] horaguardia.blogspot.com.

EL CONCEPTO DE LA TORTURA

Desde los mismos inicios de la Humanidad, el hombre ha utilizado la tortura como instrumento para producir intencionadamente dolor en los otros, para someterlos a su voluntad. Se ha usado como ejemplo aterrorizante por el miedo a sentirlo con el objetivo de someterlos a su voluntad; obligarlos a obtener una confesión o información, al costo que sea, para hacerlo desistir en sus convicciones; como venganza por un hecho cometido por la víctima; como preludio de una ejecución (muerte-suplicio), o simplemente para el entretenimiento del torturador. En el caso específico de Jesús de Nazaret todas estas condiciones estuvieron presentes.[240]

La tortura no está encaminada a la eliminación física del adversario sino a su destrucción moral. El torturador es un sujeto degradado. La explotación del dolor, es la principal forma de expresión de la crueldad del hombre para con sus semejantes y con los animales.

El dolor y el sufrimiento humano, no sólo se almacenan profunda y permanentemente en la memoria individual, sino que su imagen queda grabada en la de la Humanidad. Explica que la tortura o el miedo a recibirla, condujeran a los hombres civilizados, a realizar pactos entre sí para abolirla. Antiguamente la tortura era aceptada y practicada públicamente luego de un proceso "legal". Hoy en día el artículo primero de la Declaración Universal de los Derechos Humanos de la Organización de las Naciones Unidas, establece que nadie deberá ser sometido a tortura, procedimientos crueles, inhumanos y degradantes, tal como se desprende de la definición aprobada por la Asamblea General de la ONU.

El poeta **Facundo Cabral** dijo: «No estás deprimido, estás distraído. Por eso crees que perdiste algo, lo que es imposible, porque todo te fue dado. No hiciste ni un sólo pelo de tu cabeza, por lo tanto no puedes ser dueño de nada.» Lo increíble de Jesús de Nazaret en su vía crucis fue justamente eso, no se creyó dueño de su vida, aceptó su tortura y entregó su humanidad en una increíble lucha que superó para conservar su estabilidad emocional y

---

[240] SCOTT, George Riley. *The History of Corporal Punishment. Editado por T. Werner Laurie. LTD London. Inglaterra. Republicado por Gale Research Company Book Tower, Detroit, 1974.*

evitar la despersonalización. ¿Cómo se mantuvo cuerdo durante el trayecto? ¿Cómo venció la sensación de que lo que ocurre no es verdad? ¿Cómo hizo Jesús para vencer la apatía y la melancolía?

La preparación de Jesús en Getsemaní le dio la fuerza para superar las dificultades que le tenía preparado su via crucis y estar listo para pronunciar magistralmente sus palabras de amor incondicional en la cruz. Jesús soporta todo tipo de torturas físicas, mentales y emocionales mirando hacia el futuro. En su camino sentía palpitar su corazón con la expectativa de lo que sería sus palabras finales y miraba hacia atrás orgulloso del camino recorrido. Llegar al Gólgota se transforma en una meta gloriosa.

La meta gloriosa.[241]

Ser testigos del via crucis y de la resurrección nos enseña que la percepción sobre el camino cambia favorablemente cuando se ve hacia el pasado y se celebra lo progresado. De esa forma el futuro se hace mucho más fácil y sencillo. Un liderazgo responsable se preocupa por mantener a sus

---

seguidores impactados con el camino recorrido y motivados por el camino por recorrer. Si fueron testigos de que su Maestro lo logró, pues tendrán la fuerza para ir y venir las veces que sean a los "Emaúses" de la vida cristiana.

TESTIGOS DEL DOLOR HUMANO

El dolor en el hombre aparece desde el mismo momento de su nacimiento hasta su muerte, es indisoluble de la esencia del ser humano por lo que forma parte constitutiva de toda vida. ¡Todos sentimos dolor en algún momento de nuestras vidas! (y lo odiamos). Los expertos del dolor dicen:

- ✓ **John Milton**: «El dolor es la calamidad perfecta, el que excede todos los males, el que aniquila cualquier paciencia.»

- ✓ Dr. **Albert Schweitzer**: «El dolor es el dios más terrible del género humano y supera a la muerte misma.»

- ✓ **Marcel Proust**: «A la bondad y la sabiduría sólo le hacemos promesas, pero al dolor, lo obedecemos.»[242]

- ✓ **Miguel Cervantes Saavedra**: «El dolor más fácil de soportar es el ajeno.»[243]

- ✓ **Platón**: «El dolor es físico pero es experimentado por el alma.»

- ✓ Dr. **Wall** & **Melzack**: «El dolor es la dimensión neurofisiológica y el sufrimiento es la dimensión emocional y personal.»

- ✓ La Asociación Internacional para el Estudio del Dolor: «El dolor es una experiencia emocional y sensorial desagradable asociada a una lesión tisular o expresada como si ésta existiera.»[244]

Las personas adoloridas se preguntas: ¿Hay Dios? ¿Por qué habrá hecho al dolor, tan insufrible? Era tanto el dolor que padecía que, aunque no

---

[242] PROUST, Marcel. *En busca del tiempo perdido. New York: Random House. 1982.*

[243] En OCHOA, G. A y Col. *Dolor Agudo y Postoperatorio en Adultos y en Niños. Bogotá: Gentenueva.* 1995.

[244] MERSKEY, H. *Classification of Chronic Pain. Description of Chronic Pain Syndromes And Definition of Pain Terms. Pain. Suppl. 3:5. 1986.*

podía hablar, por dentro estaba llorando. Sabiendo el inmenso dolor que le venía Jesús de Nazaret en Getsemaní terminó rogándole a su Padre: «Aparta de Mí éste cáliz.»

El dolor humano. *Ayyy; Ouch: ¡Qué dolor!* [245]

El dolor tiene un significado biológico de preservación de la integridad inmediata del individuo. Los estímulos dolorosos ponen en marcha potentes mecanismos de sobrevivencia. El sistema de manejo del dolor en el cuerpo consta de niveles para su detección, traducción, transmisión, recepción y su resultante. En el caso del via crucis de Jesús, ese sistema funcional bajo hiperalgesia, ya que ocurren golpes sobre zonas previamente lesionadas. El impacto de los dolores que Jesús padeció en su vía crucis no solo influyeron en la piel y los músculos, sino sobre los mismos nervios.

La oración de Jesús en Getsemaní y su preparación para enfrentar voluntariamente el via crucis, fue un factor fundamental para que el Hombre-Dios pudiese soportar con éxito su meta. Este viaje a Emaús nos enseña que si hay dolor asociado a la pérdida de un cambio, esa urgencia debe ser atendida primero, para luego poder atender lo importante. Jesús busca primero a Cleofás, su oveja perdida, para luego mostrarse al resto de su rebaño.

---

[245] *www.egrupos.net/albumPhoto/1250146/photo_69.jpg.*

Cuando hay dolor y urgencia en el ambiente, no hay razón para hablar ya que los demás no están escuchando. Si atendemos primero lo básico, luego podremos tener espacio para ejercer el liderazgo en lo importante y promover verdadero progreso. Por eso, ya en Jerusalén, todos tranquilos y habiendo comido con su Maestro resucitado, pueden atender los asuntos de importancia trascendencia.

EL DESPELLEJAMIENTO DEL HOMBRE-DIOS

Algunos de los discípulos y en especial las mujeres, fueron testigos como con el primer latigazo comienzan esas torturas de las cuales Jesús ya no podía recuperarse. Requieren un intenso tratamiento y descanso, que la época no disponía. El primer latigazo ya es el comienzo de la maldad aplicada sin razón, sin sentido y sin beneficio para nadie.

Los azotes eran un castigo común en la Antigua Roma. **Ser flagelado implica ser despellejado vivo** ¡Horror! ¡Horror! ¡Horror! ¿Cómo es posible que un hombre castigue a otro hombre hasta el límite de matarlo en el proceso? La flagelación romana era inhumana a causa de los instrumentos que se utilizaban: El horrible *flagelum*.

Los Escritos contienen el despellejamiento vivo del Dios-Hombre bajo la figura del "Héroe Divino": «Y mientras gritaba, le iban arrancando la piel hasta dejarlo convertido en una única herida. Corre por todas partes la sangre, afloran los músculos al descubierto y las venas, sin protección alguna, culebrean palpitando.»[246]

La flagelación ataca la piel humana, que es el magnífico órgano sensorial que nos permite capturar los cariños, reflejo del amor, y los golpes, reflejo del odio. La piel es eso que nos separa del mundo, que nos hace individuos, que nos da un rostro distinguible. Lo escrito en el Libro de Job ayuda a entender las implicaciones de esta acción denigrante (Isaías 1,5): «La cabeza es una llaga, el corazón está agotado. De la planta del pie hasta la cabeza no queda parte ilesa: llagas, moretones, heridas recientes no exprimidas ni vendadas, ni aliviadas con ungüento.»

---

[246] DE CRESCENZO, Luciano. *Los Mitos de los Dioses. Barcelona: Seix Barral S.A. 1994.*

La tortura consecuencia del odio extremo y la crueldad de los hombres.

Las "fieras" que flagelaron a Jesús fueron una jauría de hombres perversos que al vivir sin Dios se guían por las leyes animales de la naturaleza,[247] destruyendo a la piel como el espejo del alma, al ser **la fuente de expresión de nuestros sentimientos más íntimos!** Despellejar a un Hombre-Dios busca quitarle su doble condición de Hombre y de Dios. Es un ataque directo contra su condición mesiánica.

Ser testigos del via crucis nos enseña que al ejercer el liderazgo, la gente asocia el cambio a un rostro que simboliza y exterioriza la transformación. De esa forma se puede generar una conexión emocional entre la idea y la persona que la representa. Una forma como se muestra el rechazo de los perdedores a la idea es atacando la imagen de la persona que representa el cambio.

---

[247] *Fachada de la Pasión del Templo de la Sagrada Familia en Barcelona. España. Arquitecto: Antoni Gaudí. Escultor: Joseph María Subirachs.*

LOS HECHOS DE LA FLAGELACIÓN

La flagelación busca que el castigo se ejecutara en público y de manera espectacular. Así los verdugos actúan como dueños de los cuerpos y sus almas. Es el dominio absoluto del propietario sobre la vida y la muerte de los esclavos, los reos y los traidores.

Esta condena significaba en la práctica una muerte casi segura, no solo por los destrozos sobre el cuerpo y el profuso sangrado que produce, sino porque la infección era casi segura. De hecho se le llamaba "media muerte".

Verdugos frente a frente.[248]

Los verdugos, encargados para el oficio de flagelar se denominaban *lictores* y eran escogidos por su capacidad de realizar los peores actos vandálicos, de entre los hombres más perversos y sádicos de la tropa. Una parte de la tropa romana apostada en Jerusalén la constituían mercenarios orientales, muchos de ellos criminales y malhechores en su país de origen. Su sola presencia infundía miedo por ser su imagen comparable con las bestias o demonios.

Jesús fue amarrado por las muñecas a una columna baja por lo que estaba absolutamente indefenso y sin poderse proteger y ni caer al suelo, con

---

[248] *A) Fachada de la Pasión del Templo de la Sagrada Familia en Barcelona. España. Arquitecto: Antoni Gaudí. Escultor: Joseph María Subirachs. B) The Passion. Photography from the Passion of the Christ. Foreword by Mel Gibson. USA: Icon Distribution. 2004.*

el agravante que esta incómoda postura lo obligaba a doblar la espalda y separar las piernas para aumentar la base de sustentación. Esta posición le ayuda a no caer ante el empujón producido por los latigazos al chocar con fuerza sobre su humanidad. Sin embargo, esa posición hace que toda la espalda, el tórax, el abdomen, las piernas y los genitales, quedasen expuestos a los *lictores* y al público que presencia la flagelación.

La misma posición de la flagelación permitía verdugos simultáneamente, tomando turnos sobre el reo. Mientras uno azotaba el otro cruelmente se deleita en el daño que se le hacía al otro ser viviente. Usaban un bastón de madera de mango corto provisto de correas de cuero y terminaciones de hierro para lesionar y destruir, causando contusiones, irritaciones, heridas y llagas.[249] De esa forma el Cordero de Dios tuvo que soportar como una "macho" la crueldad de la flagelación romana, lo que trajo terribles consecuencias sobre su humanidad. Ser testigos del vía crucis nos enseña que para evitar un cambio, la autoridad puede buscar personas capacitadas y motivadas para impedir el progreso. Por ello, para ejercer el liderazgo y promover el cambio, es necesario elegir la estrategia adecuada y las personas capaces y motivadas para enfrentar la respuesta agresiva. Jesús eligió a estos once para que lideraran este proceso de evangelización y por eso los hace testigos de su resurrección.

SU INICIACIÓN PÚBLICA

Es conveniente en esta etapa del relato de Emaús recordar la importancia de que todo esto que ocurrió había sido ya proclamado por una voz que clamaba en el desierto. Se trataba de Juan el Bautista!

Juan el Bautista fue el hombre que proclamaba la inminente llegada del Mesías de Israel. Juan era su primo, el hijo de Isabel y Zacarías, que había iniciado su prédica un tiempo antes que Jesús, preparando a la gente para recibir el mensaje cristiano y bautizando en el Rio Jordán para purificar las almas. Esa proclama implicaba que habría una apertura de la puerta entre lo

---

[249] KLAUSNER, Joseph. *Jesús de Nazaret. Su vida, Su época, Sus enseñanzas.* Barcelona: Paidós-Orientalia. 2 ed. 1991.

creado y el Creador, puesto que hablamos de la vida como hombre del propio Dios. Tal como lo plantea el físico y padre de la teoría cuántica, el alemán **Max Planck**: «Toda la materia tiene su origen y existe en virtud de una fuerza. Debemos presuponer la existencia de una mente Inteligente y consciente tras esa fuerza. Esa Mente es la base de toda la materia». La proclama mesiánica consiste pues, en el comienzo de la acción pública de esa energía invisible y continuamente creadora hecha visible bajo la figura humana del Dios-Hombre. ¡El impacto tiene que ser monumental!

La iniciación mesiánica considera cinco importantes eventos realizados por Jesús para comenzar su vida pública. Algunos de estos hechos son reseñados solo por uno de los cuatro evangelistas, otros por varios de ellos, más sin estar claro el orden en que ocurrieron. Sin embargo, la clave está en los símbolos y mensajes que nos dejaron cada uno de estos hechos al inicio de la prédica de Jesús.

Juan el Bautista iniciando a Jesús como el Mesías.[250]

---

[250] *www.blogdecine.com.*

Se trata de la purificación de Jesús en el Jordán por Juan el Bautista, comenzando así su camino mesiánico como el Cordero Redentor con la bendición de Dios, su Padre; su retiro al desierto donde por cuarenta días Jesús fue tentado infructuosamente por el diablo, comenzando así su trabajo de conversión de hombres con un monumental plan de liderazgo; el milagro de la conversión del agua en vino en las bodas de Caná, comenzando así su labor pública con alegría y fiesta; la proclama de su misión profética en la sinagoga de su pueblo Nazaret, comenzando así el cumplimiento de las profecías-flecha en la persona de Jesús; y finalmente la expulsión de los comerciantes del Tempo de Jerusalén, comenzando así su revolución en la relación del hombre con el Creador.

48. AHORA YO VOY A ENVIAR SOBRE USTEDES LO QUE MI PADRE PROMETIÓ. PERMANEZCAN, PUES, EN LA CIUDAD HASTA QUE SEAN REVESTIDOS DE LA FUERZA QUE VIENE DE ARRIBA.»

Una vez transformados los trabajadores espirituales en testigos, Jesús pasa a darles recursos adicionales necesarios para completar la tarea: El Espíritu Santo. La reingeniería se pregunta: ¿Cómo funciona esa fuerza adicional que viene de arriba? ¿Hay algún buen ejemplo del poder de esa fuerza una vez salen de la ciudad? ¿Qué tenían esas lenguas de fuego? ¿Podía esa fuerza que viene de arriba tener poder sobre la vida? Responder a estas preguntas nos ayudan a comprender el valor del Espíritu Santo en la ecuación de la reingeniería evangelizadora.

EL PODER DEL ESPÍRITU SANTO

La experiencia de "ver" y compartir con el resucitado fue solo una de las partes. Luego vino la trascendente aparición en Pentecostés, donde los Apóstoles al recibir el Espíritu Santo recibieron una fuerza extraordinaria para "sembrar" la semilla del amor. Ese fuego venía en forma de "lengua", conectando el suceso con la esencia del Creador: (Jn 1,1): «En el principio era el Verbo y el Verbo estaba ante Dios, el Verbo era Dios.»

La historia de Pentecostés es tan maravillosa e inverosímil que nos hace pensar lo improbable que haya sido un invento creativo del evangelista. Es particularmente interesante que los otros se hayan reído indicando que los discípulos estaban llenos de "mosto", dando a entender que los presentes pensaban que los apóstoles estaban influenciados por el alcohol del vino. Dios a lo largo de la historia con el pueblo hebreo usa el vino como simbolismo en múltiples ocasiones. Jesús hizo lo mismo y en especial lo usó en la última cena para transformarlo en su sangre. Cuando estudiamos el fenómeno del milagro en las bodas de Caná concluimos el poder del Creador sobre la variable tiempo, al ser capaz de producir vino añejo en segundos. De esa forma, Jesús logra alinstante algo que le toma a los barriles años de lograr convirtiendo el jugo de uva en buen vino con sus taninos como signo del añejamiento.

Ahora en Pentecostés Dios muestra la misma capacidad de manejo del tiempo, puesto que instantáneamente enseña a los hombres la capacidad de hablar otra lengua. El tiempo es vital para aprender otro idioma: «Para empezar a hablar un segundo idioma desde cero, se estima que con no menos de 400 o 500 horas es factible comenzar a hilar conversaciones sencillas y entender mínimamente a un hablante. No obstante, para dominarlo a la perfección, se necesita mucho más tiempo: los expertos hablan de una dedicación mínima de entre 3.000 y 5.000 horas, o lo que es lo mismo, de tres a cinco horas a diario durante casi tres años.»[251]

La recepción del Espíritu Santo fue la pieza energizante que faltaba en el rompecabezas del cambio milagroso de los Apóstoles, que se extendió como un fuego en la pólvora invadiendo los corazones de los poderosos, transformando pacíficamente desde adentro al Imperio Romano. ¿Quién hubiera predicho tan "imposible" hazaña? No solo es relevante lo logrado por el cristianismo en sus años primitivos, sino que en vez de extinguirse poco a poco con la desaparición de sus líderes iniciales. Hoy día es una fuerza poderosa seguida por billones en el Siglo 21, mostrando el triunfo del mensaje iniciado por el Rey de Reyes y continuado por el poder onmipresente del Espíritu Santo. El símbolo de esa "palomita" inocente e inmaculada habita en todos los corazones de los hombres y mujeres que le han abierto su corazón

---

[251] educacion.comohacerpara.com/n7711/cuanto-se-tarda-en-aprender-un-idioma.

al Creador y que ha sido la fuente de energía de la organización más trascendental que ha creado la humanidad en su historia.

Pentecostés.[252]

Pentecostés nos enseña que para ejercer el liderazgo en situaciones complicadas, es útil buscar la influencia indirecta a través de personas de confianza de nuestra contraparte. ¿Cuántos judíos no han debido seguir el camino de JesuCristo cuando vieron a estos hombres hablar en lenguas extrañas? Que potente es saber transformar a un dormido en actor activo al cambio, a un enemigo en aliado. Esa es la siguiente pieza en el rompecabeza del éxito evangelizador de estos once testigos.

---

[252] *odresnuevos.wordpress.com.*

LA CONVERSIÓN MILAGROSA DE SAULO

No puede haber exploración de la historia primitiva cristiana sin el tremendo impacto de San Pablo. Junto con San Pedro, esta venerable figura es vital para comprender los primeros años de evangelización y muestra como el resucitado vence el escepticismo. La transformación de singular líder cristiano de perseguidor a perseguido.

Saulo nació en Tarso de la provincia romana de Cilicia. Perteneció a una familia rigurosamente judía de la diáspora, muy ligada a las tradiciones y observancias de la Ley (Filipenses III, 5). Previo a su conversión, Saulo se muestra como el perfecto escéptico. Su carácter impetuoso le lanza a un fanatismo exagerado. Este singular líder cristiano tuvo dos nombres con dos vidas radicalmente diferentes: **¡De perseguidor a perseguido!**

Su primera vida la hizo como Saulo el perseguidor de cristianos. En la segunda vida la hizo como Pablo el cristiano perseguido. En esta primera vida era un fariseo estimado líder de su comunidad. Completó su educación rabínica con el maestro Gamaliel y cita la antigua Ley con exactitud. Saulo consideraba al cristianismo como una herejía, violentando sus conciencias (Gálatas 1,13): «Perseguí y traté de destruir a la iglesia de Dios. Yo perseguí de muerte a los seguidores de esta nueva doctrina, aprisionando y metiendo en la cárcel a hombres y mujeres.» Fue posiblemente testigo y aprobó con su actitud, la brutal muerte de San Esteban (Hechos 7,55). Su furia no solo la descargó contra los cristianos de Jerusalén, sino que le pidió recursos al Sumo Sacerdote para perseguirlos en Damasco.

Con esa camino a Damasco pasa "Algo" que lo hizo cambiar "brusca y radicalmente" que modificó el desarrollo del cristianismo (Hechos 9,4): «Sucedió que yendo de camino, cuando estaba cerca de Damasco, de repente lo rodeó una luz venida del cielo, cayó en tierra y oyó una voz que le decía: "Saulo, Saulo, ¿por qué me persigues?" El respondió: ¿Quién eres? Y él oyó: Yo soy Jesús, a quien tú persigues.»

La conversión de San Pablo.[253]

Su segunda vida la inicia tres años después de la primera y la hace como San Pablo, Apóstol y Mártir. Inicia su actividad predicando en Damasco y sin ocultar su pasado, tuvo que luchar con la "traición" hacía sus antiguos amigos y las autoridades judías. Fue una transformación completa celebrada festivamente por la Iglesia, pasando del odio al amor en grandes hechos, numerosas cartas doctrinales y trascendentes viajes evangelizadores que trascendieron las fronteras del judaísmo, impactando profundamente a Atenas y Roma. Su conversión le trajo penurias que culminan en su sacrificio.

Pablo demuestra que el amor todo lo puede, inspirando el diálogo y la unión en la humanidad. Su nombre es ahora usado en múltiples catedrales y emprendimientos misioneros cristianos. El secreto del líder responsable es hacer alianzas con los enemigos, es hacer que los perdedores se sientan como ganadores y quieran participar en el cambio. Un buen líder entiende que tarde o temprano debe llevar el progreso al "territorio enemigo" y trabajar con "fichas clave" en el "otro lado", para traer a esos viejos enemigos en nuevos aliados. La conversion de un enemigo profeso puede resultar más poderosa que el apoyo de los aliados tradicionales.

¿QUÉ TENÍAN ESAS LENGUAS DE FUEGO?

Benedicto XVI concluye: «Sin Dios el hombre no sabe a dónde ir ni tampoco logra entender quién es. Ante los grandes problemas del desarrollo de los pueblos, que nos impulsan al desasosiego y el abatimiento, viene en nuestro auxilio la palabra de JesuCristo, que nos hace saber (Jn 15,5): "Sin mí no podéis hacer nada" y nos anima (Mt 28,20): "Yo estoy con vosotros todos los días hasta el final del mundo."»[254]

De esta forma, una buena manera de arrancar a comprender quiénes somos y qué tenían esas lenguas de fuego que recibieron los Apóstoles, es a través de la palabra viva de Jesús. Esa misma palabra que le dice a Nicodemo **¡Somos cuerpo y espíritu!** La noción de *alma* aparece ya en estadios muy antiguos del pensamiento humano y puede encontrarse de un modo u otro en todas las culturas.

Si somos uno con dos componentes, una buena forma de presentar esta idea es usando el lenguaje metafórico de Jesús con la ayuda de una moneda (Lc 20,20): «Mostradme un denario. ¿De quién lleva la imagen y la inscripción? Ellos dijeron del César. Él les dijo: "Pues bien: Lo del César devolvédselo al César y lo de Dios a Dios"»

La cara de la moneda dedicada al César es lo nacido de la carne y su esencia es la realidad física del cuerpo con sus átomos, moléculas y células. Es la cara que estudia la ciencia. La cara dedicada a Dios es lo nacido del espíritu y su esencia, el alma, es desconocida por la ciencia, pero la visión peregrina nos grita: ¡existe! Lo sabemos por sus manifestaciones externas, por lo que nos dice Dios "a su manera" en la calma del viento, tal como se lo transmitió a su hijo Jesús de Nazaret para que este nos mostrara señales de ese mundo espiritual, creando una Nueva Alianza con la humanidad.

---

[254] Ratzinger, Joseph. *Dios está cerca. Chronica Editorial. Barcelona. 2011.*

Ponte en camino, le dice Dios a Abraham.[255]

San Pablo recomienda recorrer el camino hacia la Puerta y la Morada de Dios con una actitud especial (Rm 12,2): «No se amolden al mundo actual, sino sean transformados mediante la renovación de su mente. Así podrán comprobar cuál es la voluntad de Dios, buena, agradable y perfecta.» Dios no le dijo a Abraham: "Te muestro la ruta ahora. Esta es la dirección exacta a donde tienes que ir!" lo que hizo fue pedirle que arrancara su viaje y que durante el camino le daría más indicaciones: "A medida que marchas te lo voy mostrando". No hay un mapa preciso y debía caminar "sin rumbo claro" por el desierto con su clan a la espera de nuevas instrucciones.

¿Emprender un camino de incertidumbre da miedo? Pero como pasó con Abraham y la Virgen María, tiene un final maravilloso. Esa fuerza especial que debían esperar los once en la ciudad, es la que les dará la capacidad para enfrentar realidades a una velocidad que la gente la pueda tolerar. Por ello el plan de progreso va preparando el camino y entregando los recursos para enfrentar más adelante los cambios más profundos.

EL PODER SOBRE LA VIDA

Con el poder del Espíritu Santo, estos Apóstoles comienzan a curar gente y hacer milagros, tal cual lo hacía el Hombre-Dios. Se habla incluso de que el más importante de estos hombres milagrosos, Pedro, fue capaz de parecerse mucho a su Maestro y replicar algunos de sus grandes logros.

---

[255] ωωω.φεσυσωαλκ.χομ

Los milagros realizados por Jesús de Nazaret llegaron de todas las formas y colores. Causan mayor impacto dependiendo de nuestra propia circunstancia. Para los que tienen mentalidad científica o ambientalista, quizás les llegue con mayor fuerza la capacidad de controlar el mar y los vientos.

En sus viajes apostólicos, algunos de estos Apóstoles logran calmar tempestades en nombre de JesuCristo, para así seguir esparciendo su semilla por el mundo. Para los que son padres de familia les sorprendan los milagros de curación a distancia con la hija del fariseo, mientras que para los hombres que sustentan autoridad la curación del siervo del centurión romano. Particularmente Pedro mostró habilidades para seguir ese camino curandero.

Para los que han vivido una vida llena de limitaciones, es posible que les haya llegado más al corazón la cura de leprosos, ciegos y paralíticos. Para un médico que batalla diariamente contra la muerte o los que han experimentado la pérdida de un gran amigo, lo ocurrido con Lázaro es un milagro de mucho impacto.

Los evangelistas revelan que Jesús tenía la capacidad de influir sobre la vida, razón por la cual fue poco a poco avanzando en la complejidad del prodigio, comenzando por el hijo recién muerto de la viuda de Naim; luego la hija de Jairo ya en camino al cementerio, la vuelta a la vida de Lázaro después de 4 días de cadáver en descomposición, para culminar con la obra maestra de su propia resurrección. Es como si las primeras resucitaciones fueron preámbulo de los prodigios que más adelante realizaría, tal como lo haría un mago insigne.

Los efectos de Jesús sobre la vida son un rayo de esperanza para cualquiera y lo es más para los médicos. Cuando declaramos a una persona que está muerta, luego no hay manera humana posible de reconstruir tan solo una de las neuronas perdidas, menos aún de recuperar la memoria luego de la sinapsis rota. Luego de lo hecho con su amigo Jesús nos dice: «Yo soy la resurrección y la vida: El que tiene fe en mí, aunque muera vivirá; y todo el que está vivo y tiene fe en mí, no morirá nunca. » ¿Creemos esto?

Los tres resucitados por Jesús de Nazaret.[256]

Ante la maravilla de la resucitación de Lázaro se nota pues la esencia de la Fé del comportamiento humano. Mientras algunos se convirtieron al instante y alabaron al Mesías, otros fueron con bajeza a acusarlo ante las Autoridades del Templo. Los mismos sacerdotes del momento reconocieron que Jesús hacía señales portentosas, pero en vez de bajar humildemente su cabeza frente al poder Creador, optaron por tratar de defender su posición de poder con la gente. Eso mismo sucedió con algunas de las curaciones apostólicas y sigue sucediendo hoy día con las curaciones asociadas a los santos de la Iglesia moderna.

Reparar a voluntad las casi cien trillones de células dañadas y podridas del amigo fue un acto imposible de ocultar y menos de dejar pasar sin juicio. Fue un acto admirable del cual le gente no podía dejar de hablar. Cuando se habla de una persona que admiramos o queremos, deseamos obtener su imagen corporal porque es la casa en donde habita el alma. Cada hombre se caracteriza por su figura, el modo de andar, hablar y muy especialmente el rostro por ser el sello que lo identifica externamente y constituye la manifestación de la intimidad en el exterior.

Con el poder del Espíritu Santo estos hombres simples adquieren un poder de arriba que atenta contra la autoridad, lo que puede y fue una limitante para ejercer el liderazgo. La historia muestra que las personas que ejercen el poder sobre otros hombres, suelen tener como primordial interés el mantenimiento de ese poder y no el ejercicio del liderazgo responsable que

---

[256] en.wikipedia.org/wiki/Raising_of_Lazarus.

busca el progreso de su comunidad. Esperar a ser la autoridad para comenzar a liderar puede autolimitar nuestra capacidad de impulsar progreso. Por eso, al igual que lo hizo Jesús, Pedro, Juan, Pablo y los demás testigos no esperaron la autorización de las autoridades hebreas o romanas para iniciar su trabajo evangelizador.

---

49. JESÚS LOS LLEVÓ HASTA CERCA DE BETANIA Y, LEVANTANDO LAS MANOS, LOS BENDIJO.

Este siguiente segmento va anunciando el final del magnífico relato de Lucas. La reingeniería se pregunta: ¿Si el resucitado se volvió a aparecer en Betania, qué otras aparición son relatadas por los evangelistas? ¿Por qué escogió hacer su despedida en Betania? ¿Qué significa darles su bendición? Responder a estas preguntas nos ayudan a comprender el deseo de felicidad asociado al trabajo evangelizador.

LAS APARICIONES DEL RESUCITADO

El catedrático abogado **Simon Greenleaf** dice que no existen evidencias históricas mejor documentadas, que aquellas que sostienen que Cristo resucitó y se apareció en varias oportunidades a los testigos. Marcos relata que la incredulidad, escepticismo y negación fue la primera, repetida y constante reacción de los discípulos, simbolizada por la reacción del Apóstol Tomás, pidiendo más pruebas que el testimonio de sus compañeros. ¡Esa misma cadena de incredulidad se continúa hasta nuestros días!

Lo que narran y aseguran los testigos presenciales, es que un hombre muerto vivió otra vez. Confirman que lo vieron vivo antes de morir crucificado, lo declararon muerto en la cruz y a los tres días de enterrado lo vieron otra vez vivo y compartieron con ellos en apariciones múltiples y variadas, ante una o muchas personas. La mejor proyección de la cual disponemos pudiera ser:

I.   A las mujeres y posiblemente a Maria Magdalena y a Maria la madre de Santiago el Menor. (Mt 28,9; Mc 16,9; Jn 20,11)

II. A 2 discípulos, uno de ellos llamado Cleofás, cuando iban en camino hacía la población de Emaús. (Mc 16,12; Lc 24,13)

III. A Pedro. (Lc 24,34; I Corintios, 15,5)

IV. A 10 discípulos reunidos sin Tomás. (Mc 16,14; Jn 20,19; Pablo I Corintios 15,5)

V. A 11 discípulos. (Jn 20,19)

VI. A discípulos pescando en el mar de Galilea. (Jn 21,1)

VII. A apóstoles y a más de 500 hermanos a la misma vez, lo cual es una prueba científicamente infalible (Pablo I Corintios 15,6)

VIII. A Santiago el Menor. (Pablo I Corintios 15,7)

IX. A apóstoles en Jerusalén antes de la Ascensión en el monte de los Olivos. (Mc 16,19; Lc 2,50; Actas 1,3).

X. A Pablo. (Pablo I Corintios 15, 6).

Se puede interpretar que Jesús también se apareció al apóstol Juan en sueños. Allí le dijo que Él era el que estaba muerto y ahora vive (Apocalipsis 1,17): «Cuando le vi, caí como muerto a sus pies. Y Él puso su diestra sobre mí, diciéndome: "No temas; yo soy el primero y el último; y el que vivo, y estuve muerto; mas he aquí que vivo por los siglos de los siglos, amen."»

Jesús mismo se les identificó y causó asombro al comprobarse que no sangraban sus heridas. ¿Cómo se recupera un cuerpo flagelado, escalpado y con una herida mortal de lanza en el corazón? Pareciera que el cuerpo glorioso del ahora Dios-Hombre no necesitaba de oxígeno y alimento para mantener viva a sus células. No fluía sangre por sus venas, sino que estaba vivo con la energía pura de la creación. La prueba de Tomás de querer meter las manos en la herida tiene como respuesta la compasión-regaño de Jesucristo, dando así una lección de Fe para el futuro de la humanidad.

La incredulidad de Santo Tomás, por el *Caravaggio*. [257]

La compasión de Jesucristo con Tomás es completa y le ofrece el gran regalo de "tocar a Dios". La clave está en la respuesta que el "incrédulo" Tomás da ante la evidencia: «Señor mío y Dios mío.» y Jesús le responde: «Porque has visto has creído. Dichosos los que no han visto y han creído.»

Las repetidas veces que Jesús tuvo que comprobarle su resurrección a sus seguidores nos infiere que ejercer el liderazgo en temas importantes es difícil, pero que lo más difícil es hacerlo sobre nuestros propios amigos que se niegan a progresar. La incredulidad y falta de esperanza sobre un cambio puede llevar a la gente a transformarse en neutros o incluso enemigos. El liderazgo debe buscar atender esos temores y buscar formas de disipar las dudas.

REINVINDICANDO EL INTERIOR

Jesús elige a Jerusalén como el sitio perfecto para su via crucis, sufriendo frente a todos y quedando clara su muerte, pero escoge irse a las afueras, en Betania, para su ascensión a los Cielos. Esta acción para salir de la Tierra es consistente con su inicio humilde en Belén, cuando entró a la Tierra saliendo del vientre de su madre. De esta forma, el resucitado muestra consistencia con la eterna defensa de aquellos que sufren los prejuicios asociados a la geografía que los vio nacer o morir.

---

[257] *www.wikipedia/caravaggio.*

Los complejos prejuicios imperaban entre los que manejaban el tribunal que terminó posibilitando la masacre del tan esperado Cristo. Estos incluían temas como la posición social, el sexo, la reputación, los orígenes y el oficio, que eran tomados en muy alta estima por esa sociedad. Esas anticuadas estructuras tenían que modificarse con el arribo de Hombre-Dios y con la salida del Dios-Hombre.

Jesús de Nazaret se encargó de enfrentar esos prejuicios y años después nos parece absurdo que en algún momento de la historia hayan existido esas estructuras que limitaban el acceso al amor de Dios. El fanatismo imperante imponía prejuicios geográficos, por ejemplo contra los separados habitantes de Samaria. La propia genealogía del prejuicio hebreo les impedía mezclarse con otras razas.

Estos grupos pasaban sus prejuicios hereditariamente, denigrando a los extranjeros, a los que estaban en el desierto, a las mujeres, a los que no tenían su misma educación, a los revolucionarios y hasta los que sufrían. Jesús los combate porque (Mt 23,4): «Atan cargas pesadas y las echan a las espaldas de la gente, pero ellos ni con el dedo quieren moverlas.»

Jesús en confrontación con la aristocracia del Templo.[258]

---

[258] *ellogosenelarteuniversal.blogspot.com*

Jesús confronta a estos hombres por sus prejuicios. No lo hace porque le caen mal o porque quiere su poder. Hay razones emblemáticas por las cuáles Jesús entra en esta "querella" con las autoridades (Mt 23,13): «¡Ay de vosotros, escribas y fariseos hipócritas, porque:

✓ Cerráis a los hombres el Reino de los Cielos! Vosotros ciertamente no entráis; y a los que están entrando no les dejáis entrar.

✓ Recorréis mar y tierra para hacer un prosélito, y, cuando llega a serlo, le hacéis hijo de condenación el doble que vosotros!

✓ Decís: "Si uno jura por el Santuario, eso no es nada; mas si jura por el oro del Santuario, queda obligado!" ¡Insensatos y ciegos! ¿Qué es más importante, el oro, o el Santuario que hace sagrado el oro?

✓ Pagáis el diezmo de la menta, del aneto y del comino, y descuidáis lo más importante de la Ley: la justicia, la misericordia y la fe. Esto es lo que había que practicar, aunque sin descuidar aquello. Guías ciegos, que coláis el mosquito y os tragáis el camello!

✓ Purificáis por fuera la copa y el plato, mientras por dentro están llenos de rapiña e intemperancia! ¡Fariseo ciego, purifica primero por dentro la copa, para que también por fuera quede pura!

✓ Sois semejantes a sepulcros blanqueados, que por fuera parecen bonitos, pero por dentro están llenos de huesos de muertos y de toda inmundicia! Así también vosotros, por fuera aparecéis justos ante los hombres, pero por dentro estáis llenos de hipocresía y de iniquidad.

✓ Edificáis los sepulcros de los profetas y adornáis los monumentos de los justos, y decís: "Si nosotros hubiéramos vivido en el tiempo de nuestros padres, no habríamos tenido parte con ellos en la sangre de los profetas!" Con lo cual atestiguáis contra vosotros mismos que sois hijos de los que mataron a los profetas ¡Serpientes, raza de víboras!»

Ahora en Betania JesuCristo podía una vez más demostrarnos como el amor por nuestros ancestros y sus costumbres no progresistas, pueden limitar nuestra capacidad futura de progresar. Por ello debemos estar conscientes que nuestros antecesores eran también hombres imperfectos, por lo tanto con gusto replicamos lo bueno que nos dejan, pero desechamos lo que ya no aplica. Eso lo hacemos con señales de cambio, como fue la elección de Betania para su despedida.

LA BIENVENIDA DE JESÚS

Es bonito conectar el final con el principio, por lo cual si la ascensión al cielo fue un acto íntimo de humildad, esto no fue sino reflejo de lo que fue su principio. Todo comenzó con una frase de San Pablo: «Nacido de mujer». Lucas dice que usaba pañales. Cuando llegó el momento establecido por un embarazo "normal", sobrevino el parto (Lc 2,2): «José que era del linaje y familia de David, subió desde la ciudad de Nazaret, en Galilea, a la ciudad de David que se llama Belén, en Judea, para inscribirse con su esposa, María, que estaba encinta.» A causa del decreto de las autoridades romanas en lo relativo a las parejas, obligó al matrimonio a trasladarse estando María al final de su embarazo. Dice el Dr. (Lc 2,1): «Aconteció en aquellos días, que se promulgó un edicto de parte de Augusto César, que todo el mundo fuese empadronado. Este primer censo se hizo siendo Cirinio gobernador de Siria.» No hacerle caso a la resolución podía tener consecuencias.

El nacimiento de Jesús ocurre en la ciudad de Belén, como lo había anunciado el Profeta Miqueas, quinientos años antes de que sucediera (5,2): «Pero tú, Belén Efrata, pequeña para estar entre las familias de Judá, de ti me saldrá el que será Señor en Israel; y sus salidas son desde el principio, desde los días de la eternidad.» Como lo plantea **Alfieri Montes de Oca**, resulta una casualidad o una "Diosidad" muy grande. Queda claro que Él ya "existe" y que sale de su existencia eterna para entrar a otra terrenal.

Luego de un trabajoso y largo camino, con María a punto de parir, no encontraban alojamiento y fueron rechazados en los disponibles. El relato de la Viajera del Tiempo es dramático: «Al fin volvió José, tan conturbado, que apenas se atrevía a acercarse a María...». ¡Las circunstancias lo obligaron a resignarse a una cueva de animales! No fue fácil conseguir refugio en un poblado repleto por transeúntes, que aceptaban a regañadientes las resoluciones del Imperio al cual querían destruir.

Todo hacía presagiar que las cosas podían salir muy mal, pero lo que terminó ocurriendo fue el acto de amor más maravilloso jamás visto por la humanidad. No existe mucha información científica relacionada con el parto de Jesús, lo que produce una inmensa curiosidad científica, pues se trata de indagar en cómo nació el Hombre-Dios, especialmente si la madre asevera haber mantenido su himen intacto y por tanto permanecido virgen incluso después de traer al mundo terrenal al Hijo-Dios.

El protoevangelio de Santiago, el Evangelio secreto y la Beata **Ana Catalina Emmerich** describen un parto espectacular, según lo que presenció la comadrona Salomé. María dice que: «apenas me dolió y los esfuerzos y las contracciones me produjeron más angustia y nervios que daño.» El niño pudo haber nacido como **si un rayo de luz atravesara un cristal: ¡Limpiamente!**, de la forma cómo fue su resurrección ¿Fantasía? ¿Realidad? «Mi hijo estaba allí, había nacido y yo lo tenía en mis brazos. ¡Cómo explicártelo, Juan!... Su carita de ángel era blanquísima y el resplandor del fuego se multiplicaba en sus mejillas como si fuera un espejo.»

José conoce a su hijo adoptivo [259] y el Padre Celestial celebra.

La alegría terrenal sería acompañada por la de su Padre celestial, celebrando con la Estrella de Belén. «Una estela luminosa, que aumentaba sin cesar en claridad, iba desde María hasta lo más alto de los cielos. Allá arriba había un movimiento maravilloso de glorias celestiales, que se acercaban a la Tierra y aparecieron con toda claridad seis coros de ángeles. La Virgen Santísima, levantada de la tierra en medio del éxtasis, oraba y bajaba la mirada sobre su Dios, de quien se había convertido en Madre. El Verbo Eterno, débil Niño, estaba acostado en el suelo delante de María». El orgullo del Padre fue tal, que mandó a su ejército a anunciar la buena nueva.

Así como el nacimiento fue un acto simple, humilde y hermoso, lo fue también el ascenso, en la intimidad de sus amigos. Estos se sintieron tan especiales que no dudaron en salir a ejercer su función de emisarios "especiales" del Todopoderoso!, lo que nos enseña que al ejercer el liderazgo

---

[259] *animacionrecursiva.wordpress.com.*

las emociones se contagian, sean positivas o negativas. La invitación que nos hacen para liderar efectivamente, es aprender a contagiar a los demás con el mensaje de amor que trajo el nacimiento fraternal de la sagrada familia.

LA BENDICIÓN MAYOR: EL MATRIMONIO

Jesús culmina su despedida con una bendición, dándoles una clara señal para el inicio de una nueva vida al servicio de los demás. Ese acto de bendecir era lo que se hacía y se sigue haciendo cuando recibimos la bendición al comprometernos con una nueva vida, tal como sucede en un matrimonio!

Hay un evento de bendición muy interesante alrededor de la vida humana del Hombre-Dios, que fue la bendición del matrimonio de la pareja de José y María. Las costumbres nupciales de la época establecían que en todo matrimonio había dos etapas. La primera, llamada desposorios, se trataba de un compromiso formal ante testigos. En realidad se trataba de un matrimonio civil, ya que le confería al novio ciertos derechos sobre la novia, quién en la práctica era su mujer, aunque todavía no viviesen juntos y ni tuvieran relaciones sexuales. Por ello si la novia traicionaba tal pacto cometía adulterio con todos los efectos legales. Luego se completaba el matrimonio y venía la vida conyugal.

Solo ese mecanismo milenario permitía que un Dios pudiese embarazar a una humana y posteriormente bendecir lo ocurrido, al conseguir un padre que tratara al bebe como su hijo a los ojos de la sociedad. Con el ritual del contrato de matrimonio se pudo construir a la "Sagrada Familia", a la manera de Dios. Gracias al amor de José y María, podemos disfrutar la enorme esperanza que irradia y difunde esta unión sobre toda la Humanidad. La conformación de la Sagrada Familia inspiró al arquitecto español Antoni Gaudí y la visita del papa **Benedicto XVI** en Barcelona para consagrar la basílica.

La Catedral de la Sagrada Familia.[260]

Ha sido motivo de discusión el estilo de vida entre María y José. Algunos consideran que tuvieron una vida matrimonial normal, bendecido por Dios y su comunidad, mientras otros, incluyendo la Iglesia Católica, mantienen que permaneció "Inmaculada" por siempre. Se trata de la intimidad de esa pareja. Sea cual sea la decisión que ellos libremente y de mutuo acuerdo adoptaron, no desdice en absoluto el hecho de la paternidad de Dios sobre el Hijo primogénito de María y menos aún en la dignidad de su persona y en la de José.

La relación amorosa de esta pareja tiene que ser muy especial, pues serán los encargados de ir criando en los misterios del amor a una persona que proviene de la misma esencia del amor creador. El evangelista nos dice que ese trabajo formativo lo hicieron José y María con mucho acierto puesto que (Lc 2,40): «El niño iba creciendo y robusteciéndose; estaba lleno de sabiduría y gozaba del favor de Dios.» Eso no sucedía por casualidad, sino porque tenía una madre con un temple excepcional y en José, ¡un padre terrenal ideal para el Hombre-Dios! Un hombre maduro y capaz de moldear la personalidad del líder más importante de la humanidad.

---

[260] www.imagekind.com.

El acto de bendecir implica valorar la belleza de la brevedad y la simpleza. Con la ascensión, ahora no todas las preguntas podrán ser respondidas, ya que con la bendición hay una despedida que nos deja vulnerables a la asesoría del resucitado para las próximas etapas del cristianismo. Con la bendición se le está dando a nuestra mente una razón más para que podamos explicar lo que viene o a nuestro corazón para que pueda querer lo que suceda.

50. Y MIENTRAS LOS BENDECÍA, SE SEPARÓ DE ELLOS (Y FUE LLEVADO AL CIELO.

El antepenúltimo segmento del relato nos presenta una intervención directa del Creador sobre el resucitado, llevándoselo al Más Allá. La reingeniería se pregunta: ¿A dónde se llevaron al resucitado? ¿Qué es el Cielo? ¿Cuál es el origen de lo que hay después de ese Cielo? ¿Iremos nosotros también a ese sitio donde fue llevado Jesús? Responder a estas preguntas nos ayudan a comprender el deseo de felicidad asociado al trabajo evangelizador.

DESDE NUESTRO HOGAR ES LLEVADO AL CIELO

El resucitado culmina su bendición y es llevado al Cielo, es decir a lo que está por fuera de la Creación, a ese sitio maravilloso que ya existía antes del Big Bang. Para comprender un poco mejor a dónde fue llevado Jesús, valdría la pena analizar cómo se puede conectar ese sitio de llegada con el punto de origen de ese viaje: La Tierra! Nuestro hogar en el Universo!

Al reflexionar sobre el Universo visible, el monje y matemático francés, **Blaise Pascal** expresó: «Me sentí inmerso en la inmensidad infinita del espacio, del que no conozco nada y que no conoce nada de mí. ¡Me sentí aterrorizado! El eterno silencio de ese espacio infinito me alarma.»

Antes de explorar lo macro que resulta el *Big Bang* y el universo infinito, entendamos mejor al mundo que si podemos conocer con nuestro alcance científico. El horizonte del cosmos se encuentra aproximadamente a 15 billones de años luz de la Tierra. Si llegamos a nuestra propia galaxia, la Vía Láctea nos conseguimos con unas 200 mil millones de estrellas, entre las cuales se encuentra el Sol, situado en uno de sus espirales más lejanas de su centro, en donde hay un gigantesco hoyo negro llamado Sagitario A, con 4 millones de veces la masa del Sol. Nuestro mundo solar de 9 billones de años, con un tamaño mayor a 100 mil años luz, cuenta con un grupo organizado de planetas.

Nuestro planeta Madre Tierra, con cerca de 4.500 años de antigüedad, posee unas características muy especiales en comparación con los demás astros que conforman el Sistema Solar:

- ✓ Tiene agua abundante que vista desde el espacio adopta un característico color azul.

- ✓ Tiene una atmósfera que con su oxígeno logra generar, junto con el agua y la tierra, el equilibrio necesario para la vida.

- ✓ Tiene tierra, gracias a su superficie sólida formada por gigantescas placas litosféricas en movimiento constante.

- ✓ Tiene energía, que emana desde su centro, encriptada en su biología, en su dinámica planetaria y que recibe de su Sol.

El Génesis dice: «Y la Tierra era caos y desorden». Eso se puede ver en el periodo inicial en que nuestro planeta era una masa incandescente sin atmósfera. Las condiciones iniciales eran inhóspitas para la vida tal como la conocemos ahora. Se piensa, que la vida se originó cuando se dieron las circunstancias para que el vapor de agua pudiera condensarse por primera vez, hace unos 3.000 millones de años.

Nuestro planeta es como una "mansión" que aloja gran variedad de vida. Es una bio-diversidad de 30 millones de especies diferentes, con micro-organismos que en condiciones normales interactúa de forma perfecta en su relación con los pluricelulares y el medio ambiente en que habita. Es como un sueño hecho realidad como producto de un magnífico diseño elaborado por el "Gran Maestro" quien, callada y lentamente, fue construyendo algo tan genial. ¡Qué mundo tan maravilloso!

Nuestro hogar en el firmamento.[261] En un fenomenal ecosistema.[262]

Como lo dijo el Arcángel (Lc 1,37): «Porque ninguna cosa es imposible para Dios», confirmado con seguridad (Mc 10,27): «Mirándolos Jesús, dijo: "Para los hombres es imposible, pero no para Dios, porque todas las cosas son posibles para Dios."» Fue un diseño cuidadoso con la energía para lo grande en las galaxias, estrellas y planetas, como para lo micro de los átomos y moléculas. Ante tal designio lo que queda es exclamar: ¡Gloria a Dios en las alturas y paz en la Tierra a los hombres de buena voluntad!

Ahora, para conectar nuestra Tierra con el universo y el sitio a donde "va a subir Jesús", nos damos cuenta que se trata de un viaje por el vacío, por el silencio. De esa forma, en Betania nos muestra el Creador que para ejercer efectivamente el liderazgo y así llegar a un sitio mejor, debemos desarrollar la habilidad de leer las distintas formas como aparece el silencio. Es más relevante lo que está oculto, lo que no se dice, lo que no sabemos, que la información que podemos recoger sobre una situación.

EL ORIGEN DE NUESTRO UNIVERSO

Para comprender mejor a donde ascendió Jesús, es conveniente conocer el origen de esta genialidad, dado que solo pasando por el origen es que se puede abrir la puerta para lo que estaba antes.

---

[261] Fuente: *courtesy of the Image Science & Analysis. Laboratory, NASA Johnson Space Center.*

[262] Fuente: *www.webmujeractual.com/wp-content/uploads/200.*

Si aceptamos que todo lo que tuvo un principio necesita una causa, según la Biblia en el inicio del Universo lo primero que apareció fue la Luz y a partir de ella toda la materia de la Creación (Génesis 1,3): «¡Hágase la luz!» De esa forma, en el silencio de lo inconcebible y en medio de la nada más absoluta, "algo" comenzó a vibrar y apareció un punto brillante conteniendo en su interior a toda la energía del universo, fenómeno que para la ciencia se llama: *"Big Bang"*

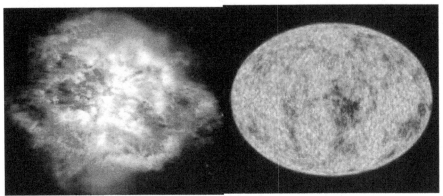

¡Hágase la Luz! con la colosal explosión hicieron su aparición la energía, la materia, el tiempo y el espacio. En un grito que se puede medir.[263]

El *Big Bang* sucedió mediante una inimaginable y controlada explosión de energía, que según el premio Nobel de Física **George Smoot**, fue un evento 10^{24} veces más potente que el Sol,[264] cuyos ecos del gran grito creador de Dios aún se oyen.[265] Para aproximarse a ese momento, el hombre moderno busca intensamente una partícula de Dios, que es ese eslabón perdido entre la "Palabra" del Creador y su obra. Es la conversión del ¡Hágase! en acción, que es primariamente el fotón y luego los gluones, quarks y leptones que formarán los futuros átomos del Universo.

Cuando la comunidad científica logró avances en su búsqueda, el Director de Investigación del CERN, **Sergio Bertolucci**, dijo: «Hay una partícula

---

[263] *Http://100cia.com/enciclopedia/Big_Bang.*

[264] *Nobel Lecture, December 8, 2006.*

[265] *Los ingenios espaciales recientemente puestos en órbita (COBE), han conseguido "oír" el eco de esa gigantesca explosión primigenia. Http://100cia.com/enciclopedia/Big_Bang.*

de inicio de la Creación y fue el Bosón de *Higgs*. Es difícil no emocionarse con estos resultados.» La causa de esa partícula es lo que el Libro de los Proverbios (8,22) nos adelanta: «Quedé establecida desde la eternidad, desde el principio, antes de que la Tierra existiera. Yo estaba junto a Él como Arquitecto de sus obras. Yo era su encanto cotidiano.»

Este fenómeno creador no fue una explosión catastrófica y sin orden, sino que en su diseño contenía la estructura para que la vida floreciera en belleza y armonía. Del caos inicial, la materia se organizó en billones de estrellas, con un proceso evolutivo y progresivo hacia la organización, donde no todo aparece de una vez. Es un majestuoso plan orquestado donde cada una de esas partículas pensadas y dirigidas nacieron de un punto inicial hace billones de años y regresarán hacia su destino final, que es ese mismo punto de partida dentro de otros billones de años.

Este enorme Universo en continuo movimiento lo intentamos conocer con modernos telescopios y otros instrumentos que nos ayudan a estimar lo impensable: Más de 100 mil millones de galaxias con formas distintas, distanciadas unas de otras "años luz" de vacío. Sin embargo, por más mediciones hacia atrás o hacia adelante, la ciencia no logra traspasar la hora cero y llegar a la causa pre-existente que explica a la Creación o el momento de finalización y pasar a la post-existencia después que culmine lo creado.

De esta forma, Jesús asciende no a un sitio caótico super estelar, sino a un lugar desde donde emana el mayor orden posible. A partir de allí, en la hora cero se comienza a crear algo, donde el caos puede llegar a ser el enemigo del progreso. Al estudiar el Universo y la enorme energía de momento creador, el liderazgo responsable ejercido por el Ser Supremo nos muestra una armonía sin precedentes y un orden para avanzar.

EL LUGAR A DONDE FUE JESÚS

Los mitos sagrados y la Palabra de Dios nos hablan de ese maravilloso Jardín espiritual desde donde todos venimos y hacia donde todos volveremos. Ese el paraíso que nos describe el Génesis, desde donde fluye el amor eterno del Creador. Los egipcios así lo presentían y transmitían en su simbolismo de numerosos dioses a los cuales rendir pleitesía. Los griegos antiguos así lo representaron en su mitología.

La palabra Edén es de origen acadio (un pueblo de estirpe semita) cuyo significado se refiere a un lugar que es puro y natural. El Paraíso del Génesis (2,8) del que salía un manantial que regaba el jardín y de allí se partía en cuatro brazos, es una metáfora del Jardín Espiritual. Los Peregrinos que nos han precedido, a través de sus propias revelaciones, nos han dicho que se trata del "Paraíso de encaje y seda donde canta el amor y que se encuentra en ese apacible y añorado rincón, donde mis años de mozo pasé", por ser allí donde Dios puso simbólicamente al hombre después de formarlo (Gn 2,29): «También Dios les dijo a Adán y Eva: "Yo les doy de la tierra todas las plantas que producen semilla y todos los árboles que dan fruto con semilla; todo esto les servirá de alimento. Y doy la hierba verde como alimento a todas las fieras de la tierra, a todas las aves del cielo y a todos los seres vivientes que se arrastran por la tierra."»

Imaginaciones del Jardín Espiritual, del Paraiso, del Edén.[266]

En el Jardín de Juan el evangelista se describe al río (Apocalipsis 1,22): «Y me mostró un río de agua de vida, brillante como el cristal, que salía del Trono de Dios y del Cordero.» Los artistas han imaginado al Paraíso de múltiples maneras, pues como se trata de una tierra sin tiempo y ni espacio no es racional sino irracional. Por lo pronto la mayoría de las revelaciones nos hablan de un sitio con ríos de amor con mucha agua como elemento base de la vida. **San Francisco de Asís** expresó: «Alabado seas, Señor, por la Hermana Agua, que es muy útil, humilde, preciosa y casta.» El alma humana se parece al agua porque puede recibir toda clase de impresiones sin perder su pureza al permanecer fiel a su esencia indivisible. El jardín es descrito como un sitio

---

[266] *1.bp.blogspot.com/.../the-fountain-1-1024.*

con mucha luz como símbolo de bondad, verdad y armonía; con exuberante vegetación llena de flores y árboles del bien y el mal; y espacios abiertos como antesala a la contemplación mística con el Creador.

Es en definitiva un lugar fijo y preciso, que no cambia con el tiempo y que está dominado por el lenguaje de los Mitos, al que se le llega con el corazón sin pasar por la ciencia y la razón. Para llegar a ese Edén y recibir su encanto, cual "lluvia bendita", Dios prometió que se va a Encarnar y saciar la sed espiritual de los seres humanos. Jesús dijo (Jn 7,37): «El último día de la fiesta, el más solemne, Jesús puesto en pie, gritó: "Si alguno tiene sed, venga a mí y beba el que crea en mí".» Como dice la Escritura: De su seno correrán ríos de agua viva, en la cual de la interacción con Jesús emana la vida que trae el manantial.

En su ascensión, el resucitado se va a su "tierra prometida", porque cumplió su propósito como cordero de salvación. Si nosotros también queremos llegar allí, lo que necesitamos es tener un propósito, que es algo que está fijo, pero que nos hace movernos hacia allá. Así como Jesús nos dejó su persona fija de donde emana el amor, nuestro rol de liderazgo debe mostrar ese propósito fijo del cual otros puedan beber para actuar alineados.

51. ELLOS SE POSTRARON ANTE ÉL.) DESPUÉS VOLVIERON LLENOS DE GOZO A JERUSALÉN,

El penúltimo segmento del relato nos presenta como un grupo de simples hombres de campo se postran ante el fenómeno de la Ascensión, cuando el Dios-Hombre sale de la Tierra, recordando lo mismo que ocurrió con los pastores se postraron en el Nacimiento, cuando el Hombre-Dios entró en la Tierra. La reingeniería se pregunta: ¿Cómo fue ese momento mágico asociado al nacimiento? ¿Por qué deciden regresar a Jerusalén después de la Ascensión? ¿Con la Ascensión a los Cielos, dejó Jesús a sus hombres sin su pastor? ¿Cómo se garantizó Jesús que pudiéramos mantener ese gozo en nuestro corazón? Responder a estas preguntas nos ayudan a mostrar nosotros también esa actitud de adoración ante nuestro Creador, que comenzó desde el momento en que entró hasta que salió de la Tierra.

LA MAGIA DE LA NAVIDAD

La transformación de Dios de ente "eternamente existente" a un ser "temporalmente presente", es la base de la idea detrás de la navidad, que inspira poesía, villancicos, decoración de arbolitos, musicales, fiestas y todo tipo realización cultural de dos mil años de tradición. Esa misma postración fue la que experimentaron los discípulos en la Ascensión.

El anuncio "mágico" del nacimiento de Jesús.[267]

El nacimiento de Jesús fue "diferente" a los demás nacimientos comunes y corrientes de los hombres. Y tuvo que ser así: Dios visitaba a la Humanidad, rodeado de paz, misterio, mitología y arte. Tres profetas y en tres tiempos diferentes anunciaron hechos que van a ocurrir durante el nacimiento del Mesías. Si el futuro es la causa del pasado, el fenómeno poético de la Navidad es la realización de la profecía. Ello hace que Jesús sea el único ser humano que al nacer ya tenía escrita parte de su historia.

---

[267] *cronistasdelanuevaenergia.com.*

Así como fue especial el nacimiento, también lo será la Ascensión, la cual será reseñada continuamente en las cartas apostólicas que dominan el resto del Nuevo Testamento. Después depostrarse, los discípulos regresarán a Jerusalén a comenzar a llevar la buena nueva y recibir la fuerza y sabiduría del Espíritu Santo en Pentecostés.

Tan diferente y especial fue ese nacimiento, que se conmemora y se revive anualmente. No existe en toda la historia de la humanidad, otro nacimiento que se recuerde y festeje igual al de Jesús de Nazaret, el Hijo de Dios y María. Es el umbral que separa los tiempos humanos: Antes y Después de Cristo. Más que un nacimiento, lo acontecido fue que la pre-existencia de Dios se hizo "tocable". Es decir, pasó de ser eternamente existente en el mundo de los cielos, porque ya era antes de Abraham, para hacerse temporalmente una presencia física en el mundo terrenal.

Todo ser humano es una persona no existente y que se hace existente con su nacimiento, porque no existía antes. Luego de su resurrección, Dios pasa a un nuevo estado de "siempre existente, más con presencia terrenal intermitente", que lo hace a través del fenómeno de la Eucaristía.

Para conmemorar lo ocurrido, el humano usa el arte, para expresar sus deseos y conflictos universales que están detrás de la superficie, es decir en la conciencia. El arte es la manifestación del alma y ocurre en todas las culturas y tiempos. Disfrutamos de la mano de un pintor como **Pablo Picasso**; un sensible poeta como **Walt Whitman**; un excelso músico como **Gustavo Dudamel**; un exitoso cineasta como **Steven Spielberg**, un fino escultor como **Fernando Botero**; un extraordinario arquitecto como **Santiago Calatrava**; un genial caricaturista como **Walt Disney**; y hasta un innovador de negocio como **Steve Jobs**.

Podemos admirar las expresiones artísticas permanentes del Creador. Quién no se maravilla ante la belleza del **Salto Ángel**; la majestuosidad del complejo volcánico de **Santorini**; la fastuosidad del arco iris; la genialidad del átomo; y la potencia de una supernova. Tratar de comparar la "capacidad artística" del hombre con la de Dios implica una gran falta de humildad, por ello **Hernán Tórres** habla sobre lo trascendental del "arte" de Dios, expresado en la vida de su hijo: San"**arte**": Jesús!

En su vida, este humilde nazareno demostró la maravilla de sanar a todo el que mostraba fé en el Creador. «Mujer, vete. Tu fé te ha salvado.»;

Ayud"**arte**": Jesús demostró poder ayudar a otros: «Echen de nuevo las redes y encontrarán pescado.»; Liber"**arte**": Jesús demostró poder para liberar: «Demonios, salgan de ese cuerpo.»; Perdon"**arte**"; Record"**arte**"; Am"**arte**": Jesús demostró con palabras y hechos la esencia del Creador. «No tengan miedo. El que vive en mi vivirá para siempre.»

Todo esto ocurrió a partir del nacimiento mágico del Hombre-Dios. Los países que están en conflicto hacen tregua en la navidad, el trabajo agotador de las fábricas se para, los políticos se encuentran con sus familias y cambiamos nuestros calendarios para comenzar un nuevo ciclo. La Ascensión del Señor no es más que la otra cara de la misma moneda, de un lado viene la magia de la Navidad y de la otra el gozo de la Ascensión!

Todo esto nos muestra que la creatividad es una gran herramienta para ejercer el liderazgo responsable, en un acto colectivo donde se contagian las ideas. Una gran habilidad como creador del universo y del hombre, fue darnos la fuente de inspiración para que los humanos pudiesemos crear sobre la base de un mensaje de amor y a partir de allí se contagie la actitud que hace girar la vida. Lo hizo al entrar a la Tierra y al salir de nuestro planeta.

EL NIÑO DIOS

Al nacer Jesús, su mamá y tal como lo hacen todas las madres humanas, le dio de mamar y como consecuencia natural de la alimentación materna, los bebés se orinan y evacuan sin avisar. Esa es la razón por la cual todas las madres utilizan pañales. Lo que quiere decir el biógrafo del embarazo y parto de María, es que Jesús fue un niño igual como todos los niños terrenales.

Lo ocurrido con el nacimiento del "supuesto" rey de reyes, causó extrañamente los dos extremos: Frustración en muchos de los judíos acaudalados por no haber nacido como un superhéroe en el palacio, pero a la vez causó euforia para los pastores pobres que rodeaban la cueva. Ese lugar se convirtió en un símbolo para la humanidad y año tras año, millones de hogares cristianos toman un lugar predominante de sus casas.

Típico pesebre navideño.[268]

El establo es el sitio donde nacen y duermen los animales, ¡no los seres humanos!, pero Dios lo convirtió en sagrado y símbolo de esperanza para todos los miserables, los desesperados, los perdidos, los fracasados, los pobres, los enfermos. Pero también lo es para los felices, los privilegiados, los exitosos, los ricos y los sanos. No hay quien se acerque a un nacimiento, vea el pesebre y no sonría ante la figura del niño Jesús. Pero, en su época, ¡qué difícil era hacerle caso a un "don nadie" y que además diga que es el Hijo de Dios, el Mesías!

El niño Jesús se trata de la expresión humana del Dios y no de la versión divina del Dios, tal como había sido profetizado (Is 9,6): «Porque un niño nos es nacido para nosotros, un hijo se nos ha dado, y la soberanía reposará sobre sus hombros, y su nombre será llamado Admirable, Consejero, Dios Fuerte, Padre Eterno, Príncipe de Paz.» Eso generó una pasión increíble y un espíritu de dar y servir en la madre, el padre adoptivo y el Padre celestial (Jn 3,16): «Ha dado a su Hijo unigénito.», con una vida mortal dada a la humanidad para su sacrificio.

---

[268] *www.fotolibre.org*

Si Jesús solo se hubiese comportado como Dios, entonces su Vía Crucis y su agonizante muerte en la cruz no hubiese tenido relevancia en el mito del héroe redentor. Un Dios-Dios no sufre los latigazos y la corona de espinas le hubiese parecido "cosas de niños". Jesús nació, creció, vivió y murió como hombre, con sus dolores, ansiedades, miedos y temores.

Que los discípulos se postraran ante Él nos enseña que para progresar hay que tener el coraje de cambiar las ideas preconcebidas y eso no es fácil porque la gente está enamorada de sus ideas. La gente esperaba un Mesías guerrero, nacido en un gran palacio, capaz de guiar las tropas frente al ejército imperante del momento. Dios les dio el gran guerrero del amor, nacido en un humilde establo, que batalló contra las pasiones humanas y las venció con amor, abriéndonos las puertas al reino de los cielos en la Tierra.

EL BUEN PASTOR

Si dejamos el relato de Lucas hasta acá, podríamos pensar que todo termina con la Ascensión y que el Dios-Hombre desaparece para siempre de la vida terrenal. Sin embargo, la clave para comprender porqué el Evangelio culmina con este evento, es saber que fue el mismo Lucas quien escribe el siguiente texto bíblico: Los Hechos de los Apóstoles!

Revisando los hechos se observa que Dios no deja nunca solos a sus ovejas. Acompaña a Pedro cuando bautiza a los primeros romanos, se le aparece a Ananías pidiéndole ayuda con Saulo, se le aparece a San Pablo para convertirlo en un gran líder, le habla a San Juan para que escriba sus Revelaciones, se nos aparece en cada Eucaristía, nos deja a su Madre para que nos visite continuamente, se comunica con los humildes y los transforma en Santos, etc. Es decir, Dios no deja sola a sus ovejas, es, ha sido y será siempre un Buen Pastor!

En el Antiguo Testamento, Dios aparece como el Buen Pastor de Israel que nunca abandona al hombre (Salmo 23): «El Señor es mi pastor, nada me falta. En verdes praderas me hace recostar, me conduce hacia fuentes tranquilas y repara mis fuerzas. Me guía por el sendero justo, por el honor de su nombre. Aunque camine por cañadas oscuras, nada temo, porque tú vas conmigo. Tu vara y tu cayado me sosiegan. Preparas una mesa ante mí, enfrente de mis enemigos; me unges la cabeza con perfume, y mi copa rebosa. Tu bondad y tu misericordia me acompañan todos los días de mi vida, y habitaré en la casa del Señor por años sin término.»

Jesús unió al hombre con su Creador.[269]

El **Papa Benedicto XVI** nos dice que esta imagen de Dios como "Buen Pastor" ha marcado al hombre muy especialmente en tiempos de calamidad, al consolarlo en momentos de dificultad y retornándole su confianza. Se trata de un encuentro íntimo de Dios con cada uno de los hombres (Juan 10,14): «Yo soy el buen pastor; y conozco mis ovejas y las mías me conocen a mí, como me conoce el Padre y yo conozco a mi Padre y doy mi vida por las ovejas.» Jesús abrió la puerta al pastizal y le dio de comer el pasto de la convivencia a quienes se le acercaban, pero igual lo hizo con ovejas de otras culturas (Jn 10, 16): «También tengo otras ovejas, que no son de este redil; también a ésas las tengo que conducir y escucharán mi voz; y habrá un solo rebaño, un solo pastor». Por medio de sus acciones Jesús construyó puentes profundos íntimos con las personas, sean del rebaño judío o no.

La digestión del nuevo pasto necesariamente va a modificar y "volver patas arriba" a todo lo que sucedía en la vida común de aquella sociedad, tal como estrictamente lo establecían las autoridades de la época:

---

[269] *en.wikipedia.org/wiki/Easter.*

- (Lc 7,36): La pecadora que se arroja a los pies de Jesús queda justificada, mientras que el fariseo, dueño de la casa, queda desacreditado;
- (Jn 8,1) No condena a la mujer adúltera, pero los presentes acusadores huyen avergonzados;
- (Lc 10,30) No se nos pone como ejemplo al sacerdote ni al levita, sino al samaritano, siempre mal visto por los judíos;
- (Lc 15,7) La alegría de los ángeles es mayor por un pecador que se convierte, que por noventa y nueve justos que no necesitan penitencia;
- (Lc 15,12) Así el hijo pródigo, que se va de la casa y malgasta la herencia, es preferido al hermano "buenito";
- (Lc 21,1) La viuda pobre agrada más a Dios, con sus centavos, que los ricos que dan grandes sumas de dinero al templo;
- (Mt 9,10): «Y sucedió que estando Él a la mesa en casa de Mateo, vinieron muchos publícanos y pecadores, y estaban a la mesa con Jesús y sus discípulos.»;
- (Lc 19,5): «Zaqueo, baja pronto; porque conviene que hoy me quede Yo en tu casa.»

Jesús compartió su pasto bueno de amor con todo tipo de hombres y mujeres, sin despreciar a nadie, con un "corazón sincero". Se convirtió en una "superestrella" (Lc 6,17): «Había una gran multitud de discípulos suyos y gran muchedumbre del pueblo. Mucha gente lo seguía.» Es un actor consumado que se proposu y cumplió su obra maestra: dar su vida por las ovejas.

Con su despedida, el Dios-Hombre nos enseña que el líder responsable hace su mejor trabajo cuando logra la comprensión de los perdedores. Para ello hay que pasar mucho tiempo y esfuerzo con los que han sufrido las consecuencias del estancamiento y convertirlos en la ruta hacia el progreso, que es la ruta del amor.

DE MARÍA DE NAZARET A LA VÍRGEN MARÍA

No podemos culminar nuestro viaje ida y vuela a Emaús sin regocijarnos en cómo Dios contribuye día a día a promover la paz en la Tierra. Para ello nos dejó a su mejor aliado, al ser 100% humano más potente que hemos tenido: la Virgen María!

En la cruz, Jesús nos deja un pedazo de "Cielo" en la "Tierra", convirtiendo a su madre terrenal en un símbolo de amor para la humanidad. Resulta fascinante el relato que la propia María hace en su evangelio secreto: «Jesús había venido para haceros sus hermanos. Había conseguido ya que llamarais Padre a su Madre. Pero para que la hermandad fuera completa, era necesario que compartierais también a la Madre. Y para eso, lo mismo que el Padre los aceptaba como hijos, precisamente a través del sacrificio voluntario de su único hijo, la madre tenía que hacer otro tanto. Y era el hijo, el hijo adorado, quién se lo pedía. Y si el Padre, que era Dios, había accedido, perdonado y adoptado, pues la madre, una mujer, no podía hacer menos.»

Luego de esta reflexión, María de Nazaret emerge en la historia como la "Gran Madre" de la humanidad, tal y como concluye el psiquiatra *Carl Jung*, en sus estudios sobre los mitos universales en los que se encuentran los relatos sobre la madre de un dios que muere y resucita (el héroe mítico que estudiamos en la visita al Jardín del Edén). Es el arquetipo de la Madre Tierra, la "Madre Primordial", ¡es Eva!

De la muerte de María tampoco se sabe mucho y en la biblia moderna no lo relatan los Hechos de los Apóstoles. Se dice que en el siglo XVIII el *Papa León XIII* se pronunció a favor de la posible dormición de la Virgen en Éfeso, Turquía. El turismo de la zona promueve que María vivió allí sus últimos años junto a San Juan. Hoy día el lugar es objeto de veneración para cristianos y musulmanes, siendo visitado por *Pablo VI* y *Juan Pablo II*.

Otros sostienen que María vivió sus últimos días en la Tierra desde Jerusalén. Solamente a través de los evangelios apócrifos es que se conoce sobre su muerte y los hechos que ocurrieron posteriormente con ella, es decir la Asunción a los Cielos en cuerpo y alma. Este limitado sustento histórico explica posiblemente el hecho de que pasaron 20 siglos para que el *Papa Pio XII* anunciara como dogma de Fe su Asunción al Reino de los Cielo.

Luego de su Asunción, María inició un proceso de apariciones enorme que abarca los cinco continentes y todos los períodos históricos de la humanidad, acompañándonos siempre y en todo lugar. Ha sido vista por millones de personas, con apariciones grabadas, fotografiadas y cientos de testimonios de conversión a la Fe. Sus "apariciones marianas" son tema controversial en el cristianismo, fijándose incluso una metodología para la verificación de estos hechos, con el apoyo en la ciencia moderna. Entre las más famosas apariciones se encuentran la Virgen del Pilar; del Cármen; de la Candelaria; del Pino; de Guadalupe; de la Coromoto; de La Salette: de Lourdes; de Fátima: de Monstserrat; de Medjugorje, etc. La ciencia mariana constata los hechos asociados a la Virgen y ahora su nombre es llevado con orgullo por millones de mujeres que inspiran su vida en los pasos de esta humilde mujer hebrea que con su "sí" se transformó en la Madre de todos.

Adoraciones diversas a la Virgen. [270]

De esa forma Jesús nos enseña que un buen líder acompaña a sus seguidores a través del cambio y durante "su ausencia", desarrolla mecanismos de seguimiento. En la cruz Jesús realizó un gran ejercicio del liderazgo responsable, porqué diagnosticó lo mejor posible el problema; se abrió el abanico para analizar opciones; eligió el camino que para ese momento lucía ser el más adecuado, que era dejarnos el regalo de su Madre; lideró la implementación con la ayuda de Juan y otros muchos; estuvo atento de medir el progreso; y estableció las apariciones marianas como mecanismo de acompañamiento para que el cambio perdure.

52. Y CONTINUAMENTE ESTABAN EN EL TEMPLO ALABANDO A DIOS.

Lucas culmina su obra maestra evangélica indicándonos la actitud con la que quedaron los discípulos de Emaús y los Apóstoles. La reingeniería se pregunta: ¿Qué actitud hay que tener para llegar a alabar a Dios en el Templo? ¿Cómo se construye esa actitud? ¿Los discípulos se quedaron solo alabando en el Templo de Jerusalén? ¿Cómo se demuestra en acciones ese

---

[270] *en.wikipedia.org.*

amor a Dios? Responder a estas preguntas nos ayudan a mostrar nosotros tambien esa actitud de adoración ante nuestro Creador, que comenzó desde el momento en que entró hasta que salió de la Tierra.

EL PEREGRINAJE COMO FORMA DE ALABANZA A DIOS

La historia cristiana demuestra que no solo se alaba a Dios en los templos, sino que también a través del peregrinaje. Quizás el exponente más claro de esta actitud es el Apóstol Santiago, quién nos enseñará a ponernos las sandalias, una túnica, una mochila y un bastón para dirigirnos a la "Morada" del Creador.

Cuando se asume una actitud peregrina se explora aquello que está en el "Más Allá". Lo asombroso para el intelecto y para el corazón humano, es que toda esa potencia infinita de amor, poder y sabiduría se encarnó y vivió con los hombres. Ese hecho sobrepasa a la razón y abruma a la emoción. Explica lo difícil que fue para sus doce amigos íntimos reconocer su presencia y ahora seguirlo después de su partida el Cielo.

El hecho que Dios-Creador haya estado allí sentado con ellos comiendo y hablando es absolutamente irracional. Tanto, que uno de ellos lo traicionó, otro exigió una prueba inequívoca de su condición y muchos de los que lo vieron optaron por desaparecerlo de la faz de la Tierra. Todavía hoy hay muchos que no aceptan la posibilidad de tal evento. Por lo inverosímil del camino, Santiago será un guía ideal por su cercanía con Jesús de Nazaret. El Apóstol simboliza la manera como hay que hacer el camino hacia lo sagrado, que es a través del conocimiento íntimo y de la fe puesta en marcha.

La Figura muestra dos imágenes muy poderosas. A la izquierda se muestra el Apóstol Santiago, quien representa bien el concepto de peregrinaje para el mundo católico cristiano. De hecho, millones de personas siguen hoy peregrinando el camino de Santiago, para llegar a Compostela renovados en su fe cristiana. La figura de la derecha muestra un Chamán, que representa el peregrinar de otros pueblos y culturas, que han buscado acercarse a las preguntas fundamentales de la vida.

El Apóstol Santiago y el Chamán en la dulce intimidad y parsimonia que caracterizan al Peregrino.[271]

Hay los héroes triunfantes y sacrificiales. Los triunfantes son los que usan sus poderes para restablecer la ley y el orden para restaurar y sanar. Es el poder curador. Los héroes sacrificiales, son los que dan su vida por el bien de una causa. Las heridas que sufren y el viaje de padecimiento creciente que viven, son para salvar el mundo pero no para disfrutarlo. Se trata de una vertiente del héroe triunfante, que muere y renace para renovar el mundo, como el sol se pone y sale todos los días. Se trata de un lenguaje diferente.

La humildad, paz, silencio, decisión, amistad, solidaridad humana, comprensión, bondad y tranquilidad, son algunas de las cualidades que fluyen de las figuras. Estas cualidades simbolizan la parsimonia que hay que desplegar para contemplar la enorme belleza de la Creación y buscar a su Autor. El tiempo no existe en el camino del peregrino y por ello debemos desplazarnos con parsimonia, firmeza, coraje, paz y sentido común.

LOS LUGARES DONDE SE ALABA A DIOS

Un peregrino busca a lugares especiales que le ayuden a acercarse a Dios. Uno de los sitios predilectos para hacer esa exploración es en la altura

---

[271] http://www.monteroregalos.com/844-991-large/santiago-peregrino-lladrolladro.jpg.

de las montañas, donde se admira la belleza de la Creación y se construyen templos con escaleras para ascender a los cielos.

Reconstrucción de la acrópolis de Atenas.[272] Templo del cielo en Beijing. Monte Fuji en Japón. Pirámide de Chichen Itza en México.

Las peregrinaciones a estos lugares sagrados se organizan en el mundo entero. El objetivo rodearse por símbolos del encuentro con el Creador y luego de un gran esfuerzo llegar a la cúspide, al *sancta sanctorum* de la religión hebrea, donde habita Dios. Subir la escalera refleja la tenacidad que hace falta para el éxito, tal como lo presenta el estrategia gerencial **Jim Collins**, descubre sobre las organizaciones que han logrado el éxito empresarial, con su "marcha diaria de las 20 millas", en su esfuerzo por ascender paso a paso por el complejo mundo comercial, tal como hay que subir para llegar a la cumbre de la pirámide.

En su esfuerzo por rodearse de lo sagrado, el peregrino usa innumerables objetos simbólicamente: medallas, anillos, figuras, bastones, coronas, etc. Los cristianos usamos la cruz y la corona de espinas, mientras

---

[272] Recreación de la Acrópolis de Atenas, por Leo Von Klenze. porelamordelarte.wordpress.com.

los egipcios usaban un variado simbolismo funerario, especialmente para ayudar al Faraón muerto en su ruta al más allá.

Para los mitos y desde siempre los animales no son mera existencia instintiva y repetida, sino que simbolizan cualidades humanas y elementos sagrados. A veces son fantásticos como la esfinge, el minotauro, la sirena, el unicornio, el pegaso y el dragón, entre otros. Otras veces eran animales comunes simbólicos, como el cocodrilo, el hipopótamo y el escarabajo en Egipto, el águila en América, la cobra, la vaca y el elefante en el Asia, el Quetzalcóatl precolombino.

El simbolismo de lo sagrado se combina con seres humanos fantásticos, con cualidades especiales como la capacidad de volar y luchar. A veces son seres mixtos, con el cuerpo humano y la cabeza animal. El cristianismo mismo tiene su "bestiario" propio, asociando Apóstoles como San Juan como un águila y a Jesús como cordero. Todo este simbolismo de lugares, elementos, animales y personajes, nos ayuda a adoptar nuestra actitud de peregrinos, porque es la que le permitió y le permite al hombre escuchar LA PALABRA DE DIOS.

En este peregrinaje aprendemos que para ejercer el liderazgo responsable y alcanzar algo valioso, hay que avanzar con decisión, paso a paso, sorteando el camino por etapas, descansando en cada meta parcial y luchando para ascender por la escalera del progreso. No se trata de un logro sin esfuerzo, sino batallando para sortear las dificultades que trae cada escalón hacia el progreso.

EL AMOR HACIA DIOS

Cuando se llega al sitio correcto y con la actitud adecuada, al momento mágico, se alaba con toda la razón, el corazón y el alma a Dios. Jesús enseñó dijo (Mt 22,34): «Amarás a Dios sobre todas las cosas». Su fuerza hizo, hace y hará religiosos a todos los seres humanos, que han vivido, viven y vivirán sobre el Planeta. ¿Qué es lo que se ama cuando se "ama" a Dios? Esa fue la misma pregunta que se hizo **San Agustín**, un hombre dotado de gran inteligencia e imaginación. A los 19 años se pasó al racionalismo y rechazó la fe. Poco a poco fue descubriendo que la razón y la fe no se oponían, sino que pueden colaborar. Con los años concluyó que Dios hizo la Creación con y por amor.

Para conectarse con ese amor creador, que ahora estos hombres hebreos alababan en el Templo, el santo se apoyó en su propia alma. Las palabras de Jesús nos ayudan a hacer esa conexión (Jn 3,6): «Lo nacido de la carne viene de la carne. Lo nacido del espíritu viene del espíritu.» Toda carne es materia y por consiguiente está hecho con base a los átomos del Universo, y volverá a serlo con la muerte. En cambio nuestro componente interior invisible es lo único existente que Dios no creó a partir de la materia y es el soplo que nos impulsa hacia el Creador. Jesús dijo (Jn 11,26): «Todo el que vive y cree en mí, no morirá jamás». Esto nos tranquiliza al saber que estamos en buenas manos.

Luego de haber explorado tantas cosas maravillosas en esta visita ida y vuelta a Emaús, si algo nos queda claro es que Dios ama a lo creado por ser parte de su esencia y siendo el hombre parte integral de la misma, nos ama por igual a todos nosotros. Si Dios, que es omnipotente se toma el tiempo de amar a sus criaturas y nosotros somos una de esas, entonces ¿cómo no lo vamos a hacer nosotros hacía uno mismo?

El impulso de atracción creador del universo hace que la persona se auto-estime y valore tal cual es y que se sienta cómoda dentro de su piel, para que viva la vida con libertad, valentía, fe, esperanza, dignidad, alegría y generosidad. Es antinatural vivir y pensar como esclavos. Lo que se observa en lo creado es respeto a la individualidad y autonomía. Todo para el beneficio y la armonía del conjunto:

I. El impulso de atracción hizo que incontables fotones o cuantos de luz se amaran y de su unión surgieran las partículas del Universo.

II. De la unión en armonía de las partículas emergieron los átomos y entre ellos las moléculas, que son la base de las "cosas" de la materia inerte que estructura a la Creación.

III. De las uniones de las moléculas, a través del encanto cotidiano de las leyes de la bioquímica y la biología, hicieron posible la existencia y permanencia de las bio-moléculas, las células y lo multicelular que caracteriza a las especies vivas.

IV. A través del encanto cotidiano del instinto y del amor, hicieron posible que las unidades vivas no pensantes se agruparan en colonias, colmenas, bandadas, manadas, hormigueros, etc., y que los seres humanos se agrupen y protejan en familias y en comunidades, es decir, en el amor hacia el prójimo.

Cuando Jesús asciende a los cielos, de devuelve a los hombres su libertad, demostrándonos que para ejercer el liderazgo responsable es importante comprender que el hombre ante todo necesitaba de su libertad. Libertad para escoger, para decidir. Libertad para vivir como un verdadero ser humano!

CIERRE
RESULTADOS DE LA RECONVERSIÓN EN EMAÚS

En esta visita a Emaús, acompañados con el bastón evangelizador de Cleofás, hemos hecho un profundo análisis para comprender la increíble reconversión de estos discípulos perdidos. Este viaje nos permitió ver como el mensaje que trajo Jesús de Nazaret, como Hijo de Dios, se fue fortaleciendo en el tiempo, ampliando su alcance en los diferentes confines de la Tierra.

Luego de viajar a lo largo de esta completa secuencia de los hechos relacionados con la entrada, estadía y salida de Jesús de Nazaret de nuestro planeta, concluimos que Dios:

ES OMNIPOTENTE (TODO LO PUEDE)

Es capaz de todo, desde la creación del universo con el *Big Bang*, el control sobre la vida, la capacidad de dominar las leyes naturales y hasta la reconversión de hombres miedosos y transformarlos en líderes virtuosos que cambian el rumbo de la humanidad.

I.   Que el Dios-Creador todo lo puede y por consiguiente aceptamos "científicamente", que sí podía embarazar a una virgen humana siempre y cuando sea "a la manera de Dios".

II. Que el HIJO de la unión del gameto de DIOS con el de LA VIRGEN humana escogida, tiene imbuido en su biología la naturaleza humana y el poder de la Creación.

III. Que como HOMBRE tuvo un cuerpo humano hecho en base a células y en consecuencia ese cuerpo era reconocido y funcionaba como el de todos los seres humanos.

IV. Que como DIOS fue un MILAGRO CAMINANTE durante su paso en la Tierra, por lo que su vida estuvo necesariamente rodeada de "maravillas".

    ✓ Esas maravillas las vieron los Apóstoles y los cautivó.

    ✓ Esas maravillas las escuchó Pilatos y las condenó.

V. Que el impacto personal de la vida de Jesús fue como una luz que vino al mundo. Ocurrió sobre todos los coterráneos y desde entonces sobre toda la humanidad a través de esos "libros vivos" que son los evangelios.

El poder Hombre-Dios sobre las leyes de la naturaleza.[273]

---

[273] www.biblegateway.com/passage/?search=Mark%204%3A35-41.

VI.   Que el respeto de Dios y Jesús sobre la libertad del ser humano es total y en consecuencia las respuestas dependen de cada persona en lo individual, por lo que en dos personas relativamente similares pueden ser muy distintas. Citaremos la de dos personas de mucho respeto religioso en la antigua Israel:

✓   Ese impacto le sucedió a Nicodemo y lo iluminó.

✓   Ese impacto le sucedió a Caifás y lo ofuscó.

ES OMNISCIENTE (TODO LO SABE)

La historia de Emaús nos revela que JesuCristo, en su condición de Dios-Hombre, todo lo sabía y por ello pudo guiar a los hombres en la construcción de su Iglesia.

La omnisciencia de Jesús queda demostrada cuando pre-vive su pasión en el Huerto de Getsemaní, donde se dio la trascendental batalla interna que puso al Hombre-Dios a sudar sangre. Juan estuvo allí en el momento de mayor desesperanza de Jesús, cuando pedía compañía porque sabía perfectamente lo que le venía. La decepción de los discípulos no se quedó en haberse dormido, sino que luego lo abandonar y dejaron solo a merced de sus enemigos (Mc 14,50): «Entonces, todos los discípulos lo abandonaron y huyeron.»

Desamparar es dejar sin protección alguna a una persona que lo pide porque lo necesita: ¡qué ausencia de caridad! Jesús buscando consuelo lo que obtuvo fue un amargo !desconsuelo! Sin embargo sabe que hay uno de sus amigos que no lo dejará solo: San Juan. Ese extraordinario discípulo enmendó su error de quedarse dormido en Getsemaní y fue el único de los discípulos que acompañó a su maestro durante su via crucis, quedándose a sus pies en la cruz, por eso recibe el gran regalo que Jesús nos deja a los humanos: Una madre eterna!

El evangelista "amado" estuvo presente cuando Jesús comenzó y terminó su prédica, compartiendo el pan cuando eran simples pescadores y cuando en la última cena nos deja su cuerpo como "pan de vida". Estuvo cuando Jesús se transfiguró y mostró su lado celestial en vida. Estuvo allí presente y ausente mientras Jesús oraba y clamaba por su vida en el huerto.

¿No han podido velar ni una hora conmigo?

En su relato evangélico, en sus cartas seculares y en sus escritos proféticos, el Apóstol Juan fue particularmente sentimental con sus palabras, demostrando un profundo conocimiento de la intimidad de Jesús, vital para comprender las emociones que lo llevaron a agonizar previo a perder su libertad y su vida.

Una película dramática como esta no se puede dejar sin culminar, aunque sepamos el desenlace final de la trama. Lo que vivió Jesús en ese frío Huerto es un "clásico" que de tanto en tanto vale la pena recordar. Cuando los golpes de la vida son tan recios como para hacerles sentir a los hombres su pequeñez, surge espontáneamente la necesidad imperiosa de volverse hacia algún poder superior con resignación. Por la impotencia suplicamos que ese "ente" nos oiga y acompañe. Por lo complejo de los sentimientos que hacen a un hombre sudar sangre, Dios sabe lo importante que es darnos un mecanismo para hablar y confortarnos en el Creador, que es la oración.

ES OMNIPRESENTE (TODO LO ABARCA)

El cuerpo glorioso de JesuCristo resucitado lo pudo abarcar todo, desde apariciones íntimas que tocaban la esencia de sus seguidores, hasta las masivas que transformaban a miles. Ese que todo lo abarca quizo hacerse presente entre nosotros y las siguientes "cuatro palabras" resumen como se materializó esa presencia terrenal:

I.   Las de Dios a María a través del ángel (Lc 1,30): «No temas, María, porque has hallado gracia delante de Dios; vas a concebir en el seno y vas a dar a luz un hijo, a quien pondrás por nombre Jesús.».

II. Las de María a Dios (Lc 1,38): «He aquí la esclava del Señor; hágase en mí según tu palabra.»

III. Las del ángel a los pastores (2.10): «Os ha nacido hoy, en la ciudad de David, un salvador, que es el Cristo Señor»

IV. Las de Jesús a los hombres (Jn 10,22): «Entonces los judíos le rodearon, y le decían: ¿Hasta cuándo nos vas a tener en suspenso? Si tú eres el Cristo, dínoslo claramente. Jesús les respondió: Os lo he dicho, y no creéis; las obras que yo hago en el nombre de mi Padre, éstas dan testimonio de mí. Pero vosotros no creéis porque no sois de mis ovejas. Mis ovejas oyen mi voz, y yo las conozco y me siguen; y yo les doy vida eterna y jamás perecerán, y nadie las arrebatará de mi mano. Mi Padre que me las dio es mayor que todos, y nadie las puede arrebatar de la mano del Padre. Yo y el Padre somos uno. Los judíos amenazan a Jesús. Los judíos volvieron a tomar piedras para apedrearle. Jesús les dijo: Os he mostrado muchas obras buenas que son del Padre. ¿Por cuál de ellas me apedreáis? Los judíos le contestaron: No te apedreamos por ninguna obra buena, sino por blasfemia; y porque tú, siendo hombre, te haces Dios»:

¿Vamos a tirarle piedras a Jesús? Tirarle piedras es también insultar, menospreciar, minimizar e incluso negar.

Feliz Navidad.[274]

ES OMNIBENEVOLENTE (TODO LO AMA)

El mensaje cristiano y la influencia sobre los hombres fue para ayudarnos a progresar en el amor y es en su pasión cuando más nos demuestra ese amor al perdonarnos a pesar de todas las decepciones, sufrimientos y humillaciones que le podamos generar.

La Magdalena fue testigo de primera línea de ese amor incondicional, cuando le perdona la vida al evitar ser ella apedreada por sus pecados y luego como el templo del Hombre-Dios carga con esos pecados mientras es sistemáticamente destruido por la aplicación de las torturas físicas y emocionales, tan difíciles de comprender y aceptar. La destrucción de la piel mediante el terrible flagelo romano, el escalpamiento de la coronación de

---

[274] en.wikipedia.org/wiki/Nativity_scene.

espinas, la pesada carga de la cruz por ese tortuoso vía crucis y hasta el tormento de la sed rumbo a la cumbre del Gólgota.

Durante todo ese proceso, con la caridad del cirineo pudimos sorprendernos de la dignidad mostrada por el silencioso recorrido del cordero rumbo al matadero, reflejando un estridente grito de paz que aún se escucha en los corazones de la humanidad y que se refleja en la amorosa mirada del hombre de la Sábana.

Imagen computacional luego de todo el proceso de crucifixión.[275]

La pasión de Jesús en su via crucis nos permitió acercarnos a la esencia del sacrificio redentor del mártir de Dios, que demuestra su omnipotencia cuando supera los dolores del camino y hace cumbre en el Gólgota. Demuestra que todo lo sabe al estar consciente de todo lo que le van a hacer y sus consecuencias. Nos muestra su omnipresencia a través del sufrimiento que tendrá en cada músculo, tendón, pedazo de piel, órgano y nervio de su cuerpo, pero al final nos muestra que es absolutamente bueno, porque a pesar de la maldad recibida, Jesús responde con dignidad y silencio.

---

[275] *en.wikipedia.org/wiki/Shroud_of_Turin.*

Luego de ver la crueldad de las torturas, somos, eres, libre de elegir. Si creemos o no que Jesús era el Hombre-Dios hecho mártir en su vía crucis. Aceptamos que esa era la voluntad del Padre y la mejor forma para enseñarnos su esencia.

En los momentos finales, cuando la única propiedad que tenía Jesús sobre la tierra eran sus palabras, expresó con un grito su perdón hacia la humanidad, demostrando con hechos EL AMOR EN SU FORMA MAS PURA E INCONDICIONAL, QUE LLAMAMOS ¡DIOS!

Al final, Jesús de Nazaret cumplió con la voluntad de Su Padre y dignamente se convirtió voluntariamente en el silente y majestuoso Cordero de Dios. O creemos y seguimos participando en la construcción de su Iglesia y su mensaje, o nos quedamos tranquilos viviendo lo común de nuestras vidas. !Somos, eres, libre de elegir!

Santa Sede del catolicismo en el mundo.[276]

---

[276] www.newyearseverome.com.

Made in United States
Orlando, FL
06 April 2023

31793525R00232